图解 交通事故责任认定

DIAGRAMMATIC IDENTIFICATION OF TRAFFIC ACCIDENT LIABILITY

锁进宏 编著

法律出版社 | LAW PRESS
北京

图书在版编目（CIP）数据

图解交通事故责任认定 / 锁进宏编著 . -- 北京 : 法律出版社, 2024（2025.5 重印）. -- ISBN 978-7-5197-9213-8

Ⅰ. D922.145

中国国家版本馆 CIP 数据核字第 2024RM9636 号

图解交通事故责任认定
TUJIE JIAOTONG SHIGU ZEREN RENDING

锁进宏 编著

责任编辑 陈昱希
装帧设计 鲍龙卉
图书策划 王社发 王文娟

出版发行 法律出版社
编辑统筹 法规出版分社
责任校对 王晓萍 王语童
责任印制 耿润瑜
经 销 新华书店

开本 710 毫米 × 1000 毫米 1/16
印张 33 **字数** 540 千
版本 2024 年 8 月第 1 版
印次 2025 年 5 月第 4 次印刷
印刷 三河市兴达印务有限公司

地址：北京市丰台区莲花池西里 7 号（100073）
网址：www.lawpress.com.cn
投稿邮箱：info@lawpress.com.cn
举报盗版邮箱：jbwq@lawpress.com.cn

销售电话：010-83938349
客服电话：010-83938350
咨询电话：010-63939796

书号：ISBN 978-7-5197-9213-8
定价：98.00 元

凡购买本社图书，如有印装错误，我社负责退换。电话：010-83938349

前言

当前，我国已快速进入汽车社会，但是全社会的交通安全观念、交通文明意识却仍有不足，不规范驾驶行为和道路交通陋习较多，致使交通事故的发生。

作为机动车驾驶人，难保会由于这样那样的原因，遇上交通事故。然而，很多驾驶人由于缺乏必要的交通安全知识储备，在突遇事故时，往往不知所措，难以及时有效地进行责任认定，从而产生许多不必要的纠纷，这不仅会浪费时间精力，还可能会造成不必要的损失。比如：有些驾驶人在发生交通事故后，互相指责谩骂，甚至大打出手；有些驾驶人虽然知道事故责任很明了，但是仍要胡搅蛮缠；有些驾驶人在发生事故后，对自己应承担的责任认知不清，无法判断对方要求是否合理，因此不能有效保护自己的合法权益；还有些驾驶人，由于对事故责任认定没有一个大概了解，产生过于严重的恐惧心理，采取逃逸或者进一步加害受害人的犯罪行为，甚至造成难以想象的悲剧，如药家鑫案。

资料显示，在交通事故纠纷中，绝大多数都是驾驶人对责任不明确导致的。一些驾驶人既不了解事故处理常识，对自己是否应负事故责任以及应负多大责任也不清楚。有些事故本不应由驾驶人负责任，但驾驶人却错误地认为该由自己负责，心理压力过大，甚至因为逃逸反而成了事故责任人。

因此，在发生交通事故时，如何第一时间了解事故责任归属，从而为后续问题的顺利解决提供基础，就成为广大驾驶人的实际需求。

就目前情况看，在发生交通事故后，一般驾驶人会选择如下几种途径：咨询交警、律师、熟人或上网查询。然而，以上几种方式都存在明显的问题。

如果咨询交警，但交警通常很忙，不能坐下来为你详细讲解。这一点，凡是经历过到交警部门处理交通事故的驾驶人应该都清楚。而所谓懂行的人，往往并非处理交通事故的专家，仅仅是遇到过交通事故的驾驶人。他们提供的答案通常是建立在自己的经验加感觉之上，往往似是而非。上网查询看似方便快捷，但是网络也并非百科全书，不一定正好能提供你所需要的答案；即便能提供，也往往是零碎的信息，缺乏准确性和权威性。

如果有一本关于交通事故责任认定的图书，内容既详备又便于查找，答案既一目了然又有理有据，形式既直观形象又准确权威，那么，以上问题就能迎刃而解了。这本《图解交通事故责任认定》，就是充分考虑到了广大驾驶人的需求。本书具有如下鲜明特色：

第一，内容详备，查找方便。本书将常见交通事故分为十三个类别，将驾驶人可能碰到的各种交通事故一一罗列展示，读者可以从中迅速找到自己关切的内容。

第二，直观形象，一目了然。本书充分考虑到读图时代的阅读需求，为每个问题都配备了图片说明，让读者看到图片如同亲临现场，适合各文化层次的驾驶人阅读。

第三，交警解答，有理有据。本书的交警解答部分，不仅告诉当事人应该承担什么责任，还分析了具体原因，从而达到举一反三的效果。

第四，案例典型，发人深省。本书从生活实际出发，为很多问题链接了典型案例，既增加了现实感和可读性，又强化了警示性。

总之，通过阅读本书，可以让读者在遇到交通事故后，能迅速判断责任所在，保护自身利益不受侵犯，更不会“任人宰割”。

需要指出的是，由于实际交通事故处理往往会牵涉诸多复杂因素，因此，本书相关责任认定仅仅是在理论性的基础上，结合作者从事道路交通事故责任认定和复核工作的多年经验，给读者提供一些参考性意见。具体交通事故责任认定还应以交警部门出具的《事故认定书》为准。

本书适合人群：交通警察、机动车驾驶人、交通行业从业人员、保险从业人员、驾校教练及学员和其他人群等，甚至可以说，每个人都需要。本书既可作为培训教材，也可以作为交通安全知识的普及性读本。

在本书策划、编写、出版过程中，本人多次征询了国内多地交警部门的同仁和部分专家学者的意见和建议。对他们的关注、支持和帮助，在此一并表示衷心的感谢！因作者水平有限，书中难免会有不足之处，望广大读者和同行多多批评指正（邮箱 1815986291@qq.com，以便本书修订完善）。

锁进宏

二〇二四年六月一日

说明一　如何认定交通事故责任

道路交通事故的调查处理应当由公安机关交通管理部门负责。仅导致财产损失的交通事故可以由当事人自行协商处理，但法律法规及《程序规定》有规定的除外。

公安机关交通管理部门在查明交通事故原因后，根据当事人的行为对交通事故的发生所起的作用，以及该行为过错的严重程度，认定当事人责任。

认定交通事故责任的原则：以事实为根据，以法律为准绳。

认定交通事故责任的方法：全面分析，综合评断。

认定交通事故责任的步骤：在查清交通事故发生的全部情况和各个相关因素后，通过分析当事人的过错行为和交通事故之间的因果关系，确定当事人是否有责任。然后根据“路权原则”和“安全原则”等，认定当事人应当承担责任的具体比例。

当事人在交通事故中要负多少责任，主要看三点：一是当事人行为有无过错；二是该过错行为与事故之间有无因果关系；三是该过错行为在事故中的作用有多大。

也就是说，如果当事人没有过错行为，或者虽然有多项过错行为，但该过错行为与事故之间并不存在内在的因果关系，当事人就不应承担事故责任。

如果当事人的过错行为与事故之间有因果关系，也要根据该行为在事故中的作用大小来判定当事人的事故责任，并可分为全部责任、主要责任、同等责任、次要责任和无责任等。具体如下：

（1）因一方当事人的过错造成交通事故的，有过错的一方承担事故的全部责任，其他方不承担交通事故责任。

（2）因两方当事人的过错共同造成交通事故的，过错行为在交通事故中作用大的一方承担主要责任，另一方承担次要责任；过错行为在交通事故中作用基本相当的，两方承担同等责任。

（3）三方以上当事人的过错行为共同造成交通事故的，根据各自的过错行为在交通事故中的作用大小划分责任。

（4）当事人逃逸或故意破坏、伪造现场，毁灭证据，使交通事故责任无法认定的，应当承担全部责任。应当注意的是，为逃避法律责任的追究，当事人弃车逃逸以及潜逃、藏匿的，如有证据证明其他当事人也有过错，可以适当减轻其责任，但同时有证据证明逃逸当事人有“故意破坏、伪造现场、毁灭证据”的行为，应不予减轻。

（5）当事人一方有条件报案而未报案或者未及时报案，使交通事故责任无法认定的，应当承担全部责任。

（6）当事人双方有条件报案而均未报案或者未及时报案，使交通事故责任无法认定的，应当承担同等责任。但机动车与非机动车、行人发生交通事故的，机动车一方应承担主要责任，非机动车、行人一方承担次要责任。

本书内容主要讲述的大多是一方过错导致的交通事故责任的认定。在实践中，比较难以认定的是由两方或两方以上的过错行为引起的责任划分。当我们先了解了过错行为与事故发生的因果关系，就容易发现各方当事人的过错行为。权衡比较各方当事人的过错行为在事故中作用的大小或者严重程度，认定事故也不再困难。

说明二　交通事故处理流程

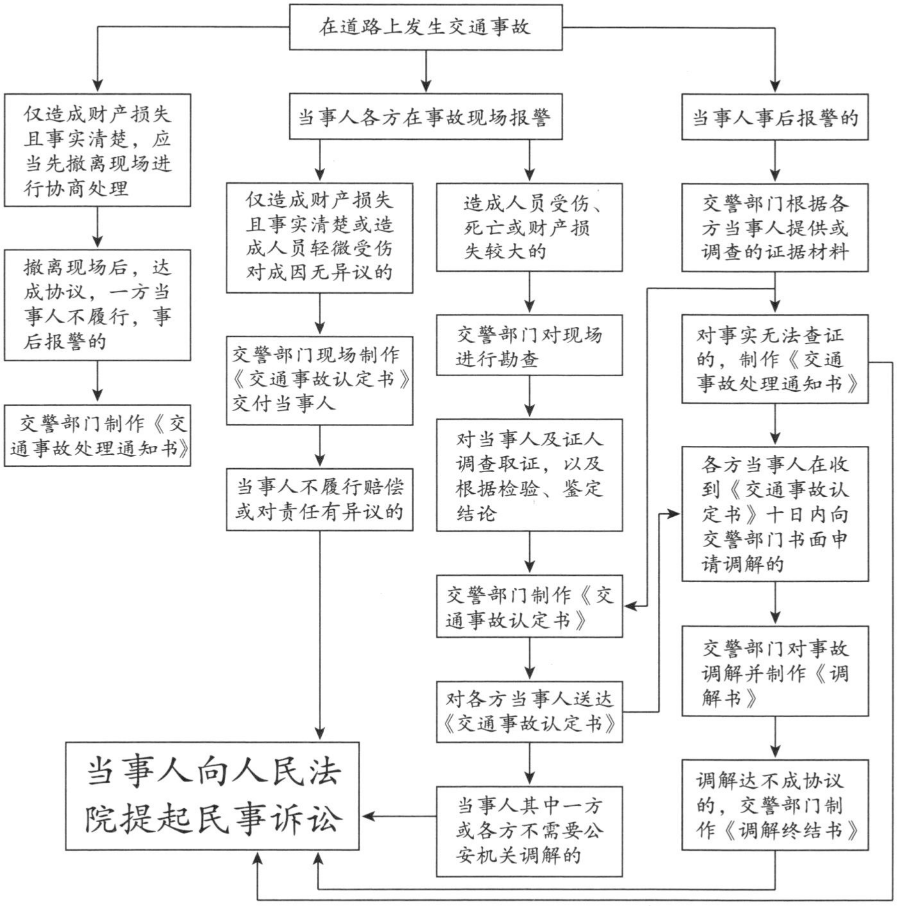

说明三　常用名称全称简称对照表

序号	全称	简称
1	《中华人民共和国民法典》	《民法典》
2	《中华人民共和国保险法》	《保险法》
3	《中华人民共和国刑法》	《刑法》
4	《中华人民共和国民事诉讼法》	《民事诉讼法》
5	《中华人民共和国道路交通安全法》	《道路交通安全法》
6	《中华人民共和国道路交通安全法实施条例》	《道路交通安全法实施条例》
7	《道路交通事故处理程序规定》（中华人民共和国公安部令第 146 号）	《程序规定》
8	《机动车交通事故责任强制保险条例》	《交强险条例》
9	《最高人民法院关于审理人身损害赔偿案件适用法律若干问题的解释》（2022 年修订）	《人身损害赔偿解释》
10	《最高人民法院关于审理道路交通事故损害赔偿案件适用法律若干问题的解释》	《交通事故损害赔偿解释》
11	《道路交通事故认定书》	《事故认定书》
12	《道路交通事故证明》	《事故证明》
13	第三者责任强制保险	交强险
14	机动车第三者责任保险	商业三者险

说明四　范　　例

一、本书记录的各种道路交通事故及其责任认定，其法律依据是《道路交通安全法》《道路交通安全法实施条例》《程序规定》等。

二、书中“交警解答”版块所引用的法律法规，凡是直接标明某条某款且加引号的，均来自法律法规原文；凡是未加引号的，均因考虑行文方便，在忠实原意的基础上，重新进行了语言组织。

三、书中“案例链接”版块所引用的实例，均为近年来发生的真实司法案例，以新案例居多，其中有未明确责任认定的，主要取其警示意义。案例中涉及民事部分内容，因篇幅有限，无法完整地将案例内容表述详尽，难免会有谬误之处。案例中的图片是根据文字内容描绘，其内容难免与真实现场环境存在误差。

四、书中所有事故图片均采用线描图，图中的交通标志、标线均参照有关图形绘制，不包含在交通标志、标线内的标记，见于以下案例：

行进轨迹线标志。其中实线为已经过路线，虚线为将经过路线。	车速标志。表示事故当时的车速，主要用于车辆超速或未停稳时。	倒车挡标志。灰色为开启状态。	紧急刹车标志。表示车辆当时处于紧急刹车状态。
		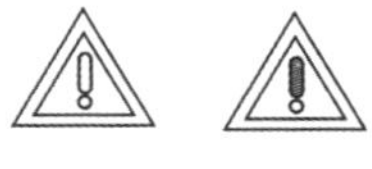	
空挡标志。表示车辆处于空挡状态，未使用驻车制动器。	尾灯标志。表示车辆未开启尾灯。	警示标志。白色表示未放置，灰色表示已放置。	左、右转向灯或双闪灯标志。白色为未开启状态，灰色为开启状态。
			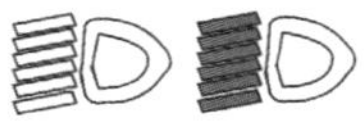
危险报警闪光灯标志。白色为未开启状态，灰色为开启状态。	雾灯标志。白色为未开启状态，灰色为开启状态。	前后位灯及示廓灯标志。白色为未开启状态，灰色为开启状态。	近光灯标志。白色为未开启状态，灰色为开启状态。

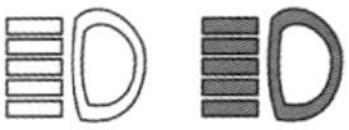	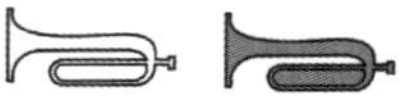		
远光灯标志。白色为未开启状态，灰色为开启状态。	喇叭标志。白色表示未鸣喇叭，灰色表示正在鸣喇叭。	停车挡标志。表示车辆处于停车状态。	饮酒标志。表示驾驶人处于酒后驾驶状态。
	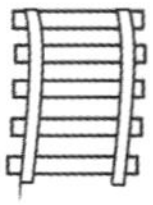		
障碍物	铁路道口	行人	骑自行车人
		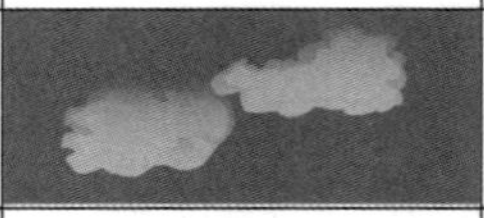	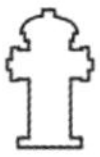
雨天	冰雪路面	雾天	消防栓

禁止驶入	禁止停车	道路坍塌	宠物

指北针	环岛标志		

目　录

第一章　机动车会车事故责任认定

第二章　机动车超车事故责任认定

第三章　机动车变道事故责任认定

第四章　机动车路口事故责任认定

第五章　机动车掉头事故责任认定

第六章　机动车倒车事故责任认定

第七章　机动车追尾事故责任认定

第八章　机动车超速事故责任认定

第九章　机动车信号灯事故责任认定

第十章 机动车停车事故责任认定

第十一章　机动车与行人事故责任认定

第十二章　机动车与非机动车事故责任认定

第十三章　其他事故责任认定

附录　相关法规

第一章

机动车会车事故责任认定

01 在没有中心线或隔离设施的道路上会车时，有障碍一方未让无障碍一方先行

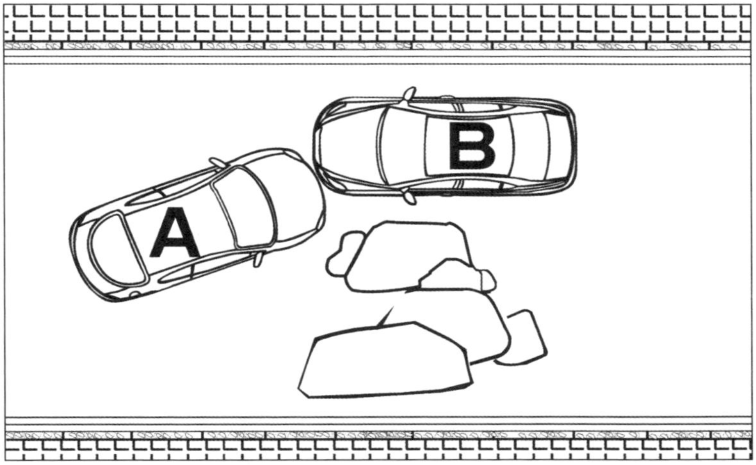

如图所示，A 车与 B 车在没有中心线或隔离设施的道路上会车，A 车作为有障碍一方，未让无障碍的 B 车先行，与 B 车发生事故，A 车承担全部责任。

交警解答

我国《道路交通安全法实施条例》第 48 条规定，在没有中心隔离设施或者没有中心线的道路上，机动车遇相对方向来车时，在有障碍的路段，无障碍的一方先行。

例如，两辆机动车在一条混合行驶的道路上相遇，如果一车的前方出现土堆阻挡，这时有障碍一方车辆就必须让对向车先过去，才能绕行土堆。如果该车不让行造成事故，该车就应承担全部责任。

案例链接

如图所示，20×× 年 3 月 24 日 10 时许，A 车驾驶人在无机动车驾驶证的情况下，驾驶无号牌电动正三轮载货轻便摩托车 A，沿道路由南向北行驶，绕行停靠在道路右侧的车辆驶入没有中心线的道路左侧，致使相对方向驶来的、同

样无证超速驾驶无号牌两轮摩托车B的驾驶人摔倒。B车驾驶人倒地后与A车相撞，其头部受伤，于同年3月25日死亡。经鉴定，B车驾驶人系交通事故致重度颅脑损伤导致的死亡。案发后，A车驾驶人明知他人报警仍留在现场等候处理，且到案后如实供述了上述事实。当地交警认定，A车驾驶人无驾驶证、未按安全操作规范驾驶安全机件不符的无号牌电动正三轮载货轻便摩托车、通行时有障碍一方未让无障碍一方先行，承担此事故的主要责任；B车驾驶人无驾驶证超速驾驶无号牌机动车，承担此事故的次要责任。

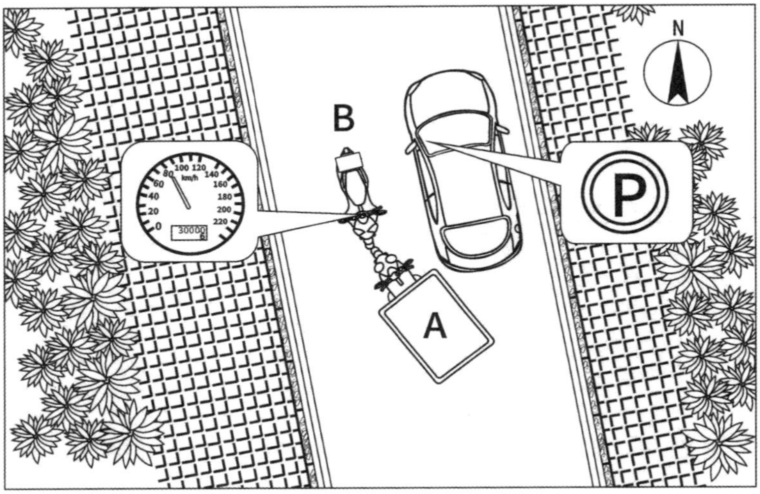

【法院判决】

经当地人民检察院指控，A车驾驶人犯交通肇事罪，于同年10月20日向法院提起公诉。公诉机关认为，A车驾驶人违反交通运输管理法规，无驾驶资格驾驶机动车辆导致发生交通事故，产生1人死亡的严重后果，负事故的主要责任，其行为触犯了我国《刑法》第133条，应当以交通肇事罪追究其刑事责任。

法院认为，A车驾驶人的行为侵犯了交通运输的正常秩序和安全，公诉机关指控其犯交通肇事罪的罪名成立。A车驾驶人系自首，可以从轻处罚；经调解，A车驾驶人积极赔偿B车驾驶人亲属13.5万元，取得了他们的谅解，可以从轻处罚并可以认定为确有悔罪表现。

法院判决：A车驾驶人犯交通肇事罪，判处有期徒刑10个月，缓刑1年6个月。

02 有障碍一方已驶入障碍路段，无障碍一方未驶入时，无障碍一方未让有障碍一方先行

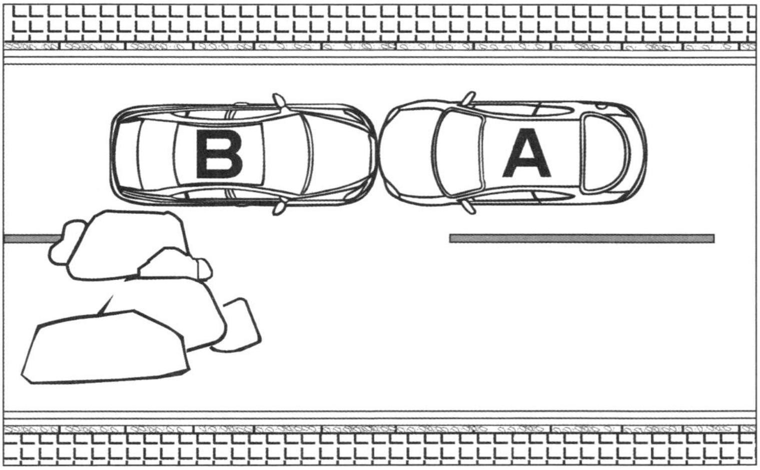

如图所示，A 车与 B 车在没有中心线或隔离设施的道路上会车，B 车作为有障碍一方已驶入障碍路段，而 A 车作为无障碍一方尚未驶入，由于 A 车未让 B 车先行导致事故发生，A 车承担全部责任。

交警解答

《道路交通安全法实施条例》第 48 条规定，在没有中心隔离设施或者没有中心线的道路上，机动车在有障碍的路段会车时，若有障碍的一方已驶入障碍路段而无障碍一方未驶入时，有障碍一方先行。

例如，在一条东西方向的混合道路北侧有一堆砖头，甲车自东向西行驶并正在绕行砖堆，而乙车自西向东行驶，在发现道路狭窄且甲车已经驶入障碍路段时，未靠边让行，还要强行会车，致使发生交通事故，则乙车就应承担全部责任。

案例链接

如图所示，20×× 年 1 月 22 日 20 时 57 分许，A 车驾驶人驾驶 A 车行驶至某路段时，因忽视行车安全操作不当且未让有障碍且已驶入障碍路段一方的车辆

先行，导致不慎撞上迎面驶来的正三轮电动车B，造成B车驾驶人、所载乘客甲、乙受伤和双方车辆不同程度受损的交通事故。B车驾驶人受伤后，被送医抢救治疗。1月3日，经交警部门认定，A车驾驶人承担该起道路交通事故的全部责任，B车驾驶人、乘客甲、乙不承担该起道路交通事故的责任。

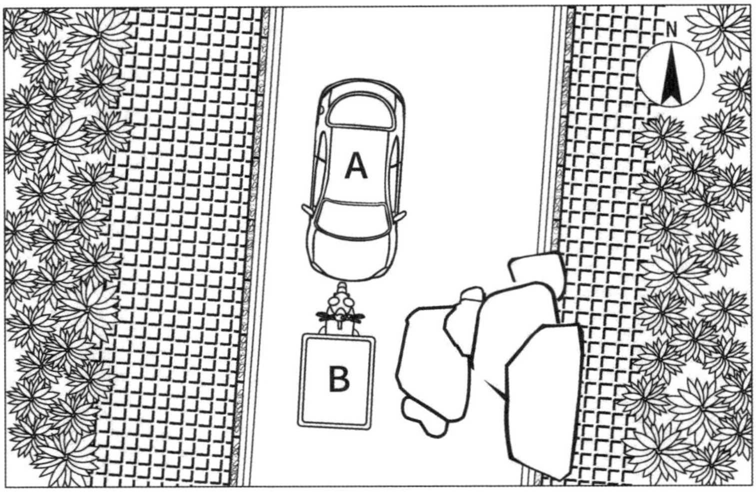

【法院判决】

B车驾驶人向法院提出诉讼请求：（1）请求法院依法判决A车驾驶人、A车保险公司赔偿其经济损失共计人民币54,031元；（2）本案诉讼费由A车驾驶人、A车保险公司承担。

A车驾驶人经法院合法传票传唤无正当理由未到庭应诉，视为放弃答辩、举证、质证等诉讼权利。

A车保险公司辩称：（1）B车驾驶人的诉请里需要扣除非医保用药，B车驾驶人存在挂床现象；（2）B车驾驶人的各项赔偿费用应按照住院的实际天数计算；（3）财产损失应提供相应发票，其中，误工费、伙食费、营养费等应按照当地赔偿标准；（4）本案诉讼费不在保险范围之内。

法院认为，公民的生命权、身体权、健康权等合法权益应当受到法律的保护。B车驾驶人因交通事故受到伤害，依据此次交通事故的交通事故责任认定书，A车驾驶人承担该起交通事故的全部责任，因此，其对本次交通事故对 B 车驾驶人造成的损失依法承担赔偿责任。法院依据事实并结合相关法律规定，对 B 车驾驶人的损失分析认定如下：医疗费 15,230.97 元，有医疗费发票、费用清单、出院记录等为证，法院予以认定。A 车保险公司提出要求扣除非医保用药的抗辩，因该条款起到了免除或减少保险人赔偿责任的效果，且保险公司未能提供证据证明其就该免责条款向投保人进行了提示或说明，因此，该条款对投保人不产生法律效力，故对 A 车保险公司的该项抗辩，法院不予采纳；住院伙食补助费 90 天 ×50 元 =4500 元；营养费 90 天 ×50 元 =4500 元；护理费 90 天 ×100 元 =9000 元；误工费 120 天 ×120 元 =14,400 元，即法院对实际住院天数加医嘱全休天数认定；交通费酌情认定 900 元，车辆修理费因原告未提供正式票据，酌情认定 200 元。以上合计 48,730.97 元。综上所述，根据《民法典》第 1179 条、第 1208 条、《保险法》第 17 条、第 65 条、《最高人民法院关于适用〈中华人民共和国保险法〉若干问题的解释（二）》第 9 条、第 13 条、《道路交通安全法》第 76 条、《人身损害赔偿解释》（2004 年，已修改）第 17 条、第 19~24 条之规定，判决如下：

一、A 车保险公司在交强险保额内赔偿 B 车驾驶人医疗费 10,000 元，护理费、误工费、交通费 24,300 元，车辆修理费 200 元；A 车保险公司在商业三者险保额内赔偿原告剩余医疗费、伙食补助费、营养费共计 14,230.97 元。

二、A 车保险公司赔偿额合计 48,730.97 元，限判决生效后 10 日内付清。

如果被告未按本判决指定的期限履行给付金钱义务，应当按照《民事诉讼法》第 253 条之规定，加倍支付迟延履行期间的债务利息。

上列款项到期后，如 A 车保险公司不自觉履行，B 车驾驶人可在本判决履行期满第 2 日起两年内，向本院申请强制执行。

案件受理费 1151 元（减半收取），由 A 车驾驶人负担。

如不服本判决，可在判决书送达之日起 15 日内向本院递交上诉状，并按对方当事人的人数提出副本，上诉于 ×× 市中级人民法院。

03 在狭窄的坡道上会车时，下坡车未让上坡车先行

如图所示，A 车在坡道下坡时，发现 B 车正在上坡，未让 B 车先行，造成碰撞，A 车承担全部责任。

交警解答

《道路交通安全法实施条例》第 48 条规定，在没有中心隔离设施或者没有中心线的狭窄坡路上会车时，上坡的一方先行。这是考虑上坡车要克服坡道阻力，必须加大油门，使发动机发出更大的能量和牵引力，一鼓作气才能完成爬坡过程。如果中途减速或停车，就会增加爬坡难度，甚至车辆会向后溜滑而发生事故。

04 下坡车已行至中途而上坡车未上坡，上坡车未让下坡车先行

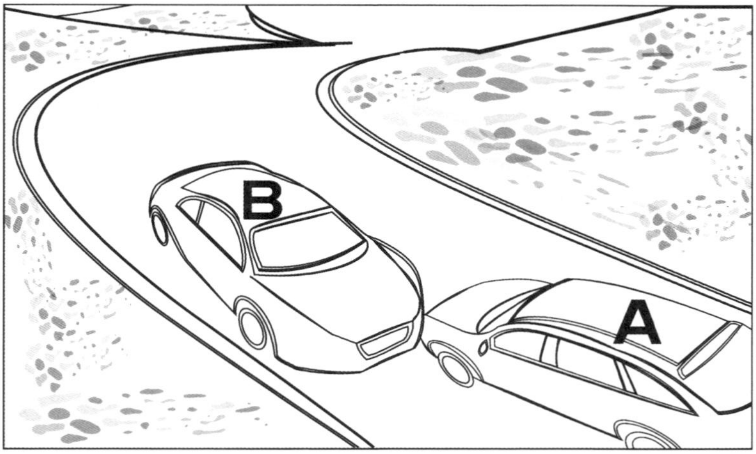

如图所示，A 车正在坡道下方准备上坡，发现 B 车正在下坡，未让 B 车先行，造成事故，A 车承担全部责任。

交警解答

《道路交通安全法实施条例》第 48 条规定，在没有中心隔离设施或者没有中心线的狭窄坡路上会车时，下坡的一方已行至中途而上坡的一方未上坡时，下坡的一方先行。这是考虑下坡车在车辆重力作用下，沿坡道的分力会推动车辆前进，使车速越来越快。如果中途减速或停车，就必须频繁运用制动，这样既容易使制动失效，又潜藏着车辆侧滑或翻车的危险。

05 在狭窄的山路上会车时，靠山体一方未让不靠山体一方先行

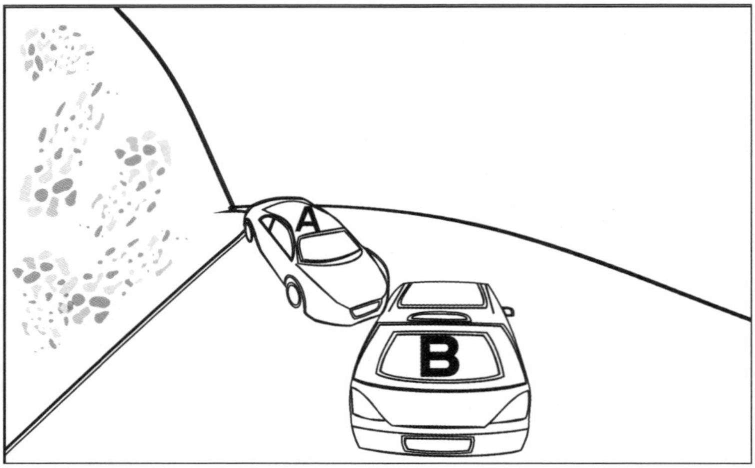

如图所示，A 车在狭窄的山路上靠近山体一侧行驶时，未让不靠山体一侧的 B 车先行，与 B 车发生事故，A 车承担全部责任。

交警解答

《道路交通安全法实施条例》第 48 条规定，在狭窄的山路上，不靠近山体的一方先行。因为不靠近山体的一方临崖靠涧，加上路基可能松软，稍有偏差就有翻车的危险。

案例链接

如图所示，20×× 年 4 月 23 日，A 车驾驶人驾驶两轮摩托车 A 搭载乘客甲，行驶至某山区一狭窄路段时，与货车 B 相撞，造成 A 车驾驶人受伤，经送医抢救无效死亡、甲受伤的交通事故。交警部门出具的《事故认定书》认定：B 车驾驶人驾驶机件不符合技术标准且超载的机动车上路是本事故发生的原因之一，A 车驾驶人驾驶车辆未让不靠山体一方先行且未按操作规范安全驾驶是本事故发生的另一原因，因此，A 车驾驶人、B 车驾驶人承担事故同等责任，甲无责

任。甲受伤后到医院住院治疗，诊断为右上臂中远端毁损等伤情，并行右上臂中远端截肢术，后经鉴定为五级伤残。

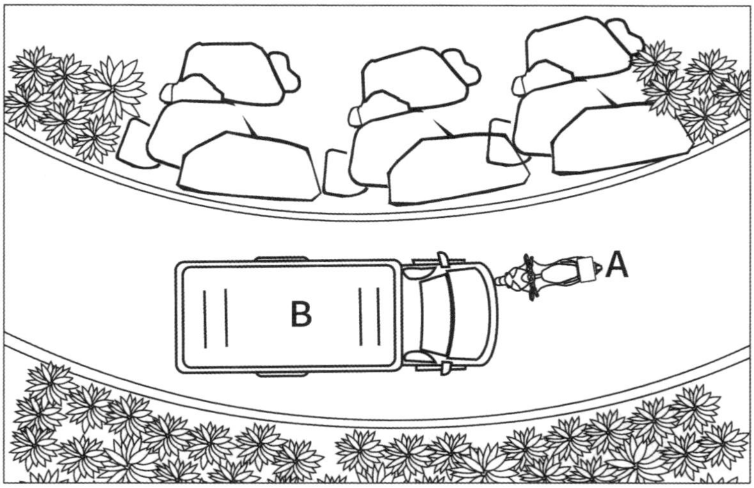

【法院判决】

甲向一审法院起诉，请求：依法判令A车保险公司，A车驾驶人亲属、B车驾驶人、B车所有人、B车挂靠运输公司、B车保险公司赔偿其伤残赔偿金、精神抚慰金、住院生活费、假肢安装费、鉴定费、交通费共计人民币232,603元。审理中，甲又增加了营养费3100元的诉讼请求，并将住院生活费变更为6200元。

一审法院认为，结合事故责任认定和《民法典》及相关司法解释的规定，对甲的各项损失认定如下：医疗费63,333.43元、护理费12,400元、残疾赔偿金151,603元、精神抚慰金酌情认定24,000元、住院伙食补助6200元、营养费3100元、鉴定费700元、交通费酌情认定500元、假肢费用45,000元。合计306,836.43元。

本次交通事故中，甲乘坐于A车上，发生交通事故后必然处于A车之外，因此，应当转化为A车的第三人，而A车驾驶人作为驾驶人不能转化为A车第三人。根据《交通事故损害赔偿解释》（2020年修正）第13条、第18条、第19条以及《民法典》第1213条之规定，A车驾驶人死亡及甲受伤所造成的损失金额已超过两车交强险限额之和，为最大限度发挥交强险的保障作用，最大限度保障当事人合法权益，应由A车交强险首先赔偿甲198,000元，不足部分由甲和死者权利人按损失比例分配B车的交强险限额。对于A车驾驶人应承担的部分，其继承人表示未继承A车驾驶人财产，甲亦未举证证明继承人已继承财产，对甲主张由A车驾驶人的继承人承担赔偿责任的请求不予支持。

鉴于A车、B车的保险公司为同一家公司，一审法院判决：（1）由保险公司于本判决生效后10日内赔偿甲各项损失共计189,569.36元；（2）由保险公司于本判决生效后10日内支付B车所有人已支付给甲的垫付款78,733.43元；（3）驳回甲的其余诉讼请求。

甲不服一审判决，上诉请求：（1）依法撤销一审判决第一项，依法改判由B车保险公司赔偿甲各项损失228,103元；（2）请求上级法院依法改判由B车驾驶人承担全部诉讼费用。

B车保险公司也上诉提出请求：（1）撤销一审判决，依法改判；（2）二审诉讼费由被上诉人承担。

二审法院认为，甲和保险公司的上诉请求和理由均不能成立，应予驳回；一审判决认定事实清楚，适用法律正确，应予维持。

因此，二审法院判决：驳回上诉，维持原判。

06 在有中心线的道路上一方占线会车

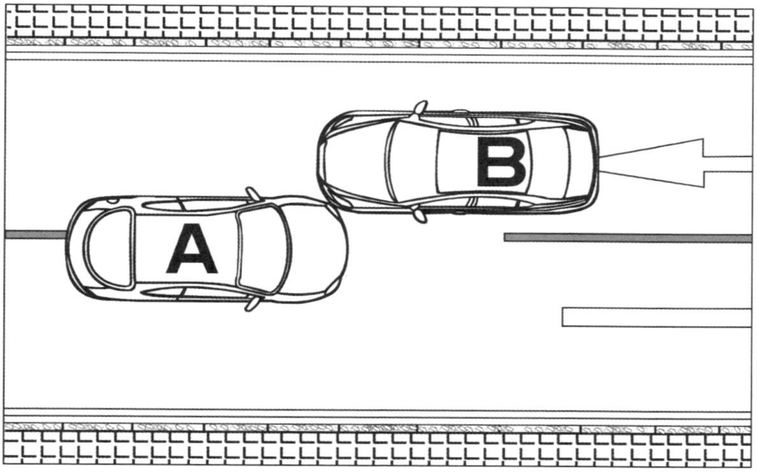

如图所示，在有中心线的道路上，A 车不靠右行驶，而是靠道路中间压着中心线行驶，与对向正常行驶的 B 车发生事故，A 车承担全部责任。

交警解答

《道路交通安全法》第 38 条规定，车辆、行人应当按照交通信号通行。这里所说的“交通信号”，包括交通信号灯、交通标志和交通标线。A 车压着道路中心线行驶，显然没有按照交通标线通行，因此要承担全部责任。

案例链接

如图所示，20×× 年 11 月 20 日 7 时 20 分，A 车驾驶人驾驶 A 车由东北向西南行驶至某路段时，为躲让同方向车辆，驶入中心线左侧，与迎面驶来的三轮车 B 相撞，造成车辆损坏、B 车驾驶人受伤的交通事故。经交警部门认定，A 车驾驶人承担此次事故的全部责任，B 车驾驶人无责任。

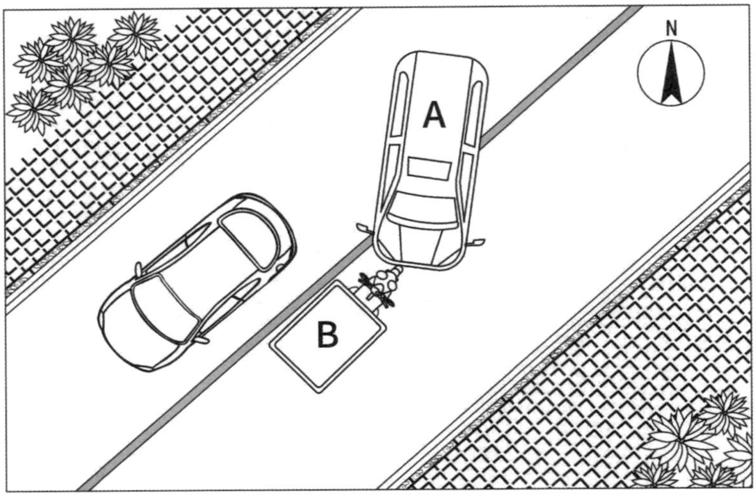

【法院判决】

B 车驾驶人向一审法院起诉，请求：（1）依法判令 A 车驾驶人及 A 车保险公司赔偿其各项经济损失共计 454,731.77 元；（2）案件受理费由被告承担。

一审法院认为，本案系在《民法典》施行前因机动车交通事故引起的民事纠纷案件，故适用当时的法律、司法解释的规定。A 车在甲保险公司投保了交强险，在乙保险公司投保了商业三者险。

一审法院认为，虽然乙保险公司辩称本案已过诉讼时效，但关于身体受到伤害的诉讼时效期限的起算点，应为治疗终结之日或伤残评定之日，以此计算，本案并未超过法定诉讼时效。B 车驾驶人为开放性多发性股骨骨折，多次入院治疗并取出体内固定装置。经当地司法鉴定所出具鉴定意见书，其鉴定意见为 B 车驾驶人右下肢肢体损伤致肢体短缩，伤残程度为十级，膝关节伤残程度为十级。B 车驾驶人经营布料生意，有父母和子女等被扶养人。关于 B 车驾驶人主张的医疗费、住院伙食补助费、护理费、误工费、伤残赔偿金、精神抚慰金、鉴定费、残疾辅助器具费、被扶养人生活费、交通费共计 454,731.77 元，一审法院均予以认同。

一审法院判决：（1）甲保险公司于本判决生效后 10 日内在交强险限额内赔偿 B 车驾驶人经济损失 122,000 元；（2）乙保险公司于本判决生效后 10 日内在商业三者险限额内赔偿 B 车驾驶人经济损失 332,731.77 元。案件受理费 4060 元，甲保险公司负担 1089 元，乙保险公司负担 2971 元。

乙保险公司以事故发生已超过民事案件诉讼时效 3 年等理由，提起上诉，上诉请求：撤销一审法院判决，依法重新改判。

二审法院认为，交通事故中人身损害的损失要根据伤者的治疗、休息、护理以及是否构成伤残等情况确定，故诉讼时效自治疗终结之日或损失确定之日起算。无论是从治疗终结、损失确定之日，还是从定残之日起算诉讼时效，B 车驾驶人的起诉时间均未超过诉讼时效。另外，一审法院对 B 车驾驶人的住院时长、伙食补助费、护理费、误工费、交通费、精神抚慰金及鉴定费、诉讼费的认定正确，均予维持。

二审法院判决：驳回上诉，维持原判。

07 在有中心线的道路上双方占线会车

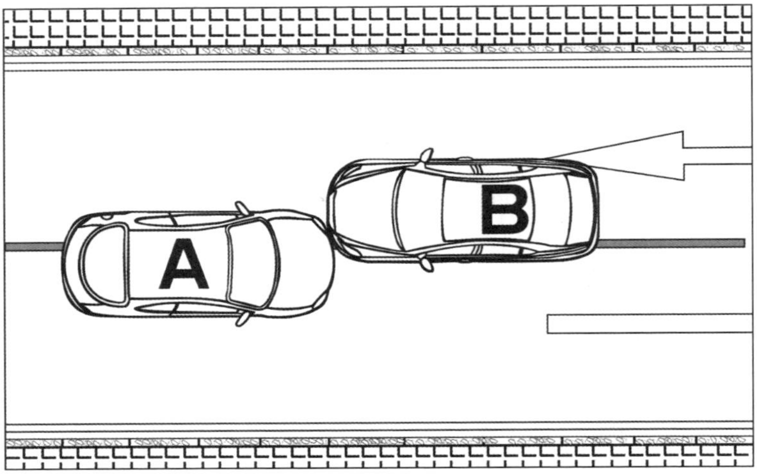

如图所示，在有中心线的道路上，A 车越线行驶，与对向同样越线行驶的 B 车发生事故，A 车和 B 车承担同等责任。

交警解答

图示中，A 车和 B 车显然均违反了《道路交通安全法》第 38 条的规定，即未按照交通标线通行，所以双方承担同等责任。

案例链接

如图所示，20×× 年 9 月 15 日 15 时 28 分许，A 车驾驶人驾驶 A 车沿国道行驶至某路段变道超车时，遇 B 车驾驶人驾驶普通两轮摩托车 B 搭载乘客甲从相对方向行驶而来。因 A 车驾驶人超车时越过中心线，造成 A 车车头左侧部位与 B 车车头部位在道路中心线偏右（A 车行驶方向）位置发生碰撞，致使 B 车驾驶人及甲受伤、两车辆受损。经交警部门认定，A 车驾驶人承担此次事故的主要责任，B 车驾驶人承担此次事故的次要责任，甲无责任。

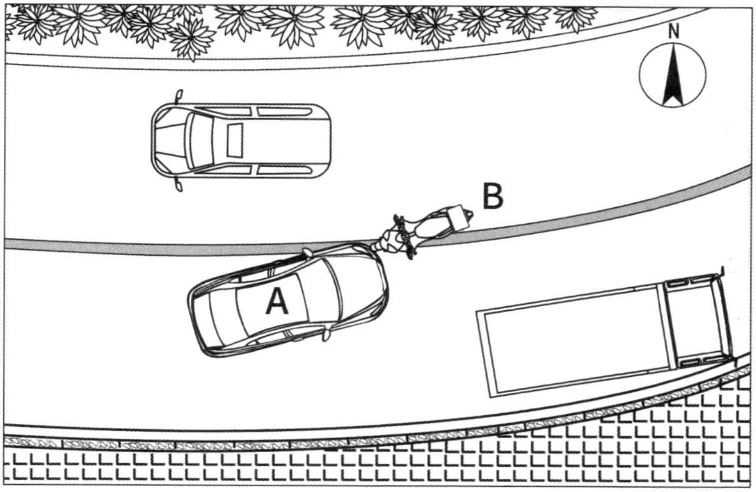

【法院判决】

因 B 车驾驶人、甲系夫妻关系，故甲放弃 B 车驾驶人应对其承担的（次要）赔偿责任，甲向法院起诉，请求：（1）判令 A 车驾驶人赔偿其损失 255,815.7 元；（2）判令 A 车保险公司在保险限额内对上述款项承担赔偿责任；（3）判令 A 车驾驶人、A 车保险公司承担本案诉讼费用。

法院经查明，认定 A 车保险公司在交强险医疗费项下垫付了 10,000 元，另垫付的 65,000 元平分给 B 车驾驶人与甲；认定 A 车驾驶人垫付金额为 25,000 元，甲与 B 车驾驶人每人 12,500 元。甲住院产生住院医疗费 59,565.41 元，法院认可其中的 15% 为非医保费用，计为 8934.81 元，该费用由 A 车驾驶人按交通事故责任比例承担。

法院认定甲的各项损失共计 284,108.08 元，其中医疗项下为 77,028.91 元，伤残项下为 205,079.17 元，鉴定费为 2000 元。甲在交强险伤残费项下获得的赔偿，计为 81,869.52 元。根据交通事故责任认定书，A 车驾驶人承担 70% 的责任，A 车保险公司在交强险项下共承担 91,869.52 元（交强险医疗费项下承担 10,000 元，交强险伤残项下承担 81,869.52 元），在商业三者险中承担（284,108.08−91,869.52）×70%，计 134,566.99 元。本案非医保费用 8934.81 元，应由 A 车驾驶人按责任比例承担计 8934.81×70%=6254.37 元。核减该部分费用后，A 车保险公司在商业三者险中还应承担 128,312.62（134,566.99−6254.37）元。另 A 车驾驶人垫付了医疗费 12,500 元，

A 车保险公司除在交强险医疗费项下垫付 10,000 元外，还另垫付了 32,500 元均应予核减。A 车保险公司在交强险中还应承担 81,869.52 元，商业三者险中还应承担 83,312.62 元。A 车驾驶人所垫付的医疗费 12,500 元由 A 车保险公司负责返还，因 A 车驾驶人需支付 6254.37 元给甲，故该费用可由 A 车保险公司将返还给 A 车驾驶人的 6254.37 元直接支付给甲，剩余的 6245.63 元返还给 A 车驾驶人。A 车保险公司在商业三者险中还应承担 89,566.99（83,312.62+6254.37）元。

法院判决：（1）A 车保险公司在交强险责任限额内给付甲 81,869.52 元；（2）A 车保险公司在商业三者险限额内给付甲 89,566.99 元；（3）A 车保险公司返还 A 车驾驶人 6245.63 元；（4）驳回甲其他诉讼请求。案件受理费 2569 元，由 A 车驾驶人负担 1798.3 元，甲负担 770.7 元。

08 车体未越线但装载物越过中心线的机动车与对向机动车发生事故

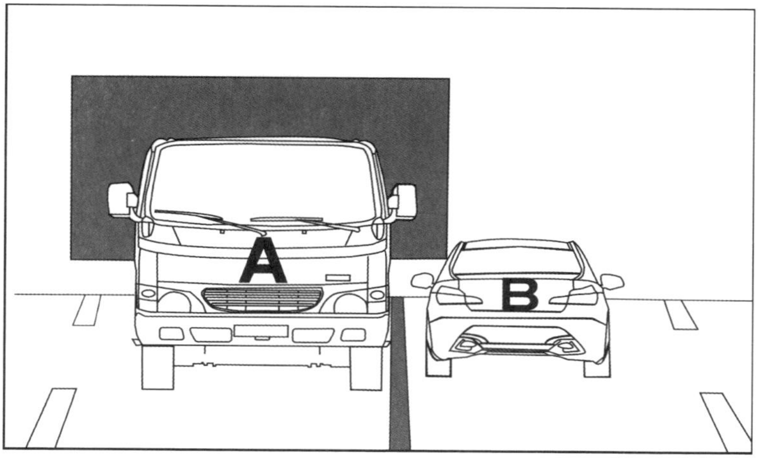

如图所示，在有中心线的道路上，A 车装载不当，装载物明显越出车体宽度，在与对向正常行驶的 B 车会车时发生事故，A 车承担全部责任。

交警解答

《道路交通安全法》第 48 条规定，机动车载物的长、宽、高不得违反装载要求。《道路交通安全法实施条例》第 54 条进一步规定，机动车装载长度、宽度不得超出车厢。

这里也提醒机动车驾驶人，在会车时若发现对向车辆装载物超宽，一定要注意避让。

09 越过道路几何中心线会车时，与对向机动车发生事故

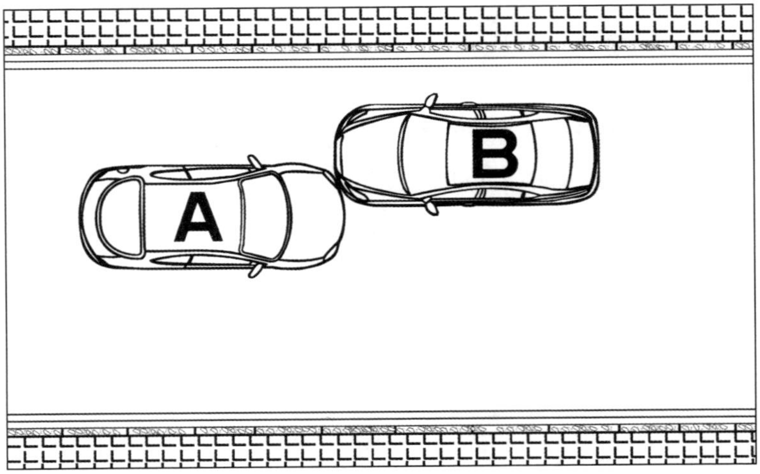

如图所示，在没有划中心线的狭窄道路会车时，A 车明显越出道路的几何中心线，与靠右行驶的 B 车相撞，A 车承担全部责任。

交警解答

《道路交通安全法实施条例》第 48 条规定，在没有中心隔离设施或者没有中心线的道路上，机动车遇相对方向来车时，应当减速靠右行驶，并与其他车辆、行人保持必要的安全距离。

一般情况下，在没有中心线的道路上发生会车事故时，交警在处理时会以目测或使用测量工具测出的几何中心线为界，若一车明显越过几何中心线，而另一车靠右行驶，则判定前者承担全部责任。

案例链接

如图所示，20×× 年 11 月 4 日 0 时 15 分许，A 车驾驶人酒后驾驶 A 车回家，行驶到某路段时，遇 B 车驾驶人（持C 3 型机动车驾驶证）驾驶普通二轮摩托车 B 从相对方向驶来。因 B 车驾驶人会车时未靠道路右侧通行，A 车驾驶人未按操作规范安全驾驶，导致两车相撞，造成 B 车驾驶人受伤、两车受损的

道路交通事故。事故发生后，A 车驾驶人要求朋友顶替自己以致交警没有及时检查出 A 车驾驶人是否有酒驾或醉驾行为。在当地交警侦查过程中，A 车驾驶人及其朋友于当日 10 时许，主动交代了其酒后驾驶车辆并让朋友顶替的事实。经交警认定，A 车驾驶人承担本次交通事故的主要责任，B 车驾驶人承担本次交通事故的次要责任。

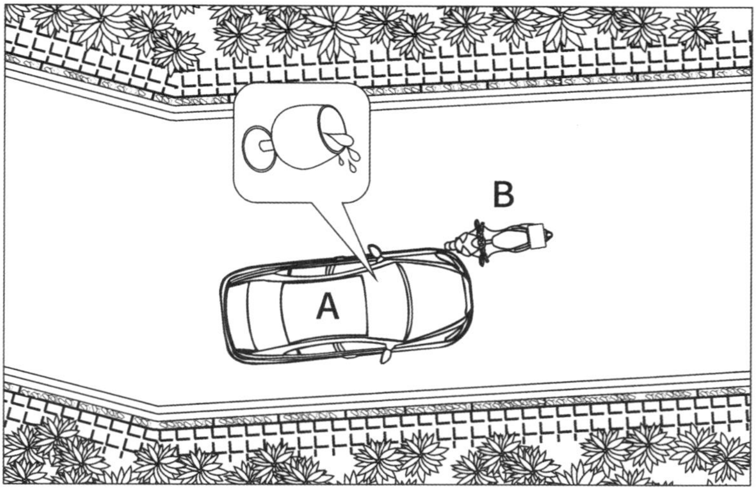

【法院判决】

B 车驾驶人向一审法院起诉，请求：（1）判决 A 车驾驶人赔偿 B 车驾驶人各项经济损失 165,672 元；（2）判决 A 车保险公司在其保险责任范围内对上述款项承担赔付责任；（3）判决 A 车驾驶人及 A 车所有人共同承担诉讼费和律师费 10,000 元。

一审法院认为，根据《民法典》第 1213 条的规定，机动车发生交通事故造成损害，属于该机动车一方责任的，先由承保交强险的保险人在交强险限额范围内予以赔偿；不足部分，由承保商业三者险的保险人按照保险合同的约定予以赔偿；仍然不足或者没有投保商业三者险的，由侵权人赔偿。第 1209 条规定，因租赁、借用等情形，机动车所有人、管理人与使用人不是同一人时，发生交通事故造成损害，属于该机动车一方责任的，由机动车使用人承担赔偿责任。《道路交通安全法》

第 76 条规定，机动车之间发生交通事故的，由有过错的一方承担赔偿责任；双方都有过错的，按照各自过错的比例分担责任。A 车投保了交强险，A 车驾驶人虽处于酒后驾驶状态，因交强险具有强制性和公益性，且在《交强险条例》中，“酒后驾车”并没有排除在保险公司赔偿范围之外，故 B 车驾驶人的损失先由 A 车保险公司在交强险范围内赔偿，不足部分由侵权人按照各自的过错比例分担。经核实，一审法院确认 B 车驾驶人的各项损失为 186,469.55 元。减去 B 车驾驶自己承担部分和 A 车驾驶已垫付款项，B 车驾驶人尚余 144,826.57 元未获赔偿。

据此，一审判决：（1）由 A 车保险公司向 B 车驾驶人赔偿各项经济损失 144,826.57 元；（2）驳回 B 车驾驶人的其他诉讼请求。案件受理费 3614 元，减半收取计 1807 元，由 B 车驾驶人负担；

A 车保险公司就应否在交强险限额范围内承担理赔责任提起上诉。

二审法院确认一审认定事实，关于该保险公司提出的应否在交强险限额范围内承担理赔责任，根据《交通事故损害赔偿解释》（2020 年修正）第 15 条“有下列情形之一导致第三人人身损害，当事人请求保险公司在交强险责任限额范围内予以赔偿，人民法院应予支持：（1）驾驶人未取得驾驶资格或者未取得相应驾驶资格的；（2）醉酒、服用国家管制的精神药品或者麻醉药品后驾驶机动车发生交通事故的；（3）驾驶人故意制造交通事故的。保险公司在赔偿范围内向侵权人主张追偿权的，人民法院应予支持”的规定，A 车保险公司应根据 B 方请求在交强险责任限额范围内予以赔偿，但 A 车保险公司可在实际赔偿之后在赔偿范围内依法向 A 车驾驶人主张追偿权。

二审维持了一审判决。

10 逆行的机动车与对向机动车发生事故

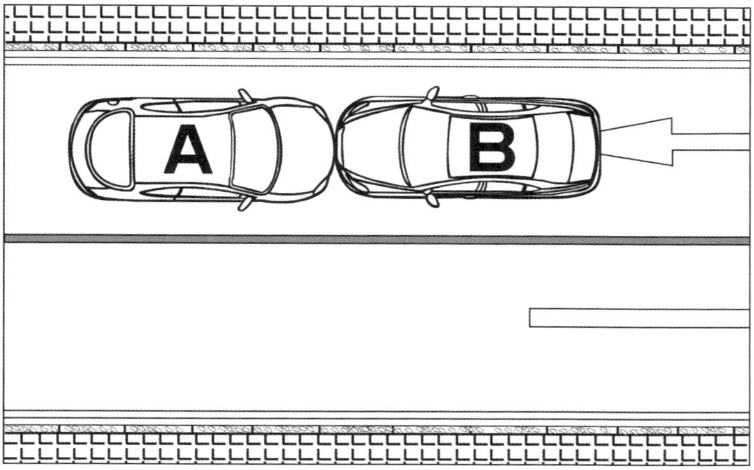

如图所示，B 车在自己的车道内正常行驶，A 车在同一车道内逆向行驶，发生碰撞，A 车承担全部责任。

交警解答

什么叫逆行？按照《道路交通安全法》第 35 条规定：“机动车、非机动车实行右侧通行。”也就是说，以道路中心线为界，在中心线右侧行驶为正常行为，在中心线左侧行驶则为逆行。

具体来说，所谓逆向行驶，一般是指机动车在划有道路中心线或中心隔离设施的道路中，在道路中心线或中心隔离设施的左侧行驶；在无道路中心线或中心隔离设施的道路上，如果道路划有机动车与非机动车分道线或设有分隔设施的，车辆在左侧非机动车道行驶也属于逆向行驶；另外，在单行道上未按照规定的方向行驶，也属于逆向行驶。

逆向行驶是一种非常严重的交通违法行为，所造成的负面影响很大，轻则引起交通堵塞，降低道路通行能力；重则发生重大交通事故，甚至造成车毁人亡的恶性后果。

因此，凡是因逆向行驶导致交通事故发生的，非特殊情况，一般都要承担全部责任。

案例链接

如图所示，20×× 年 9 月 18 日 14 时许，A 车驾驶人酒后无证驾驶无牌两轮摩托车 A 行至某弯道会车时没有靠右侧通行，占道行驶与相对方向 B 车相撞，造成 A 车驾驶人受伤、车辆损坏的交通事故。事故发生时，A 车速度为 58km/h，B 车速度为 36km/h。后 A 车驾驶人于 9 月 29 日死亡。受当地交警委托，经司法鉴定所鉴定，A 车驾驶人系因急性心脏功能障碍致循环衰竭而死亡，交通事故与死亡存在因果关系。交警认定，A 车驾驶人承担主要责任，B 车驾驶人承担次要责任。

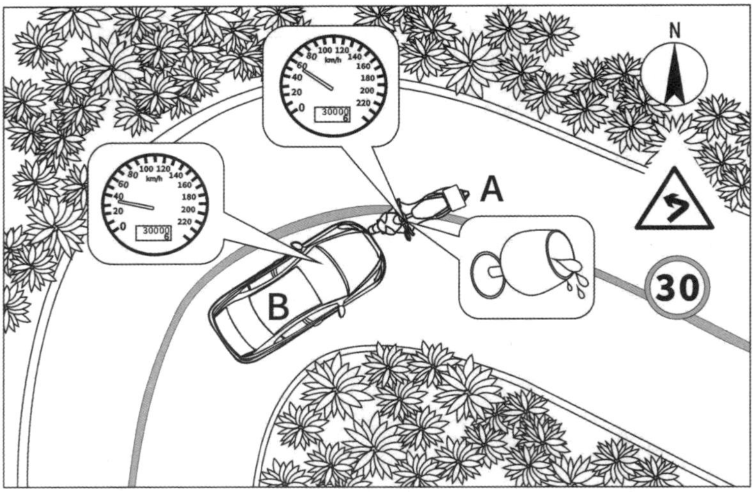

【法院判决】

A 车驾驶人亲属向法院起诉请求：（1）依法确认 A 车驾驶人亲属因交通事故所产生的各项经济损失合计 801,879.92 元；（2）判令 B 车保险公司、B 车驾驶人承担相应的赔偿责任并承担本案诉讼费。

法院认为，根据法律规定，机动车发生交通事故造成人身伤亡、财产损失的，由保险公司在交强险限额范围内予以赔偿；不足的部分，按照下列规定承担赔偿责任：（1）机动车之间发生交通事故的，由有过错的一方承担赔偿责任；双方都有过错的，按照各自过错的比例分担责任。（2）机动车与非机动车驾驶人、行人之间发生交通事故，非机动车驾驶人、行人没有过错的，由机动车一方承担赔偿责任。依据本案的事故责任认定，结合本案实际情况，认定A车驾驶人负70%的责任，B车驾驶人负30%的责任。本案的损失应先由B车保险公司在交强险限额范围内予以赔偿，不足的部分，由该保险公司在商业三者险限额范围内按30%比例予以赔偿。另外，法院支持A车驾驶人亲属住院伙食补助费、误工费、交通费、被扶养人生活费、死亡赔偿金、丧葬费、精神损害抚慰金、辅助器具及用品费、复印费等的诉请。

法院裁决：（1）A车驾驶人亲属的合理经济损失为795,315.55元；（2）B车保险公司在交强险限额范围内赔偿A车驾驶人亲属198,000元，超过交强险限额的597,238.55元（不包括复印费），由该保险公司在商业三者险限额内按30%比例承担赔偿责任，赔付179,171.57元，总计赔付377,171.57元；（3）B车驾驶人赔偿A车驾驶人亲属复印费77.00元；（4）驳回A车驾驶人亲属其他诉讼请求。案件受理费7893元，减半收取3947元，由A车驾驶人亲属负担560元，由B车驾驶人负担3387元。

11 在非机动车道逆向行驶的机动车与对向借道行驶的机动车发生事故

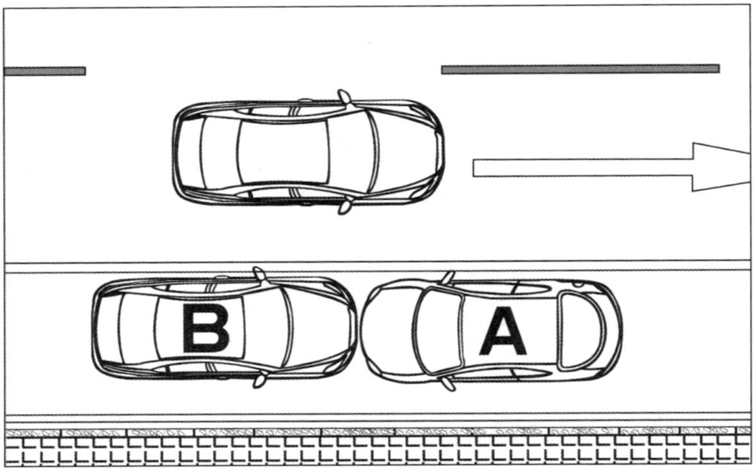

如图所示，A 车在非机动车道内逆行，与对向正在非机动车道内借道行驶的 B 车发生碰撞，A 车承担主要责任。

交警解答

《道路交通安全法》第 36 条规定，道路划分为机动车道、非机动车道的，机动车和非机动车实行分道行驶。没有划分机动车道、非机动车道的，机动车在道路中间通行，非机动车在道路两侧通行。当前方道路堵塞时，机动车不能借用非机动车道行驶，应依次排队等候。在特殊情况下需要借道的，也必须遵守一般规则并保证安全。

具体来说，若 B 车在非机动车道内为正常借道行驶，则 A 车承担全部责任；若 B 车为非正常借道的，则 A 车承担主要责任，B 车承担次要责任。因为 A 车违法借用非机动车道而且逆向行驶，显然应承担主要责任。

12 借用非机动车道行驶的机动车与同向从机动车道内右转弯的机动车发生事故

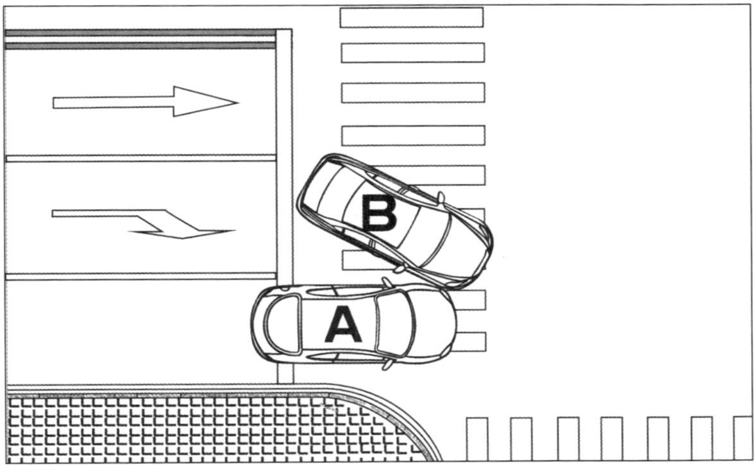

如图所示，A 车借用非机动车道行驶，与正从机动车道内右转弯的 B 车发生碰撞，A 车承担同等以上责任。

交警解答

从机动车道转弯驶入非机动车道或者人行道的机动车，与在非机动车道或者人行道内行驶的机动车发生事故时，若在非机动车道或者人行道内行驶的机动车为正常借道行驶的，双方承担同等责任；若在非机动车道或者人行道内行驶的机动车为非正常借道的，则承担主要以上责任。转弯机动车有过错的承担次要责任，无过错的不承担责任。

案例链接

如图所示，20×× 年 10 月 12 日 12 时许，A 车驾驶人驾驶 A 车沿路由西向东行驶，行至路口由西向南右转弯时，与同路南侧非机动车道由西向东直行通过路口的二轮摩托车（机动车）B 相撞，导致 B 车驾驶人受伤。B 车驾驶人因事故受伤在医院门诊就诊并住院治疗共计 4 天，诊断为骶骨骨折。交警部门认定，A

车驾驶人承担事故的主要责任，B 车驾驶人承担事故的次要责任。A 车驾驶人对事故责任认定有异议，但未申请复核。

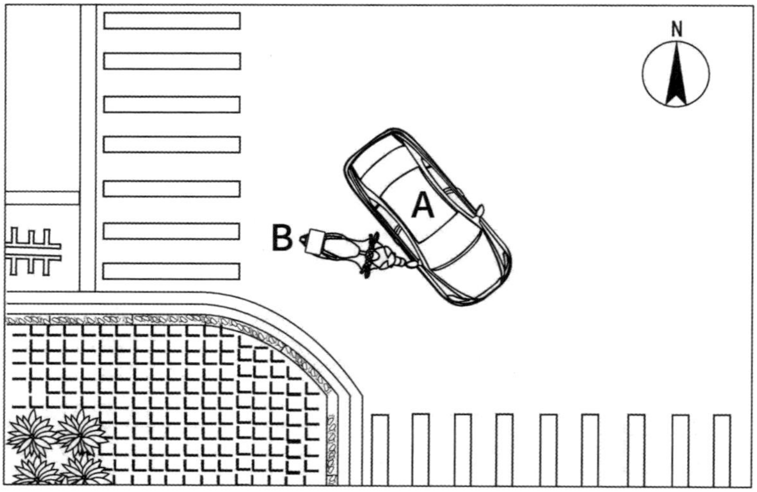

【法院判决】

B 车驾驶人向法院提起诉讼，请求：（1）判令 A 车驾驶人赔偿 B 车驾驶人医疗费、住院伙食补助费、护理费等共计 30,000 元；（2）判令本案诉讼费及其他费用由被告承担。

法院认为，根据机动车交通事故赔偿标准和 B 车驾驶人提供的证据，其主张的各项损失核定如下：（1）医药费 5672.3 元；（2）住院伙食补助费按当地国家机关一般工作人员的出差伙食补助标准计算，共 400 元；（3）护理费按当地一般护工标准计算，共 480 元；（4）误工费按上一年度人均可支配收入标准计算，共 6400 元；（5）交通费 50 元；（6）车辆损失费 525.2 元。A 车未投保交强险，因此，应先行在交强险责任限额范围内不分比例赔偿 B 车驾驶人损失。

法院判决：（1）A 车驾驶人于本判决生效后 10 日内赔偿 B 车驾驶人各项损失共计 13,527.5 元；（2）驳回 B 车驾驶人其他诉讼请求。案件受理费 134 元，保全申请费 320 元，由 B 车驾驶人负担 123 元，由 A 车驾驶人负担 331 元。

13 从路外左转弯驶入道路的机动车与道路内行驶的机动车发生事故

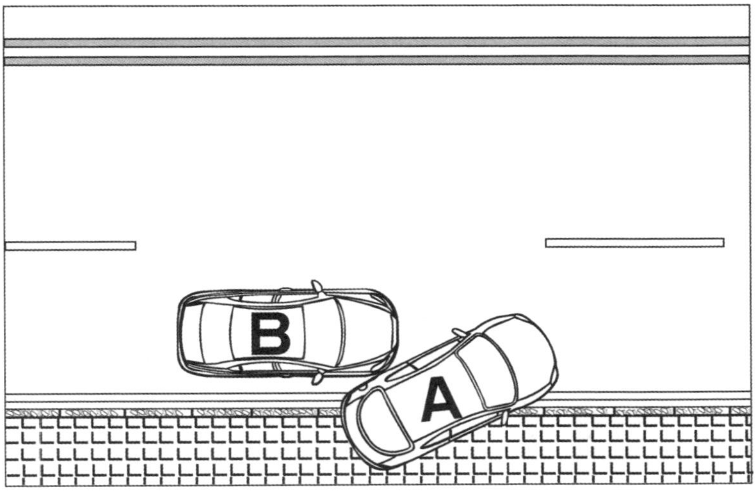

如图所示，B 车在道路上正常行驶，A 车从路外左转弯进入车道，与 B 车发生碰撞，A 车承担全部责任。

交警解答

《程序规定》第 60 条规定，因一方当事人的过错导致道路交通事故的，承担全部责任。

A 车从路外驶入车道，应该保证车道内正常行驶的车辆优先、安全、畅通，而且 A 车是左转弯进入车道，属于占道行驶，可谓错上加错，因此要承担事故的全部责任。

14 从路外左转弯驶入道路的机动车与对向在道路内逆行的机动车发生事故

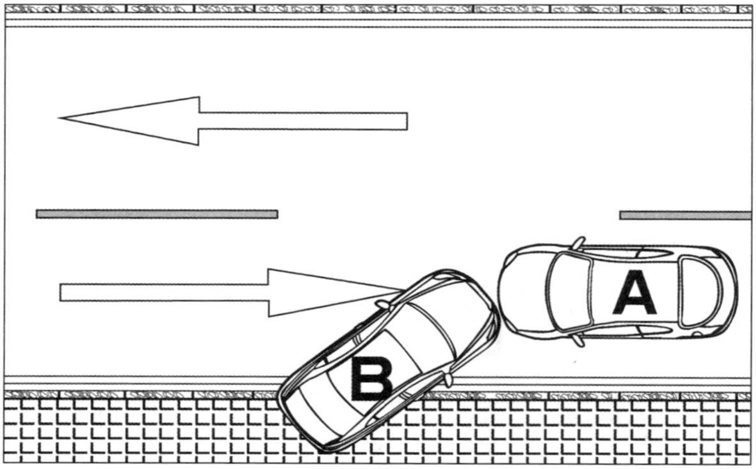

如图所示，A 车在道路上逆向行驶，B 车从路外左转弯进入车道，A 车与 B 车发生碰撞，则 A 车承担主要责任，B 车承担次要责任。

交警解答

事故的发生主要是由于 A 车逆行造成的，B 车在驶入车道前，疏于观察车道内的行车状况，A 车的过错程度大于 B 车的过错，所以 A 车应承担主要责任，B 车应承担次要责任。

15 从非机动车道或人行道左转弯驶入机动车道时，与同向机动车发生事故

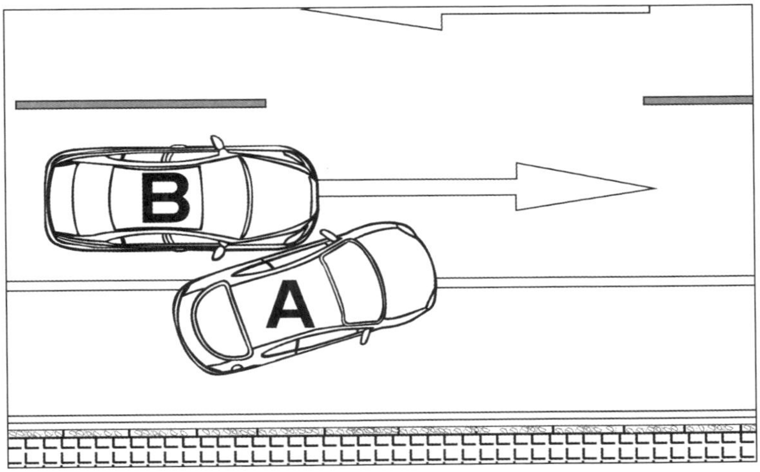

如图所示，A 车从非机动车道左转弯驶入机动车道，与同向行驶的 B 车发生事故，A 车应承担主要以上责任。

交警解答

《道路交通安全法实施条例》第 44 条第 2 款规定，在道路同方向划有 2 条以上机动车道的，变更车道的机动车不得影响相关车道内行驶的机动车的正常行驶。

不过，若 B 车在较远的地方就发现 A 车发出左转弯信号，但是并未减速靠左行驶，导致事故发生，则 B 车也应承担一定的责任。

第二章

机动车超车事故责任认定

01 超越前方正在左转弯的车

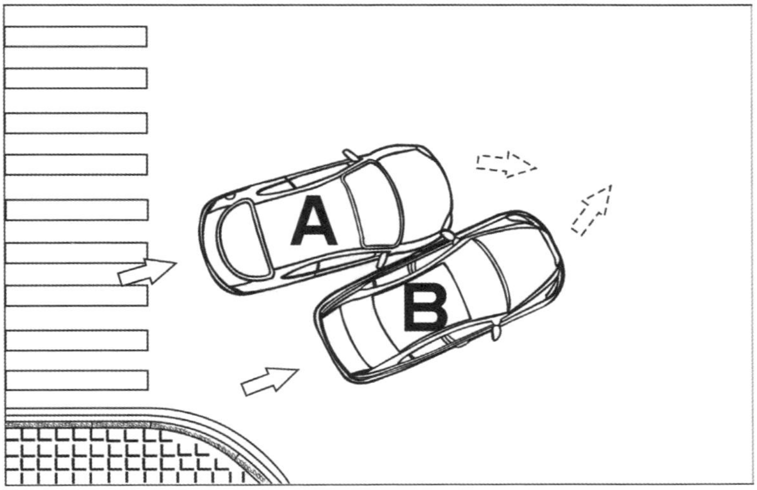

如图所示，B 车正在车道上左转弯，A 车发现后，仍试图从 B 车左侧超车，结果与 B 车发生碰撞，则 A 车承担全部责任。

交警解答

《道路交通安全法》第 43 条规定，同车道行驶的机动车，后车应当与前车保持足以采取紧急制动措施的安全距离，前车正在左转弯时不得超车。

《道路交通安全法实施条例》第 49 条第 2 款又规定，机动车在没有禁止左转弯标志、标线的地点可以掉头，但不得妨碍正常行驶的其他车辆和行人的通行。

若 B 车左转弯的地点并没有禁止左转弯的标志或标线，而且提前打左转向灯提醒后车，并在左转弯的时候与后车保持了足够的安全距离，事故完全是由 A 车强行超车造成的，则 B 车无责任；若 B 车没有做到以上几点，则应承担相应的责任。

案例链接

如图所示，20×× 年 10 月 13 日 17 时 37 分许，A 车驾驶人驾驶无号牌两轮摩托车 A 沿道路自东向西行驶至某路段左转弯时，遇 B 车驾驶人驾驶 B 车在后同向行驶超车，两车发生碰撞，造成A车驾驶人受伤及车辆受损的交通事故。当地交警部门作出《事故认定书》，认定B车驾驶人承担主要责任，A车驾驶人承担次要责任。

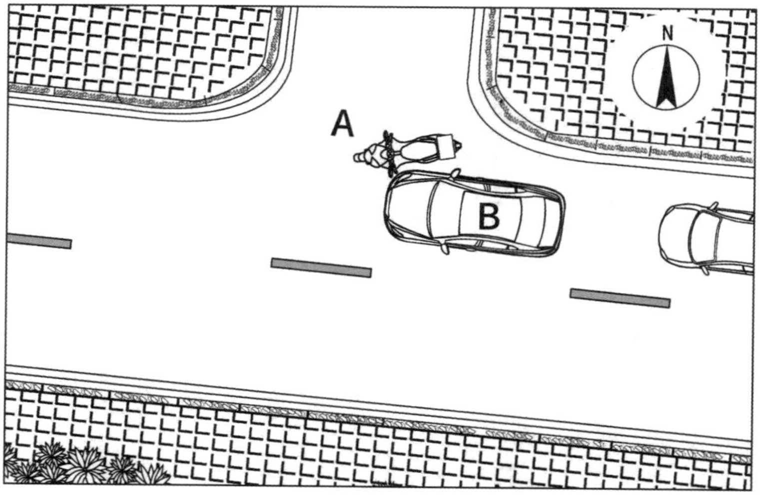

【法院判决】

事故发生后，B车驾驶人已向A车驾驶人垫付医疗等费用8450.51元。A车驾驶人就自身所受损害向法院起诉，请求：（1）依法判令B车驾驶人、B车保险公司共同赔偿其医疗费、误工费、护理费、住院伙食补助费、营养费、后期治疗费、残疾赔偿金、精神损害抚慰金、鉴定费、交通费等各项费用共计840,865.96元，赔偿顺序为先由B车保险公司在交强险伤残赔偿限额范围内赔偿，不足部分由B车保险公司在商业三者险的限额范围内赔偿，仍有不足的由B车驾驶人赔偿；（2）本案的一切诉讼费用由B车驾驶人、B车保险公司共同承担。

法院认为，B车在A车左转时违法超车，导致两车相撞，B车驾驶人违反《道路交通安全法》第43条规定，A车驾驶人违反《道路交通安全法》第8条和第19条规定，二者分别承担80%和20%的责任。B车保险公司称其与投保人签订的保险合同明确约定，交通事故责任为主次责的，其承担的责任比例为70%，但其未提交任何证据予以证明，故对保险公司要求改判其在商业三者险范围内承担 70% 赔偿责任的请求不予支持。法院对 A 车驾驶人因交通事故受伤造成的损失共认定为 783,713.91 元，超出部分不予支持。A 车驾驶人的损失由 B 车保险公司在交强险范围内赔偿 120,000 元，精神损害抚慰金 20,000 元在交强险范围内优先赔付；不足部分在商业三者险范围内按 80% 责任比例赔偿共计 526,432.73 元；B 车驾驶人赔偿鉴定费 4573 元及护理物品费用 1100 元的 80%，即 4538.40 元，B 车驾驶人先行垫付的费用 8450.51 元由 A 车驾驶人从赔偿款中返还。

法院判决：（1）A 车驾驶人经济损失，由 B 车保险公司在交强险范围内赔偿 120,000 元（已付 10,000 元），在商业三者险范围内赔偿 526,432.73 元，由 B 车驾驶人赔偿鉴定费、护理物品费用 4538.40 元，A 车驾驶人从保险公司赔偿款中返还 B 车驾驶人垫付款 8450.51 元；（2）驳回 A 车驾驶人的其他诉讼请求。案件受理费 4220 元，减半收取计 2110 元，由 A 车驾驶人负担 420 元，B 车驾驶人负担 1690 元。

02 超越前方正在掉头的车

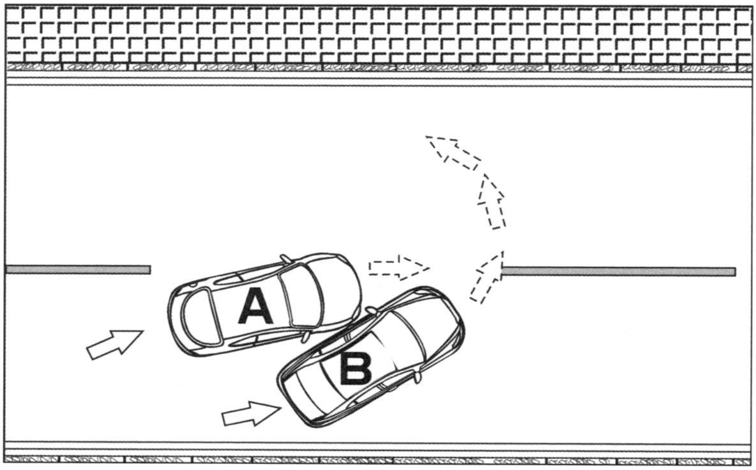

如图所示，B 车正在车道上掉头，A 车在发现 B 车的意图后，仍试图从 B 车左侧超车，结果与 B 车发生碰撞，则 A 车承担全部责任。

交警解答

作为 A 车当事人，可能对自己应承担全部责任存有以下异议。包括：其一，A 车可能认为自己虽然是在超车，但是车子是直行的，B 车是在掉头，因此，B 车应承担事故的全部责任；其二，A 车在超车过程中，如果右侧车身与正在前方掉头的 B 车车头发生碰撞，是 B 车碰了 A 车，那么，B 车要承担事故的全部责任；其三，A 车在超车过程中，如果车头与正在前方掉头的 B 车的车头发生碰撞，则双方都有过错，应承担事故的同等责任。

然而，《道路交通安全法》第 43 条规定，同车道行驶的机动车，后车应当与前车保持足以采取紧急制动措施的安全距离。前车正在掉头的，不得超车。

当然，B 车在未禁止掉头的地点掉头之前，要注意观察同向和对向车辆情况，尽量不要妨碍直行车辆通行，同时，要做到提前打左转向灯，并在掉头时与后车保持足够的安全距离。

案例链接

如图所示，20××年4月19日8时10分许，A车驾驶人驾驶无号牌电动三轮车A沿道路南幅机动车道最左侧车道由西往东行驶，在交叉路口处想要左转调头驶入北幅车道时，遇B车驾驶人持E驾驶证驾驶普通两轮摩托车B搭载乘客甲沿同车道方向行驶，B车欲从A车左侧超车，导致两车相遇发生碰撞，造成B车驾驶人及乘客甲受伤、两车受损的道路交通事故。事发后，B车驾驶人被送到当地医院治疗。当年4月29日，交警部门作出《事故认定书》，认定A车驾驶人不按规定车道行驶，转弯前未减速慢行、伸手示意，B车驾驶人在前车掉头时超车，A、B两车驾驶人分别承担本次道路交通事故同等责任，甲不承担本次事故责任。

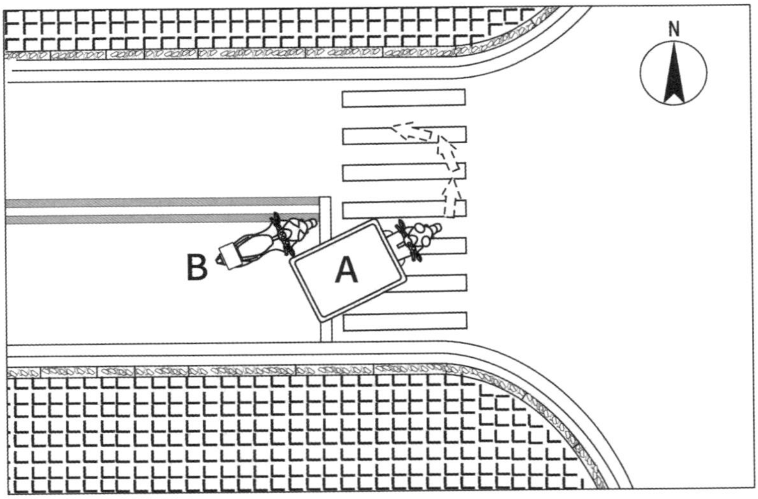

【法院判决】

B车驾驶人向一审法院起诉，请求：（1）由A车驾驶人赔偿各项经济损失共计32,507元；（2）由被告承担本案诉讼费用。

一审法院认为，当地交警部门作出本次《事故认定书》后，A车驾驶人未向上级交警部门提出复议，亦未提交相关证据予以推翻本案事故认定结论，故法院依法对本次《事故认定书》予以采信。关于B车驾驶人各项合理损失的认定问题：

（1）误工费标准，依法参照当地最低月工资标准计算其误工损失；（2）护理费标准，依法参照当年全年非私营居民服务行业标准予以计算；（3）其余损失，依法参照鉴定意见及法定标准分别予以计算；（4）关于A车驾驶人提出本次事故造成其受伤及车辆受损的问题，因其未提出反诉，本案不宜处理，可另案解决。

一审法院判决：（1）B车驾驶人的医疗费、后续治疗费、住院伙食补助费、营养费、护理费、交通费、酌情车损、鉴定费等各项合理经济损失共计20,604元，由A车驾驶人按责任比例赔偿10,302元，其余损失由B车驾驶人自负；（2）驳回B车驾驶人的其他诉讼请求。案件受理费150元，A车驾驶人和B车驾驶人各负担75元。

A车驾驶人不服一审判决，上诉请求：（1）撤销一审判决，改判A车驾驶人仅向B车驾驶人赔偿2569元医疗费；（2）本案二审诉讼费由B车驾驶人承担。

其上诉的事实和理由：（1）A车驾驶人一直未收到案涉《事故认定书》，其内容与发生的事实不符，请求予以纠正。（2）该认定书不能作为本案的判决依据，B车驾驶人驾驶的电动车在减速标志处没有减速，在同车道上明知前方有车，未保持安全距离并作出正确判断，而导致此次车祸事故发生。（3）B车驾驶人出院证明中并未提到需要后续治疗，护理费、营养费和误工费均不合理，请求予以纠正。（4）若B车驾驶人已进行医疗保险报销，则不应当由A车驾驶人重复赔偿。（5）事故发生后，A车驾驶人已尽到义务，即拨打120、122救助报警电话，将B车驾驶人送到医院进行治疗，并垫付了医疗费2569元。（6）A车驾驶人受损车辆的修理费为4050元，应一并处理。（7）若计算B车驾驶人的误工费，则也应计算A车驾驶人1个月误工费4500元。（8）事故发生后，A车驾驶人一直身体不适，并出现头晕、头痛等情况，于20××年9月2日至10日期间在医院住院共8天，住院花费5335.93元，也应一并处理。

二审法院认为，在当地交警作出责任认定后，A、B车驾驶人均未在法定期限内提出书面复核申请，该《事故认定书》的效力应予认定。A车驾驶人认为一审认定的B车驾驶人后续治疗、护理费、营养费和误工费均不合理，但其未申请重新鉴定，亦未提交证据证明，故一审法院依据鉴定意见认定B车驾驶人的损失数额并无不当，本院予以支持。A车驾驶人提出的医药费并非产生于本次交通事故，且关于三轮车修理费因在一审期间未依法提出反诉，所以不予支持。

二审法院判决：驳回上诉，维持原判。

03 超越前方正在超车的车

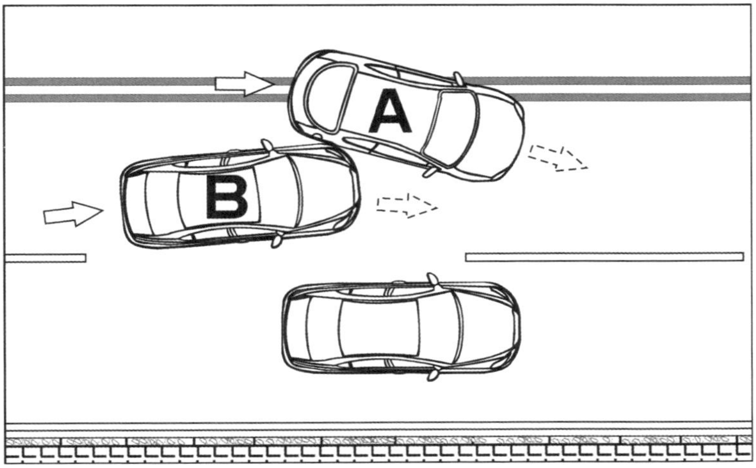

如图所示，A 车在行驶途中，看见前面的 B 车打左转向灯准备变道超车，但 A 车仍试图从 B 车左侧超车，结果与 B 车发生碰撞，则 A 车承担全部责任。

交警解答

《道路交通安全法》第 43 条规定，前车正在超车时，不得超车。A 车在发现 B 车正在超车时仍试图超车，所以应承担全部责任。

对于 B 车来说，在接收到后车发出的超车信号后，在没有道路中心线或者同方向只有 1 条机动车道的道路上，为安全起见，应不要再试图超车，而是降低速度，靠右让行，在条件许可的情况下再实行超车。

04 与对面来车有会车可能时超车

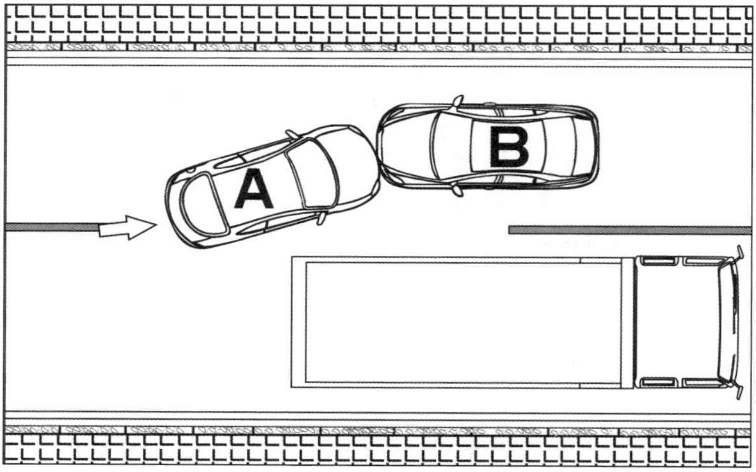

如图所示，A 车从前方正常行驶的货车左侧超车的过程中，与对面驶来的 B 车发生碰撞，则 A 车承担全部责任。

交警解答

对于以上事故，可能存在几种争议：其一，A 车认为 B 车看见自己超车应当避让，因此，B 车应承担全部责任；其二，A 车认为 B 车如果避让一下，自己完全可以超过去，因此，两车应分别承担一半责任。

然而，根据《道路交通安全法》第 43 条规定，与对面来车有会车可能的，不得超车。遇到这种情况，A 车应当先判断自己超车是否影响对面的来车。在确定对向车道无车辆的情况下，才能超车。

案例链接

如图所示，20×× 年 11 月 23 日 15 时 38 分，A 车驾驶人驾驶 A 车行驶至某省道一路段超车时越过中心实线，与对向 B 车（搭载乘客甲等 4 人）发生碰撞，造成 B 车搭载的 3 位乘客当场死亡，B 车驾驶人、甲两人受伤及两车不同程度损坏的交通事故。事故发生后，甲被送到当地医院救治。当地交警经过调查取证，认定 A 车驾驶人的行为违反了《道路交通安全法》第 35 条、第 38 条的规定，应承担事故的全部责任；B 车驾驶人不承担责任，已死亡乘客及甲无责任。

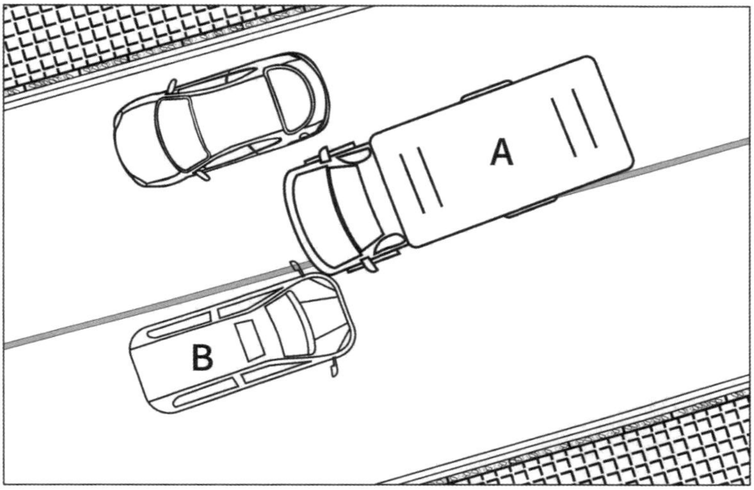

【法院判决】

甲向一审法院起诉，请求：判令 B 车保险公司在车上人员（乘客）责任险限额范围内赔偿甲因交通事故造成的经济损失 10,000 元。

一审法院认为，B 车投保了车上人员（乘客）责任险，每座 10,000 元，并购买了不计免赔险，本交通事故发生在保险期限内。因此，一审法院判决：（1）B 车保险公司赔偿甲经济损失 10,000 元；（2）款项于判决生效之日起 7 日内，由 B 车保险公司直接汇入法院指定的银行账户转甲收讫。

B 车保险公司不服一审判决，上诉请求推翻一审判决。

二审法院认为，本案案由应定性为人身保险合同纠纷，本案的争议点是保险公司是否能够根据保险合同中第 39 条的约定对本次事故免责。但其第 39 条是位于机动车车上人员责任保险中“保险责任”栏下，处于合同非明显位置，且以与其他文字相同大小的字体显示，没有加粗、加黑或作出其他足以引起投保人注意的标识或提示，也不属明示告知应详细阅读的内容，故应认定保险人未尽到提请注意及明确说明之义务，该条款对甲不产生法律效力。因此，二审法院驳回保险公司的上诉，维持原判。

B 车保险公司提请省高院再审。

再审法院认为，根据 B 车投保保险合同，本案的车上人员责任险并不是以自然人的生命和身体健康为保险标的，而是以被保险人对第三者依法应负的赔偿责任为保险标的，根据《保险法》第 65 条的规定，应属于责任保险。二审法院将本案认定为人身保险合同纠纷，定性错误。根据法律规定及保险条款的约定，车上人员责任险作为一种责任保险，保险公司向甲承担赔偿责任的前提是，被保险人即车主和车主所允许的合法驾驶者依法应当对车上人员承担损害赔偿责任。而本起事故中 B 车无责，因此，在本案被保险人对涉案车辆所承载的人员并不负有赔偿责任的情况下，甲无权请求保险公司进行赔偿。又在另案已生效的民事判决中，甲因本次交通事故所产生的损失已得到赔偿，现又要求保险公司对其赔偿，属于重复请求，也有违责任保险的损失填补原则。综上分析，甲起诉请求 B 车保险公司在车上人员责任险限额范围内赔偿其因交通事故造成的经济损失 10,000 元，缺乏事实和法律依据，本院不予支持。

再审法院判决：（1）撤销一审、二审的民事判决；（2）驳回甲的诉讼请求。

05 行经交叉路口超车

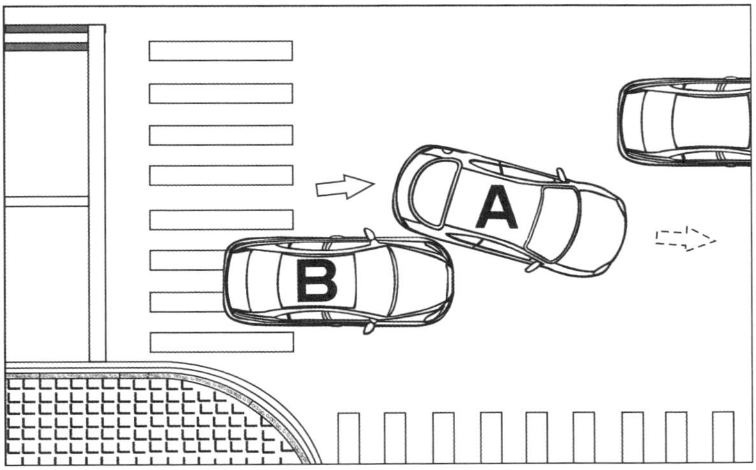

如图所示，行经交叉路口，A 车在超越同方向行驶的 B 车过程中与 B 车发生碰撞，则 A 车承担全部责任。

交警解答

《道路交通安全法》第 43 条规定，行经交叉路口等没有超车条件的路段时，不得超车。因为交叉路口是各种人流和车流汇聚的地方，交通状况复杂，明显不具备超车条件。在这种路段超车，只会使交通状况更加复杂化。

案例链接

如图所示，20×× 年 4 月 28 日 7 时 0 分许，A 车驾驶人驾驶两轮摩托车 A 沿道路由北向南行驶至交叉路口处准备进行超车，与前方同方向的拖拉机 B 左转弯时相撞，造成车辆损坏，A 车驾驶人受伤。事故发生后，A 车驾驶人被送到当地医院。经当地交警认定，A 车驾驶人驾驶逾期未检验的两轮摩托车，在没有中心线的道路上超速行驶，且在路口处超车，是造成此起交通事故的主要原因，应承担主要责任；B 车驾驶人驾驶左后转向灯不符合要求的拖拉机上路行驶，是造成此起交通事故的次要原因，应承担次要责任。

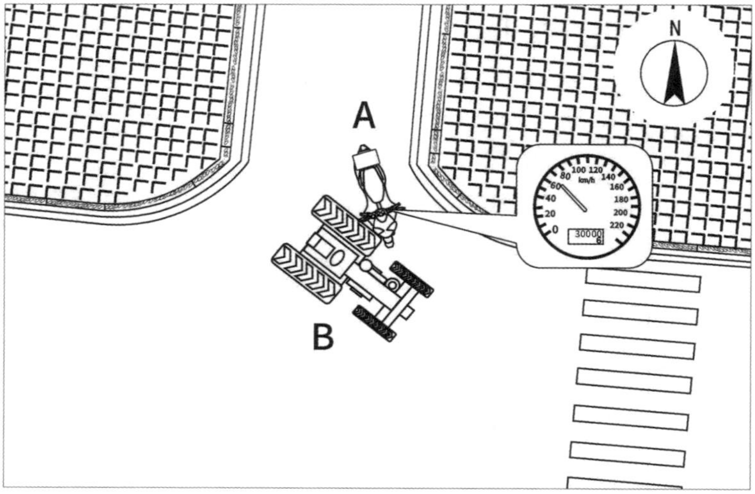

【法院判决】

A 车驾驶人向一审法院起诉，请求 B 车驾驶人、B 车保险公司赔偿其在本次交通事故中的各项经济损失。

一审法院认为，当地交警作出的《事故认定书》认定事实清楚、程序合法、责任划分准确，应予以采信。B 车驾驶人对交通事故认定书不认可，既未在法定期限内向上级机关申请复核，又未提交相反证据证明，故对 B 车驾驶人的辩解不予采信。B 车驾驶人应承担本次交通事故次要责任，对 A 车驾驶人请求保险限额外的损失由 B 车驾驶人按 30% 比例承担予以支持。

一审法院判决：（1）B 车保险公司在政策性农器具交通事故责任强制保险赔偿限额内赔偿 A 车驾驶人医疗费 10,000 元、护理费 13,500 元、误工费 81,523.22 元、交通费 300 元、施救费 200 元，合计 105,523.22 元；（2）余下的医疗费 30,091.02 元、营养费 3000 元、住院伙食补助费 2000 元、后续治疗费 9000 元、鉴定费 2240 元，合计 46,331.02 元，由 B 车驾驶人向 A 车驾驶人赔偿该费用的 30%，即 13,899.31 元；（3）驳回 A 车驾驶人的其他诉讼请求。

B 车保险公司不认可 A 车驾驶人的误工费数额，提起上诉。

二审法院结合 A 车驾驶人的职位和当地政府发布的企业工资价位表，驳回上诉，维持原判。

06 在人行横道超车

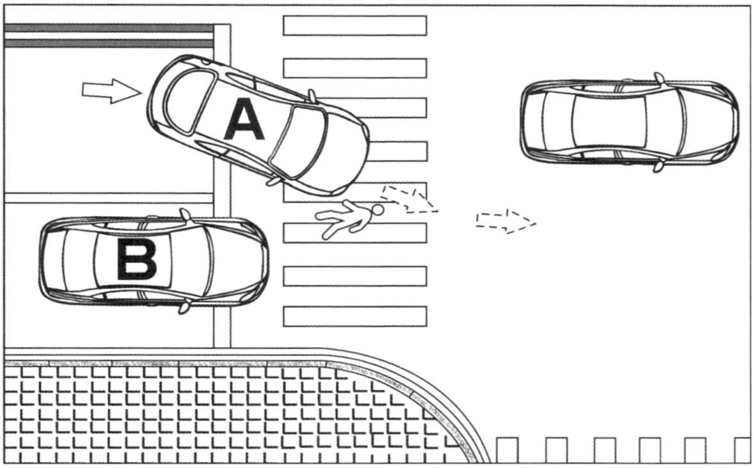

如图所示，行经人行横道，A 车在超越同方向行驶的 B 车过程中与人行横道上的行人发生事故，则 A 车承担全部责任。

交警解答

在各国交通法规中，都把保证行人安全放在第一位。相比车辆，行人是弱者，而人行横道又是行人的主要过路通道，因此，人行横道上的通行权必须放在优先位置，严禁在人行横道上超车。

《道路交通安全法》第 43 条规定，行经人行横道等没有超车条件的路段时，不得超车。第 47 条规定，机动车行经人行横道时，应当减速行驶；遇行人正在通过人行横道，应当停车让行。

案例链接

如图所示，20×× 年 7 月 29 日 20 时 5 分，A 车驾驶人驾驶 A 车途经某路口时，在跨越道路中心双实线行驶到左侧车道且在路口处超车过程中，碰撞到前方并排站立于人行横道上并准备继续通过的行人，造成行人甲、乙受伤及车辆局部受损的交通事故。事故发生后，甲被送到当地医院进行治疗。同年 8 月 20 日，交警部门作出事故认定，A 车驾驶人承担事故全部责任。

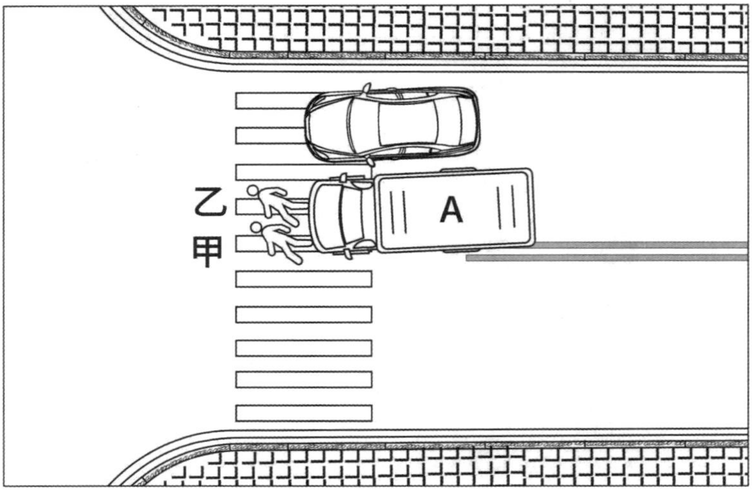

【法院判决】

甲向一审法院起诉，请求：（1）A 车驾驶人、A 车保险公司赔偿甲医疗费、住院伙食补助费、营养费、误工费、护理费、交通费、残疾赔偿金、精神损害抚慰金和鉴定费用等，共计 172,867.42 元；（2）A 车保险公司承担上述金额在交强险限额内的直接赔付责任（精神损害抚慰金在交强险内优先支付）和在商业三者险限额内直接赔付责任。

一审法院认为，根据《民法典》第 1179 条的规定："侵害他人造成人身损害的，应当赔偿医疗费、护理费、交通费、营养费、住院伙食补助费等为治疗和康复支出的合理费用，以及因误工减少的收入。造成残疾的，还应当赔偿辅助器具费和残疾赔偿金；造成死亡的，还应当赔偿丧葬费和死亡赔偿金。"一审法院委托司法鉴定中心对甲进行鉴定，鉴定意见为：甲损伤及后遗症评定为十级伤残；甲出院后护理期限为 30 日，误工期限以损伤后 120 日为宜。事故发生后，甲分别收到 A 车保险公司和 A 车驾驶人的 18,000 元和 3500 元。甲虽有提交证据证明其暂住事故发生地，但保险公司不予认可，且甲未能进一步举证证明其主要收入来源于该地，故其残疾赔偿金按受诉法院所在地上一年度城镇居民人均可支配收入计算。

一审法院判决：（1）A 车保险公司共赔偿甲医疗费、住院伙食补助费、营养费、误工费、护理费、残疾赔偿金、精神损害抚慰金等各项损失共计 132,465.42 元（已扣除 A 车保险公司和 A 车驾驶人先前垫资共 21,500 元）；（2）A 车驾驶人应于判决生效之日起 10 日内赔偿甲鉴定费 1800 元。

A 车保险公司不服一审判决，向二审法院提出上诉，请求：撤销一审判决第一项，改判或发回重审（其不服金额为 19,508 元）。

二审法院认为，人身损害赔偿案件中，无固定收入的失地农民，其误工费、护理费认定适用城镇在岗职工年平均工资统计标准计算系本地司法实践通行做法。此司法实践由来已久，且本地已产生大量类案判决，故应予遵循。据此，一审法院认定误工费、护理费，与法无明显相悖，并无不当。A 车保险公司认为甲应属于无固定收入人员，其误工费应按城镇私营单位就业人员年平均工资中农业、林业、牧业、渔业标准计算。甲未能提供证据证明护理人员收入状况，其护理费应按城镇私营单位就业人员年平均工资中居民服务、修理和其他服务业标准计算，因此，A 车保险公司主张一审法院认定误工费、护理费适用计算标准有误，其主张于法无据，且与本地司法实践不符，理由不能成立。

二审法院判决：驳回上诉，维持原判。

07 在窄桥上超车

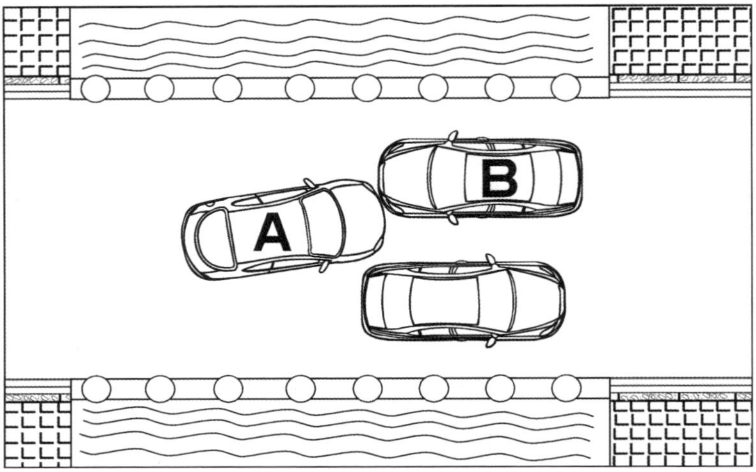

如图所示，A 车行经窄桥时，试图超越同方向行驶的车辆，结果撞上对向行驶的 B 车，则 A 车承担全部责任。

交警解答

《道路交通安全法》第 43 条规定，行经窄桥等没有超车条件的路段时，不得超车。因为窄桥根本不具备超车条件，在这种路段超车，就是拿自己和他人的安全甚至生命开玩笑。

08 在弯道处超车

如图所示，在行经弯道时，A 车试图超越前车，与对向驶来的 B 车相撞，则 A 车承担全部责任。

交警解答

《道路交通安全法》第 43 条规定，行经弯道等没有超车条件的路段时，不得超车。需要说明的是，弯道不能超车，主要是指在同一车道行驶时，后方车辆不能超车。如果是多个车道，且两车在不同车道行驶，那么超车是没问题的。

为什么弯道不能超车？因为车辆行经弯道时，驾驶视线受阻，驾驶员无法预见到弯道的情况，这种情况下超车易出危险，所以禁止超车。

案例链接

如图所示，20×× 年 1 月 7 日 16 时 52 分，A 车驾驶人驾驶 A 车沿国道行驶至某弯道路段实施超车过程中，致使对向行驶的 B 车为避让 A 车导致失控，越过道路中心线与跟在 A 车后的 C 车发生碰撞，造成 B 车驾驶人、C 车驾驶人以及 C 车乘客甲等 9 人不同程度受伤，B 车驾驶人经抢救无效死亡。A 车驾驶人在事故发生后驾车离开现场，事发次日被传唤归案。当地交警部门认定，应由 A

车与 B 车驾驶人各自承担事故的同等责任，C 车驾驶人无责任。

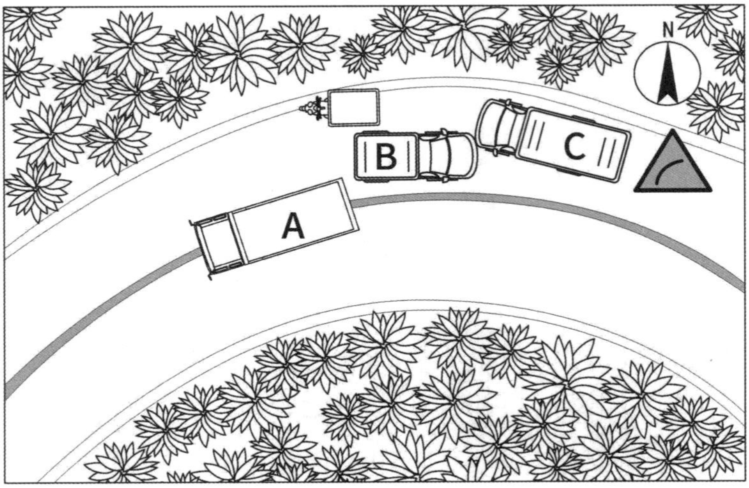

【法院判决】

甲因交通事故造成损失医疗费已远远超出甲的家庭经济能力，为了能够继续治疗，现起诉要求被告赔偿甲至当年 7 月 16 日前的医疗费，后续其他费用以后再另行起诉。甲向法院提起诉讼，请求：（1）判决 A 车保险公司、B 车保险公司、C 车保险公司在承保范围内赔偿其医疗费共 228,765.90 元；（2）判决 B 车所有人、A 车驾驶人、A 车所属公司对上述赔偿不足的部分承担连带赔偿责任，B 车驾驶人亲属在继承 B 车驾驶人的遗产价值范围内对上述赔偿不足部分承担连带赔偿责任。

法院认为，交警部门出具的《事故认定书》，予以采信。甲的医疗费损失共 228,765.90 元，应由 A 车保险公司在交强险医疗费用责任赔偿限额的 18,000 元内赔偿（已赔付），其余医疗费用赔偿项目范围内的损失共计 210,765.90 元，按照事故责任认定，应由 A、B 两车驾驶人各承担 50% 的赔偿责任，金额均为 105,382.95 元。其中，属 A 车驾驶人承担的，由其所属公司赔偿。因此，A 车保险公司在商业第三者险赔偿限额的 100,000 元范围内赔偿 20,000 元给甲（另在赔偿限额范围内将 20,000 元赔偿给受伤的 C 车驾驶人 ,60,000 元赔偿给死亡的 B 车驾驶人的亲属），A 车所属公司尚应赔偿 85,382.95 元。属 B 车驾驶人承担的部分，因 B 车驾驶人与 B 车所有人是合伙关系，B 车驾驶人是在执行合伙事务过程中发生交通事故的，对甲形成合伙人的侵权之债，根据《民法典》第 972 条、第 973 条和第 1191 条，由 B 车所有人与 B 车驾驶人对甲承担连带赔偿责任。现 B 车驾驶人已死亡，其亲属应在实际继承的遗产价值范围内与 B 车所有人承担连带赔偿责任。C 车保险公司已垫付的医疗费为 56,000 元，应由甲从所获得的医疗费赔偿款中返还。

法院判决：（1）B 车驾驶人亲属应在继承 B 车驾驶人的遗产价值范围内与 B 车所有人对甲承担 105,382.95 元的连带赔偿责任；（2）A 车保险公司应在商业三者险赔偿限额内赔偿甲 20,000 元；（3）A 车所属公司赔偿甲医疗费损失 85,382.95 元；（4）驳回甲的其他诉讼请求。

09 在陡坡上超车

如图所示，A 车在下坡过程中超越前车，与对向正在上坡的 B 车相撞，则 A 车承担全部责任。

交警解答

《道路交通安全法》第 43 条规定，行经陡坡等没有超车条件的路段时，不得超车。因为下陡坡本来就要利用低挡和发动机的制动来控制速度，再加上下坡的惯性，如果超车速度将很难控制，容易发生交通事故。

案例链接

如图所示，20×× 年 7 月 2 日 10 时，A 车由西向东行驶至某坡道中段上坡超车时，与由东向西行驶的 B 车相撞，导致双方车辆受损、B 车驾驶人受伤住院的道路交通事故。当地交警部门认定 A 车驾驶人违反《道路交通安全法》第 43 条第 4 项，在坡道上超车，A 车驾驶人承担本起事故全部责任。

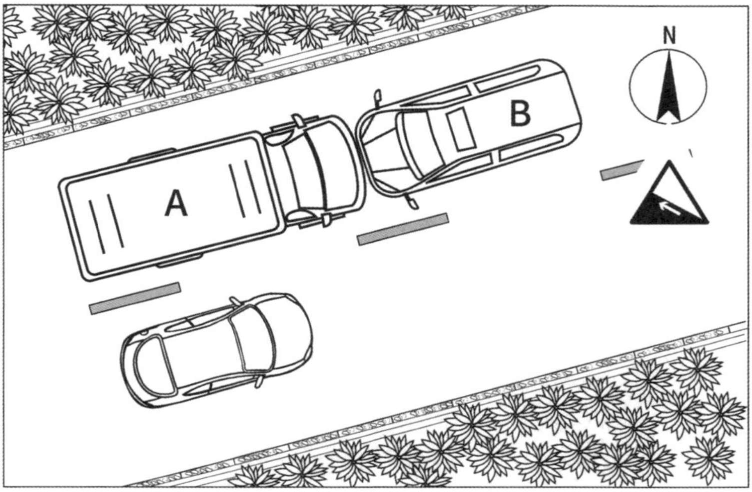

【法院判决】

B 车驾驶人向法院提起诉讼，请求：（1）依法判令 A 车驾驶人、A 车保险公司赔偿其车损款 8360 元、车辆停运损失 9750 元，合计 18,110 元；（2）依法判令被告承担本案诉讼费及鉴定费 3000 元。

法院认为，由于 A 车驾驶人承担事故全部责任，故其应对本起事故造成的 B 车驾驶人的损失承担赔偿责任。A 车在保险公司投有交强险和商业三者险，事故发生在保险期内，B 车驾驶人的损失应首先由 A 车保险公司在交强险限额内承担赔偿责任，不足部分由 A 车保险公司在商业三者险限额内承担，A 车驾驶人在本案中暂不承担赔偿责任。对于 B 车驾驶人车辆损失 7180 元的主张，于法有据，应予支持。对于车辆损失超出部分主张，因该车已报废，评定残值为 1180 元而不予支持。对于停运损失的主张，因 B 车非营运车辆，故不予支持。对于评估费 3000 元的主张，因该评估报告中车辆停运损失评估结论未被采用，故该项评估费用中的 1000 元由 B 车驾驶人自行承担。

法院判决：（1）A 车保险公司在保险限额内赔偿 B 车驾驶人车辆损失 7180 元及评估费 2000 元，共计 9180 元；（2）A 车驾驶人在本案中暂不承担赔偿责任；（3）驳回 B 车驾驶人其他诉讼请求。

10 在隧道内超车

如图所示，A 车在隧道内超越同方向行驶的 B 车，与 B 车发生碰撞，则 A 车承担全部责任。

交警解答

《道路交通安全法》第 43 条规定，行经隧道等没有超车条件的路段时，不得超车。因为隧道相对狭窄，光线较暗，加上通风不好，地面上机油或其他液体不易干，造成路面湿滑，在里面转向容易跑偏。从以往资料来看，隧道事故多发的主要原因是变道过程中车辆打滑，无法控制方向造成碰撞。

案例链接

如图所示，20×× 年 9 月 9 日，A 车驾驶人驾驶 A 车在某段隧道超车时，与同方向同车道的普通两轮摩托车 B 发生碰撞，造成 B 车驾驶人受伤及双方车辆损坏。交警部门认定，A 车驾驶人违反《道路交通安全法》第 43 条第 4 项的规定，即在隧道里超车，A 车驾驶人应承担事故全部责任。

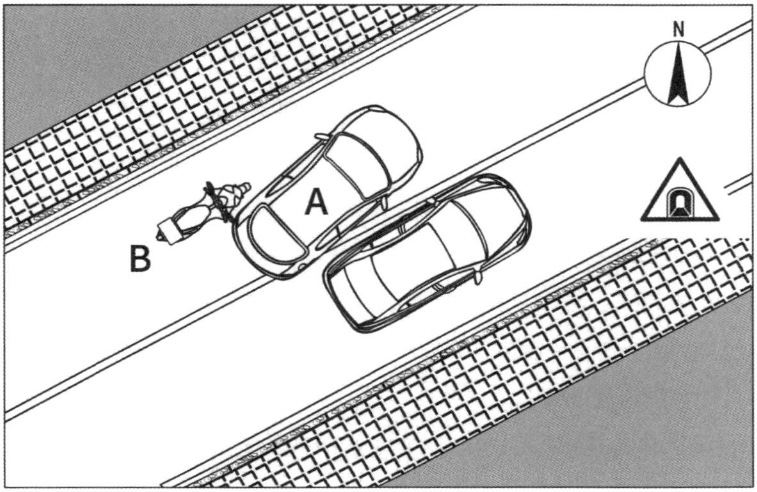

【法院判决】

B 车驾驶人向一审法院起诉，请求：判令 A 车驾驶人、A 车保险公司赔偿其损失共计 861,787.60 元。损失明细：医疗费 194,436.56 元、营养费 3000 元、住院伙食补助费 7900 元（79 天 ×100 元 / 天）、护理费 242,400 元（住院期间 150 元 / 天 ×2 天 +14,700 元 +8400 元，部分护理依赖 120 元 / 天 ×365 天 ×10 年 ×50%）、残疾赔偿金 370,813.04 元（54,854 元 / 年 ×13 年 ×52%）、伤残鉴定费 12,728 元（3376 元 +5416 元 +3936 元）、精神抚慰金 26,000 元（50,000 元 ×52%）、交通费 3210 元（30 元 / 天 × 住院 79 天 +30 元 / 天 × 门诊 28 天）、车损 1300 元；A 车保险公司在交强险范围内优先赔付其精神损害抚慰金，超过交强险范围的部分依法在商业三者险限额范围内承担赔偿责任，仍有不足的由 A 车驾驶人承担赔偿责任。

一审法院认为，本案的《事故认定书》，责任划分正确，应予以采纳。法院委托司法鉴定所对 B 车驾驶人的伤情进行鉴定，得出 B 车驾驶人：伴神经系统症状，构成十级伤残；左侧第 3~8 肋骨骨折，构成十级伤残；此次事故导致精神障碍，目前构成六级伤残，且需要部分护理依赖。A 车在保险公司投保了交强险和商业三者险，A 车驾驶人、A 车保险公司、B 车驾驶人一致同意由 A 车驾驶人、A 车保险公司分别按 10% 和 90% 的比例向 B 车驾驶人赔偿本案医疗费用。

一审法院判决：（1）A 车保险公司于判决生效之日起 7 日内赔付 B 车驾驶人

医疗费、住院伙食补助费、护理费、残疾赔偿金、伤残鉴定费、精神损害抚慰金、交通费、车辆维修费，共 816,473.80 元；（2）A 车驾驶人于判决生效之日起 7 日内赔付 B 车驾驶人 19,412.13 元；（3）驳回 B 车驾驶人其他诉讼请求。

A 车保险公司因对出院后的护理费有异议，提起上诉。

二审法院认为，根据《人身损害赔偿解释》（2020 年修正）第 8 条第 3 款、第 4 款的规定，护理期限应计算至受害人恢复生活自理能力时止，受害人因残疾不能恢复生活自理能力的，可以根据其年龄、健康状况等因素确定合理的护理期限，但最长不超过 20 年。受害人定残后的护理，应当根据其护理依赖程度并结合配制残疾辅助器具的情况确定护理级别。由于鉴定机构具备鉴定资质，A 车保险公司一审对相关鉴定意见并无异议，二审时亦未提交任何证据反驳，因此，对 B 车驾驶人出院后护理期限为 10 年的认定并无不当。

二审法院判决：驳回上诉，维持原判。

11 在交通流量大的路段超车

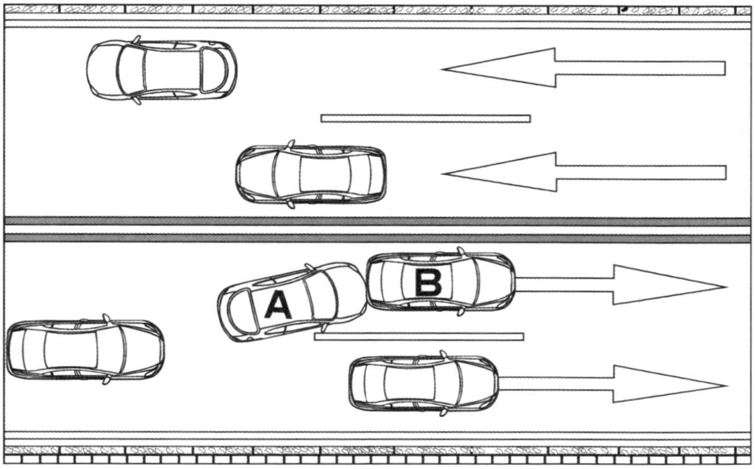

如图所示，A 车在交通流量大的路段超越同向行驶车辆，与左侧车道内的 B 车发生碰撞，则 A 车承担全部责任。

交警解答

《道路交通安全法》第 43 条规定，行经市区交通流量大的路段时，不得超车。关于这一点，相信驾驶人员都容易理解。

案例链接

如图所示，20×× 年 2 月 23 日 17 时许，A 车驾驶人驾驶 A 车与 B 车在车流量、人流量较多的城区主干道上追逐竞驶至某路段时，碰撞到驾驶摩托车 C 的驾驶人，造成 C 车驾驶人死亡及 A 车、C 车损坏的交通事故。

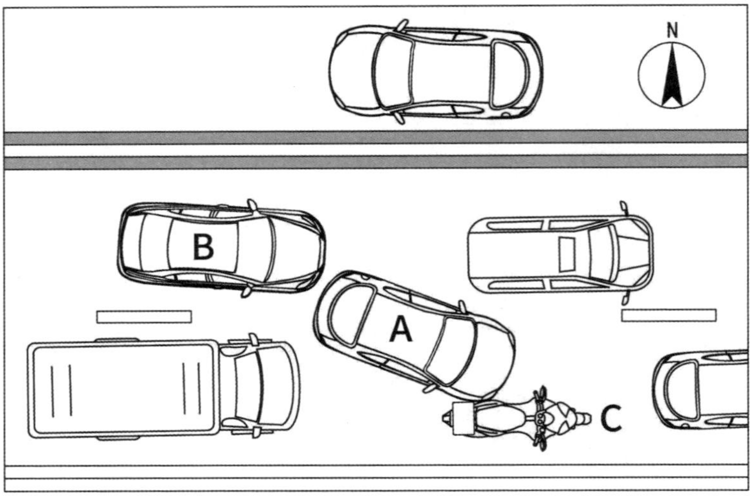

【法院判决】

A 车驾驶人向一审法院起诉，请求：（1）判令 A 车保险公司在三者险赔偿范围内，赔偿 A 车造成的第三者人身损害的赔偿款 509,230.12 元；（2）判令 A 车保险公司在车损险保险赔偿范围内，赔偿其车损暂计 89,763.04 元。

另案刑事附带民事判决，以过失以危险方法危害公共安全罪分别判处 A 车驾驶人、B 车驾驶人 4 年和 3 年不等的有期徒刑，同时判决 A 车保险公司应在交强险赔偿限额内赔偿 C 车驾驶人亲属死亡赔偿金、丧葬费、办理丧葬事宜的误工费和交通费等损失共计 11 万元；B 车保险公司应在交强险及商业三者险赔偿责任限额内赔偿 C 车驾驶人亲属死亡赔偿金、丧葬费、办理丧葬事宜的误工费和交通费等损失共计 328,241.43 元。关于 A 车驾驶人、B 车驾驶人的追逐竞驶行为是否属于免责条款约定的免责情形，一审法院认为，已查明机动车综合商业保险条款（2014 版）保单，在保险条款中并没有将“追逐竞驶”约定为免责事由。A 车保险公司辩解“追逐竞驶”比免责条款中约定的“竞赛”有过之而无不及，亦是改变其使用性质等导致被保险机动车危险程度显著增加的因素，因此，其无需承担保险责任。A 车保险公司的辩解显然是对免责条款相关内容的解释，且该解释明显不利于投保人。根据《保险法》第 30 条关于“采用保险人提供的格式条款订立的保险合同，保险人与投保人、被保险人或者受益人对合同条款有争议的，应当按照通常理解予以解释。对合同条款有两种以上解释的，人民法院或者仲裁机构应当作出有利于被保险人和受益人的解释”及《最高人民法院关于适用〈中华人民共和国保险法〉若干问题的解释（二）》第 17 条关于“保险人在其提供的保险合同格式条款中对非保险术语所作的解释符合专业意义，或者虽不符合专业意义，但有利于投保人、被保险人或者受益人的，人民法院应予认可”的规定，一审法院对 A 车保险公司的辩解意见不予采纳。至于 A 车保险公司抗辩称车辆从正常行驶变为竞驶用途，其危险程度按日常生活常识可知已显著增加，增加的危险程度是订立合同时保险人无法预见的，不属于预见到的承保范围。一审法院经审查认为，涉案车辆并非长期专门用于竞驶，而是临时起意，其行为不具有持续性，不属于危险程度显著增加的情形，故要认定保险标的危险程度显著增加的依据不足。综上所述，A 车保险公司应对 A 车驾驶人因涉案事故造成的损失在保险限额内予以赔偿。经核算，A 车驾驶人应赔偿给 C 车驾驶人亲属的金额为 509,230.02 元。且对涉案事故车辆进行鉴定评估，A 车的车辆价值损失可认定为 75,375 元，A 车驾驶人主张赔偿超出部分不予支持；A 车驾驶人支付的评估费 4737 元，属于为处理本次事故查明保险标的损失程度支出的合理的、必要的费用，依法可予确认。上述损失及一项费用合计 589,342.02 元，且单项损失均未超过保险限额，A 车保险公司应予赔偿。

一审法院判决如下：（1）A 车保险公司应于本判决发生法律效力之日起 10 日内给付 A 车驾驶人赔偿金 589,342.02 元；（2）驳回 A 车驾驶人的其他诉讼请求。

A 车保险公司不服法院一审判决，进行上诉。

二审法院认为，本案二审争议的焦点是 A 车驾驶人的行为是否属于保险合同约定的免责事由；如是，所涉免责条款是否发生法律效力。本案系 A 车驾驶人与 B 车驾驶人为斗气在车流量、人流量较多的城区主干道上超速竞逐驾驶引发，与车辆行驶在道路上因违反安全注意义务致第三者受害的一般道路交通事故相比具有其特殊性。A 车驾驶人将保险标的物及他人置于可预见的且不必要的危险状态下，并最终导致 C 车驾驶人死亡的实际危害结果。虽 A 车驾驶人对造成该损害结果并无直接故意，但确系其不必要的危险驾驶行为导致，实质为驾驶员的自觉行为导致，两者之间存在相当因果关系。虽然，A 车驾驶人的行为不能构成故意制造交通事故，但其行为已然构成保险制度中的故意行为，符合案涉保险合同中约定的免责情形。关于案涉免责条款是否发生法律效力的问题，A 车驾驶人与 A 车保险公司之间的保险合同系通过电子投保形式缔结，上述投保单尾部投保人签字（盖章）处有 A 车驾驶人的电子签名，可见，投保人在投保时已经充分知晓并同意免责条款的约定。案涉证据足以认定 A 车保险公司已对案涉免责条款履行明确说明义务，案涉免责条款已发生法律效力。A 车驾驶人的驾驶行为已被追究刑事责任，可认定其行为具有相应的违法性，且违法性已达到一定的严重程度，违反了公共利益和良善道德。保险合同的基本原则是诚实信用，诚信原则贯穿保险合同的始终。若对此种行为仍给予保险保障，有违保险制度设立的初衷，亦不符合社会主义核心价值观。综上所述，A 车驾驶人关于要求 A 车保险公司履行赔偿其向受害者支付的赔偿款及案涉投保车辆损失的合同义务的诉求，不应予以支持。

二审法院判决：（1）撤销一审法院民事判决；（2）驳回 A 车驾驶人的诉讼请求。

12 在无中心线或同方向只有一条机动车道的道路上，从前车右侧超车

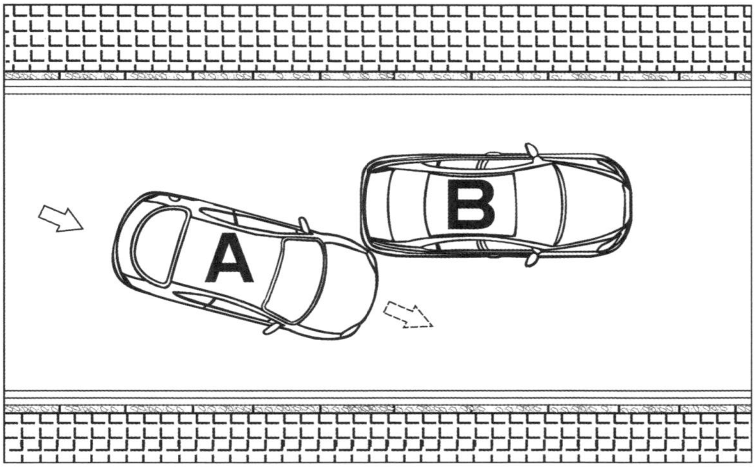

如图所示，在只有一条机动车道的道路上，A 车从右侧超越同方向行驶的 B 车，与 B 车发生碰撞，则 A 车承担全部责任。

交警解答

《道路交通安全法实施条例》第 47 条规定，在没有中心线或同方向只有一条机动车道的道路上，后车应当在确认有充足的安全距离后，从前车的左侧超车。

为何不能从右侧超车呢？因为右侧司机视线受限，加上右侧往往就是非机动车道或人行道，因此，从右侧超车很容易出现意想不到的情况。

13 在有中心线的道路上越线超车

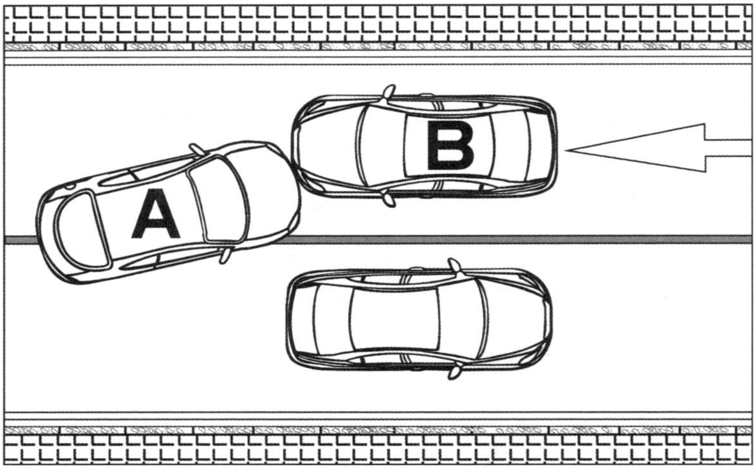

如图所示，A 车试图超越前面的车辆，越过中心线，与对向驶来的 B 车发生碰撞，则 A 车承担全部责任。

交警解答

《道路交通安全法》第 45 条规定，机动车遇有前方车辆停车等候或者缓慢行驶时，不得借道超车或者占用对面车道行驶。道路中心线为双黄线或单黄线，作用是分隔对向行驶的交通流；车道分界线为白色虚线，用来分隔同向行驶的交通流；车行道边缘线为白色实线，用来表明车行道边线。其中实线禁止越线，虚线在确保安全的情况下可临时越线。

案例链接

如图所示，20×× 年 3 月 29 日，A 车驾驶人驾驶 A 车在某交叉路口西北侧机动车道内停车卸载乘车人甲后，甲由西南向东北方向未走人行横道加速横过道路时，与由西北向东南行驶至路口北侧越中心实线超车的 B 车相撞，导致甲受伤。事故发生后，甲被送到当地医院治疗，经诊断，其右桡骨小头闭合粉碎性骨折、左侧多发肋骨骨折等。当地交警部门认定，A 车驾驶人、B 车驾驶人与甲承担事故的同等责任。

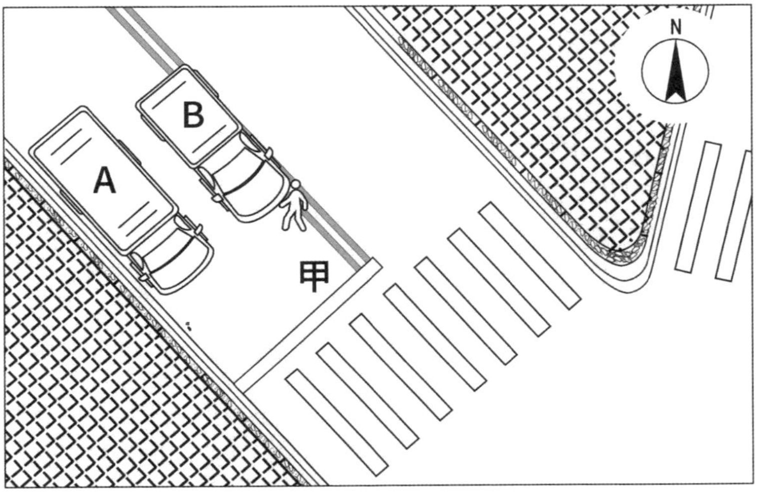

【法院判决】

甲向一审法院提起诉讼，请求：（1）判令A车保险公司在交强险限额内赔偿其20,530.7元；（2）判令A车保险公司在商业三者险限额内赔偿其11,062.62元，不足部分由A车驾驶人、A车实际所有人和A车登记所有人承担；（3）判令B车保险公司在交强险限额内赔偿其28,530.7元；（4）判令B车保险公司在商业三者险限额内赔偿其11,062.62元，不足部分由B车所有人和B车驾驶人承担。

一审法院认为，多辆机动车发生交通事故致人损害，损失超出各机动车交强险责任限额之和的，由各保险公司在各自责任限额范围内承担赔偿责任；损失未超出各机动车交强险责任限额之和，当事人请求由各保险公司按照其责任限额与责任限额之和的比例承担赔偿责任的，人民法院应予支持。

一审法院判决：（1）A车保险公司于判决生效之日起10日内在交强险限额内赔偿甲损失共计19,430.7元；（2）A车保险公司于判决生效之日起10日内在商业三者险保额内赔偿甲损失共计9193.51元；（3）B车保险公司于判决生效之日起10日内在交强险限额内赔偿甲损失共计27,430.7元；（4）B车保险公司于判决生效之日起10日内在商业三者险保额内赔偿甲损失共计9193.51元；（5）A车实际所有人、A 车登记所有人于判决生效之日起 10 日内连带赔偿甲损失 25.3 元；（6）B 车所有人于判决生效之日起 10 日内赔偿甲损失 25.3 元；（7）驳回甲的其他诉讼请求。

B 车保险公司认为鉴定费不应在交强险限额内承担，遂上诉请求：撤销一审法院判决第三项，依法改判其中 27,430.7 元不负赔偿责任。

二审法院认为，一审判决各方按法律规定赔偿甲的合理损失并无不当。关于 B 车保险公司主张鉴定费不应在交强险限额内承担、交强险不负责赔偿与垫付因交通事故产生的仲裁或者诉讼费以及其他相关费用、护理费标准过高、不赔误工费等问题，均不予支持。

二审法院判决：驳回上诉，维持原判。

14 超越执行紧急任务的警车、消防车、救护车或工程救险车

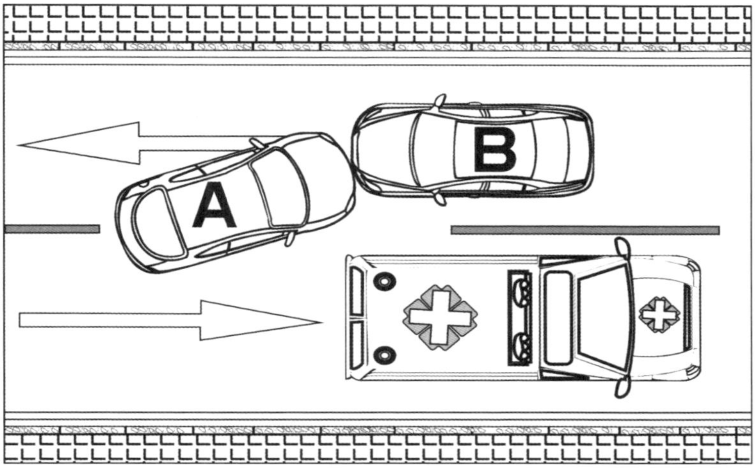

如图所示，A 车为了赶路，见前面有一辆不断鸣笛的救护车，仍试图超车，与对向行驶的 B 车发生碰撞，则 A 车承担全部责任。

交警解答

《道路交通安全法》第 43 条规定，前车为执行紧急任务的警车、消防车、救护车、工程救险车时，不得超车。

执行紧急任务的特种车辆之所以“特”，是因为在确保安全的前提下，这些车辆不受行驶路线、行驶方向、行驶速度和信号灯的限制。换句话说，这些车辆在执行任务时，有闯红灯的权利。同时，社会车辆有避让的义务，也应承担一定责任。因为对于这些执行紧急任务的车辆来说，每一分每一秒都是非常宝贵的，其他车辆必须为保障它们行驶畅通提供最大方便。

15 发出超车信号后马上变更车道

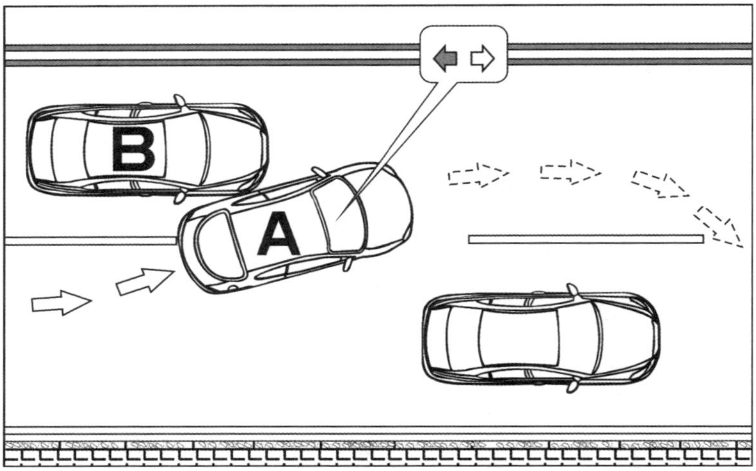

如图所示，A 车跟在前方车辆后面在慢速车道行驶，B 车在后方快速车道内正常行驶。A 车突然变更车道进入快速车道，导致 B 车反应不及发生事故，则 A 车承担全部责任。

交警解答

《道路交通安全法实施条例》第 47 条规定，机动车超车时，应当提前开启左转向灯，变换使用远、近光灯或者鸣喇叭。A 车在发出超车信号后马上变更车道，没有给前车和后车驾驶人相应的准备时间，很容易导致对方反应不及而发生事故，自然应该承担全部责任。

对于突然变更车道的问题，也存在一定争议：一种情况是，A 车可能是在前方突遇障碍物不能直行的情况下突然变道的，认为自己是不得已的，B 车应该承担一定的责任；另一种情况是，A 车刚刚变更车道，才打了一点方向时，旁边的 B 车就已直行经过，因 B 车的车身刮擦 A 车的车头左前角，A 车可能会认为是 B 车刮到了自己，B 车应该承担全部责任。

然而，根据《道路交通安全法》相关规定，变更车道时，应当让正在该车道内行驶的车辆先行。因此，不管属于哪种情况，A 车都要承担事故的全部责任。

16 超车后未与被超车辆拉开必要安全距离就驶回原车道

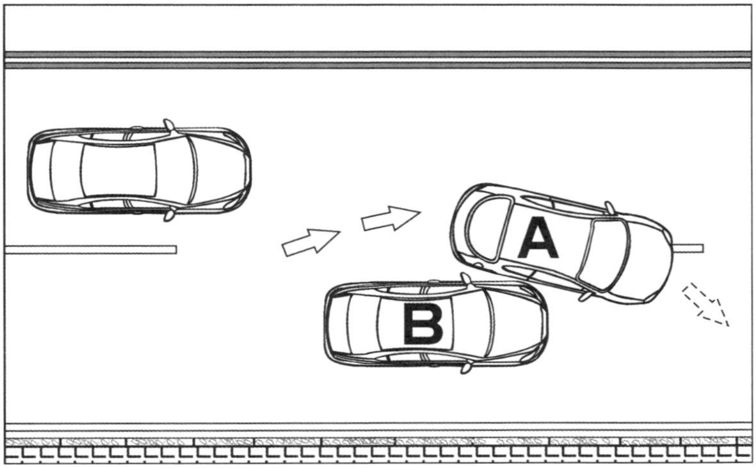

如图所示，A 车超越同方向行驶的 B 车，未与被超车辆拉开必要的安全距离就驶回原车道，结果与 B 车发生碰撞，则 A 车承担全部责任。

交警解答

《道路交通安全法实施条例》第 47 条规定，后车应当在确认有充足的安全距离后，从前车的左侧超越，在与被超车辆拉开必要的安全距离后，开启右转向灯，驶回原车道。

具体到本题，A 车在超车后马上驶回原车道，与后面的 B 车距离过近，导致 B 车反应不及发生碰撞，A 车必须承担全部责任。需要指出的是，这里的“距离过近”不是由后车造成的，而是由前车造成的，所以后车没有责任。

17 在高速公路匝道、加速车道或减速车道上超车

如图所示，A 车在高速公路匝道超越同方向行驶的 B 车过程中，与 B 车发生碰撞，则 A 车承担全部责任。

交警解答

《道路交通安全法实施条例》第 82 条明确规定，机动车在高速公路上行驶时，在匝道、加速车道或者减速车道上不得超车。

所谓匝道，是指高速路主线与收费站或者另一条道路的连接车道。根据高速交警的统计，每年在高速匝道发生的交通事故占高速公路总事故量的 30% 以上。高速公路匝道通常比较窄，特别是有些匝道拐弯时倾斜度比较大，如果出现速度过快的情况，容易发生侧翻事故。

案例链接

如图所示，20×× 年 4 月 7 日 17 时许，A 车驾驶人驾驶 A 车在高速公路上行驶至某处时，因同车道同向行驶在前的 B 车持续减速，跟随其后方行驶的 A 车突然向右侧变更车道，与跟随 A 车后方行驶的 C 车发生剐蹭。之后 C 车向右侧偏移，碰撞了因发生故障开启危险报警闪光灯、停驶在高速公路匝道出口处加

速车道外右侧路肩上的D车后，又撞到了转移到右侧路肩上的D车驾驶人、乘客甲，最后撞到道路右侧边缘防护栏后驶出路面接触北侧山体。事故发生后，A车驾驶人驾车逃逸，后于次日2时20分主动投案。此次事故共造成甲死亡，D车驾驶人受重伤，D车其他乘客受轻微伤，A、C、D三车及公路设施不同程度受损。

经交警部门认定：A车驾驶人承担事故主要责任，B车驾驶人承担次要责任，C车驾驶人承担次要责任，D车驾驶人、甲及其他乘车人无责任。

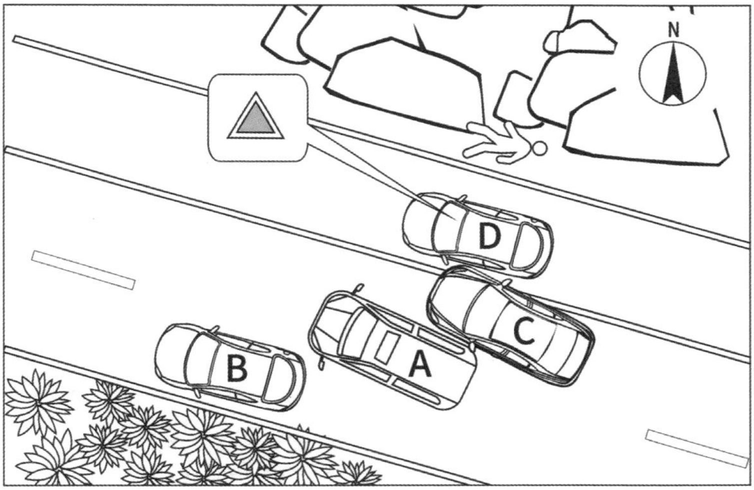

【法院判决】

甲亲属向法院提出诉讼，请求：判令A车保险公司、A车驾驶人、B车驾驶人、C车驾驶人、B车保险公司、C车保险公司赔偿其丧葬费、死亡赔偿金、被扶养人生活费、办理丧葬事宜人员误工损失、交通费、精神损害抚慰金共计1,024,788.56元，其中A车保险公司、B车保险公司、C车保险公司各自在交强险责任限额内分别赔偿122,000.00元，超过三车交强险责任限额的部分，由C车保险公司在商业三者险内承担25%比例的赔偿、B车保险公司在商业三者险内承担25%比例的赔偿、A车保险公司在商业三者险内承担50%比例的赔偿，再不足部分由A车驾驶人承担50%的赔偿责任，C车驾驶人、B车驾驶人各承担25%的赔偿责任。

法院认为，经核算，认定甲亲属的丧葬费 32,274.50 元、死亡赔偿金 936,730.66 元、办理丧葬事宜的误工费 2139.74 元、精神损害抚慰金 35,000.00 元，各项损失合计为 1,006,144.90 元。

为合理平衡 A、B、C 三车保险公司之间的赔偿义务，甲亲属未获赔偿的损失首先在三车交强险责任限额内进行赔偿后，由 A 车保险公司在商业三者险内承担 50% 的赔偿责任、B 车保险公司在商业三者险内承担 25% 的赔偿责任、C 车保险公司在商业三者险内承担 25% 的赔偿责任。甲亲属的损失未获赔偿 926,144.90 元。因本次交通事故还造成 D 车驾驶人受伤，其已向一审法院起诉要求赔偿，D 车驾驶人未获保险公司赔偿的损失为 1,309,815.87 元。根据《交通事故损害赔偿解释》（2012 年版，已修改，本文下同）第 22 条“同一交通事故的多个被侵权人同时起诉的，人民法院应当按照各被侵权人的损失比例确定交强险的赔偿数额”之规定，D 车驾驶人的损失与甲死亡造成的损失应当按各自损失比例在 A、B、C 三车交强险责任限额内获得先行赔偿。但 A 车保险公司已在交强险责任限额内赔偿了甲亲属 80,000.00 元、D 车驾驶人 30,000.00 元，C 车保险公司已经在交强险责任限额内赔偿了 D 车驾驶人 42,000.00 元。为减少两案原告之间就已领取的赔偿款进行分配的诉累，参照《交通事故损害赔偿解释》第 22 条之规定，按两案未获保险公司赔偿的损失比例确定各自在 A 车交强险责任限额剩余限额（12,000.00 元）、C 车交强险责任限额剩余限额（80,000.00 元）、B 车交强险责任限额（122,000.00 元）内应获得的赔偿数额更为合理。两案未获保险公司赔偿的总损失为 2,235,060.77 元（1,309,815.87 元 +926,144.90 元），D 车驾驶人未获赔偿额占比 59%，甲亲属未获赔偿额占比 41%。故 A 车保险公司还应在交强险责任限额内赔偿甲亲属 4,920.00 元（12,000.00 元 ×41%），C 车保险公司还应在交强险责任限额内赔偿 32,800.00 元（80,000.00 元 ×41%），B 车保险公司应在交强险责任限额内赔偿 50,020.00 元（122,000.00 元 ×41%）。剩余损失 838,404.90 元（926,144.90 元 −4920.00 元 −32,800.00 元 −50,020.00 元）。根据《交通事故损害赔偿解释》第 16 条“同时投保机动车第三者责任强制保险（以下简称‘交强险’）和第三者责任商业保险（以下简称‘商业三者险’）的机动车发生交通事故造成损害，当事人同时起诉侵权人和保险公司的，人民法院应当按照下列规则确定赔偿责任：（1）先由承保交强险的保险公司在责任限额范围内予以赔偿；（2）不足部分，由承保商业三者险的保险公司根据保险合同予以赔偿；（3）仍有不足的，依照道路交通安全法和侵权责任法的相关规定由侵权人予以赔偿。被侵权人或者其近亲属请求承保交强险的保险公司优先赔偿精神损害的，人民法院应予支持”之规定，由A车保险公司在商业三者险内承担50%的赔偿责任，赔偿甲亲属419,202.45元（838,404.90元×50%）；由C车保险公司在商业三者险内承担25%的赔偿责任，赔偿甲亲属209,601.23元（838,404.90元×25%）；由B车保险公司在商业三者险内承担25%的赔偿责任，赔偿甲亲属209,601.23元（838,404.90元×25%）。

法院判决：（1）A车保险公司在机动车交强险责任限额内赔偿甲亲属死亡赔偿金、丧葬费、办理丧葬事宜的误工费、精神损害抚慰金共计4920.00元，在商业三者险保险责任限额内赔偿死亡赔偿金、丧葬费、办理丧葬事宜的误工费、精神损害抚慰金共计419,202.45元；（2）B车保险公司在交强险责任限额内赔偿甲亲属死亡赔偿金、丧葬费、办理丧葬事宜的误工费、精神损害抚慰金共计50,020.00元，在商业三者险保险责任限额内赔偿死亡赔偿金、丧葬费、办理丧葬事宜的误工费、精神损害抚慰金共计209,601.23元；（3）C车保险公司在交强险责任限额内赔偿甲亲属死亡赔偿金、丧葬费、办理丧葬事宜的误工费、精神损害抚慰金共计32,800.00元，在商业三者险保险责任限额内赔偿死亡赔偿金、丧葬费、办理丧葬事宜的误工费、精神损害抚慰金共计209,601.23元；（4）驳回甲亲属其他诉讼请求。

第三章

机动车变道事故责任认定

01 变更车道时不打转向灯

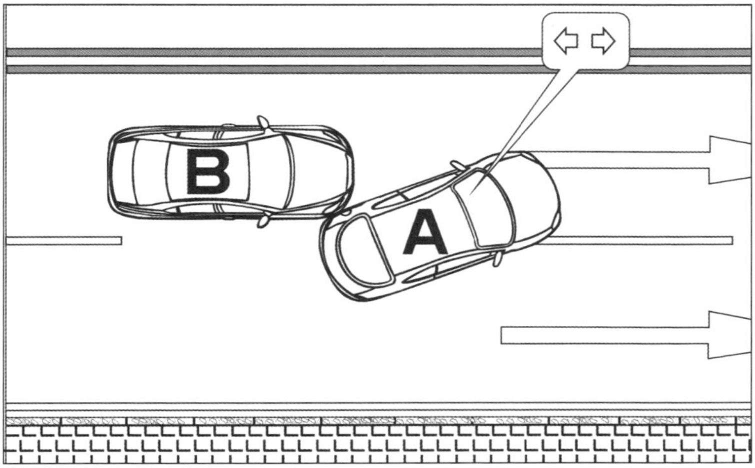

如图所示，A 车在向左变更车道时，未开启左转向灯，导致该车道内的 B 车反应不及，两车发生碰撞，则 A 车承担全部责任。

交警解答

《道路交通安全法实施条例》第 57 条规定，机动车在向左变更车道时，应当提前开启左转向灯；向右变更车道时，应当提前开启右转向灯。

不少驾驶人认为，变换车道只需三五秒，等打开转向灯后再变更车道太麻烦了。甚至有驾驶人认为，只有新手变更车道才需要打转向灯。殊不知，转向灯并非只在拐弯时使用，起步、停车、变更车道时也应提前打转向灯。车辆不打转向灯而随意变更车道，原车道内的通行次序就会被打乱，其他车辆无法紧急制动，就会导致交通事故。

案例链接

如图所示，20×× 年 10 月 15 日 11 时左右，A 车驾驶人驾驶 A 车从某工厂的出厂道路往大门口行驶时，与停靠在路左边准备向右拐弯的车辆 B 相撞。由于事故发生在厂区内，而厂区内不属于“道路”，因此，当地交警没有出警。

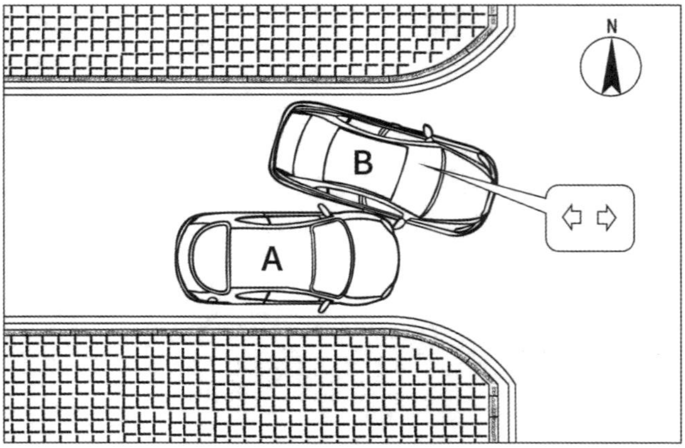

【法院判决】

A 车驾驶人向一审法院起诉，请求：（1）判决 B 车驾驶人赔偿其车损 1700 元，交通工具替代费 550 元（50 元 / 天 ×11 天）；（2）诉讼费由 B 车驾驶人承担。

一审法院认为，在本起事故中，B 车驾驶人驾驶的车辆停靠在道路的左侧，在该车辆起步向右拐时亦未开启右转向灯，应该承担事故的主要责任；A 车驾驶人驾驶的车辆在没有信号的道路上通行，未尽到安全注意义务，应承担本起事故的次要责任。事故发生后，A 车驾驶人维修车辆花费 1700 元，B 车驾驶人应按照 70% 的比例承担 1190 元，A 车驾驶人自行承担 30%。A 车驾驶人主张交通费 550 元，因其未提交相应证据予以佐证，不予支持。

一审法院判决：（1）B 车驾驶人于本判决生效之日起 7 日内给付 A 车驾驶人车辆损失费 1190 元；（2）驳回 A 车驾驶人的其他诉讼请求。案件受理费 50 元，减半收取 25 元，A 车驾驶人负担 10 元，B 车驾驶人负担 15 元。

B 车驾驶人认为一审程序违法，且 A 车驾驶人应承担全部交通事故责任，此次事故的赔偿主体应为保险公司，故向二审法院提出上诉请求：（1）撤销一审法院的民事判决或者发回重审；（2）一、二审诉讼费由 A 车驾驶人承担。

二审法院认为，根据事发情况，事故双方均应承担相应的责任。事故发生在道路以外，且交警部门没有受理本纠纷，一审法院结合视频资料和现场的证据划分责任适当，B 车驾驶人虽提供证据，证明事故发生地限速 5 公里，但并未提供确凿证据证明 A 车驾驶人在事故发生时超速。交警部门不出警，保险公司是否应当赔偿应依据相关规定和保险合同的约定，可另行寻找救济途径，本案不予论处。

二审判决：驳回上诉，维持原判。

02 刚打转向灯就马上变更车道

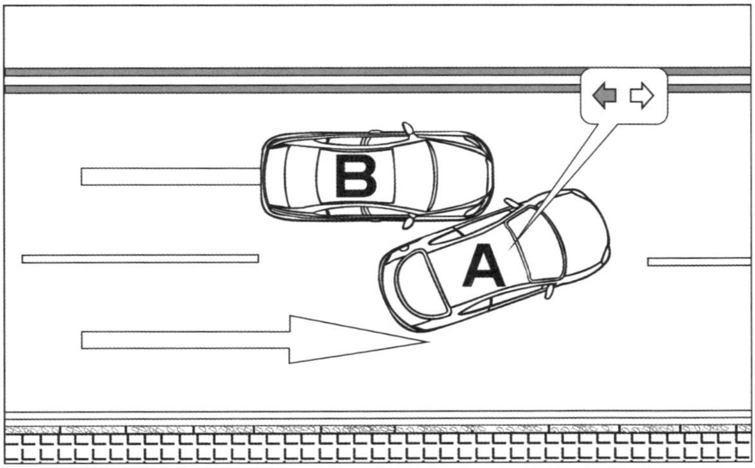

如图所示，A 车在向左变更车道时，刚打左转向灯就马上变道，该车道内的 B 车反应不及，两车发生碰撞，则 A 车承担全部责任。

交警解答

《道路交通安全法》规定，机动车在变更车道时，应当提前开启转向灯。为什么强调“提前”二字呢？就是为了给后车留出预判和准备的时间，避免因后车反应不及而产生不必要的事故。

案例链接

如图所示，20×× 年 5 月 19 日 22 时 41 分许，A 车驾驶人饮酒后驾驶普通两轮摩托车 A 行驶至某路段时，其前方 B 车打着右转向灯减速准备变道右转，A 车驾驶人避让不及撞到 B 车左后部后摔倒，造成 A 车驾驶人受伤、两车不同程度损坏的交通事故。经交警部门认定，A 车驾驶人承担本次事故的主要责任，B 车驾驶人承担本次事故的次要责任。事故发生后，A 车驾驶人即被送往医院治疗 10 天。

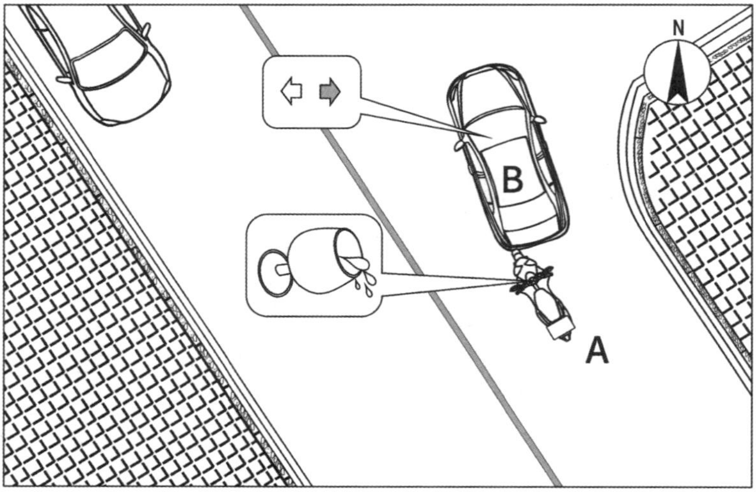

【法院判决】

A 车驾驶人向一审法院起诉，请求：（1）判令 B 车驾驶人、B 车所有人、B 车保险公司向其支付残疾赔偿金 68,808 元、医疗费 17,711.26 元、误工费 31,342 元、护理费 9000 元、营养费 9000 元、住院伙食费 1000 元、交通费 500 元、鉴定费 1900 元、后续治疗费 12,000 元、被扶养人生活费 81,327.6 元、精神损害抚慰金 5000 元，共计 237,588.86 元；（2）本案诉讼费由 B 车驾驶人、B 车车主、B 车保险公司承担。

一审法院认为，B 车车主购买了交强险及商业三者险，事故发生在保险期限内；A 车驾驶人有两女及父母四名被扶养人，故对 A 车驾驶人主张的各项费用共认定 218,134.66 元。A 车驾驶人因本案交通事故造成的人身损害，应先由保险公司在交强险限额内承担赔偿责任，不足部分由承保商业三者险的保险公司根据保险合同予以赔偿。由于保险公司已先行垫付 11,700 元，还应当在交强险限额内赔偿 A 车驾驶人 110,300 元（含精神损害抚慰金 2000 元）。超出交强险的损失部分，根据本案实际情况由 B 车驾驶人承担 30% 的责任、A 车驾驶人自行承担 70% 的责任为宜，由保险公司在商业三者险中直接赔付 A 车驾驶人。

一审法院判决：（1）由 B 车保险公司于本判决生效之日起 10 日内在 B 车的交强险限额内赔偿 A 车驾驶人因交通事故产生的各项经济损失 110,300 元；（2）由 B 车保险公司于本判决生效之日起 10 日内在 B 车的商业三者险限额内赔偿 A 车驾驶人因交通事故产生的各项经济损失 28,840.4 元；驳回 A 车驾驶人的其他诉讼请求。（3）案件受理费 4864 元，减半收取 2432 元，A 车驾驶人负担 973 元，B 车保险公司负担 1459 元。

B 车保险公司认为被扶养人生活费计算错误，上诉请求：（1）依法改判，上诉金额（不服金额）57,785 元；（2）由 A 车驾驶人承担本案诉讼费用。

二审法院认为，根据《人身损害赔偿解释》（2004 版已修改）第 28 条"被扶养人生活费根据扶养人丧失劳动能力程度，按照受诉法院所在地上一年度城镇居民人均消费性支出和农村居民人均年生活消费支出标准计算。被扶养人为未成年人的，计算至 18 周岁；被扶养人无劳动能力又无其他生活来源的，计算 20 年。但 60 周岁以上的，年龄每增加一岁减少一年；75 周岁以上的，按 5 年计算。被扶养人是指受害人依法应当承担扶养义务的未成年人或者丧失劳动能力又无其他生活来源的成年近亲属。被扶养人还有其他扶养人的，赔偿义务人只赔偿受害人依法应当负担的部分。被扶养人有数人的，年赔偿总额累计不超过上一年度城镇居民人均消费性支出额或者农村居民人均年生活消费支出额"之规定，A 车驾驶人因本次交通事故致右胫腓骨骨折，达到十级伤残，对其劳动能力必然会有一定影响，其有权向侵权人主张相应的被扶养人生活费。虽然 A 车驾驶人有 4 名被扶养人，但一审予以支持的被扶养人生活费年赔偿总额累计并未超过上一年度人均消费性支出额，符合法律规定，本院予以维持。

二审法院判决：驳回上诉，维持原判。

03 遇前方车辆排队等候或缓慢行驶时，从前方车辆两侧穿插行驶

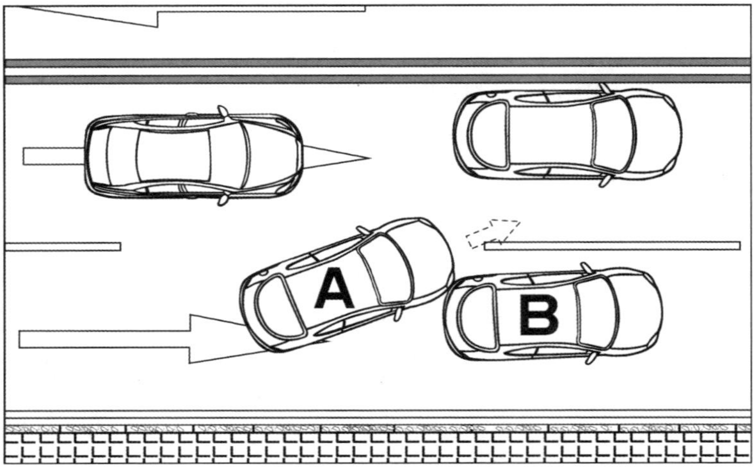

如图所示，A 车在前方车辆缓慢行驶时，仍试图从两侧穿插超越，结果与前方的 B 车发生碰撞，则 A 车承担全部责任。

交警解答

《道路交通安全法实施条例》第 53 条第 2 款规定，机动车在遇有前方机动车停车排队等候或者缓慢行驶时，应当依次排队，不得从前方车辆两侧穿插或者超越行驶。

不过，这里有一个概念需要区分，即什么情况下算“正常变道”？什么情况下算“穿插”？从字面意义上来看，在变更车道时，驶入相邻车道不管相距多远的前后车辆之间，都可以叫作“穿插”。但如果在法律上也这样理解，那么世界上就没有一辆机动车是不违法的，法律上也无须有规定变更车道的条款。

根据《道路交通安全法》第 45 条的规定，即“不得借道超车或者占用对面车道，不得穿插等候的车辆”，法律意义上的“穿插”应该是指单向有一个比较宽的机动车道，后方机动车不依次排队，而是赶上并插入到前方车辆的前面。

04 遇前方车辆排队等候或缓慢行驶时，未依次交替驶入车道减少后的路口、路段

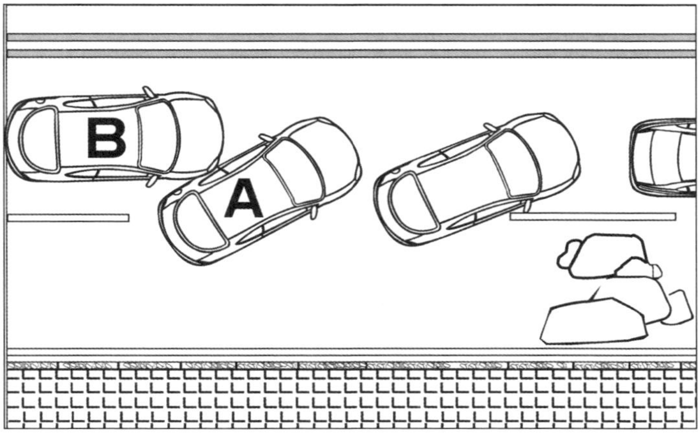

如图所示，在某路段因施工双车道变更为单车道时，A 车没有遵循依次交替驶入的规定，紧跟在前车后面变道抢行，导致与另一车道内正在驶入的 B 车发生碰撞，则 A 车承担全部责任。

交警解答

《道路交通安全法实施条例》第 53 条规定，机动车在车道减少的路口、路段，遇有前方机动车停车排队等候或者缓慢行驶的，应当每车道一辆车依次交替驶入车道减少后的路口、路段。这样就可以保证车辆公平、有序地行驶，避免出现某一排车辆占道而其他车辆无法行进的情况。

案例链接

如图所示，20×× 年 9 月 1 日 8 时 55 分许，A 车驾驶人驾 A 车由北往西行驶至某路口时，B 车驾驶人驾 B 车由北往西行驶，因在没有交通信号灯、交通标志、交通标线或者交警指挥的交叉路口，遇到停车排队等待及缓慢行驶时 A 车未依次交替通行，造成 B 车车身右侧前部部位与 A 车车身左侧前部部位相撞。当地交警部门认定，A 车驾驶人承担事故全部责任，B 车驾驶人无责任。

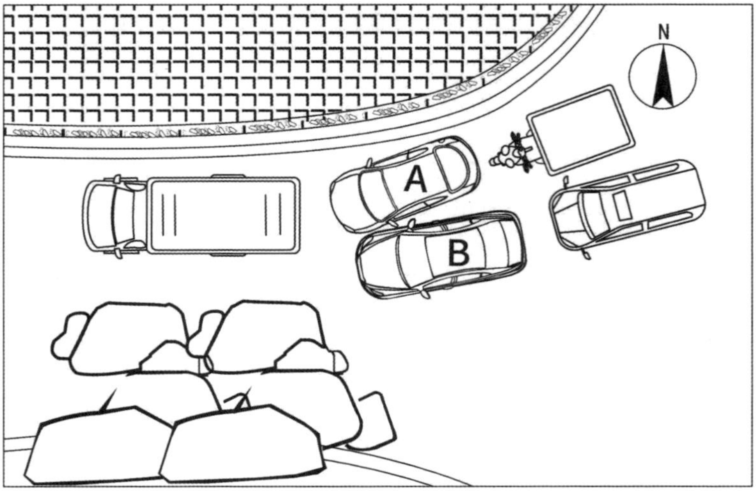

【法院判决】

B 车保险公司于事发当月赔付 B 车驾驶人 B 车实际定损金额和维修金额计 9200 元，并取得了该车的《机动车辆索赔权转让书》，于是向法院起诉，请求：（1）A 车驾驶人赔偿其理赔款 9200 元，并支付自起诉之日起至实际履行之日止按同期全国银行间同业拆借中心公布的贷款市场报价利率计算的利息；（2）A 车保险公司在保险限额内承担赔偿责任；（3）本案诉讼费用由各被告承担。

法院认为，因第三者对保险标的的损害而造成保险事故的，保险人自向被保险人赔偿保险金之日起，在赔偿金额范围内代位行使被保险人对第三者请求赔偿的权利。B 车保险公司向被保险人赔偿保险金后，有权在赔偿金额范围内代位行使被保险人向 A 车驾驶人请求赔偿的权利。B 车的维修费 9200 元，先由 A 车保险公司在交强险范围内赔偿 B 车保险公司款项 2000 元，再由 A 车保险公司在商业三者险范围内赔偿 B 车保险公司款项 5760 元，剩余款项 1440 元根据案涉交通事故认定情况由 A 车驾驶人赔偿。

法院判决：（1）A 车保险公司在交强险限额内赔偿 B 车保险公司款项 2000 元，于本判决生效之日起 10 日内付清；（2）A 车保险公司在机动车商业三者险限额内赔偿 B 车保险公司款项 5760 元，于本判决生效之日起 10 日内付清；（3）A 车驾驶人赔偿 A 车保险公司款项 1440 元，于本判决生效之日起 10 日内付清；（4）驳回 A 车保险公司的其他诉讼请求。案件受理费和公告费由 A 车驾驶人承担。

05 变更车道时，未让正在该车道内行驶的车辆先行

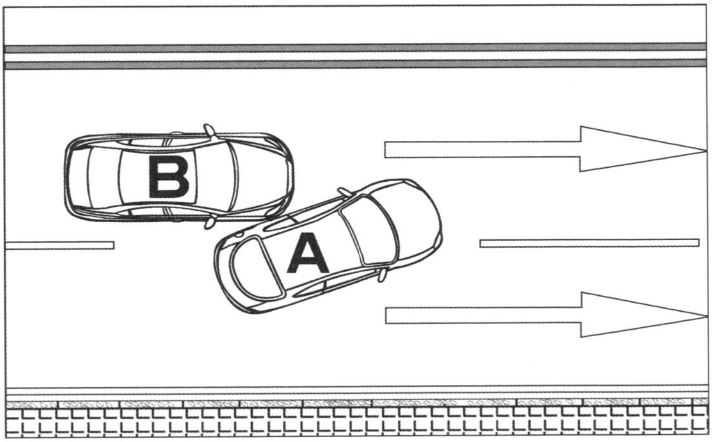

如图所示，A 车与 B 车同方向行驶，A 车在右车道，B 车在左车道，A 车突然往左变更车道，与正在左车道内直行的 B 车发生碰撞，则 A 车承担全部责任。

交警解答

《道路交通安全法实施条例》第 44 条第 2 款规定，在道路同方向划有 2 条以上机动车道的，变更车道的机动车不得影响相关车道内行驶的机动车的正常行驶。

什么才叫不影响呢？就是要提前打转向灯，在确定与相关车道内的机动车有足够的安全距离时再变更车道，以免发生追尾或刮碰事故。

案例链接

如图所示，20×× 年 12 月 25 日 8 时 7 分许，A 车驾驶人驾驶正三轮载货摩托车 A 沿某市区大道北幅机动车道的慢速车道由东往西行驶至某路段，遇前方公交车 B 行驶至公交站时在没有提前开启右转向灯的前提下临时停车，A 车驾驶人往左打方向驶入快速车道，A 车左侧与快速车道内的电动车 C 右侧相碰撞，造成 C 车驾驶人受伤及 A、C 两车受损。当地交警部门认定，A 车驾驶人在事故地段往左变更车道时，未让所借车道内的车辆先行，是本次事故的主要原因，应承担本次交通事故的主要责任；C 车驾驶人在机动车道内行驶，未按规定

靠车行道的右侧行驶，是本次事故的次要原因，应承担本次交通事故的次要责任；B车驾驶人在事故地段靠边停车时，没有提前开启右转向灯，是本次事故的次要原因，应承担本次交通事故的次要责任。

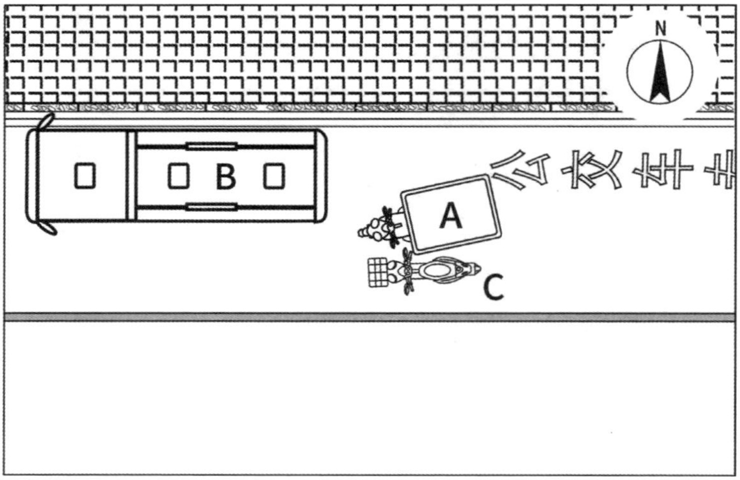

【法院判决】

C车驾驶人向法院起诉，请求：（1）由A车驾驶人、A车保险公司、B车驾驶人、B车保险公司赔偿其各项经济损失共计213,527.59元，由A车保险公司、B车保险公司在保险责任限额内承担赔偿责任；（2）由被告承担本案诉讼费用。

法院认为，根据本案事故责任划分，C车驾驶人的各项合理经济损失，应由A车驾驶人按事故责任比例承担60%的赔偿责任，另由B车驾驶人按事故责任比例承担20%的赔偿责任，其余损失由C车驾驶人自负。因B车驾驶人系公交公司员工，故B车驾驶人在本次工作过程中造成的损害后果应由其用人单位承担赔偿责任。

法院判决：（1）A车保险公司在交强险限额内赔付C车驾驶人99,127元；（2）B车保险公司在交强险及商业三者险限额内合计赔付C车驾驶人113,636元；（3）由A车驾驶人赔偿C车驾驶人35,961元，另由B车驾驶人赔偿C车驾驶人380元，其余损失由C车驾驶人自负；（4）驳回C车驾驶人的其他诉讼请求。案件受理费900元（已减半收取），由A车驾驶人负担540元，B车驾驶人负担180元，C车驾驶人负担180元。

06 频繁变更车道或一次连续变更两条以上机动车道

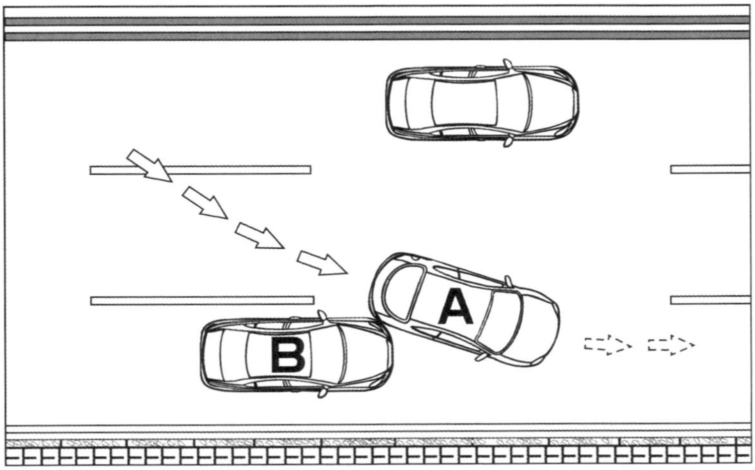

如图所示，A 车在前方频繁变更车道，致使后方的 B 车判断不清，结果两车相撞，则 A 车承担全部责任。

交警解答

《道路交通安全法》关于车辆行驶有一个基本原则，就是本车道内的车辆优先。也就是说，其他车道的车辆往本车道变道时，若是妨碍了本车道内车辆的正常行驶，发生事故，一般由变道的车辆承担全部责任。

然而，有些司机一心求快，或者为了显示自己高超的驾驶水平，在道路上频繁变道，不断穿越，极大地扰乱了后方车辆驾驶人的判断。

案例链接

如图所示，20×× 年 8 月 4 日 12 时 14 分，A 车驾驶人驾驶 A 车沿某市区道路左侧车道南向北行驶，行驶时未开启转向灯并连续向右侧变更车道右转弯，随即与同向右侧车道由南向北行驶的两轮电动车 B（属机动车）相剐撞，造成 B 车驾驶人受伤、两车受损。当地交警部门认定，A 车驾驶人承担事故的全部责任，B 车驾驶人无责任。

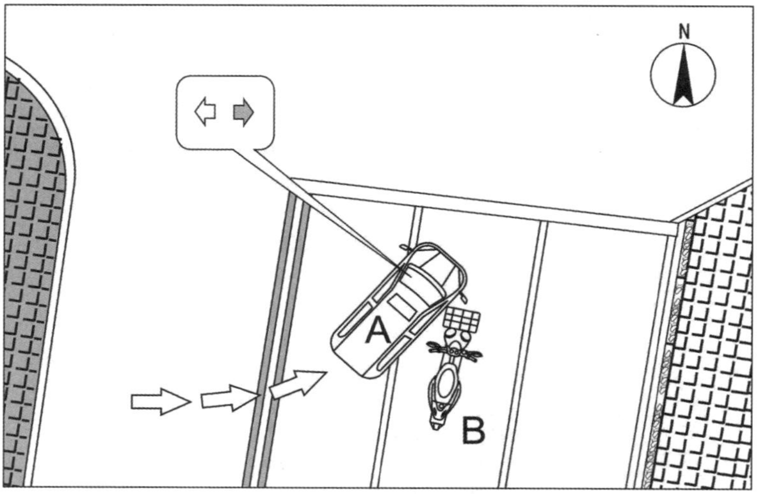

【法院判决】

A车驾驶人向法院提出诉讼，请求：（1）A车保险公司赔偿其垫付给B车驾驶人的医疗费6600元；（2）诉讼费由A车保险公司承担。

法院认为，机动车发生交通事故造成损害，属于该机动车一方责任的，先由承保交强险的保险人在交强险限额范围内予以赔偿；不足部分，由承保机动车商业保险的保险人按照保险合同的约定予以赔偿；仍然不足或者没有投保机动车商业保险的，由侵权人赔偿。本案中的B车驾驶人受伤，A车驾驶人垫付此款，A车保险公司应予返还。A车保险公司认为，A车驾驶人并非保单所列明的被保险人，且A车的交通事故责任强制保险的被保险人和A车驾驶人是雇佣关系，对A车驾驶人的赔偿主张并不支持。对A车保险公司提出的A车驾驶人非保单所列明的被保险人问题，法院认为在机动车商业保险中，车辆损失赔偿所产生的保险利益针对的标的物为车辆，A车驾驶人在承担保险赔偿义务后享有对A车保险公司的赔偿请求权，故其抗辩事由不成立。

法院判决：A车保险公司于本判决生效后立即给付A车驾驶人赔偿款6600元。案例受理费减半收取25元，由A车驾驶人负担。

07 左右两侧车道的车辆向同一车道变更时，左侧车道的车辆未让右侧车道的车辆先行

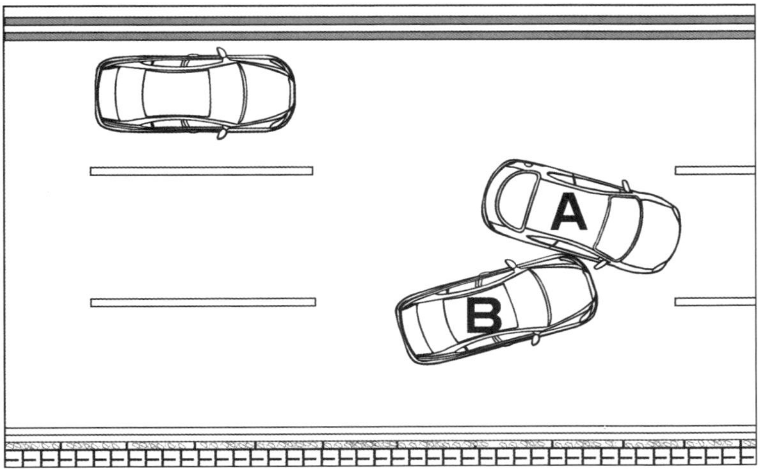

如图所示，左车道的 A 车和右车道的 B 车同时往中间车道变更，A 车未让 B 车，发生事故，则 A 车承担主要以上责任。

交警解答

变更车道除了遵守相应的规定外，一般来说，在注意两侧车辆的速度和安全距离的情况下，视线好的一方可以优先借用，容易出现交通事故的一方要采取避让的姿态。因为我国驾驶座都位于左侧，所以当两侧车辆同时往中间车道变更时，相对而言，右侧车辆驾驶人的视线要好一些，让右侧车辆优先变道更利于安全。

在这方面，一些地方性道路交通安全条例中都有相关规定。例如，《北京市实施〈中华人民共和国道路交通安全法〉办法》（2018 年修正）第 35 条第 4 款就规定："左右两侧车道的车辆向同一车道变更时，左侧车道的车辆让右侧车道的车辆先行。"但是，并不是每个地区都遵循让右侧车辆优先变道的原则，有的地区规定左右两侧车道向同一车道变更时，右侧车道的车辆让左侧车道的车辆先行，如《重庆市道路交通安全条例》第 41 条规定："道路上同方向左右两侧车道的机动车向同一车道变更车道时，右侧车道的机动车让左侧车道的机动车先行。"因此，到底是右车先行还是左车先行还要看当地具体规定。

08 前车变道尚未转正，被后车撞上侧面

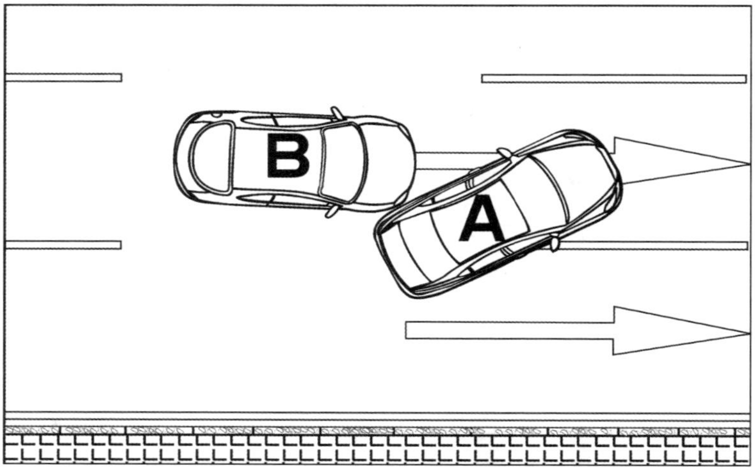

如图所示，右车道的 A 车向左车道变更，车身尚未转正时，被后方的 B 车撞上侧面，则 A 车承担全部责任。

交警解答

交通法规规定，本车道内的车辆优先通行。A 车在变更车道时，车身尚未转正就被后方的 B 车撞上侧面，说明 A 车变更车道比较突然，起码没有与后方来车保持足够的安全距离；如果再加上其没打左转向灯，或者刚打转向灯就变道，则 A 车必然应当承担全部责任。

不过，如果 B 车有超速行驶等过错行为，也应承担相应的责任。

09 前车变道并已转正，被后车撞上车尾

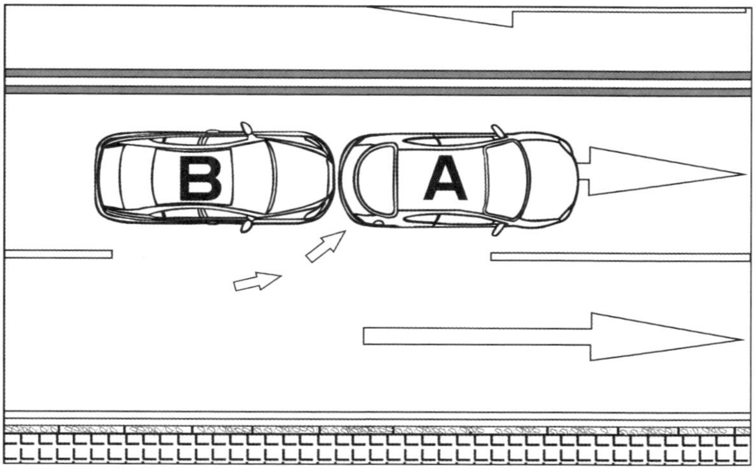

如图所示，右车道的 A 车向左变道，车身已经转正时，被后方的 B 车撞上尾部，则 B 车承担主要以上责任。

交警解答

A 车在变更车道后，车身已经转正了，后方的 B 车应当有一定的时间作出反应。在这种情况下产生追尾，说明 B 车可能没有控制好自己的速度，或者在发现 A 车变道时，没有保持足够的安全距离，因此，B 车应承担全部责任。

当然，若是 A 车没有采取正常的变道措施，比如，提前打转向灯、与后方来车保持足够的安全距离等，而是仅凭所谓的“驾驶水平高”将车身及时转正了，那么，A 车也要承担相应责任。

10 前车变道暂跨线两车道，被后车撞上车尾

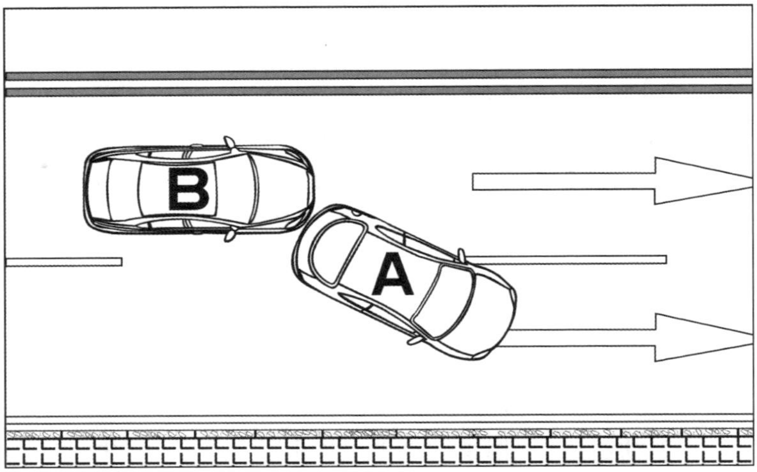

如图所示，左车道的 A 车向右车道变更，车身刚跨越标线时，被同车道的 B 车撞上尾部，则 B 车承担全部责任。

交警解答

我们先要搞清楚道路标线的含义。

第一，黄色实线不管单、双都不能压线行驶，这是道路中央分界线，用以分隔对向行驶的车辆；第二，一条黄色实线加一条黄色虚线，允许虚线一侧的车辆越线超车或左转弯；第三，白线是车道分界线，实线部分不能越线变道或转弯，虚线部分可以；第四，所有标线不管是实线还是虚线都不要压线行驶。

再具体到上述情况，如果 A 车在允许变道的路段变道，则 A 车无责任，B 车承担全部责任；如果 A 车在不允许变道的路段跨线变道，则必须承担相应责任。

第四章

机动车路口事故责任认定

01 通过无交通信号灯或无交警指挥的交叉路口时，未让规定优先通行的一方先行

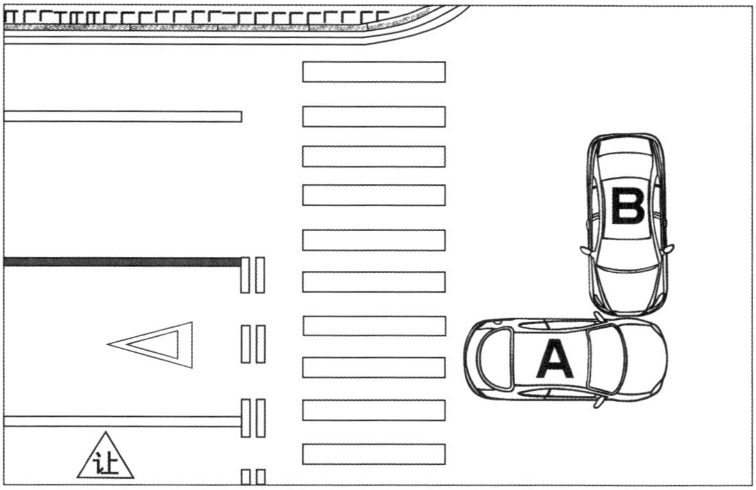

如图所示，通过没有交通信号灯和无交警指挥的交叉路口时，支路上的 A 车没有让交通标志、交通标线规定优先通行的 B 车优先通行，发生事故，则 A 车承担主要以上责任。

交警解答

《道路交通安全法实施条例》第 52 条规定，机动车通过没有交通信号灯控制也没有交通警察指挥的交叉路口，有交通标志、标线控制的，让优先通行的一方先行。

什么叫“优先通行的一方”呢？我们可以发现，在很多路口虽然没有信号灯也无交警指挥，但是设置了一些交通标志、标线，以规定某一方向的机动车应当让另一方向的机动车优先通行，如停车让行标志、减速让行标志、停车让行线、减速让行线等。

再具体到车辆来说，按照《道路交通安全法》第 53 条、第 54 条的规定，执行紧急任务的警车、消防车、救护车、工程救险车就享有优先通行权。另外，道路养护车辆、工程作业车进行作业时，在不影响过往车辆通行的前提下，其行驶路线

和方向不受交通标志、标线限制，过往车辆和人员应当注意避让。

案例链接

如图所示，20×× 年 4 月 15 日 13 时 50 分许，A 车驾驶人饮酒后，将 A 车所有人放在同事甲处保管的 A 车的钥匙拿走，驾驶 A 车载着同事甲、乙、丙、丁等四人沿某乡村公路由东向西通过与某国道的交叉路口时，与沿国道由南向北行驶的 B 车相撞，造成甲、乙、丙三人死亡，丁和 A 车驾驶人受伤以及两车受损的交通事故。国道呈南北走向，划有非机动车道。东西道路两侧为乡村公路，无标线。事发地点为十字交叉路口。

交警部门认定，A 车驾驶人饮酒后驾驶机动车通过交叉路口时未让优先通行的一方先行，其行为违反了《道路交通安全法》中规定的“饮酒、服用国家管制的精神药品或者麻醉药品，或者患有妨碍安全驾驶机动车的疾病，或者过度疲劳影响安全驾驶的，不得驾驶机动车”和《道路交通安全法实施条例》(2004 年版，已修改）中关于“机动车通过没有交通信号灯控制也没有交通警察指挥的交叉路口，除应当遵守第五十一条第（二）项、第（三）项的规定外，还应当遵守下列规定：(一）有交通标志、标线控制的，让优先通行的一方先行”之规定，是造成事故的主要过错方，应当承担主要责任；B 车驾驶人驾驶机动车未按操作规范安全驾驶且在容易发生危险的路段行驶时未降低车速，其行为违反了《道路交通安全法》中关于“机动车驾驶人应当遵守道路交通安全法律、法规的规定，按照操作规范安全驾驶、文明驾驶”和“夜间行驶或者在容易发生危险的路段行驶，以及遇有沙尘、冰雹、雨、雪、雾、结冰等气象条件时，应当降低行驶速度”之规定，是造成事故的次要过错方，应当承担次要责任；甲、乙、丙、丁四人无责任。

A 车驾驶人收到《事故认定书》后，认为该认定事实错误、责任划分不公正，向当地交警支队提出了复核申请。交警支队依法受理后，作出《道路交通事故复核结论》，结论为：经调阅事故案卷审查、交通警察支队道路交通事故认定复核工作小组集体讨论，认为发生事故的路段是十字交叉路口，南北向是国道，东西向为乡村道路，该乡村道路与国道交会处的东西两侧设有让行标志，路面设有减震带，属于有交通标志控制的交叉路口。申请人驾驶的车辆经过该路口时，应该履行高度注意义务，减速让优先通行的南北向车辆先行。申请人酒后驾驶机动车经过有交通标志控制的交叉路口，未履行观察义务，让优先通行的车辆先行，其行为是此次事故发生的主要原因，承担事故的主要责任是公正的。根据《程序规定》第 76 条第 1 款的规定，维持该《事故认定书》。

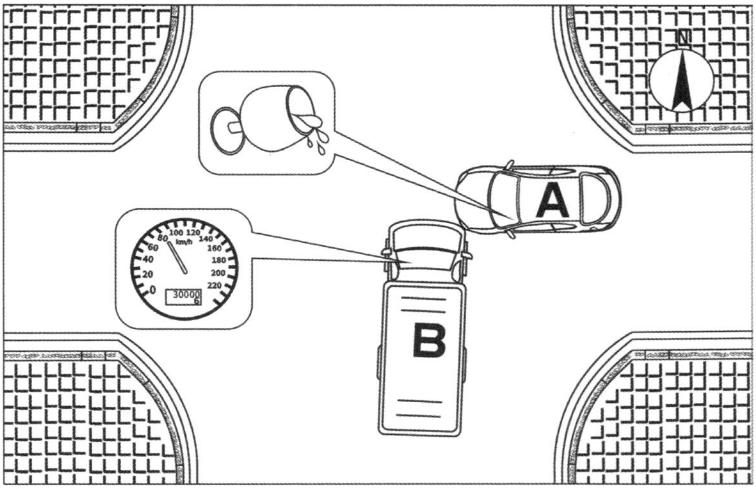

【法院判决】

甲亲属就甲死亡的相关损失赔偿向法院提起诉讼，请求由 A 车驾驶人、A 车所有人、A 车保险公司、B 车驾驶人、B 车保险公司赔偿共计 104 万余元。

法院认为，《事故认定书》责任划分恰当，予以采信。根据双方的过错行为，法院综合考虑由 A 车一方承担 70% 的赔偿责任，B 车一方承担 30% 的赔偿责任。依照法律规定，同时投保交强险和商业三者险的机动车发生交通事故造成损害，当事人同时起诉侵权人和保险公司的，人民法院应当依照《民法典》有关规定，确定赔偿责任。因交通事故造成多人死亡、受伤，存在多个权利人，机动车的交强险额度不足以赔偿多个权利人损失的，应依照《交通事故损害赔偿解释》（2020 年修正）第 19 条“同一交通事故的多个被侵权人同时起诉的，人民法院应当按照各被侵权人的损失比例确定交强险的赔偿数额”的规定。又因本起事故中甲、乙、丙三人死亡所造成的损失大于伤者丁和 A 车驾驶人，对于交强险中的死亡伤残赔偿金，可由甲、乙、丙三人家属各自从交强险中配得 55,000 元，剩余 15,000 元由丁、A 车驾驶人各自配得 7500 元。关于交强险中医疗费用部分，因甲、乙、丙三人在交通事故中死亡，没有产生医疗费，因此，交强险中赔偿的医疗费限额 18,000 元，由 A 车驾驶人与丁各自配得 9000 元。对于超出交强险限额的部分，B 车保险公司可以先在 100 万元机动车三方责任统筹内进行赔偿，不足部分由当事人按责任比例承担。

关于 A 车驾驶人一方的责任问题。A 车驾驶人作为驾驶员，明知饮酒后不能驾车，仍驾驶车辆并导致交通事故的发生，其具有重大过错，应当承担 A 车一方所负的 70% 责任中 50% 的责任。A 车所有人以及甲等人虽然在交通事故责任认定书中未承担责任，但根据本案查明的事实及《民法典》关于侵权责任的规定，A 车所有人、甲等人也应当承担相应的民事责任。甲明知 A 车驾驶人饮酒后，仍将 A 车钥匙交给他并仍然乘坐其驾驶的车辆，放任其酒后驾驶机动车造成重大交通事故的结果，对因交通事故造成的损害后果有疏忽大意的过失，甲也具有一定过错，应当在 A 车所负的 70% 责任中承担相应责任，可以相对减轻侵权人的责任。另外，鉴于 A 车所有人在车辆的保管和管理方面存在疏忽大意的过失，依照法律规定，也应当承担一定的赔偿责任。根据 A 车所有人的过错程度，其应当承担 A 车所负的 70% 责任中 10% 的责任。

关于其他被告应否对甲亲属因甲死亡造成的经济损失承担赔偿责任的问题，依照《民法典》第 1208 条规定，机动车发生交通事故造成损害的，应依照《道路交通安全法》和《民法典》的有关规定承担赔偿责任。

关于 A 车保险公司的责任问题。首先，A 车在 A 车保险公司投保了交强险和商业险。甲属于车上人员，不符合 A 车交强险的理赔范围，根据 A 车保险公司提交的《中国保险行业协会机动车综合商业保险示范条款》约定，驾驶人饮酒属于责任免除，且 A 车投保人在投保时，A 车保险公司已尽到了免责提示义务，故按照投保人与保险人在保险合同中的约定，A 车保险公司对于 A 车在交通事故中所造成的自身车上人员损失，不承担赔偿责任。

关于甲死亡后的损失及应赔偿的金额分析确认如下：死亡赔偿金为 897,320 元、丧葬费 41,178 元、精神损害抚慰金 100,000 元、施救费 2300 元，共计 1,040,798 元。

法院判决：（1）B 车保险公司在交强险限额范围内向甲亲属赔偿因甲死亡产生

的丧葬费、死亡赔偿金、精神损害抚慰金、施救费等共计 55,000 元，于本判决生效后 10 日内付清；（2）B 车保险公司在机动车三方责任统筹范围内向甲亲属赔偿因甲死亡产生的丧葬费、死亡赔偿金、精神损害抚慰金、施救费等共计 295,739.4 元即（1,040,798 元 −55,000 元）× 30%，于本判决生效后 10 日内付清；（3）A 车驾驶人向甲亲属赔偿因甲死亡产生的丧葬费、死亡赔偿金、精神损害抚慰金、施救费等共计 345,029.3 元即（1,040,798 元 −55,000 元）× 70% × 50%，于本判决生效后 10 日内付清；（4）A 车车主向向甲亲属因甲死亡产生的丧葬费、死亡赔偿金、精神损害抚慰金、施救费等共计 69,005.86 元即（1,040,798 元 −55,000 元）× 70% × 10%，于本判决生效后 10 日内付清；（5）驳回甲亲属的其他诉讼请求。

02 通过无交通信号灯或无交警指挥也未规定优先通行的交叉路口时，未让右向来车先行

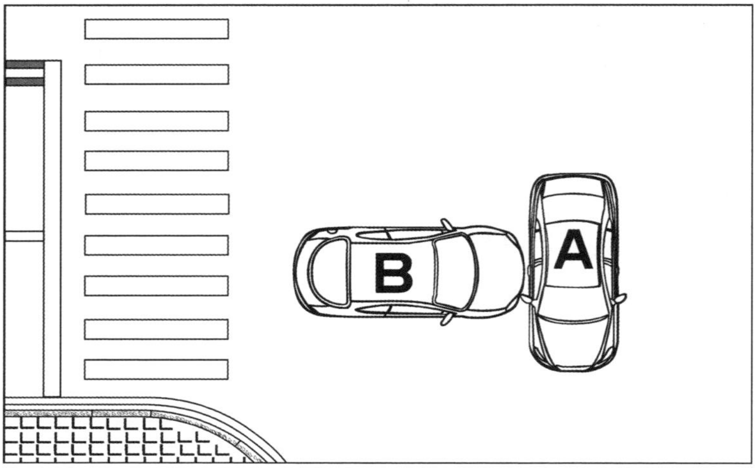

如图所示，通过没有交通信号灯、无交警指挥也未规定优先通行的交叉路口时，A车与B车发生碰撞，则A车承担全部责任。如果B车有超速或压线跨道行驶等过错行为的，也应承担相应责任。

交警解答

《道路交通安全法实施条例》第52条规定，机动车通过没有交通信号灯控制也没有交通警察指挥的交叉路口，若没有交通标志、标线控制的，则在进入路口前停车瞭望，让右方道路的来车先行。具体来看，A车处于B车的左方道路，而B车则处于A车的右方道路，所以，A车应当让B车优先通行。

在实践中，此种事故比较常见，也较为复杂，在事故认定时，应仔细甄别各方过错。

案例链接

如图所示，20××年6月9日11时10分许，A车驾驶人驾驶A车沿某市区道路由南向北行驶至交叉路口（无交通信号灯控制）时，未让右方来车先行，

与由东向西超速行驶的B车相撞，造成车辆损坏，A车驾驶人受伤，A车乘车人甲、乙两人死亡的交通事故。经鉴定，甲系交通事故造成主动脉破裂、肝脏碎裂，急性大失血死亡；乙系交通事故致颅脑损伤死亡。当地交警部门认定，A车驾驶人承担此事故的主要责任，B车驾驶人承担此事故的次要责任，甲、乙两人无责任。

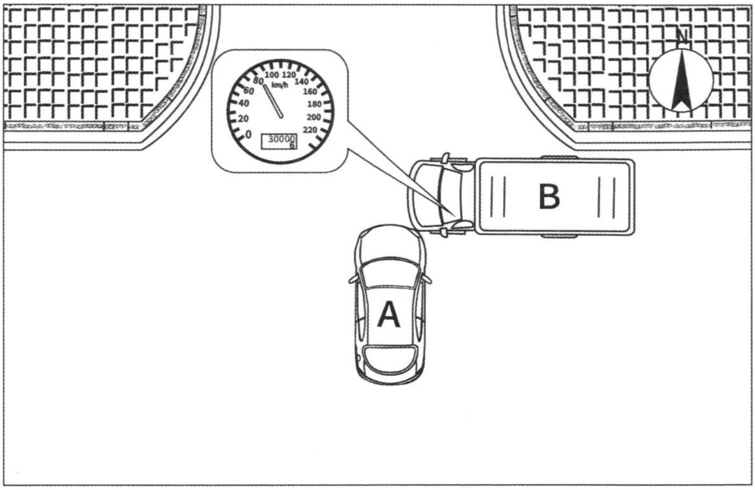

【法院判决】

当地人民检察院指控A车驾驶人违反交通运输管理法规，发生重大交通事故，致两人死亡，应承担事故主要责任，以交通肇事罪向法院提起公诉。A车驾驶人系自首，可以从轻处理，建议判处其有徒刑3年。

A车驾驶人的辩护人认为：（1）A车驾驶人依法构成自首。（2）A车驾驶人到案后如实供述了自己的罪行，属于认罪认罚。（3）交通肇事罪属于典型的过失犯罪，A车驾驶人主观上不存在犯罪的故意。本案中，A车驾驶人第一次去事发地点，对路况不清楚，是意外事故，没有任何犯罪动机或目的，其主观恶性小，社会危害不大。（4）A车驾驶人一贯表现良好，系初犯、偶犯。（5）A车驾驶人真心悔过，也愿意赔偿受害人的损失，只是因为客观上经济困难，无法满足受害人家属的条件。（6）A车驾驶人也因本次车祸受到了应有的惩罚。因此，请求法庭对A车驾驶人从轻处罚或者判处缓刑。

法院认为，A 车驾驶人的行为危害了社会公共安全，触犯了法律，已构成交通肇事罪，情节特别恶劣，应予处罚。A 车驾驶人违反交通运输管理法规，驾驶机动车过程中因疏忽大意而导致事故发生，非意外事件，且造成 2 人死亡，对辩护人所说社会危害不大的辩护不予支持。根据 A 车驾驶人的犯罪情节和悔罪表现，对其不宜适用缓刑。

法院判决：A 车驾驶人犯交通肇事罪，判处有期徒刑 3 年。

03 通过无交通信号灯或无交警指挥也未规定优先通行的交叉路口时，右向来车逆行

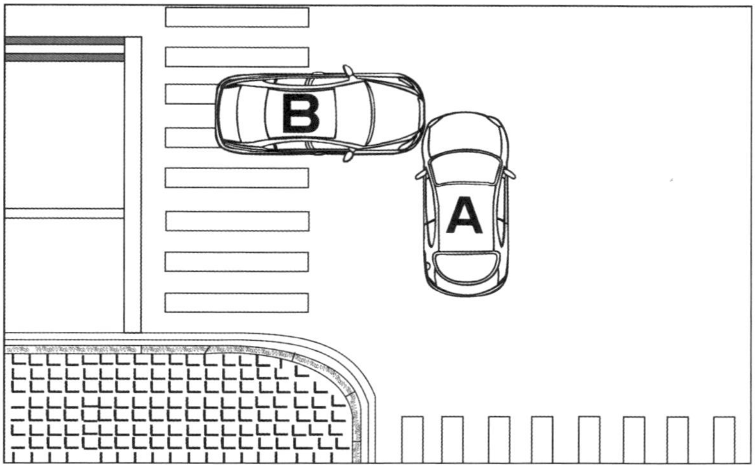

如图所示，通过没有交通信号灯、无交警指挥也未规定优先通行的交叉路口时，由南向北逆行的A车与由西向东的B车发生碰撞，则A车承担主要以上责任。

交警解答

虽然《道路交通安全法实施条例》第52条规定让右方来车先行，但是逆向行驶的右方来车除外。图中的A车没有遵守各行其道的原则，属于逆向行驶。而逆向行驶是严格禁止的行为，凡因一方逆行造成的事故，逆行的一方一般来说要承担全部责任。未让右方道路的来车先行的行为与逆行相比较，逆行的过错程度更为严重。因此，逆行一方应承担主要以上责任。

04 通过无交通信号灯或无交警指挥的交叉路口时，左转弯车未让直行车先行

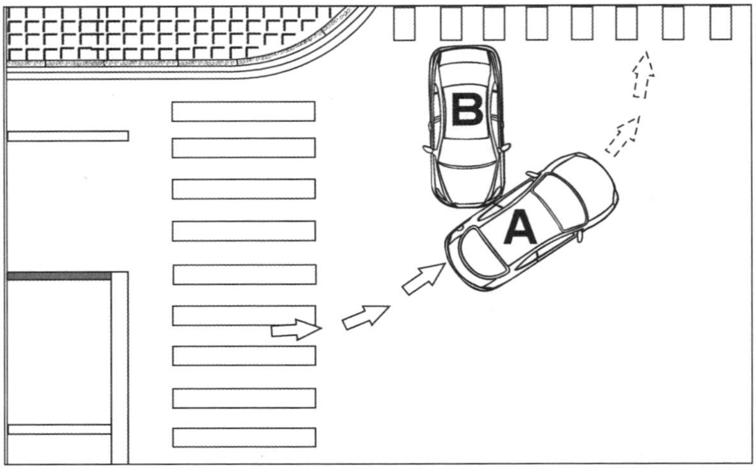

如图所示，A 车在左转弯时，未让直行的 B 车先行，发生碰撞，则 A 车承担主要以上责任。

交警解答

《道路交通安全法实施条例》第 52 条规定，通过无交通信号灯也无交警指挥的路口时，转弯的机动车应当让直行的车辆先行。

05 通过无交通信号灯或无交警指挥的交叉路口时，相对方向行驶的右转弯车未让左转弯车

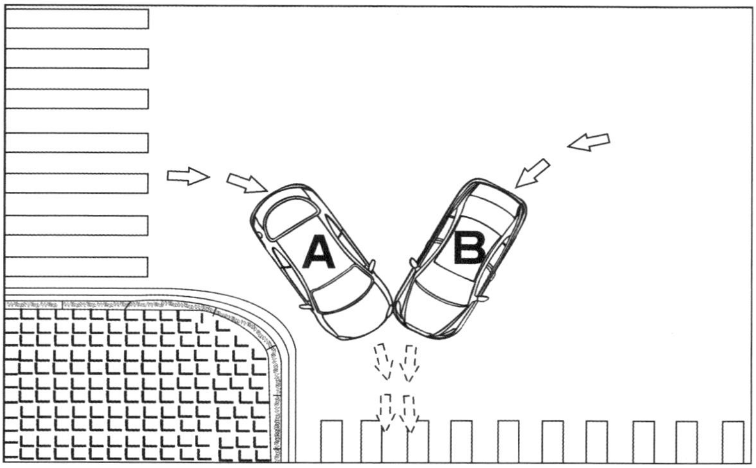

如图所示，A 车在路口右转弯时，未让左转弯的 B 车先行，发生碰撞，则 A 车承担主要以上责任。

交警解答

《道路交通安全法实施条例》第 52 条规定，通过无交通信号灯也无交警指挥的路口时，相对方向行驶的右转弯的机动车让左转弯的车辆先行。因为右转弯的车辆基本上可以随时通行，而左转弯的车辆则有诸多限制，所以，当两车相遇时，右转弯的车辆应当“礼让三分”。这样可以最大限度地保证道路的畅通及行驶的公平。

06 通过没有交通信号灯的路口时，未减速慢行

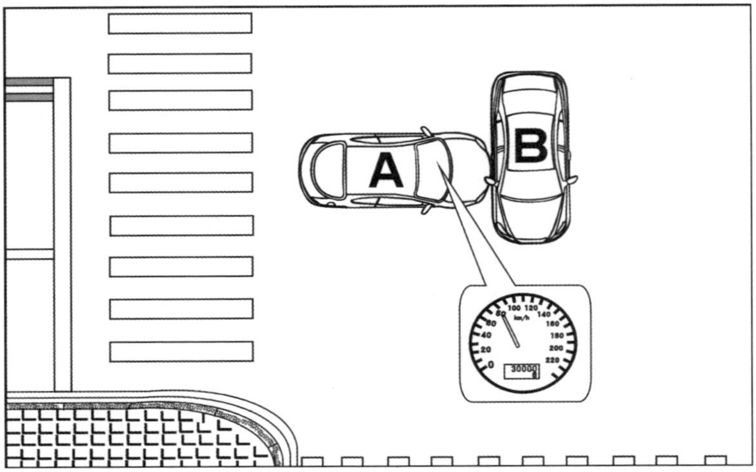

如图所示，A 车在通过没有交通信号灯的路口时，未减速慢行，与 B 车发生碰撞，则 A 车承担主要以上责任。

交警解答

《道路交通安全法》第 44 条规定，机动车通过没有交通信号灯、交通标志、交通标线或者交通警察指挥的交叉路口时，应当减速慢行，并让行人和优先通行的车辆先行。因为交叉路口是车流和人流交汇的地方，只有减速慢行才能保证安全。这和我们教育行人通过路口时要“一站二看三通过”道理是一样的。

07 信号灯切换时，后被放行的车辆与先被放行的车辆发生事故

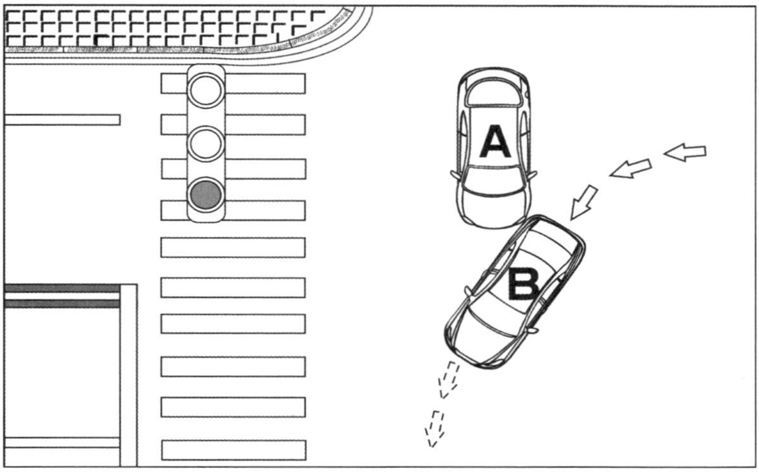

如图所示，B 车按照交通信号左转弯时，尚未通过路口，另一方向的 A 车见绿灯亮了，就快速通过路口，结果与 B 车发生碰撞，则 A 车承担主要以上责任。

交警解答

《道路交通安全法实施条例》第 38 条规定："绿灯亮时，准许车辆通行，但转弯的车辆不得妨碍被放行的直行车辆、行人通行。"这是什么意思呢？以上图为例，A 车可能认为，自己是绿灯亮后直行的，而 B 车是转弯的，所以 B 车应当让自己先行。其实这是一种误解。"直行车先行"并非无条件的不变规则，当路口已经有优先通行的车辆正在通行时，直行车辆应该减速慢行，礼让优先车辆通行。

《道路交通安全法实施条例》第 51 条规定，"遇放行信号时，依次通过"。相对于 A 车，B 车是先被放行的车辆，因此按照规定，A 车应当让 B 车先行通过。

08 绿灯亮时，转弯车未让被放行的直行车先行

如图所示，绿灯亮后，A 车左转弯，与对向的 B 车发生碰撞，则 A 车承担全部责任。

交警解答

前文提到，《道路交通安全法实施条例》明确规定，绿灯亮时，转弯的车辆不得妨碍被放行的直行车辆、行人通行。若转弯车辆抢行，会对道路畅通造成妨碍，并加大发生事故的可能性。当然，这也符合直行车辆优先行驶的原则。

案例链接

如图所示，20×× 年 9 月 9 日 18 时 44 分，A 车驾驶人驾驶 A 车搭载乘客甲、乙、丙、丁、戊沿机动车道行驶至某路口，遇直行信号灯为绿灯、左转信号灯为红灯时，从第一车道进入左转弯待转区内等待。同日 18 时 46 分许，B 车驾驶人驾驶 B 车沿同路段相对方向的最右侧机动车道（公交专用道）行驶至路口，遇直行信号灯为绿灯时，从第五车道进入路口直行，与 A 车相撞，致 A 车驾驶人、甲、乙、丙、丁五人受伤，两车受损。事发后，甲被送医抢救，后因伤势过重死亡。同年 12 月 5 日，当地交警部门出具《事故认定书》，认定 A 车驾驶

人、B 车驾驶人承担同等责任，乘客甲、乙、丙、丁、戊无责任。

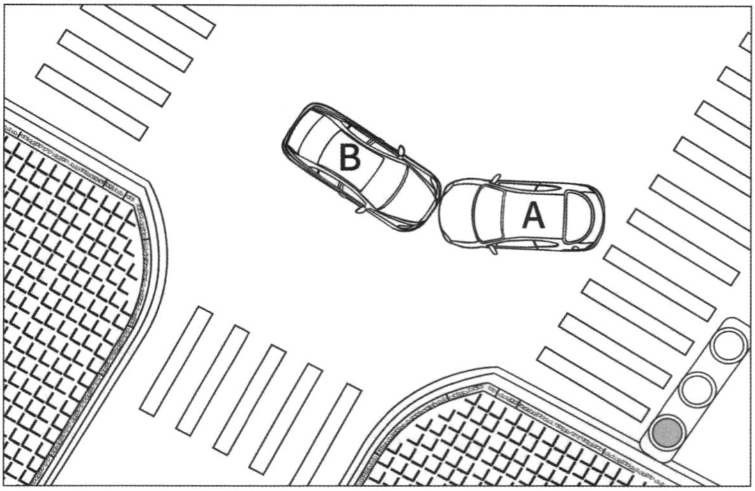

【法院判决】

甲亲属向一审法院起诉，请求：（1）A 车驾驶人、B 车驾驶人、B 车所有人、B 车保险公司、交通局赔偿其各项损失共计 351,581.17 元；（2）B 车保险公司在保险责任范围内承担赔偿责任；（3）B 车驾驶人承担事故责任的 50%，B 车所有人承担连带赔偿责任；（4）交通局承担事故责任的 50%；（5）A 车驾驶人、B 车驾驶人、B 车所有人、B 车保险公司、交通局承担本案的诉讼费、律师费。

一审法院认为，由各种证据可知，事发时左转信号灯与相对方向直行信号灯绿灯同亮 14 秒，根据《道路交通信号灯设置与安装规范》的相关规定，交通局在交通信号灯的设置上并未按照规范进行设置，存在方向指示信号灯所指挥的交通流与机动车信号灯控制的交通流的通行权相冲突的情况，与本次交通事故的发生具有因果关系。A 车载人超过核定人数，左转弯未让直行车辆。B 车事发前在公交专用道内行驶，并从第五车道进入路口直行，同时也违反了“在划有导向车道的路口，按所需行进方向驶入导向车道”的规定。一审法院认为，本次交通事故的发生虽有交通信号灯同亮 14 秒因素的介入，但主要原因仍是 A 车驾驶人、B 车驾驶人未尽到安全驾驶、谨慎驾驶的义务。综合各方当事人的过错对本次交通事故造成的原因大小，一审法院认为应由交通局承担 10%、A 车驾驶人承担 45%、B 车驾驶人承担 45% 的责任为宜，B 车所有人不承担责任。

一审法院判决：（1）B 车保险公司于判决生效后 20 日内赔偿甲亲属 188,954.66 元；（2）A 车驾驶人于判决生效后 20 日内赔偿甲亲属 111,769.26 元；（3）B 车保险公司于判决生效后 20 日内支付 B 车驾驶人 1698.56 元；（4）交通局于判决生效后 20 日内赔偿甲亲属 24,837.62 元；（5）驳回甲亲属的其他诉讼请求。案件受理费 2122 元，由 B 车驾驶人负担 954.90 元，A 车驾驶人负担 954.90 元，交通局负担 212.20 元。

甲亲属不服一审判决，提起上诉，事实和理由为：（1）一审认定 A 车驾驶人承担责任的依据和法律适用错误。案发时，A 车车上超载的系一名 3 岁孩童，超载事实本身与事故发生没有因果关系，亦未造成事故后果。一审法院认为 A 车左转时未让行直行车辆是违反《道路交通安全法实施条例》，属于适用法律错误。（2）A 车驾驶人与 B 车驾驶人承担同等的事故责任比例错误，B 车驾驶人应承担除交通局责任范围外的全部责任。（3）一审法院认定的交通局在事故中的责任比例错误，交通局对交通信号灯的错误设置是事故发生的直接原因，应与 B 车驾驶人共同承担此次事故的全部责任。

甲亲属上诉请求：（1）依法撤销一审民事判决；（2）依法改判 A 车驾驶人、B 车驾驶人、B 车保险公司和交通局的事故责任承担比例，即 A 车驾驶人无责、B 车驾驶人承担 50% 责任比例、交通局承担 50% 责任比例，B 车驾驶人与交通局按上述比例共同赔偿一审认定的赔偿额 335,939.54 元；（3）B 车保险公司在机动车交强险、商业险责任范围内给予赔付；（4）由 B 车驾驶人、交通局共同承担本案诉讼费。

二审法院认为，机动车是否超载的衡量标准为驾驶车辆所核定的搭载人数，因此，A 车确有超载等违法行为。各方事故责任比例并无不当，一审判决认定事实清楚，适用法律正确，应予维持。

二审法院判决：驳回上诉，维持原判。

09 绿灯亮时，右侧车道内车辆直行，而左侧车道内车辆右转弯

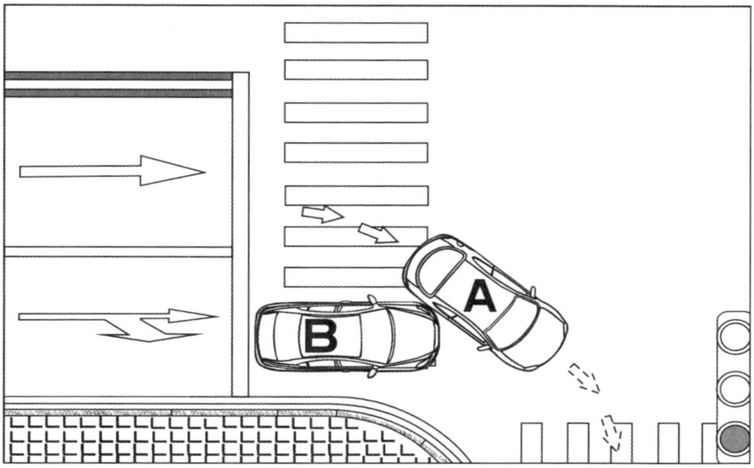

如图所示，绿灯亮后，A 车在左侧快车道内右转弯，与右侧车道内直行的 B 车发生碰撞，则 A 车承担全部责任。

交警解答

《道路交通安全法实施条例》第 51 条规定，机动车通过有交通信号灯控制的交叉路口，在划有导向车道的路口，按所需行进方向驶入导向车道。A 车既然准备右转弯，应当提前驶入右侧导向车道，但是它未提前驶入且未让直行车辆先行，因此，应承担全部责任。

10 沿路口中心点右侧左转弯时，与相对方向左转弯的车辆发生事故

如图所示，在交叉路口，A 车靠路口中心点右侧左转弯，与相对方向左转弯的 B 车发生事故，则 A 车承担全部责任。

交警解答

《道路交通安全法实施条例》第 51 条明确规定，机动车通过有交通信号灯控制的交叉路口，向左转弯时，靠路口中心点左侧转弯。在上图中，B 车遵守了这一规定，而 A 车则违反了这一规定，靠路口中心点右侧左转弯，导致与 B 车相撞，因此，A 车应承担全部责任。

11 红灯亮时，右转弯车未让被放行的车辆先行

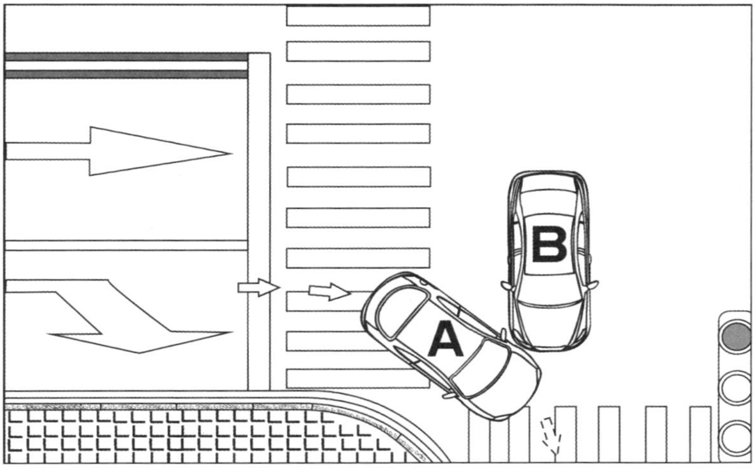

如图所示，红灯亮时，A 车右转弯，与另一方向被放行的 B 车发生碰撞，则 A 车承担主要以上责任。

交警解答

《道路交通安全法实施条例》第 38 条规定，红灯亮时，右转弯的车辆在不妨碍被放行的车辆、行人通行的情况下，可以通行。换句话说，若是右转弯车辆妨碍了被放行车辆的通行，出了事故它就要承担主要以上责任。因为右转弯车辆一般拥有较大的通行便利，原则上它不应该跟其他车辆抢道行驶。

12 黄灯亮时，已越过停止线的车辆行驶到中间时与侧向放行车辆发生事故

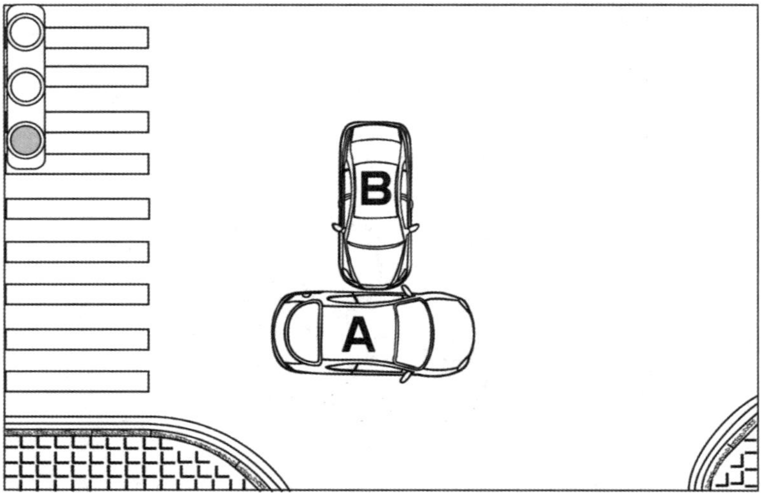

如图所示，黄灯亮时，A 车已越过停止线，于是继续向前行驶，结果与另一方向被放行的 B 车发生碰撞，则双方都应承担相应责任。

交警解答

《道路交通安全法实施条例》第 38 条规定：“黄灯亮时，已越过停止线的车辆可以继续通行。”因为对于已越过停止线的 A 车来说，如果选择路口内停车，无疑会对侧向被放行的车辆造成妨碍。最好的方式是 B 车礼让一下，让 A 车快速通过，以不妨碍其他车辆的通行。

13 黄灯亮时，未越过停止线的车辆抢行与侧向放行车辆发生事故

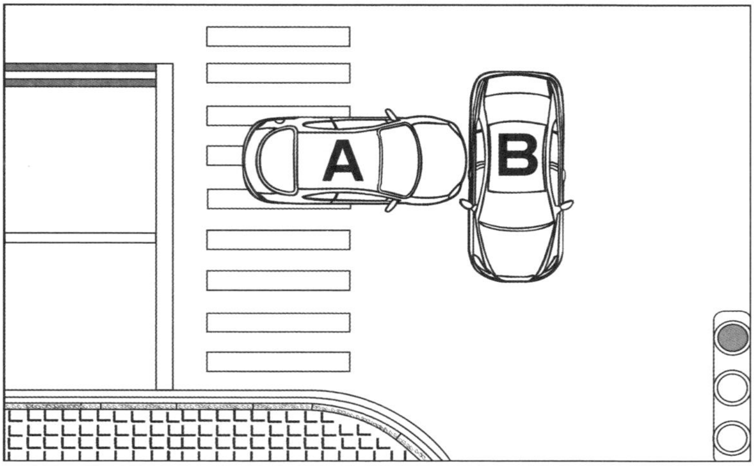

如图所示，黄灯亮时，A 车尚未越过停止线，却选择抢行，结果与侧向被放行的 B 车发生碰撞，则 A 车应承担全部责任。如 A 车前轮在黄灯亮闪最后 1 秒接触到停止线，则 A 车不算闯红灯，也就无须承担全部责任。

交警解答

《道路交通安全法实施条例》规定，黄灯亮时，已越过停止线的车辆可以继续通行，其实里面还有另一层意思，就是未越过停止线的车辆不得继续通行。因为黄灯是一种过渡信号灯，起到警示作用，提示驾驶人信号即将变换，目的是清空已经进入路口的车辆。

然而，很多驾驶人见黄灯闪烁反而快速抢行，而垂直方向通行的车辆见到黄灯转绿灯时也想快速通过，此时就极易发生交通事故。所以说，“闯黄灯”是一种很危险的驾驶行为。

实践中，因“闯黄灯”发生的交通事故，情形较为复杂，也有争议，如果没有确凿的证据，以“闯黄灯”为理由认定事故责任比较困难。

案例链接

如图所示，20×× 年 8 月 6 日 8 时 30 分许，A 车驾驶人驾驶 A 车沿路由北向南行驶至交叉口过红绿灯时闯黄灯，与 B 车相撞，造成两车不同程度受损的道路交通事故。经交警部门认定，A 车驾驶人承担此次事故的全部责任。

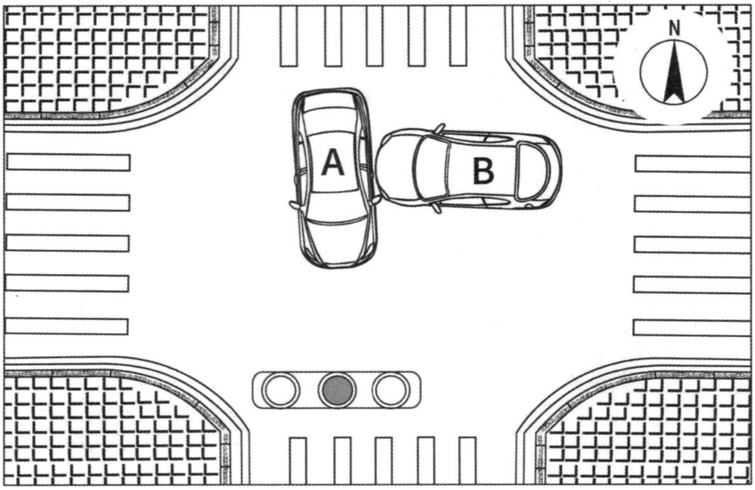

【法院判决】

同年 8 月 16 日，B 车所有人单方委托鉴定评估公司对 B 车进行评估，评估结论为 B 车车辆损失金额为 74,625 元，评估费 4500 元。

B 车所有人向一审法院起诉，请求：A 车驾驶人、A 车保险公司赔偿其各项损失共计 80,125 元。

一审法院认为，A 车投保有交强险和商业三者险，该事故发生在保险期限内，A 车驾驶人的赔偿责任应由 A 车保险公司承担。B 车所有人的损失为车辆损失 74,625 元、施救费 1000 元、评估费 4500 元，共计 80,125 元。另外，本案事故发生后，A 车保险公司自认已出险，后对车损情况自行登记，未经 B 车所有人对核损情况的书面签字认可，放任不利情况的发生，故对 B 车车主提供的鉴定报告予以采信，对 A 车保险公司申请重新评估的请求不予支持。

一审法院判决：A 车保险公司于本判决书生效后 30 日内赔偿 B 车所有人损失

80,125 元；如未按本判决指定的期间履行给付金钱义务，应当依照《民事诉讼法》第 253 条之规定，加倍支付迟延履行期间的债务利息。

A 车保险公司因对车辆损失评估报告有异议，认为该报告系被 B 车所有人单方委托，涉案车辆存在过度维修情形，评估金额过高，遂上诉请求：撤销原判，依法改判其少承担 31,125 元的赔偿责任。

二审法院认为，该鉴定机构及鉴定人员具有合法鉴定资质，鉴定程序合法。A 车保险公司虽在一审中提出重新鉴定申请，但并未提供足以推翻该鉴定意见的证据，故一审法院未准许其重新鉴定申请并无不妥。一审法院依据该评估报告判令 A 车保险公司承担本案车辆损失 74,625 元的处理结果适当，且评估费用由上诉人承担并无不当。

二审法院判决：驳回上诉，维持原判。

14 红灯亮时继续通行

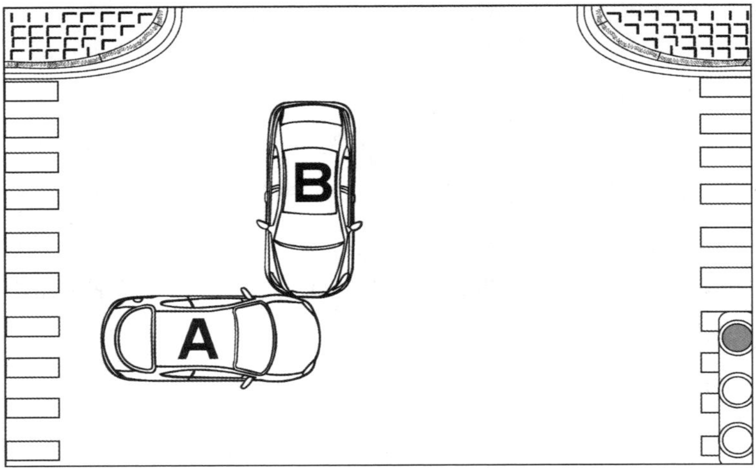

如图所示，红灯亮时，A 车闯灯抢行，结果与 B 车发生碰撞，则 A 车承担全部责任。

交警解答

“红灯停，绿灯行”，这是我们每个人从小都受到的交通教育。《道路交通安全法实施条例》第 38 条明确规定：“红灯亮时，禁止车辆通行。”闯红灯是一种极其危险的驾驶行为，排在交通事故的首位。

案例链接

如图所示，20×× 年 10 月 18 日 23 时许，A 车驾驶人驾驶 A 车沿道路由东北向西南行驶至某路口闯红灯通过时，与 B、C 两辆出租车发生碰撞，事故致三车驾驶人受轻伤，三车受损。事发后，A 车驾驶人弃车逃离现场，后于 10 月 24 日到交管部门投案。经当地交警部门认定，A 车驾驶人驾车闯红灯过路口是造成此次事故的过错原因，且事故后弃车逃逸，应承担事故的全部责任，B、C 两车驾驶人无责任。

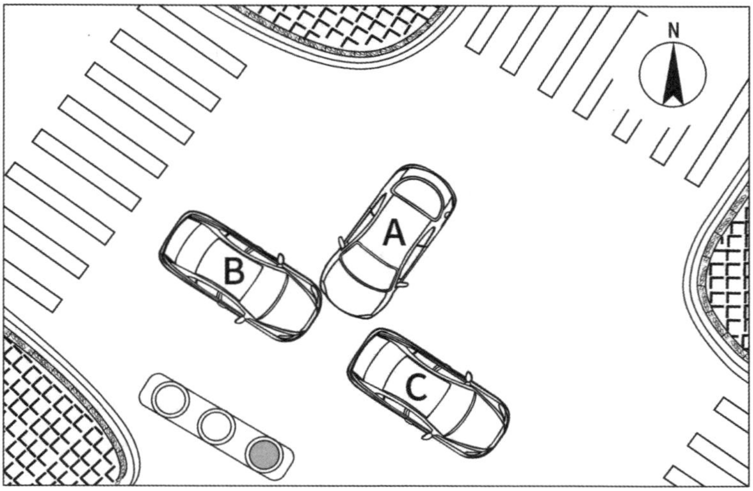

【法院判决】

因A车驾驶人在占有A车期间擅自驾驶，A车保险公司依据涉案保险合同中关于“非被保险人允许的驾驶人使用被保险机动车的，保险人不负责赔偿。”的规定，拒绝对A车损失给予赔偿，A车所有人向一审法院起诉，请求：A车保险公司支付车辆损失理赔款30万元，诉讼费用由该公司承担。

一审法院认为，A车所有人在保险公司为其新购的A车投保了机动车损失保险，双方之间的保险合同依法成立，合法有效。有关法律规定，对保险合同免除保险人责任的条款，保险人在订立合同时应当在其出具给投保人的投保单、保险单或者其他保险凭证上作出足以引起投保人注意的提示，并对该条款的内容以书面或者口头形式向投保人作出明确说明；未作提示或者明确说明的，该条款不产生效力。

本案中，A车保险公司称，其与A车所有人签订保险合同时便向A车所有人出具了保险条款和投保单，并对其中的免责条款向A车所有人进行了明确说明，但其提交的机动车保险投保单上A车所有人的署名并非所有人本人书写，实系汽车销售公司的销售顾问书写，A车所有人对此不予认可，保险公司亦无其他证据证明当时是经A车所有人本人同意代签，故该免责条款不产生效力。A车在保险期间由A车所有人允许的驾驶人驾驶发生道路交通事故，属于保险条款规定的免责条款，因该免责条款不产生效力，故A车保险公司仍应对此承担保险责任。现双方当事人一致同意将被保险车辆进行修复，确认车辆修复费用定损为25万元，并同意鉴定费的负担按照双方胜诉比例来确定，该合意未违反行政法规的强制性规定，因此合法有效，予以采纳。

一审法院判决：A 车保险公司在本判决生效后 3 日内，向 A 车所有人支付车辆损失险赔偿款 25 万元。

A 车保险公司不服一审判决，上诉请求：撤销原判，改判其不承担任何赔付义务。案件受理费 5800 元，鉴定费 5000 元，由 A 车所有人负担 1583 元，A 车保险公司负担 9217 元。

二审法院认为，本案争议焦点为 A 车保险公司是否履行了免责条款的明确说明义务。一审法院依据免责条款作出 A 车保险公司在商业三者险范围内不承担赔偿责任的裁判，该判决已发生法律效力。而商业三者险、交强险和机动车损失险等险种系同一投保单，因此 A 车所有人关于 A 车保险公司没有履行免责条款的明确说明义务、该免责条款没有法律效力的主张，因证据不足，应承担举证不能的后果。

二审法院判决：（1）撤销一审民事判决；（2）驳回 A 车所有人的诉讼请求，一审案件受理费、鉴定费按一审判决执行。二审案件受理费 5200 元，由 A 车所有人承担。

A 车所有人申请再审，请求撤销二审判决，改判 A 车保险公司承担理赔责任。

再审法院查明，涉案保险合同中责任免除条款部分以加黑方式突出印刷，足以引起普通阅读者的注意，可以认定 A 车保险公司已尽到了对免责条款的提示义务。虽然 A 车所有人与销售顾问之间无书面委托代理手续，但 A 车所有人将车辆保险事务交给该顾问处理，由顾问在投保单上代为签字，并缴纳了保险费，双方实际构成委托代理关系，可以认定 A 车保险公司已尽到对免责条款的明确说明义务。A 车驾驶人擅自驾驶，A 车所有人并不知情，其驾驶行为违背 A 车所有人意愿，属于未经允许驾驶他人机动车。又 A 车驾驶人在发生事故后逃离现场，关于这两种情况，A 车保险公司在保险合同中的免责部分已列出，故具有免责事由，对被保险机动车损失不承担赔偿责任。二审判决认定事实清楚，适用法律部分错误，但不影响案件的处理。

再审法院判决：维持二审判决。

15 在无交通信号灯T型路口，右转弯车与对向左转弯车发生事故

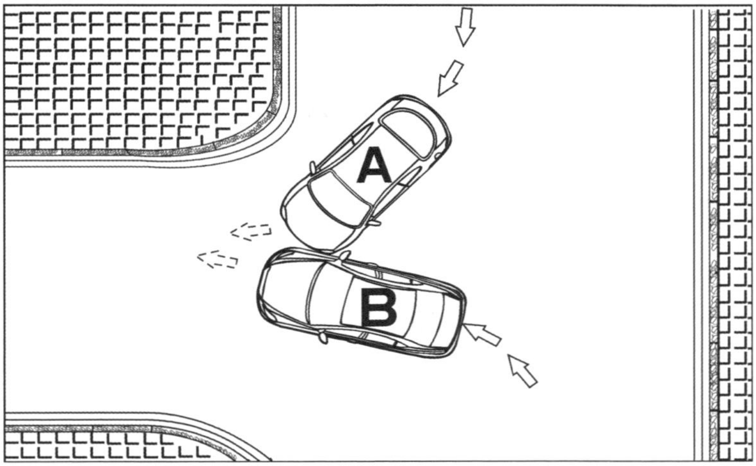

如图所示，在无交通信号灯的T型路口，A车右转弯，B车左转弯，两车发生碰撞，则A车承担全部责任。

交警解答

《道路交通安全法实施条例》第52条规定，机动车通过没有交通信号灯控制也没有交通警察指挥的交叉路口，相对方向行驶的右转弯的机动车让左转弯的机动车先行。

因为左转弯车辆在路口行驶的时间长于右转弯的车辆，它影响其他车辆和行人的时间，以及自己受其他车辆影响的时间，都长于右转弯的车辆，所以，右转弯的车辆应让左转弯的车辆先行。

16 进入环形路口的车未让已在路口内的车先行

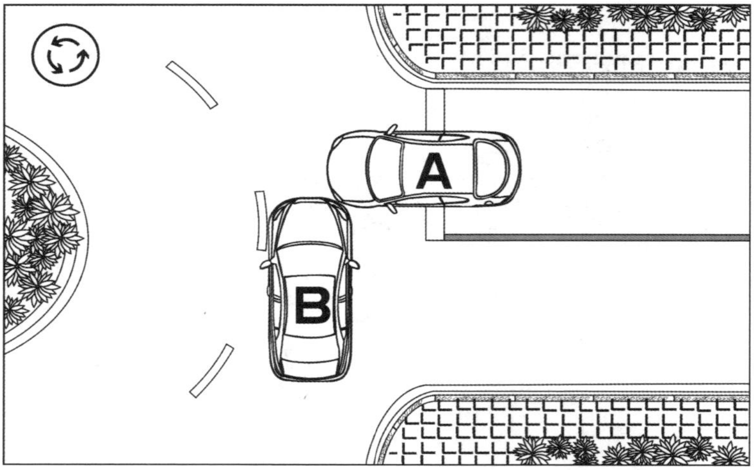

如图所示，A 车进入环形路口时，未让路口内的 B 车先行，与 B 车发生事故，则 A 车承担全部责任。

交警解答

作为 A 车驾驶人，可能存在如下看法：（1）如果 A 车车头与 B 车车头发生碰撞，则 A 车承担全部责任；（2）如果 B 车车头与 A 车左侧车身发生碰撞，则双方各自承担相应的责任；（3）如果 A 车快速进入环形路口，B 车车头与 A 车左侧尾部发生碰撞，则 B 车应承担全部责任。

然而，根据《道路交通安全法实施条例》第 51 条、第 52 条的规定，当车辆进入环形路口时，无论有没有交通信号灯控制，准备进入环形路口的车辆都应当让已在路口内的车先行。所谓“已在路口内的车”，是指正在环形路口内绕行或准备驶出环形路口的车。

需要提醒的是，对于在环形路口内划分了多条机动车道的，机动车要按照各行其道的原则分道行驶。在进出环形路口时需要提前变更车道的，不得影响相关车道内机动车的正常行驶。

案例链接

如图所示，20×× 年 4 月 1 日 20 时许，A 车驾驶人无证驾驶两轮电动车 A（经检测其车辆属性为机动车）途经某圆盘环形岛内路段时，B 车驾驶人驾驶 B 车已行驶至圆盘环形岛内，因 A 车驾驶人驾车未注意让行已在环形岛内的车辆，以及 B 车驾驶人安全注意不够遇情况后采取措施不及，致使两车发生刮碰，造成两车轻微受损及 A 车驾驶人受伤住院的交通事故。当地交警部门认定，B 车驾驶人与 A 车驾驶人承担此事故的同等责任。

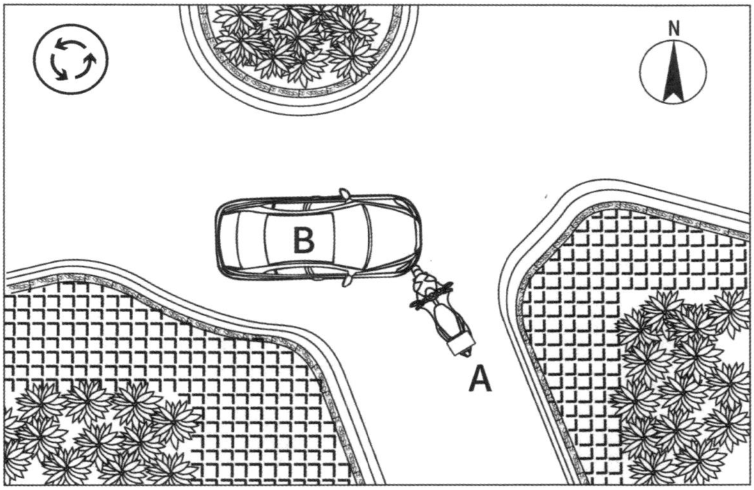

【法院判决】

A 车驾驶人向一审法院提出诉讼，请求：（1）依法判令 B 车驾驶人、B 车保险公司赔偿其经济损失共计 91,130.75 元；（2）本案诉讼费及其他费用由 B 车驾驶人、B 车保险公司承担。

一审法院认为，根据交警对此次事故的责任认定，双方按 5 ：5 划分责任比例。A 车驾驶人被医院诊断为右胫骨平台骨折、右腓骨近端骨折，经司法鉴定所认定为十级伤残，后续治疗费评定为 14,000 元。B 车驾驶人垫付 11,000 元，B 车保险公司垫付 18,000 元。经一审法院认定，A 车驾驶人的医疗费、后续治疗费、住院伙食补助费、营养费、误工费、护理费、残疾赔偿金、精神损害抚慰金、鉴定费、交通费、财产损失合计 130,648.71 元。B 车保险公司在交强险、商业三者险责任限额范围内赔付，B 车驾驶人赔偿非医保用药支出的 50%，即 1199.30 元。

一审法院判决：（1）B 车保险公司赔付 A 车驾驶人各项损失共计 91,241.46 元，限期在本判决生效之日起 10 日内付清；（2）驳回 A 车驾驶人的其他诉讼请求。案件受理费 2078.30 元，减半收取计 1039.15 元，由 A 车驾驶人负担 110.49 元，B 车驾驶人负担 928.66 元。

B 车保险公司认为 A 车驾驶人年龄达到退休年龄，其证据不能证明自己的误工费，故提起上诉，请求：撤销一审判决，依法改判。

二审法院认为，根据证人证言和聊天记录，可证明 A 车驾驶人在交通事故发生前从事保姆工作，月薪为 3000 元；虽然 A 车驾驶人已超过了法定退休年龄，但是法律未禁止超过法定退休年龄的老年人从事劳动获取报酬的权利，本院对于 A 车驾驶人存在因交通事故而误工的事实予以认定。B 车保险公司虽不认可 A 车驾驶人从事保姆工作的事实，但是未能提供证据予以证明。

二审法院判决：驳回上诉，维持原判。

第五章

机动车掉头事故责任认定

01 在有禁止掉头或左转弯标志、标线的地方掉头，与正常行驶车辆发生事故

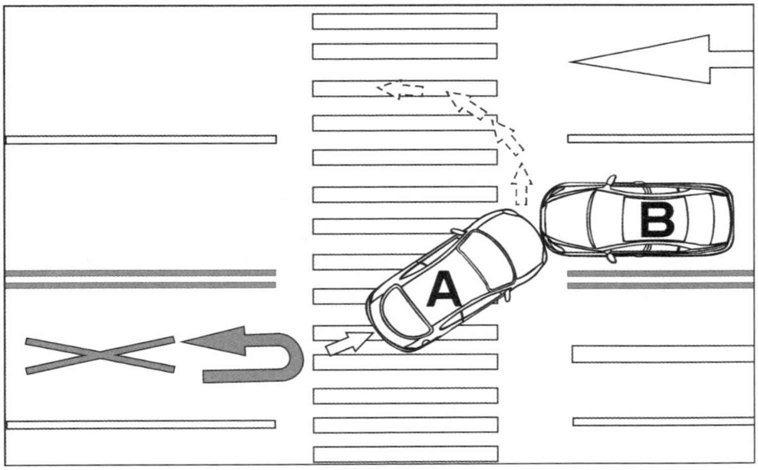

如图所示，A 车在有禁止掉头标志的地方掉头，与正常行驶的 B 车发生事故，则 A 车承担全部责任。

交警解答

《道路交通安全法实施条例》第 49 条明确规定，机动车在有禁止掉头或者禁止左转弯标志、标线的地点，不得掉头。什么是“有禁止掉头或者禁止左转弯标志、标线的地点”呢？行至路口，只要没有“禁止左转”“禁止掉头”等标志，司机就可掉头，一般道路的路口来车方向有供车辆掉头的缺口，可以直接调头，不必关注红绿灯变化，但应注意对向来车。假若路口已有明显标示牌，写有“左转绿灯亮时”或“红灯亮时”等字样，掉头时则应受红绿灯约束，须遵守提示语的约定。比如，路口左转箭头灯是红灯，则禁止左转弯及掉头行驶。

路段掉头需注意道路中心线的虚实，即只要是实线，不管是单黄线还是双黄线，均禁止掉头；而一些道路绘有黄色虚实线，即双黄线一根是实线，一根是虚线，掉头时应注意观察与自己紧邻一侧标线的虚实：紧邻实线，禁止掉头；紧邻虚线，允许掉头。

另外，“禁止左转”标志，同时具有“禁止左转”和“禁止掉头”两种含义。

02 在有禁止掉头或左转弯标志、标线的地方掉头，与逆向行驶车辆发生事故

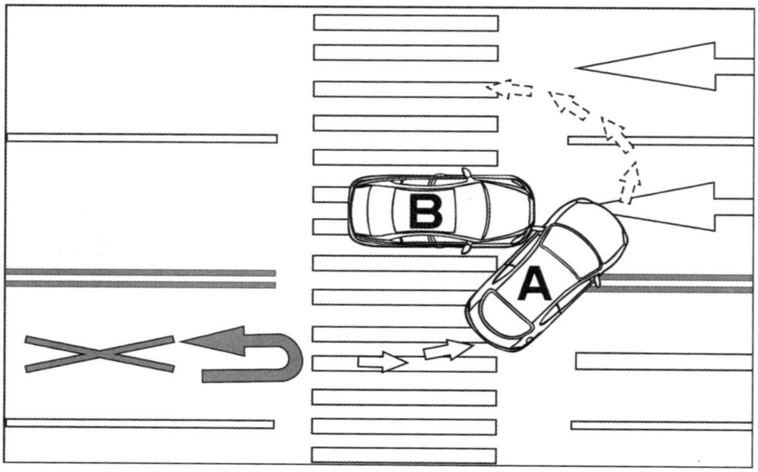

如图所示，A 车在有禁止掉头标志的地方掉头，与左侧车道逆向行驶的 B 车发生事故，则双方承担同等责任。

交警解答

A 车在有禁止掉头或左转弯标志的地方掉头，属于严重交通违法行为；同样，B 车逆向行驶，也是严重的交通违法行为。当双方对造成的交通事故都有过错，交警会根据双方过错的严重程度，来认定双方应承担相应的事故责任。通常情况下，会给双方“各打五十大板”，即“同等责任”。

03 在没有禁止掉头或左转弯标志、标线的地方掉头，未让正常行驶车辆先行

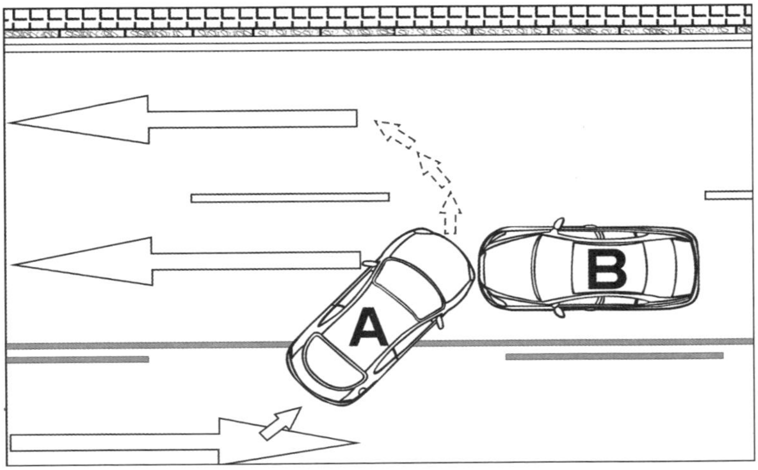

如图所示，A 车在绘有黄色虚实线且没有禁止掉头标志的路段紧靠虚线一侧掉头，与另一侧对向行驶的 B 车发生事故，则 A 车承担全部责任。

交警解答

无论是在允许掉头的情况下，还是在不允许掉头的情况下，掉头的车辆都要让正常行驶的车辆先行。如果由于掉头车辆没有礼让，导致与正常行驶的车辆发生交通事故，则掉头车辆承担全部责任。

案例链接

如图所示，20×× 年 12 月 19 日 9 时 43 分许，A 车驾驶人驾驶 A 车沿省道由北往南行驶至某处左转弯掉头时，由于没有提前开启左转向灯，被对向由南往北行驶的 B 车撞到，造成 A 车驾驶人抢救无效死亡及两车不同程度损坏的交通事故。当地交警部门认定，A 车驾驶人违反了《道路交通安全法实施条例》第 49 条第 2 款“机动车在没有禁止掉头或者没有禁止左转弯标志、标线的地点可以掉头，但不得妨碍正常行驶的其他车辆和行人的通行”以及第 57 条第 1 款

“向左转弯、向左变更车道、准备超车、驶离停车地点或者掉头时，应当提前开启左转向灯”的规定，应承担此次事故的主要责任；B 车驾驶人的行为违反了《道路交通安全法》第 22 条第 1 款“机动车驾驶人应当遵守道路交通安全法律、法规的规定，按照操作规范安全驾驶、文明驾驶”的规定，应承担此次事故的次要责任。

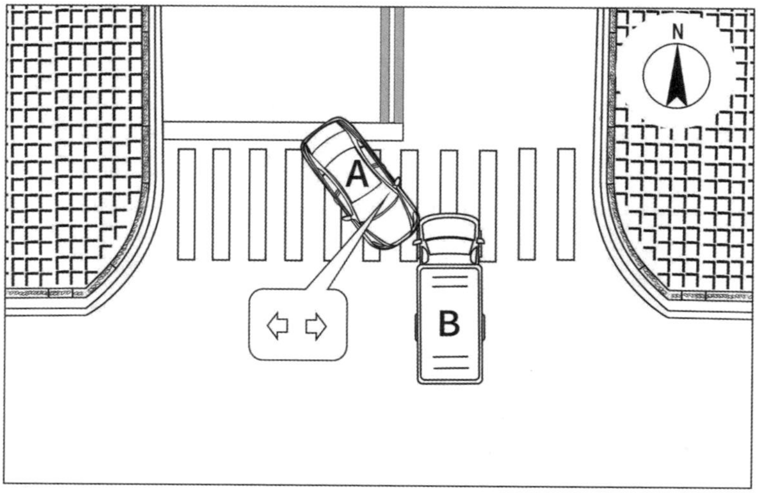

【法院判决】

A 车驾驶人亲属向一审法院起诉，请求：（1）依法判令 B 车驾驶人及其雇主、B 车保险公司赔偿医疗费、护理费、交通费、住宿费、误工费、丧葬费、死亡赔偿金、精神损害抚慰金、被抚养人生活费、车辆维修费等损失，合计 788,663.5 元；（2）判令 B 车保险公司先在交强险范围内对前述损失承担 121,000 元的赔偿责任（含精神损害抚慰金、车辆损失、死亡赔偿金）；（3）判令 B 车保险公司在商业三者险范围内承担 667,567.25 元赔偿责任；（4）判令 B 车驾驶人及其雇主对保险责任限额外的损失承担连带赔偿责任；（5）本案的诉讼费由 B 车驾驶人及其雇主、B 车保险公司负担。

一审法院认为，本案属于机动车之间的交通事故，应当按过错原则依法确定民事责任。B 车驾驶人驾驶 B 车上路行驶，经人行横道时，未减速行驶，不遵守道路交通安全法律、法规的规定，是事故发生的原因之一；且其明知事故发生可能造成人身伤亡，却未立即抢救受伤人员，亦未及时报警而弃车离开事故现场，致使受伤人员未能得到及时抢救死亡，其行为构成逃逸，具有重大过错。A 车驾驶人在没有交通信号的道路上没有注意确保安全，在没有禁止左转弯标志、标线的地点提前开启左转向灯掉头，其行为亦是事故发生的原因之一。尽管《事故认定书》确定了当事人的事故责任，但与当事人承担民事责任不能等同。B 车驾驶人行为构成逃逸，应承担全部赔偿责任。

一审法院判决：（1）B 车保险公司在交强险限额内赔偿医疗费、护理费、丧葬费、死亡赔偿金、精神损害抚慰金、交通费、误工费、被抚养人生活费、车辆损失维修费，合计 112,592 元；（2）B 车驾驶人、雇主赔偿护理费、丧葬费、死亡赔偿金、交通费、误工费、被抚养人生活费、车辆损失维修费，合计 514,989.58 元（扣除 A 车驾驶人之前赔偿丧葬费的 27,500 元）；（3）B 车驾驶人对上述第二项承担连带赔偿责任；（4）驳回 A 车驾驶人亲属的其他诉讼请求。案件受理费 11,686 元，A 车驾驶人亲属负担 1980 元，B 车保险公司负担 1668 元，B 车驾驶人及其雇主共同负担 8038 元。

B 车驾驶人及其雇主上诉，请求：（1）撤销一审法院第二项、第三项判决；（2）判令 B 车保险公司在交强险和商业三者险范围内，按照死者承担 70% 的责任比例赔偿 83,932 元给 B 车驾驶人亲属。

二审法院认为，本案对交警划分双方的责任认定予以采信，且 B 车驾驶人在事故发生后拨打了报警电话和急救电话，在附近的轿车中等候交警到来，因此，并不存在肇事逃逸的情形。综合双方的过错程度，本院确定对超出交强险赔偿限额的损失部分由 A 车驾驶人自负 60% 的责任，B 车驾驶人承担 40% 的民事责任。B 车驾驶人及其雇主应承担的赔偿责任已足额被保险责任替代，无须另行承担赔偿责任。至于 A 车驾驶人一方垫付的 27,500 元，由 A 车驾驶人一方向 A 车保险公司另行主张返还。

二审法院判决：（1）维持一审法院民事判决第一项；（2）撤销一审法院民事判决第二项、第三项、第四项；（3）B 车保险公司在商业三者险责任限额范围内赔偿 189,498.83 元给 A 车驾驶人亲属；（4）驳回 A 车驾驶人亲属对 B 车驾驶人及其雇主的诉讼请求。

04 在人行横道掉头

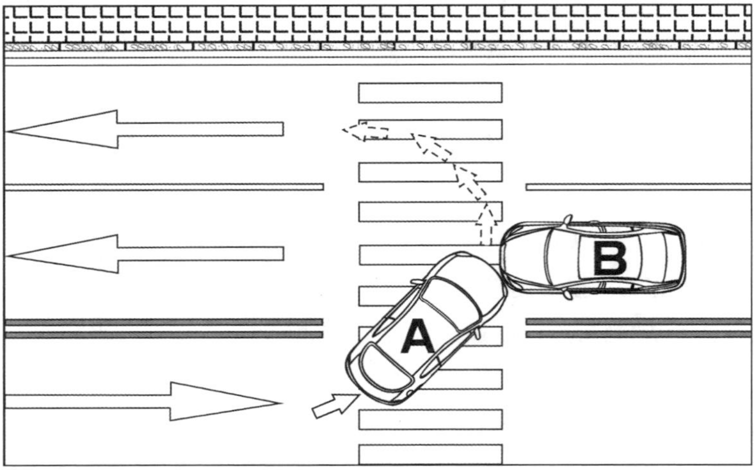

如图所示，A 车在人行横道掉头，与另一侧对向行驶的 B 车发生碰撞，则 A 车承担全部责任。

交警解答

《道路交通安全法实施条例》第 49 条规定，机动车在人行横道不得掉头。因为人行横道是行人通行的集中地，也是事故易发地段，在此处掉头只会增加交通混乱和发生事故的危险。

案例链接

如图所示，20×× 年 2 月 16 日 17 时 26 分，A 车驾驶人驾驶 A 车由南往北行驶至某交叉路口往东转弯掉头时，与 B 车驾驶人驾驶的两轮电动车 B 相撞，导致 B 车驾驶人受伤、两车受损的交通事故。事故发生后，B 车驾驶人被送往医院住院治疗。交警部门认定，A 车驾驶人承担事故全部责任。

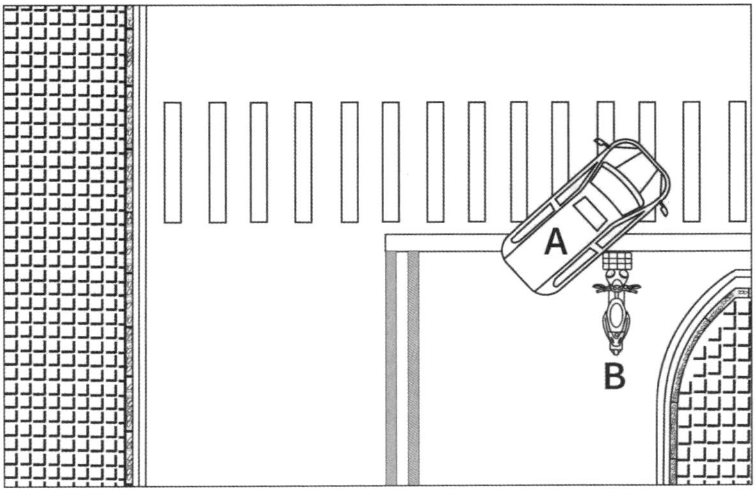

【法院判决】

B 车驾驶人向法院提起诉讼，请求：判决 A 车驾驶人及 A 车保险公司赔偿其各项损失共计 189,201.79 元。

法院认为，本案中 A 车驾驶人在行经人行道时违法掉头，导致本起交通事故的发生，对 B 车驾驶人的损失应承担 100% 的赔偿责任。经司法鉴定所鉴定，B 车驾驶人构成十级伤残，误工期 120 天，需 1 人护理 60 天，营养期 60 天。其伤残程度对其劳动能力有一定影响，应支付被扶养人生活费。此次事故虽造成 B 车驾驶人车辆受损，但其提交的车辆照片无法证明车辆已报废，且又未提供其他证据予以佐证，故对该项诉讼请求不予支持。A 车驾驶人承担本次事故全部责任，故鉴定费由 A 车驾驶人承担。B 车驾驶人的各项损失为医疗赔偿部分 24,567.99 元，伤残赔偿部分 177,243.21 元，合计 201,811.2 元，并须将 A 车驾驶人及 A 车保险公司先行垫付的医疗费予以扣减。

法院判决：（1）A 车保险公司在本判决生效后 10 日内赔偿 B 车驾驶人 182,643.21 元；（2）驳回 B 车驾驶人其他诉讼请求。

05 在桥梁上掉头

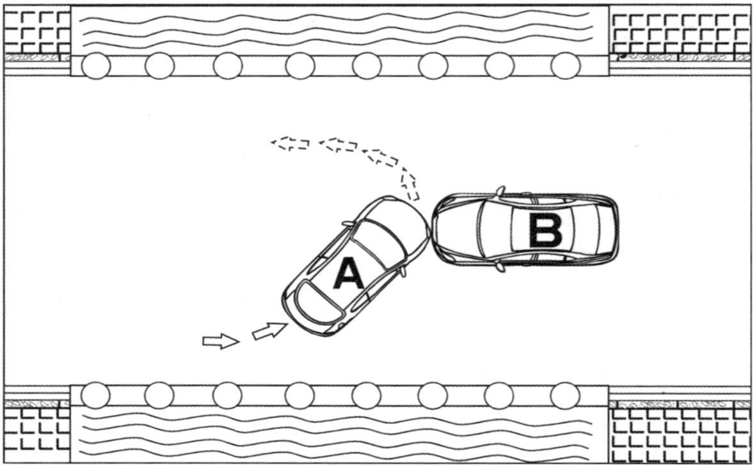

如图所示，A 车在桥梁上掉头，与另一侧对向行驶的 B 车发生事故，则 A 车承担全部责任。

交警解答

《道路交通安全法实施条例》第 49 条规定，机动车在桥梁上不得掉头。因为桥梁相对狭窄，掉头困难，若是在此掉头，一则危险性较大，二则容易造成交通拥堵。

06 在陡坡上掉头

如图所示，A 车在陡坡上掉头，与另一侧对向行驶的 B 车发生事故，则 A 车承担全部责任。

交警解答

在陡坡上行驶时，下坡车在车辆重力作用下，车速会越来越快，如果中途减速或停车，车辆有侧滑或翻车的危险；另外，上坡车要克服坡道阻力，必须加大油门，一般要一鼓作气才能完成爬坡过程，如果中途减速或停车，就会增加爬坡难度，甚至车辆会向后溜滑而发生事故。

因此，若是在陡坡上掉头，就会极大地干扰下坡车和上坡车的正常行驶，并带来很大的事故隐患。《道路交通安全法实施条例》第 49 条为此规定，机动车在陡坡上不得掉头。

案例链接

如图所示，20×× 年 11 月 4 日 14 时许，A 车驾驶人驾驶 A 车在某陡坡路段调头时，与正在下坡的 B 车相撞，B 车又与前方 C 车尾部发生碰撞，致使 C 车驾驶人受伤，并造成三车不同程度受损。事故发生后，C 车驾驶人被送到医院住院治疗。当地交警部门作出《事故认定书》，认定A车驾驶人驾驶机动车在急弯、陡坡、易发生危险的路段调头，是造成此次事故的主要原因，应承担本次交通事故的主要责任；B车驾驶人驾驶机动车行驶在遇到长坡、急弯、陡坡时，未按操作规范安全驾驶、文明驾驶，是造成此次交通事故的次要原因，应承担该起事故的次要责任；C车驾驶人无责任。

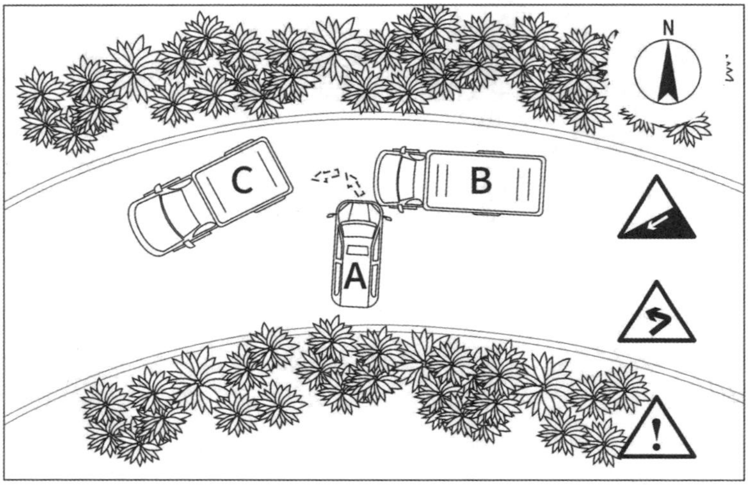

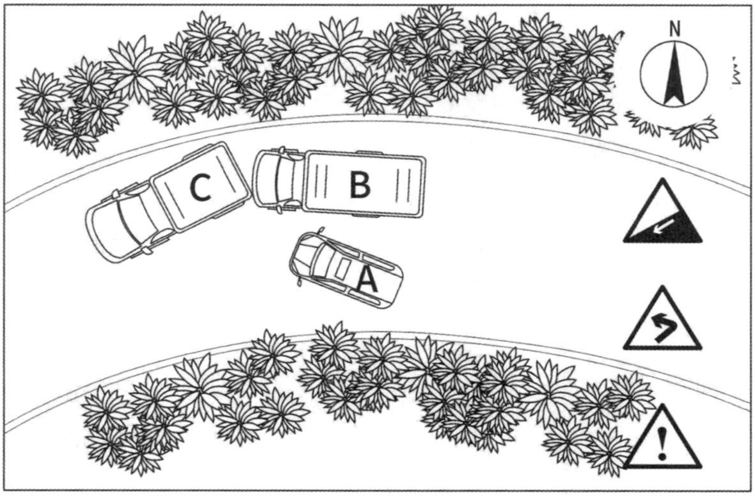

【法院判决】

C 车驾驶人向一审法院起诉，请求判令 A 车驾驶人、A 车所属单位、A 车保险公司、B 车驾驶人赔偿其损失。

一审法院认为，依法从事货物运输等经营性活动的车辆，因无法从事相应经营活动所产生的合理停运损失，交通事故责任者应当予以赔偿。C 车作为营运车辆在事故发生后产生停运的损失，酌情考虑停运损失为 90 天。A 车驾驶人系医院职工，其行为属于职务行为，在本次交通事故中给 C 车驾驶人造成的损失应当由其单位负担。A 车在保险公司投保了交强险和商业三者险，C 车驾驶人的损失应当先由保险公司在交强险除医疗费限额和财产限额内赔偿，剩余部分在商业三者险内赔偿。根据交警部门对事故的责任认定，法院认为由 A 车保险公司在商业三者险内责任限额赔偿 C 车驾驶人的 80% 的损失为宜，B 车驾驶人应当承担 C 车驾驶人 20% 的损失为宜。一审法院认定 C 车驾驶人的损失共计 83,472.99 元。

一审法院判决：（1）A 车保险公司于本判决生效后 3 日内赔偿 C 车驾驶人损失 67,587.81 元；（2）B 车驾驶人于本判决生效后 3 日内赔偿 C 车驾驶人损失 15,885.19 元；（3）驳回 C 车驾驶人的其他诉讼请求。

A 车保险公司不服一审法院判决，提起上诉。

二审法院认为，多辆机动车发生交通事故造成第三人损害，损失超出各机动车交强险责任限额之和的，由各保险公司在各自责任限额范围内承担赔偿责任。本案中 B 车购买了交强险，该车的交强险承保公司应当在交强险限额内共同承担赔偿责任。B 车驾驶人表示其放弃由交强险承保公司承担赔偿责任，该部分责任由其自行承担。故一审法院未判决 B 车驾驶人在交强险限额内承担赔偿责任确有不当，应予纠正。

二审法院判决：（1）维持一审法院民事判决第三项；（2）撤销一审法院民事判决第一项、第二项；（3）变更一审法院民事判决第一项为由 A 车保险公司于本判决生效后 3 日内赔偿 C 车驾驶人损失 65,178.3 元；（4）变更一审法院民事判决第二项为由 B 车驾驶人于本判决生效后 3 日内赔偿 C 车驾驶人损失 18,294.6 元；（5）驳回 A 车保险公司的其他上诉请求。

07 在隧道内掉头

如图所示，A 车在隧道内掉头，与同向行驶的 B 车发生碰撞，则 A 车承担全部责任。

交警解答

隧道内空间比较狭窄，路面相对湿滑，加上视线不好，根本不具备掉头的条件。强行在隧道内掉头，不仅会与其他车辆发生事故，而且自身也容易出现危险。因此，《道路交通安全法实施条例》第 49 条明确规定，机动车在隧道内不得掉头。

案例链接

如图所示，20×× 年 9 月 18 日 16 时 20 分，A 车驾驶人驾驶小型客车 A 在某隧道里掉头时，与货车 B 发生碰撞，致两车受损。经交警部门认定，A 车驾驶人承担本起事故的全部责任，B 车驾驶人无责任。

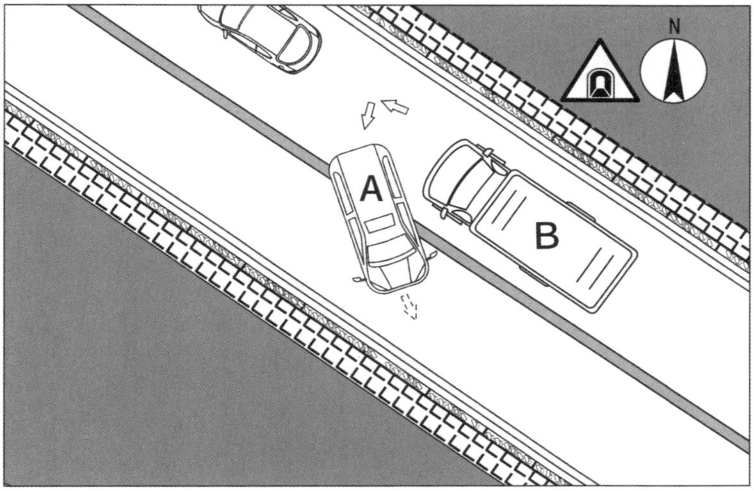

【法院判决】

因A车保险公司对A车的损失金额与A车驾驶人无法达成一致，A车驾驶人向一审法院起诉，请求：（1）判令A车保险公司赔付其各项损失共计53,241元；（2）诉讼费由A车保险公司承担。

一审法院认为，A车驾驶人委托某保险公估有限公司对车辆损失进行鉴定，估损金额为51,301元。后来A车保险公司向一审法院提出鉴定申请，请求对A车损失进行重新鉴定，法院委托某机动车鉴定评估公司对A车损失进行评估，估损金额为33,815元。A车驾驶人随后对该车辆进行了实际维修。A车驾驶人为A车在保险公司投保了机动车损失险附加不计免赔，对于A车驾驶人的车辆损失，A车保险公司应在保险限额内赔付。事故车辆损失经一审法院委托鉴定为33,815元，且该车已经实际维修，故一审法院予以确认。A车驾驶人单方委托评估机构进行车损鉴定所产生的鉴定费用，因该鉴定未被一审法院采信，故不予支持。

一审法院判决：（1）A车保险公司于本判决生效后10日内在机动车损失险限额范围内赔偿A车驾驶人车辆损失33,815元；（2）驳回A车驾驶人的其他诉讼请求。案件受理费1131元，减半收取565.50元，由A车保险公司负担401元，A车驾驶人负担164.50元。

A车保险公司上诉请求：（1）依法改判一审判决或发回重审；（2）一、二审诉讼费用由A车驾驶人负担。

二审法院认为，某机动车鉴定评估公司出具的公估报告，其鉴定意见中的A车驾驶人损失数额并不违反法律规定，A车保险公司虽不认可，但未提供相关有效证据证实其主张，故一审法院据此认定损失并无不妥；A车保险公司主张重新鉴定费用不应由其承担，但公估费用是为查明和确定保险标的损失程度所支付的必要的、合理的费用，其应予承担，一审法院在判决中对重新鉴定的费用未予释明，应认定重新鉴定产生的公估费4000元由A车保险公司承担。

二审法院判决：驳回上诉，维持原判。

08 在环岛前掉头

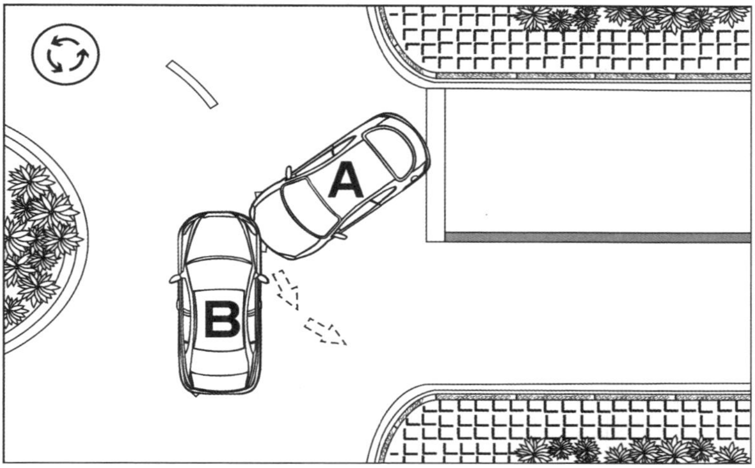

如图所示，A 车在环岛前掉头，与环岛内正常行驶的 B 车发生事故，则 A 车承担全部责任。

交警解答

其实环岛不应涉及掉头的问题，因为车辆顺着环岛绕一圈就掉过来了。然而，有个别司机图省事，连这一圈都不愿意绕，硬是在环岛前掉头。一旦发生事故，自然就要承担全部责任。

案例链接

如图所示，20×× 年 7 月 29 日 22 时许，A 车驾驶人驾驶 A 车沿某道路行驶至环岛处时，与摩托车 B 相遇。因 A 车驾驶人驾车逆时针调头并占道逆行，B 车避让不及致两车相剐擦，B 车驾驶人用言语表示不满，A 车驾驶人下车查看后即朝 B 车驾驶人左脸颊打了一拳，随后两人驾车离开现场。B 车驾驶人致伤后到医院住院治疗，诊断为上颌骨骨折、下颌骨骨折、髁突骨折、牙槽骨骨折。经当地司法鉴定中心鉴定，B 车驾驶人的损伤属轻伤二级，需后期治疗费 11,000 元。当地交警部门认定，A 车驾驶人在环岛路段内逆行并于事故发生后逃逸，承担事故全部责任。

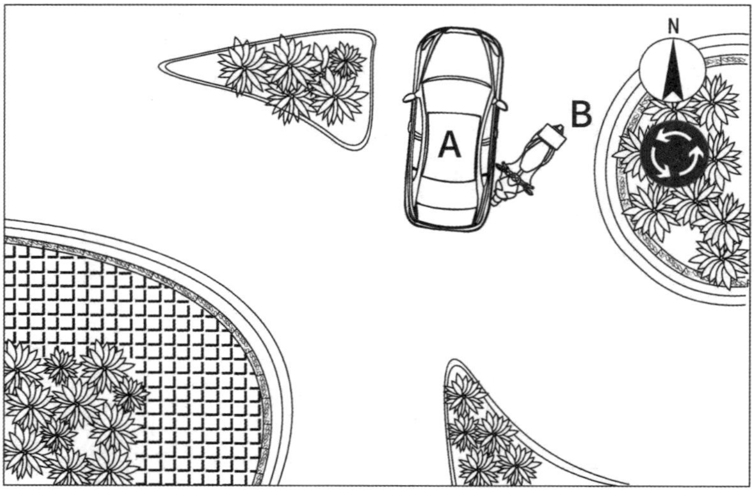

【法院判决】

当地检察院起诉，指控A车驾驶人犯故意伤害罪，向法院提起公诉。在诉讼过程中，B车驾驶人向法院提起民事赔偿诉讼。法院受理后，依法组成合议庭，公开开庭合并审理了本案。

法院认为，A车驾驶人与他人发生纠纷时，故意损害他人身体健康，并造成一人轻伤二级的后果，其行为已构成故意伤害罪。公诉机关指控罪名成立，法院予以支持。A车驾驶人在归案后能如实供述犯罪事实，自愿认罪，可酌情从轻处罚。由于A车驾驶人的犯罪行为给附带民事诉讼的B车驾驶人造成经济损失，应承担民事赔偿责任。法院认定B车驾驶人的医疗费、误工费、营养费、护理费、住院生活补助费、交通费、鉴定费、住宿费、后期治疗费等损失，共计36,373.28元。

法院判决：（1）A车驾驶人犯故意伤害罪，判处有期徒刑1年零6个月；（2）A车驾驶人赔偿附带民事诉讼B车驾驶人医疗费、误工费、营养费等经济损失共计36,373.28元。

09 在铁路道口掉头

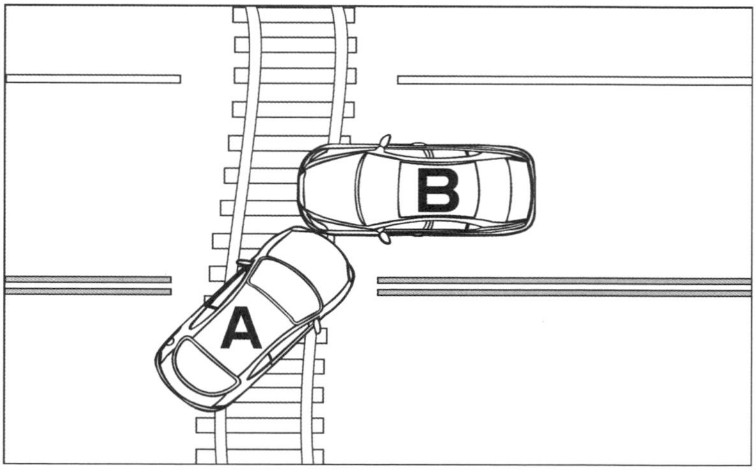

如图所示，A 车在铁路道口掉头，与对向行驶的 B 车发生事故，则 A 车承担全部责任。

交警解答

《道路交通安全法实施条例》第 49 条规定，机动车在铁路道口不得掉头。因为铁路道口是人流、车流混杂的地方，交通状况复杂，在这里掉头会造成交通拥堵，甚至引发事故。

第六章

机动车倒车事故责任认定

01 在交叉路口倒车

如图所示，A 车在交叉路口倒车，与侧向行驶的 B 车发生事故，则 A 车承担全部责任。

交警解答

《道路交通安全法实施条例》第 50 条规定，机动车倒车时，应当查明车后情况，确认安全后倒车，不得在交叉路口倒车。因为交叉路口是人流、车流混杂的地方，交通状况复杂，正常行驶都要小心，更不要说倒车了。在这里倒车是十分危险的，极易发生交通事故。

需要特别说明的是，倒车、溜车在实际操作中很难判定，发生事故后，倒车或溜车一方往往不承认。最好的方式是安装汽车行车记录仪，它能完整、准确地记录汽车行驶状态下的有关情况，也能将汽车行驶轨迹完整地记录下来，并通过专用软件在电脑上完成再现。这样，有没有倒车就一目了然了。

案例链接

如图所示，20×× 年 12 月 7 日 20 时 45 分，A 车驾驶人超载驾驶制动系统不合格的 A 车，沿公路由西南向东北以四挡排、约 73km/h 的速度行驶至某处时，遇B车驾驶人超载驾驶制动系统不合格的B车由某工厂倒车驶入公路东南侧的机动车道，A车与B车后防撞栏右侧、货厢右侧及货厢后端右侧相撞擦，致A车乘客甲受伤（重伤二级），两车不同程度损坏。事故发生后，甲被送医治疗。后当地交警部门作出《事故认定书》，认定B车驾驶人承担本次事故的主要责任，A车驾驶人承担次要责任，甲无责任。

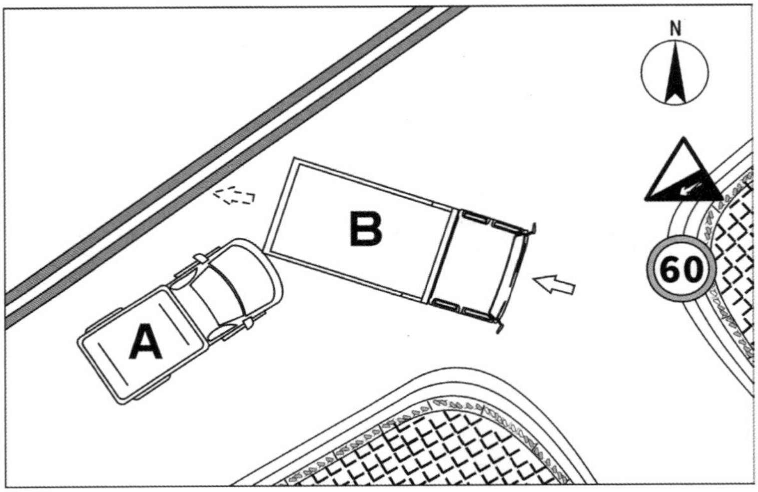

【法院判决】

甲向一审法院起诉，请求：判令B车驾驶人赔偿其第一次住院至起诉之日产生的各项损失，其中医疗费138,529.33元、误工费5419元、护理费14,000元、营养费3500元、交通费1920元、住院伙食补助费3500元，共计人民币166,868.33元，此款由B车保险公司在交强险限额内赔偿，不足部分在商业三者险限额内依责按比例赔偿，仍有赔偿不足的由B车驾驶人承担。

一审法院认为，本案发生交通事故的事发路段为由西南向东北的下坡，路中设有双实线，现场以南5200米道路东侧路外设有小型车限制速度80、货车限制速度60的道路交通标志，该路段夜间无路灯照明。事发时，B车车头朝东，车尾朝西，由工厂倒车驶入公路南侧机动车道，其车的车尾已到达该道路的中心双实线位置，该车车身占据整个右侧道路，致使直行的现有道路优先通行权的A车避让不及而与B车相撞，认定B车驾驶人承担70%的责任，A车驾驶人承担30%的责任，甲无责任。

一审法院判决：（1）B车保险公司于本判决生效后5日内在交强险赔偿限额内医疗费项下赔偿甲医疗费10,000元，在死亡伤残项下赔偿甲误工费5419元、护理费4335元、交通费920元，合计人民币20,674元；（2）B车保险公司于本判决生效后5日内在商业三者限额范围内赔偿甲医疗费128,529.33元及住院伙食补助费3500元总额的70%，即92,420.53元；（3）驳回甲的其他诉讼请求。

B车驾驶人对一审法院认定的责任划分表示质疑，遂上诉请求：（1）撤销一审法院民事判决，查清事实后进行改判；（2）本案一、二审诉讼费由甲负担。

二审法院认为，本案中，交警作出的《事故认定书》能够证明此次事故发生的重要原因，是B车驾驶人驾驶机件不符合安全行车要求、超载运输、倒车时未察明车后情况、未确认安全后倒车等行为，加之A车驾驶人驾驶机件不符合技术标准的机动车以及超载所致，一审法院认定各方责任比例并无不妥，本院依法予以维持。

二审法院判决：驳回上诉，维持原判。

02 在铁路道口倒车

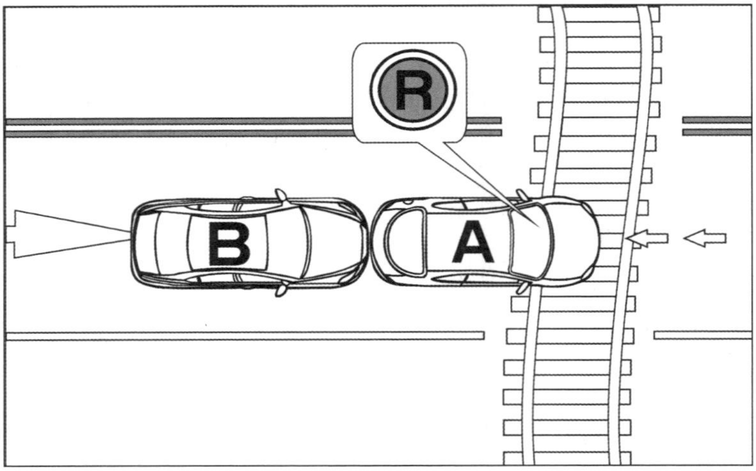

如图所示，A 车在铁路道口倒车，与后面同向行驶的 B 车发生事故，则 A 车承担全部责任。

交警解答

铁路道口历来是事故多发地段，一旦发生事故，往往会造成严重后果。为此，国家还特地出台了《铁路道口管理标准》，对铁路道口的安全管理有详细规定。另外，《道路交通安全法实施条例》第 50 条也规定，机动车在铁路道口不得倒车。

03 在单行道上倒车

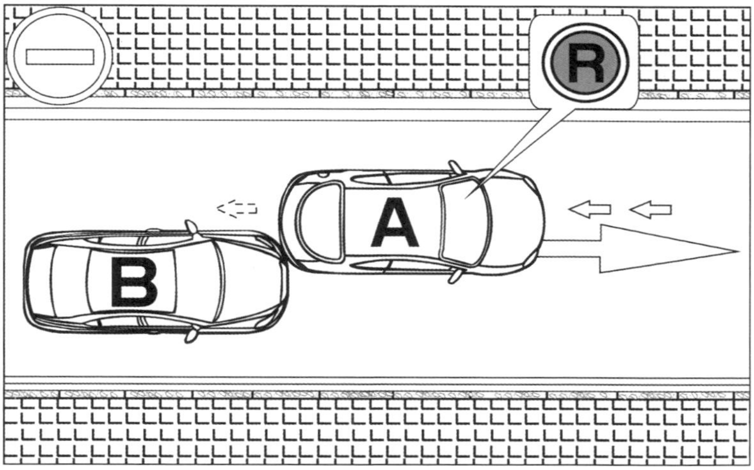

如图所示，A 车在单行道上倒车，与后面同向行驶的 B 车发生事故，则 A 车承担全部责任。

交警解答

因为单行道只有一个行驶方向，所以在驾驶人的意识中，车辆只会往前行驶，对倒车这种逆行行为缺乏应对的心理准备，一旦前车倒车，就容易发生事故。因此，《道路交通安全法实施条例》第 50 条规定，机动车在单行路上不得倒车。

案例链接

如图所示，20×× 年 7 月 28 日 17 时许，A 车驾驶人驾驶 A 车行驶至一单行道处，在会车倒车时，因未察明车后情况，将停靠在车后的普通二轮摩托车 B 撞倒，并向后推行约 5 米远，造成 B 车驾驶人受伤、两车受损的交通事故。当地交警部门认定，由 A 车驾驶人承担本次事故全部责任，B 车驾驶人无责任。

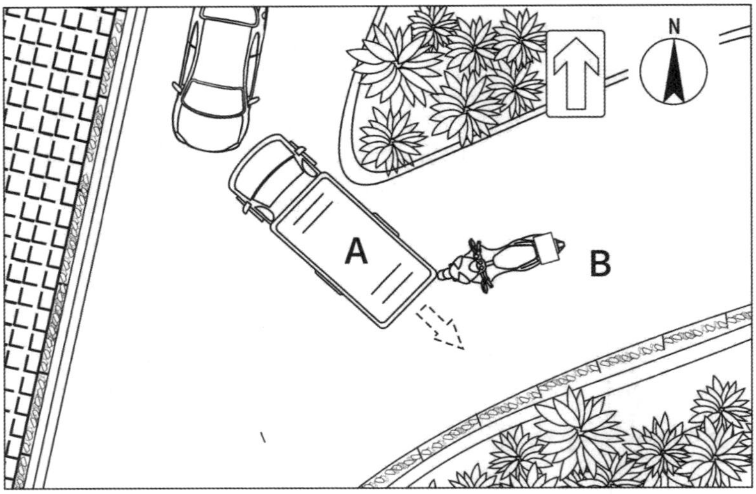

【法院判决】

事故发生后，B 车驾驶人被送医住院治疗 24 天，经检查，身体多处骨折，A 车驾驶人为其支付住院医疗费 38,506.66 元。

B 车驾驶人向一审法院起诉，请求：（1）A 车保险公司在交强险和商业三者险中赔付 B 车驾驶人门诊医疗费 85.8 元、后期治疗费 15,000 元、住院伙食补助费 1200 元、护理费 10,530 元、误工费 17,640 元、残疾赔偿金 184,793 元、精神损害抚慰金 4000 元、营养费 720 元、交通费 800 元、鉴定费 1900 元，合计 236,688.80 元，A 车保险公司赔偿不足的部分，由 A 车驾驶人赔偿；（2）本案诉讼费由 A 车保险公司、A 车驾驶人承担。

一审法院认为，B 车驾驶人同时起诉侵权人 A 车驾驶人和 A 车保险公司请求赔偿，符合法律规定，予以支持。对于 B 车驾驶人提出的医疗费、住院伙食补助费、后续治疗费、鉴定费均予以认定；护理费标准错误；误工费时间错误，至迟计算至鉴定前一天，共计 132 天；残疾赔偿金赔偿系数有误，应为 12%；B 车驾驶人父母居住在农村，已经达到或将要达到法定退休年龄，可视为丧失劳动能力，其子当年为 17 周岁，故被扶养人生活费均予以认定；交通费、精神损害抚慰金酌情确定；营养费不予支持。

一审法院判决：（1）由 A 车保险公司赔偿 B 车驾驶人门诊医疗费 85.80 元、住院伙食补助费 1200 元、后续治疗费 15,000 元、误工费 12,968 元、护理费 10,523

元、残疾赔偿金 155,240.20 元（含被扶养人生活费）、交通费 200 元、精神损害抚慰金 2000 元，共计人民币 197,217 元，限于判决生效之日起 20 日内付清；（2）由 A 车驾驶人赔偿 B 车驾驶人鉴定费 1900 元，A 车驾驶人已支付（系从 A 车驾驶人为 B 车驾驶人支付的生活费 10,000 元中抵扣）；（3）驳回 B 车驾驶人其他的诉讼请求。案件受理费 1484 元，减半收取 742 元，由 A 车驾驶人负担。

A 车保险公司对被扶养人的生活费认定表示质疑，遂上诉请求：撤销一审判决第一项，该公司不承担 B 车驾驶人的被扶养人生活费（不服金额为 63,412.8 元）；本案二审诉讼费由 B 车驾驶人承担。

二审法院认为，结合实际情况，B 车驾驶人父母可视为丧失劳动能力，且可视为无生活来源，故一审对 B 车驾驶人被扶养人生活费的认定符合案件事实并无不当。

二审法院判决：驳回上诉，维持原判。

04 在桥梁上倒车

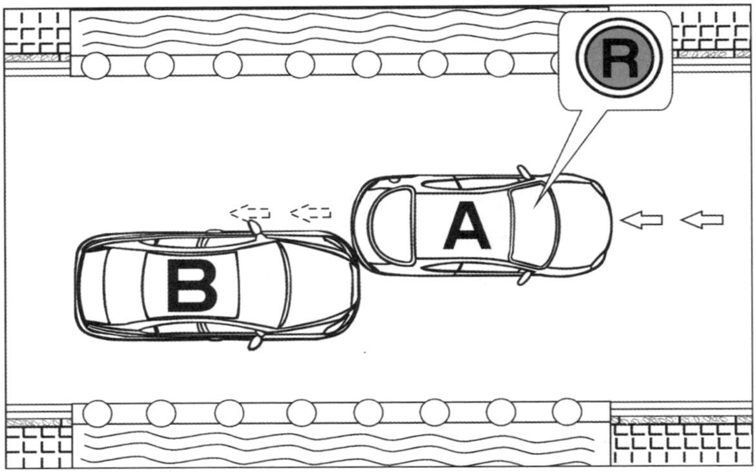

如图所示，A 车在桥梁上倒车，与后面同向行驶的 B 车发生事故，则 A 车承担全部责任。

交警解答

因为桥梁相对狭窄，交通比较拥堵，驾驶人的注意力一般都集中在如何避让对向车辆上，这时若出现倒车情况，后方来车往往不能有效注意并及时应对，这样就大大增加了发生事故的风险。为此，《道路交通安全法实施条例》第 50 条规定，机动车在桥梁上不得倒车。

案例链接

如图所示，20×× 年 6 月 20 日 0 时 15 分许，A 车驾驶人驾驶 A 车行驶至一大桥下桥地段时，与 B 车发生碰撞，造成两车受损。经当地交警部门认定，A 车驾驶人在驾驶证吊销期间饮酒后驾驶机动车在道路上行驶，倒车时未确保安全，是造成事故的直接原因，A 车驾驶人承担该起事故的全部责任，B 车驾驶人无责任。

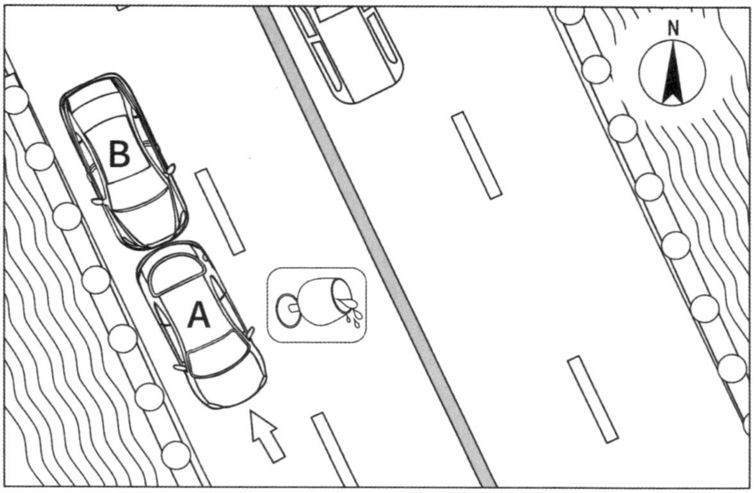

【法院判决】

B 车驾驶人向一审法院起诉，请求：（1）判令 A 车驾驶人赔偿其拖车费 260 元；（2）判令 A 车驾驶人赔偿其车辆维修费 2000 元；（3）判令 A 车驾驶人赔偿其车辆被扣及车辆维修期间的交通费 880 元；（4）判令 A 车驾驶人补偿其诉讼期间产生的交通费及餐饮费共计 360 元；（5）案件受理费由 A 车驾驶人承担。

一审法院认为，B 车驾驶人实际损失有拖车费 260 元、维修费 2000 元，因车辆受损产生的替代性交通工具的费用酌情支持 500 元，以上损失合计 2760 元，应当由 A 车驾驶人赔偿。B 车驾驶人诉请 A 车驾驶人补偿其诉讼期间产生的交通费及餐饮费共计 360 元于法无据，不予支持。

一审法院判决：（1）A 车驾驶人在本判决生效之日起 10 日内赔偿 B 车驾驶人损失 2760 元；（2）驳回 B 车驾驶人的其他诉讼请求。案件受理费 50 元，减半收取 25 元，B 车驾驶人负担 3 元，A 车驾驶人负担 22 元。

A 车驾驶人认为 B 车补漆价格较高，也不应承担 B 车驾驶人的替代性交通工具费用，上诉请求：（1）依法改判一审法院民事判决；（2）由 B 车驾驶人承担本案一、二审诉讼费用。

二审法院认为，本案主要的争议焦点是一审判决认定 A 车驾驶人因案涉交通事故对 B 车驾驶人造成的车辆损失是否正确。事故发生后，B 车驾驶人的车辆由交警暂扣，后送往汽修厂进行维修。根据汽修厂出具的证明以及发票，B 车驾驶人的车辆补了四个面的漆，修理费用为 2000 元，因此，一审法院认定 A 车驾驶人给 B 车驾驶人造成的车辆损失为 2000 元并无不当，本院予以确认。另外，关于车辆受损产生的替代性交通工具费用的问题，B 车驾驶人在车辆受损后的一定时间内无法正常使用车辆，对此一审判决酌情认定 500 元替代性交通工具的费用并无不当。

二审法院判决：驳回上诉，维持原判。

05 在急弯处倒车

如图所示，A车在急弯处倒车，与后面同向行驶的B车发生事故，则A车承担全部责任。若B车也有过错，则B车也应承担相应责任。

交警解答

我们都知道，拐弯处视线受限，尤其是急弯处，行车视线甚至为零。因此，《道路交通安全法实施条例》第50条规定，机动车在急弯处不得倒车。在这样的路段倒车，后方来车根本无法预判和注意，发生碰撞的可能性极大。

06 在陡坡上倒车

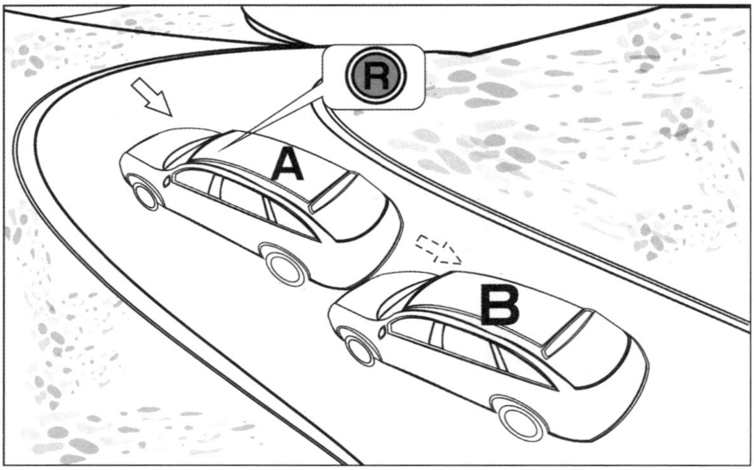

如图所示，A 车在陡坡上倒车，与后面同向行驶的 B 车发生事故，则 A 车承担全部责任。

交警解答

《道路交通安全法实施条例》第 50 条规定，机动车在陡坡上不得倒车。因为受车辆自身的重力及制动因素影响，在陡坡上倒车是十分危险的，稍有不慎，就可能发生车辆失控的情况。同时，后方来车由于正处于努力爬坡的过程中，为了避让前车，也不得不采取相应的制动措施，从而可能诱发相似的危险因素。

07 在隧道内倒车

如图所示，A 车在隧道内倒车，与后面同向行驶的 B 车发生事故，则 A 车承担全部责任。

交警解答

由于车辆刚进入隧道时，驾驶人突然由明处进入暗处，眼睛大约需要七八秒钟的适应时间，即暗适应过程。在这个过程中，驾驶人眼睛的灵敏度十分低，几乎是看不到任何东西的。同样，当车辆驶出隧道口时，环境明暗的再次变化，驾驶人又需要一个适应的过程。

另外，车辆进入隧道后，驾驶人与外界环境隔绝，隧道两壁又距离车辆很近，在车辆前进中隧道两壁快速向后移动，造成驾驶人强烈的速度感，觉得车辆开得飞快，对车速、行车间距估计不准，容易引发追尾碰撞事故。因此，《道路交通安全法实施条例》第 50 条规定，机动车在隧道内不得倒车。

案例链接

如图所示，20×× 年 3 月 15 日 9 时 42 分，A 车驾驶人驾 A 车在某路段隧道内由西北向东南行驶时，适遇 B 车驾驶人驾驶作业车 B 由东南向西北倒车，A

车驾驶人驾车顶撞前方C车后部，致使C车顶撞前方D左后部，造成A车驾驶人、C车驾驶人受伤及三车不同程度损坏的道路交通事故。当地交警部门认定，A车驾驶人与B车驾驶人承担此次事故的同等责任，C车驾驶人、D车驾驶人无责任。

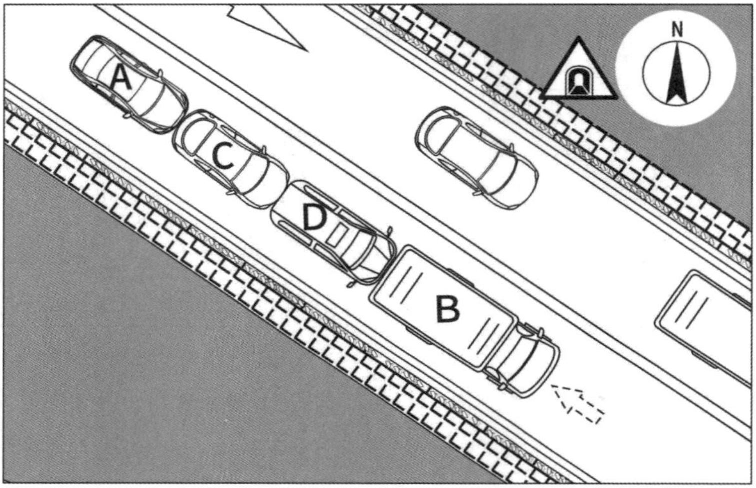

【法院判决】

C车驾驶人向法院提起诉讼，请求：（1）判决A车驾驶人、A车所有人、A车保险公司、B车驾驶人、B车所属公司、B车保险公司赔偿其医疗费1736.74元、误工费8000元、交通费3300元、财产损坏维修费877元、车辆损失费46,069元、车损鉴定费3300元、拖车费200元、停车费780元、拆解费500元、本案诉讼费1550元、财产保全费320元、诉讼责任保险费500元、精神损害抚慰金5000元，共计72,132.74元；（2）判令A车和B车的保险公司直接赔偿其损失。

法院认为，查明事故发生在A车交强险合同期、B车交强险和商业三者险合同期，且B车登记所有权人为清扫大队。结合事故责任，法院认为，C车驾驶人要求A车所有人承担赔偿责任，但未能提供证据证实A车所有人在本次事故中存在过错，故不予支持。另依据相关法律规定，用人单位的工作人员因执行工作任务造成他人损害的，由用人单位承担侵权责任。B车驾驶人系清扫大队的工作人员，且事故发生在B车驾驶人工作过程中，故保险范围之外B车驾驶人所负的赔偿责任应由清扫大队负担。

对于C车驾驶人的各项损失，确认其提出的医疗费、车辆损失费、拖车费、车损鉴定费、拆解费、保全保险费、出租车打车费的金额，但对其主张的因租赁汽车产生的替代性交通工具费用3000元、误工费、其他财产损失、精神损害抚慰金、停车费等属于自行扩大的损失，未提交相关证据或无事实依据，不予认可。

法院判决：（1）A车保险公司于本判决生效之日起10日内在交强险范围内赔偿C车驾驶人医疗费826.69元、车辆损失2000元，共计2826.69元；（2）B车保险公司于本判决生效之日起10日内在交强险范围内赔偿C车驾驶人医疗费826.69元、车辆损失2000元，共计2826.69元；（3）B车保险公司于本判决生效之日起10日内在商业三者险范围内赔偿C车驾驶人车辆损失20,984.5元、拖车费100元、替代性交通工具费用150元、鉴定费1900元，共计23,134.5元；（4）A车驾驶人于本判决生效之日起10日内赔偿C车驾驶人车辆损失20,984.5元、拖车费100元、替代性交通工具费用150元、鉴定费1900元、保全保险费500元，共计23,634.5元；（5）驳回C车驾驶人的其他诉讼请求。

08 倒车时开启危险报警闪光灯被后车撞上

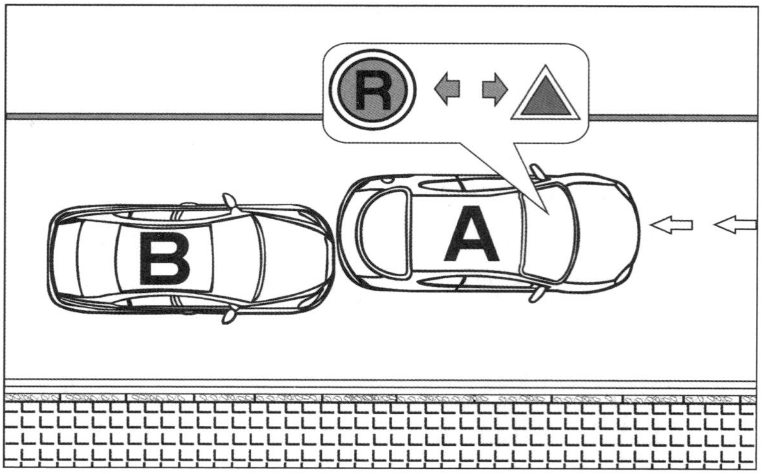

如图所示，A 车在倒车时开启危险报警闪光灯，与后面同向行驶的 B 车发生事故，则 A 车承担主要以上责任。

交警解答

关于倒车有一个基本规定，就是先要查明车后情况，在确认安全后再倒车。因此，就算倒车的时候开启危险报警闪光灯了，还应注意观察车后的情况，以防发生交通事故。

当然，若是后面的车辆属于超速行驶，或者疲劳驾驶，明知前车正在倒车，由于反应不及或反应迟钝，从而发生碰撞事故，经现场认定，则双方各自承担相应责任。

09 倒车时开启危险报警闪光灯被侧向车辆撞上

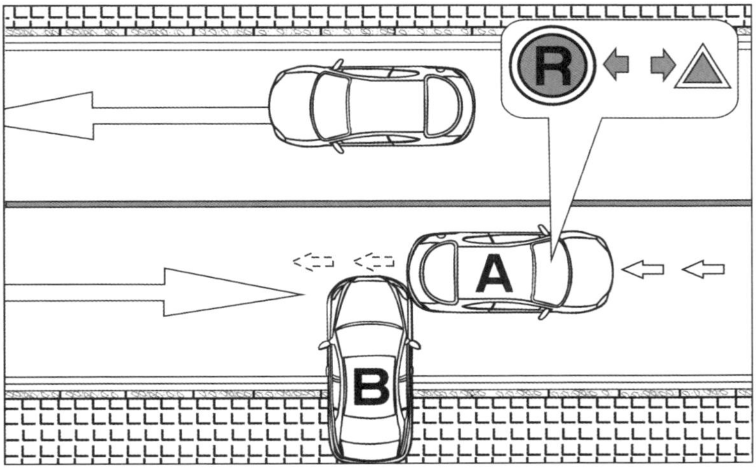

如图所示，A 车在倒车时开启危险报警闪光灯，与侧向进入道路的 B 车发生事故，则 A 车承担全部责任。

交警解答

在倒车时开启危险报警闪光灯，固然可以引起后方同向车辆的注意，但无法引起侧向车辆的注意，因此，在这种情况下发生事故，倒车一方仍要承担全部责任。

为此，驾驶人在倒车时，务必做到以下几点：

（1）倒车前应注意观察周围情况，选定倒车路线，看清前后有无来车，确定安全后方可倒车；

（2）倒车时要稳住油门，控制车速，不要忽快忽慢，车速不要超过 5 公里 / 小时，并要掌握“慢行车，快转向”的操作方法；

（3）要注意车前、车后情况，确定车辆后方视线看不到的“死角”处也没有车辆、行人或障碍物时再行倒车；

（4）倒车时特别要注意四周有无小孩站立和活动；

（5）如果车内装有倒车雷达或者倒车影像，那就可以更便捷、安全地倒车了。

第七章

机动车追尾事故责任认定

01 后车撞上正常行驶途中紧急刹车的前车

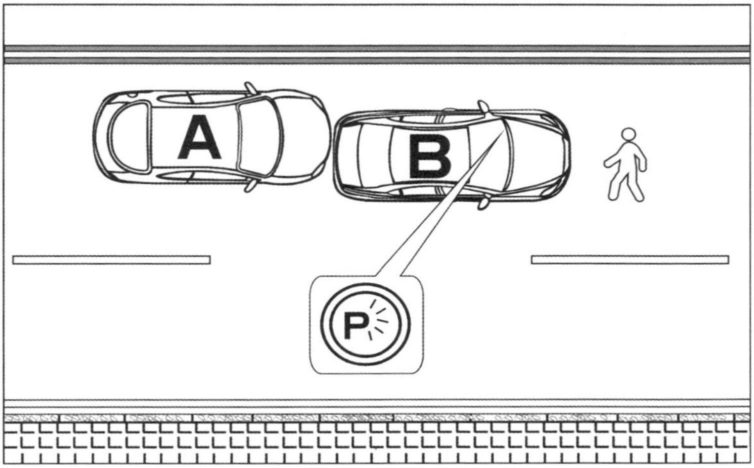

如图所示，B 车在前面正常行驶，遇到行人横过马路时紧急刹车，与后面行驶的 A 车发生追尾事故，则 A 车承担全部责任。

交警解答

A 车可能认为，事故是由于 B 车紧急刹车造成的，所以 B 车应承担全部责任。然而《道路交通安全法》第 43 条明确规定："同车道行驶的机动车，后车应当与前车保持足以采取紧急制动措施的安全距离。"图上这种追尾事故，看似由前车紧急刹车造成，实则由于后车未保持足够的安全距离或驾驶人注意力不集中所致。因此，后车应承担全部责任。

案例链接

如图所示，20×× 年 9 月 3 日，A 车驾驶人驾驶 A 车在某弯道路段行驶时，因未保持安全车距，与前车 C 发生追尾，而这是因为 B 车驾驶人弯道超车时未注意安全，导致 C 车驾驶人紧急刹车造成的追尾。经交警部门认定，A 车驾驶人承担该事故的主要责任，C 车驾驶人无责任，B 车驾驶人承担次要责任。

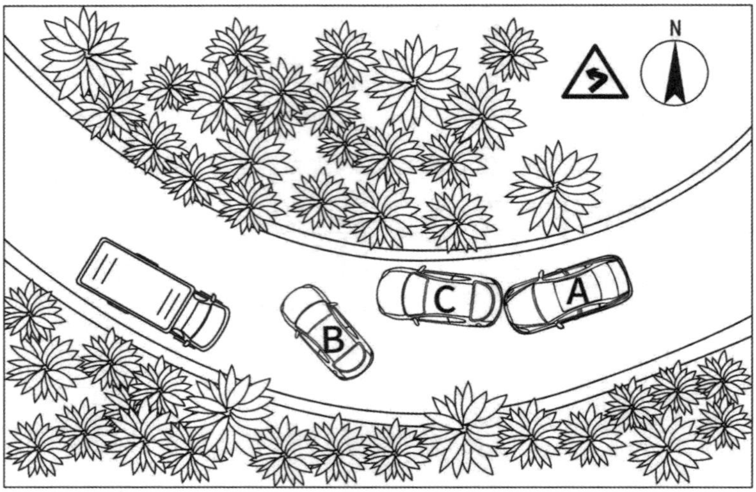

【法院判决】

经交警调解，A 车驾驶人承担 C 车驾驶人损失 70% 的赔偿责任，即 43,855 元。A 车所有人支付了该款项，后向保险公司索赔，因发生交通事故时 A 车已过保险期限被拒。A 车车主向一审法院起诉，请求：A 车销售公司赔偿 A 车车主损失 43,855 元。

一审法院审理查明，A 车所有人向 A 车销售公司购买车辆并由该公司代为购买车险，但保险购买时间早于购车时间，导致 A 车在脱保期间发生交通事故，无法向保险公司理赔。A 车销售公司对该事项负有告知义务，但其未能提供充分证据证明已履行该义务，造成 A 车所有人的合理损失，应承担相应的赔偿责任。A 车所有人，在收到 A 车销售公司交付的保险单后，应对保险险种及保险期限等事项尽到谨慎审查义务，尤其是涉及国家强制购买的交强险的内容。现其表示对保险期限等均未注意，导致涉案车辆脱保，由于其存在过错，应减轻 A 车销售公司的赔偿责任。根据双方的过错程度，法院认定 A 车销售公司对 A 车所有人的损失应承担 60% 的赔偿责任。

关于 A 车所有人的损失，认定如下：对于 C 车的损失，因为 A 车所有人将车辆出借给 A 车驾驶人驾驶时发生交通事故，且该车已过保险期限，A 车所有人只需在交强险财产损失赔偿限额内承担赔偿责任，即 2000 元，超过交强险部分应由 A 车驾驶人赔偿，故 A 车所有人虽陈述其已支付相应费用，但该部分款项不属于

A 车所有人的合理损失；对于 C 车的维修费及施救费 26,005 元，A 车所有人可以向 A 车驾驶人主张赔偿，亦可以向保险公司按照车辆保险合同主张赔偿。现 A 车所有人在向保险公司理赔过程中，因 A 车销售公司的过错，导致其无法理赔，故该车辆的修理费及施救费应属 A 车所有人的合理损失。以上两项合计为 28,005 元，A 车销售公司赔偿 A 车所有人 16,803 元。

一审法院判决：（1）A 车销售公司于本判决生效后 15 日内支付 A 车所有人 16,803 元；（2）驳回 A 车所有人的其他诉讼请求。

A 车销售公司不服一审判决，提起上诉，请求撤销原判，驳回 A 车所有人的一审诉讼请求。

二审法院认为，A 车销售公司擅自提前办理汽车保险不符合常理做法，A 车销售公司应负有告知义务，以 A 车所有人收到涉案车辆的保单等有关资料的事实推定 A 车所有人已经知道涉案车辆实际保险日期的事实依据不足；A 车销售公司提供的录音资料未明确保险公司已提醒 A 车所有人涉案车辆保险具体何时到期，且以提供的《汽车代购协议》为据主张已向 A 车所有人告知涉投保情况，因协议签字与 A 车所有人的签名笔迹存在很大差异，A 车销售公司又未申请笔迹鉴定证实该份协议确系 A 车所有人本人所签，故对 A 车销售公司的上诉请求不予支持。

二审判决：驳回上诉，维持原判。

A 车销售公司申请再审。

再审法院认为，根据《保险法》的规定，保险期间和保险责任开始时间属于确定保险人责任范围的条款，保险人不负有明确说明义务，A 车销售公司与保险的说明义务比保险公司更低。根据 A 车所有人在一审中提交的证据出库单载明，A 车销售公司已经履行向 A 车所有人交付商业险、交强险、保单发票、商业卡、强制卡等有关资料的义务，现有证据不能证明该公司向 A 车所有人隐瞒涉案车辆购买保险的具体情况。而 A 车所有人，应注意审查保险合同约定的保险期，尤其是涉及交通事故责任强制保险，但其收到保单后并未提出异议。因此，涉案车辆超过保险期而不能获得保险赔付的损失，应当由 A 车所有人自行承担。

再审法院判决：（1）撤销一、二审判决；（2）驳回 A 车所有人的诉讼请求。

02 前车在机动车道停车后未开启危险报警闪光灯和设置警示标志

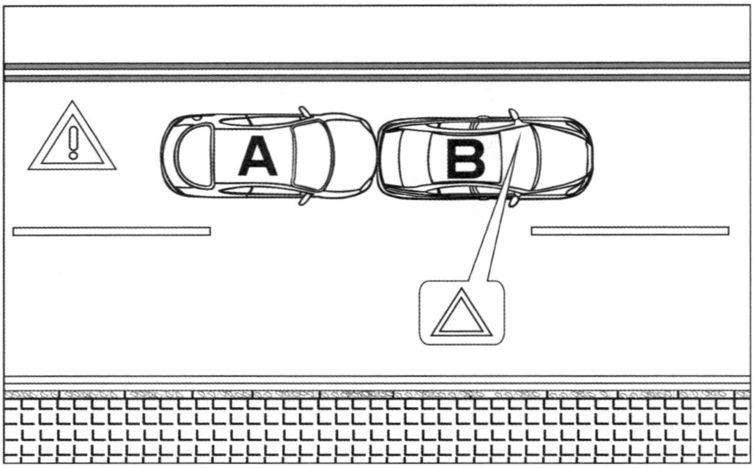

如图所示，B 车在机动车道发生故障停车后，未开启危险报警闪光灯和设置警示标志，导致与后方行驶过来的 A 车发生追尾事故，则 A 车承担主要责任，B 车承担次要责任。

交警解答

上图所示追尾事故的发生，双方都有明显过错：一是 A 车驾驶人注意力不集中，二是 B 车驾驶人未按照规定作出相应的提醒。

《道路交通安全法实施条例》第 60 条明确规定："机动车在道路上发生故障或者发生交通事故，妨碍交通又难以移动的，应当按照规定开启危险报警闪光灯并在车后 50 米至 100 米设置警告标志，夜间还应当同时开启示廓灯和后位灯。" B 车没有做到这一点，因此，在追尾事故中应承担相应责任，即次要责任。

案例链接

如图所示，20×× 年 9 月 29 日 5 时 20 分许，A 车驾驶人在未取得机动车驾驶证的情况下，驾驶无号牌普通正三轮摩托车由北向南行驶至某处时，与停放在道路上的B车发生事故，造成A车驾驶人受伤，两车不同程度损坏。事发后，B车驾驶人驾车逃逸，于当日投案。当地交警部门认定，B车驾驶人驾驶安全设施不全、挂车无号牌且挂车属于不符合国家强制性标准规定要求的机动车辆，夜间在道路上临时停放时，未开启危险报警闪光灯、示廓灯、后位灯，妨碍其他车辆通行，发生事故后驾车逃逸，是造成此事故的一个原因，承担此事故的同等责任；A车驾驶人在未取得机动车驾驶证的情况下，驾驶无号牌机动车上路行驶，未确保行车安全，是造成此次事故的又一原因，承担此次事故的同等责任。

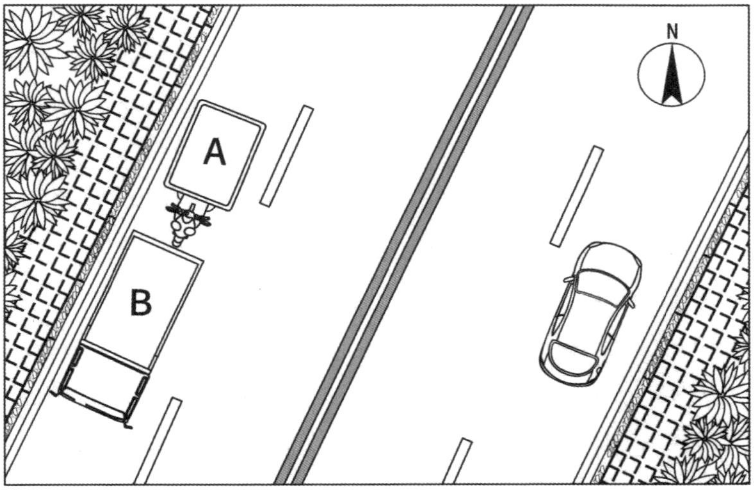

【法院判决】

A车驾驶人向一审法院起诉，请求：判令B车驾驶人、B车前车主、B车保险公司赔偿其医疗费310,736.16元、误工费54,000元（4500元/月×12个月）、营养费3332元（34元/天×14周×7天）、住院伙食补助费4300元（50元/天×86天）、护理费17,740元（150元/天×14周×7天+160元/天×19天）、残疾赔偿金256,972.8元（40,152元/年×20年×32%）、精神损害抚慰金20,000元、鉴定费5873元、交通费3520.7元、财产损失1000元，按照责任划分，A车驾驶人主张共计343,484.8元。

一审法院认为，经查明，B车实际车主为B车驾驶人，B车驾驶人与前车主签订购车合同，但未办理车辆过户登记手续，该车登记车主为前车主。A车驾驶人无证据证明前车主对于事故的发生具有过错，故前车主不应承担赔偿责任。根据交警部门作出的事故认定，B车驾驶人应对A车驾驶人相关损失承担50%的赔偿责任。又认为，B车驾驶人事发后将事故车辆停放于附近停车场，随即返回事故现场投案，并及时缴纳了A车驾驶人当日救护车费用等抢救医疗费，另给付A车驾驶人53,000元，故B车驾驶人不应认定为保险合同约定的“逃离事故现场”的行为。且B车亦不存在检验不合格或改装等情形，故B车保险公司应承担商业三者险的赔偿责任。对于A车驾驶人的各项损失，一审法院确认共计637,960.96元，B车保险公司应在交强险限额内赔偿精神损害抚慰金10,000元、残疾赔偿金100,000元（医疗费10,000元已支付），在商业三者险限额内赔偿A车驾驶人258,980.48元，扣除A车保险公司救助金70,001.74元及B车驾驶人已付款53,000元，还应支付135,978.74元。

一审法院判决：（1）B车保险公司于判决生效后10日内在交强险责任限额内赔偿A车驾驶人精神损害抚慰金、残疾赔偿金合计110,000元；（2）B车保险公司于判决生效后10日内在商业三者险责任限额内赔偿A车驾驶人各项损失共计135,978.74元；（3）B车保险公司于判决生效后10日内在商业三者险责任限额内给付第三方保险公司70,001.74元；（4）驳回A车驾驶人的其他诉讼请求。

B车保险公司上诉请求：（1）撤销一审判决，依法改判其在商业险内不承担赔偿责任；（2）本案上诉费由被上诉人承担。

二审法院认为，B车保险公司主张B车驾驶人事发后驾车逃逸，故不应承担商业险赔偿责任，但综合本案发生过程，B车驾驶人事发后虽然驾车离开现场，但仅是将车辆停到附近的停车场即返回现场投案，并如实陈述事故情况和积极对伤者进行施救。据此，一审法院认定不构成保险合同约定的“逃离事故现场”行为，并依法不免除B车保险公司的商业险赔偿责任并无不当，二审法院依法予以维持，对B车保险公司该上诉意见不予采纳。

二审法院判决：驳回上诉，维持原判。

B车保险公司申请再审。

再审法院认为，结合B车驾驶人于事发后驾车驶离现场的行为、接受公安机关调查时的陈述以及公安机关的调查结论，足以证明事故发生后B车驾驶人主观上具有为逃避责任追究而驾车逃逸的故意，客观上实施了驾车逃离现场的行为，其行为应当属于商业三者险免责条款约定的免责情形，一、二审法院关于本案不构成商业三者险免责情形的认定系属认定事实不清，再审法院予以纠正。B 车保险公司关于其不应承担商业三者险赔偿责任的申请再审理由成立，原审判决认定由 B 车保险公司在商业三者险责任限额内向 A 车驾驶人赔偿的损失 135,978.74 元、向第三方保险公司给付的 70,001.74 元，应当由 B 车驾驶人自行承担。

再审法院判决：（1）撤销二审法院民事判决；（2）维持一审法院民事判决第一项，即 B 车保险公司于本判决生效后 10 日内在交强险责任限额内赔偿 A 车驾驶人精神损害抚慰金、残疾赔偿金合计 11 万元；（3）撤销一审法院民事判决第二项、第三项、第四项；（4）B 车驾驶人于本判决生效后 10 日内赔偿 A 车驾驶人各项损失共计 135,978.74 元；（5）B 车驾驶人于本判决生效后 10 日内给付第三方保险公司 70,001.74 元；（6）驳回 A 车驾驶人的其他诉讼请求。

03 前车在机动车道停车后开启了危险报警闪光灯但未按规定设置警示标志

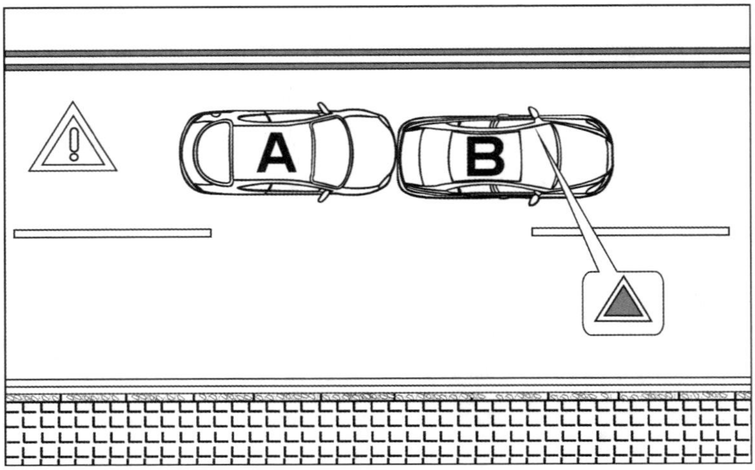

如图所示，B 车在机动车道发生故障停车后，开启了危险报警闪光灯，但未设置警示标志，导致后方驶来的 A 车与其发生追尾事故，则 A 车承担主要责任，B 车承担次要责任。

交警解答

B 车在发生故障后，虽然采取了一定措施，但是未设置警示标志；或者虽然设置了警示标志，但标志设置过近，远远没有达到《道路交通安全法实施条例》第 60 条要求的“车后 50 米至 100 米”的距离，致使 A 车反应不及，B 车应对这次追尾事故承担相应责任。

当然，事故的主要原因还是 A 车驾驶人注意力不集中，所以 A 车应当承担主要责任。

04 前车在机动车道停车后开启了危险报警闪光灯并按规定设置了警示标志

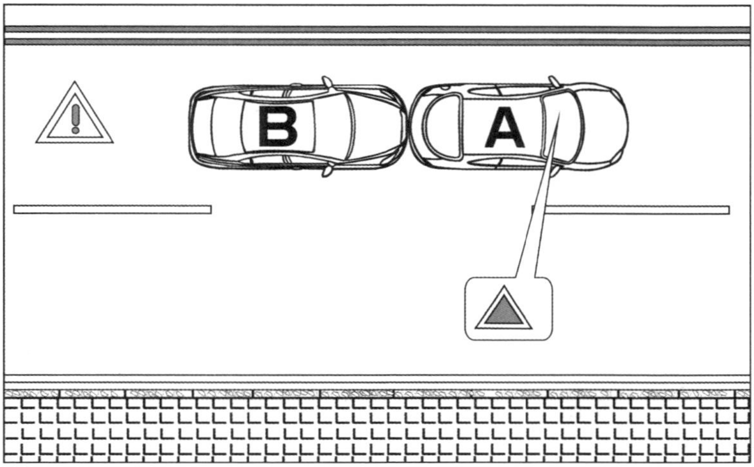

如图所示，A 车在机动车道发生故障停车后，开启了危险报警闪光灯并按规定设置了警示标志，但是后方驶来的 B 车未看清车道情况发生追尾，则 B 车承担全部责任。

交警解答

A 车在发生故障后，按照规定采取了相应的措施，完全符合交通法规的要求，事故的原因完全是由 B 车造成的。B 车在这种情况下还发生追尾事故，主要不外乎三种原因：一是注意力不集中，二是超速行驶，三是制动系统故障。

05 前车装载货物超长且未按规定设置明显警示标志

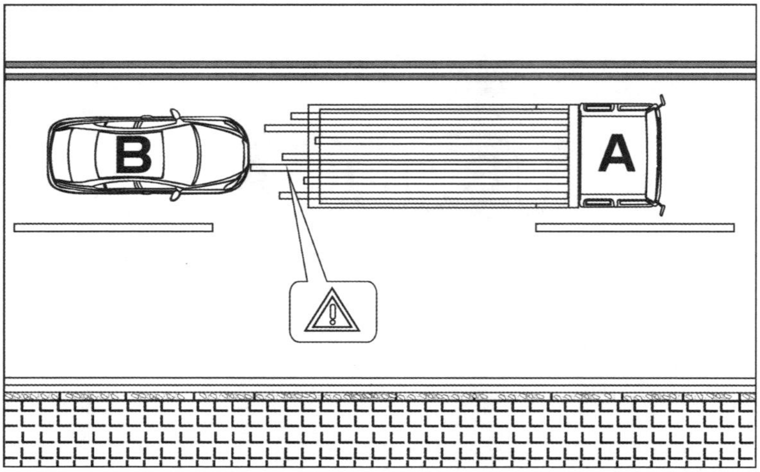

如图所示，A 车装载的货物明显越出车厢长度且未设置标志，在紧急刹车时，与后方的 B 车发生追尾事故，则 A 车承担同等以上责任。

交警解答

《道路交通安全法》第 48 条规定："机动车运载超限的不可解体的物品，影响交通安全的，应当按照公安机关交通管理部门指定的时间、路线、速度行驶，悬挂明显标志。"而《道路交通安全法实施条例》第 54 条进一步规定，机动车装载长度、宽度不得超出车厢。因为前车装载超长或超宽的物品，会影响后车对安全距离的判断，增加追尾的危险性。

具体来说，前车只有在办理了超长通行证，也做了明显的超长标志，并按照指定时间、路线、速度行驶的情况下发生追尾，才不承担责任。

案例链接

如图所示，20×× 年 4 月 25 日 21 时 33 分，A 车驾驶人驾驶 A 车沿高速第三车道由东北向西南方向行驶至某处时，因未保证行车安全及未与前车保持安全距离，致使车辆前部撞到同车道反光标识不合格、低速行驶及所载货物超长的 B 车后部及其超长货物后，B 车侧翻，A 车撞到右侧护栏后驶入边沟。21 时 41 分，C 车驾驶人驾驶 C 车由高速沿第三车道由东北向西南方向驶来，因未保证行车安全，致车辆前部撞到未开启危险报警闪光灯且未按规定设置警示标志、向左侧翻在第三车道的 B 车底部及在车下的 B 车乘客甲。当地交警部门认定，第一次事故 A 车驾驶人承担事故主要责任，B 车驾驶人承担事故次要责任；第二次事故 C 车驾驶人承担事故主要责任，B 车驾驶人承担事故次要责任，甲无责任。

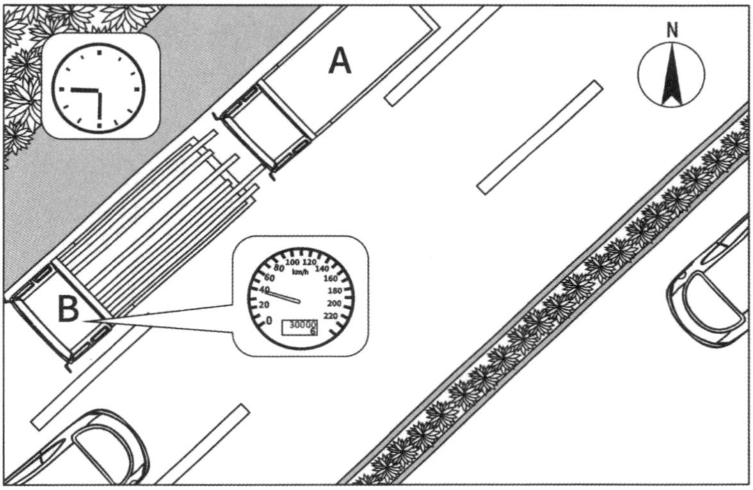

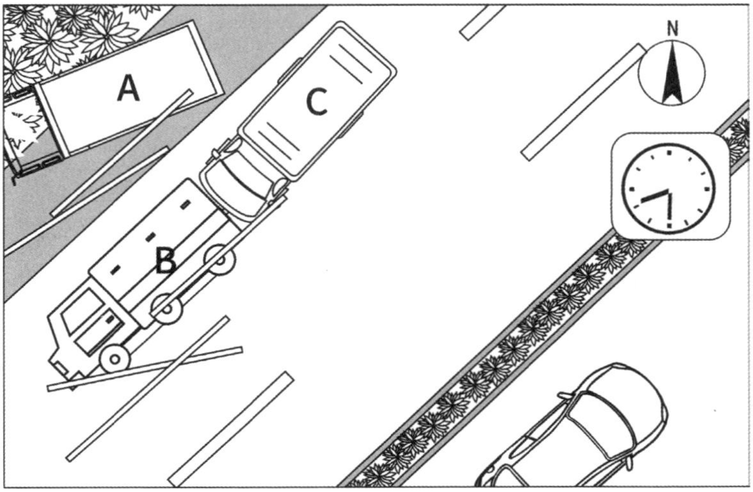

【法院判决】

甲向法院起诉，请求：其医疗费85,835.87元、二次手术费25,000元、住院伙食补助费3000元、营养费3000元、误工费25,032元、护理费14,717.87元、残疾赔偿金101,461.80元、精神损害抚慰金10,000元（交强险中优先赔付）、被扶养人生活费67,010元、交通费2000元、鉴定费3500元，共计340,557.54元，由C、B两车保险公司在交强险限额内先行赔付，不足部分由C车保险公司承担70%的赔偿责任，由B车保险公司承担30%的赔偿责任，再有不足部分由C车驾驶人及C车登记所有人承担赔偿责任。

法院认为，本案存在两次碰撞事故，且两次事故存在一定的时间间隔，交管部门对于两次碰撞中各方的违法行为及过错大小分别进行了认定及责任划分。第二次碰撞事故造成甲受伤，C车驾驶人承担事故主要责任，B车驾驶人承担事故次要责任，故甲主张的主责70%、次责30%的责任比例并无不当，法院予以支持。法院认为，B车保险公司未能提交证据证实甲在第一次碰撞事故中受伤及受伤的部位、伤情，虽然第一次碰撞事故导致B车侧翻，但B车驾驶人也仅是轻微伤情，其证明甲在第一次碰撞事故中并未受伤。同时，甲作为受害人，其明确表示在第一次碰撞事故中并未受伤，该事实在《事故认定书》中已经予以确认。关于甲的损失，法院确认各项损失共计为326,890.41元，由C车保险公司在交强险限额内先行赔偿损失中的113,277.27元，由B车保险公司在交强险限额内先行赔偿损失中的113,277.27元；不足部分由C车保险公司在商业三者险的限额内承担70%的赔偿责任，计70,235.11元，由B车保险公司在商业三者险的限额内承担30%的赔偿责任，计30,100.76元。

法院判决：（1）C车保险公司于判决生效后10日内在交强险限额内赔偿甲损失113,277.27元；（2）C车保险公司于判决生效后10日内在商业三者险限额内赔偿甲损失70,235.11元；（3）B车保险公司于判决生效后10日内在交强险限额内赔偿甲损失113,277.27元；（4）B车保险公司于判决生效后10日内在商业三者险限额内赔偿甲损失30,100.76元；（5）驳回甲其他诉讼请求。

06 前车倒车或溜车撞上后车

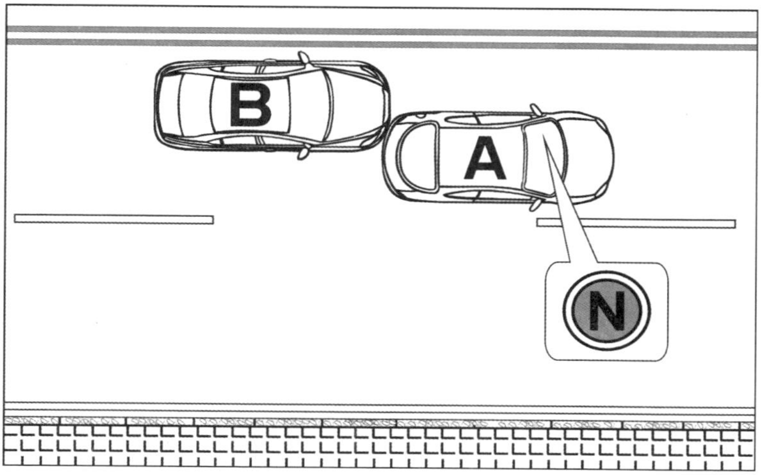

如图所示，B 车与 A 车在停车等待放行时，A 车未正确使用驻车制动器，发生溜车，与 B 车相撞，则 A 车承担全部责任。

交警解答

在发生追尾事故时，一旦是由于前车倒车或溜车导致的，在现场责任认定方面会有一定困难，往往“我说你溜车，你说我追尾”。在证据方面，需要现场目击证人。若是在车上安装行车记录仪，或者事故现场有监控设备，将会对责任认定提供有效证据。当然，也有其他科技手段还原事故真相，如痕迹鉴定等。

案例链接

如图所示，20×× 年 7 月 22 日 10 时 30 分许，A 车驾驶人驾驶电动三轮车 A 由北向南倒车时，与临时停车的 B 车相碰撞，致 B 车损坏。经交警部门认定，A 车驾驶人负事故全部责任，B 车驾驶人无责任，且经过调解后，A 车驾驶人需承担 B 车的车损。

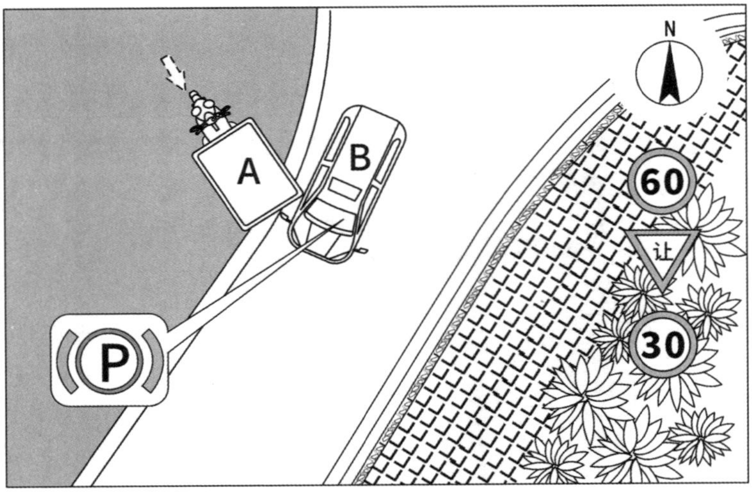

【法院判决】

B 车驾驶人向一审法院起诉，请求：（1）判决由 A 车驾驶人赔偿其车辆修理费 5800 元；（2）判决本案诉讼费由 A 车驾驶人承担。

一审法院认为，根据事故责任认定等事实，B 车驾驶人的合理损失应由 A 车驾驶人承担。经查明，B 车在事故中受损，被送到维修公司维修，产生维修费用 8800 元，维修公司出具了证明和发票。A 车无保险，A 车驾驶人已支付给 B 车驾驶人 3000 元。A 车驾驶人对维修车辆的数额有异议，认为费用过高，但未提交有效证据证明其观点，亦未提出鉴定的申请，故应按照发票金额支付车辆维修费。

一审法院判决：A 车驾驶人于本判决生效后 10 日内赔付给 B 车驾驶人 5800 元。案件受理费 50 元，由 A 车驾驶人负担。

A 车驾驶人上诉请求：（1）撤销一审法院判决，改判 A 车驾驶人无须支付 8800 元（其中包括已支付的 3000 元，未支付的 5800 元）；（2）请求对车辆损失进行鉴定；（3）本次上诉费、鉴定费用由 B 车驾驶人承担。

二审法院认为，虽然 A 车驾驶人提出对维修金额过高有异议，且在维修时未按约定通知 A 车驾驶人到场，并认为维修公司存在开假发票的可能，但是未能提供证据对其主张加以证明，应承担举证不能的不利后果，故一审法院采信 B 车驾驶人主张的车辆维修费数额并无不当，对 A 车驾驶人的上诉请求不予支持。

二审判决：驳回上诉，维持原判。

07 追尾时，前车骑跨车道分隔线

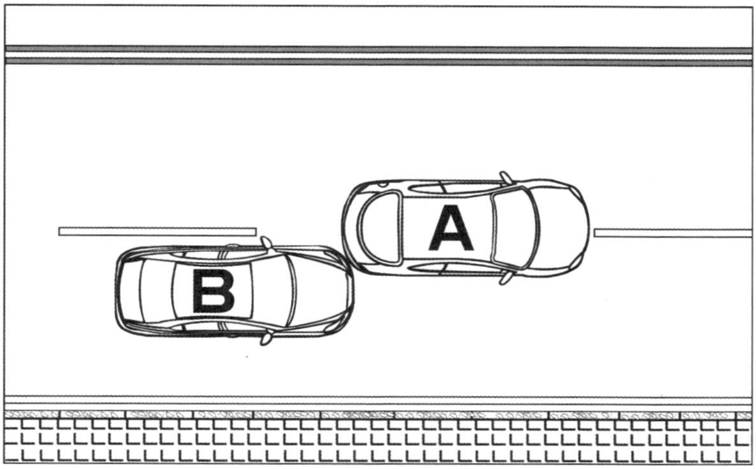

如图所示，B车在本车道行驶时，与前面骑跨车道分隔线行驶的A车发生追尾，则两车各自承担相应责任。

交警解答

《道路交通安全法》规定，机动车、非机动车、行人应当各行其道，即使车道分隔线是虚线，也只允许变道，但不允许跨线行驶。前车跨线行驶，会对后方来车的正常行驶造成妨碍，尤其是超车时容易发生剐碰和追尾事故。不过，在事故责任划分时，跨线是跨线的责任，追尾是追尾的责任。

案例链接

如图所示，20××年8月8日1时15分许，A车驾驶人驾驶某运输公司所有的A车装载货物在高速公路上行驶，与前方同方向行驶、往右侧车道变更车道的B车追尾碰撞，导致B车驾驶人和B车乘客甲受伤及两车不同程度受损。当地交警部门作出交通事故责任认定，A车驾驶人承担主要责任，B车驾驶人承担次要责任，甲无责任。

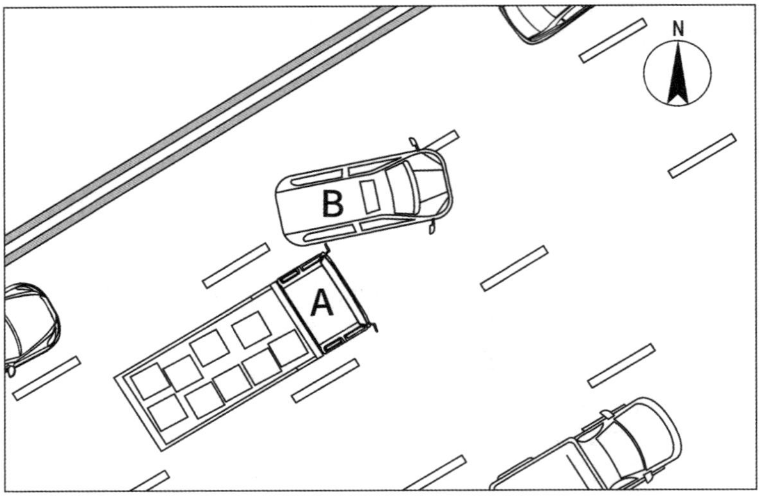

【法院判决】

B 车驾驶人向法院起诉，请求：判令 A 车驾驶人、某运输公司、A 车保险公司赔偿其因该交通事故造成的损失共计 260,016.44 元。

法院认为，两车驾驶人对事故的发生均有过错，应当按照各自过错的比例承担责任。本事故的损失已超过交强险和商业险限额，由于受害人较多，各受害人的损失，依法应当在交强险和商业险限额内按比例受偿。因 B 车驾驶人自愿放弃在交强险内和商业三者险限额内优先受偿的权利，故其损失不在交强险（不含财产损失赔偿限额）和商业三者险（不含在商业三者险内已支付的 2500 元）限额内按比例受偿，由 A 车驾驶人在其过错责任范围内承担赔偿责任。又因 A 车挂靠于某运输公司从事营运活动，依照《交通事故损害解释》（2012 年版，已修订）第 3 条的规定，应由 A 车驾驶人与被挂靠单位承担连带责任，某运输公司要求在其收取挂靠费限额内承担责任的理由不能成立，不予支持。另外，法院查明，在交通事故发生后，A 车驾驶人支付给 B 车驾驶人与甲各 1950 元，A 车保险公司支付给 B 车驾驶人与甲医疗费各 2500 元，后某运输公司支付给 B 车驾驶人损失 300 元。运输公司认为，B 车驾驶人在高速公路上压线行驶，速度低于 60km/h，应当与 A 车驾驶人承担同等责任。对此，运输公司未提供证据加以证明，故其辩解理由不能成立，不予支持。根据交通事故责任认定，B 车驾驶人与 A 车驾驶人按 7 ∶3 的比例分摊责任。

法院判决：（1）B 车驾驶人因交通事故受伤而造成的经济损失 257,831.61 元，由 A 车保险公司在交强险限额内赔偿财产损失 2000 元，在商业三者险内赔偿损失 2500 元，共计 4500 元，扣除已支付的 2500 元后，实际再支付 2000 元，限于判决生效后 10 日内付清；（2）B 车驾驶人因交通事故受伤而造成的经济损失 257,831.61 元，由 A 车驾驶人与运输公司连带赔偿 176,582.13 元，扣除 A 车驾驶人已赔偿的 1950 元及运输公司已赔偿的 300 元后，实际再支付 174,332.13 元，限于判决生效后 10 日内付清；（3）驳回 B 车驾驶人的其他诉讼请求。

08 未避让执行紧急任务的车辆导致追尾

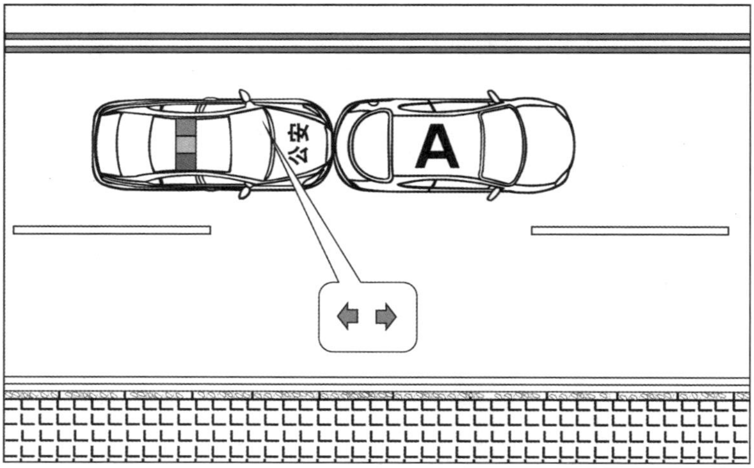

如图所示，A 车在本车道行驶时，后方一辆执行紧急任务的警车疾驶而来，A 车未按规定避让，导致发生追尾，则 A 车应承担相应责任。

交警解答

《道路交通安全法》第 53 条规定，警车、消防车、救护车、工程救险车在执行紧急任务时拥有优先通行权，在确保安全的前提下，不受行驶路线、行驶方向、行驶速度和信号灯的限制，其他车辆和行人应当让行。不少人据此认为，这些特种车辆出了事故可以不负责任。这种理解是错误的。这里还有一句话不能遗漏，就是“在确保安全的前提下”。在以上追尾事故中，A 车固然由于某种原因没有尽到让行的义务，但警车也没有尽到“确保安全”的责任，因此，仍然要承担事故的相应责任。

特别需要指出的是，以上车辆并非在任何情况下都是“特权车”。第 53 条同时规定，“在非执行紧急任务时”，以上车辆“不享有前款规定的道路优先通行权”。

例如，某市一名 50 多岁的骑车人被轧成重伤后，因在转送医院的路上少有车辆愿意避让救护车，导致伤者延误治疗，最终死亡。这件事提醒我们，必须加大对不让行特种车辆行为的处罚力度，以伸张公民道义和社会正义。

09 夜间，前车未开启尾灯造成追尾

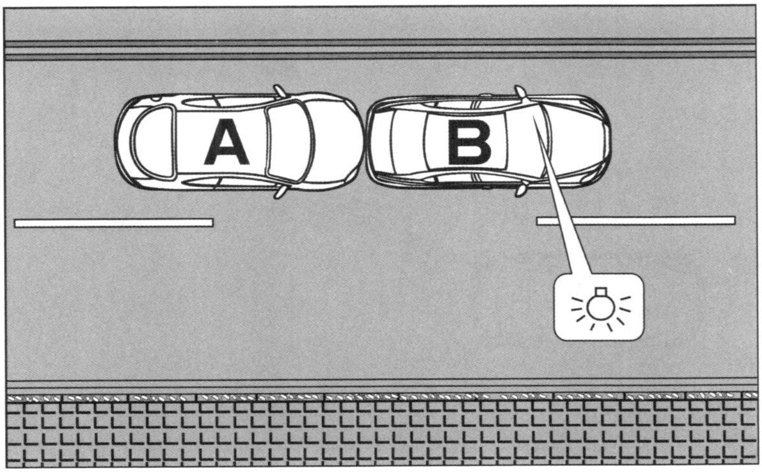

如图所示，B 车在夜间没有路灯的路段行驶时未开启尾灯，被后面的 A 车追尾，则 A 车承担主要责任。

交警解答

《道路交通安全法实施条例》第 58 条规定："机动车在夜间没有路灯、照明不良或者遇有雾、雨、雪、沙尘、冰雹等低能见度情况下行驶时，应当开启前照灯、示廓灯和后位灯。"在以上事故中，虽然 B 车未开尾灯对造成追尾事故有一定影响，但是作为 A 车，依然可以通过其他条件判断前车的行驶情况，所以应对追尾事故承担主要责任。当然，B 车也因未开启尾灯承担次要责任。

10 多方机动车追尾

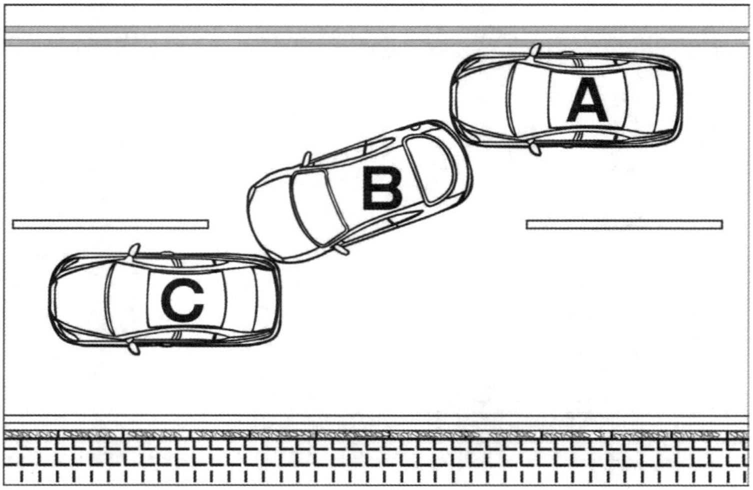

如图所示，B 车被 A 车追尾后，撞上 C 车，A、B 车各自承担相应责任，C 车无责任。

交警解答

《程序规定》第 60 条规定，因两方或者两方以上当事人的过错发生道路交通事故的，根据其行为对事故发生的作用以及过错的严重程度，分别承担主要责任、同等责任和次要责任。

案例链接

如图所示，20×× 年 4 月 12 日 4 时 2 分许，A 车驾驶人驾驶 A 车沿省道由东南向西北行驶至事故地点，因未保持安全车距，与前方同向行驶的 B 车追尾相撞，造成两车受损。随后，在 4 时 3 分许，C 车驾驶人驾驶 C 车同向行至事故地点，因未保持安全车距，撞至已发生交通事故的 A 车左后侧，导致 C 车受损，C 车驾驶人受伤。事故发生后，对于 4 时 2 分发生的事故，交警部门认定 A 车驾驶人负全部责任，B 车驾驶人无责任；对于 4 时 3 分许发生的事故，C 车驾驶人负全部责任，A 车驾驶人无责任，B 车驾驶人无责任。

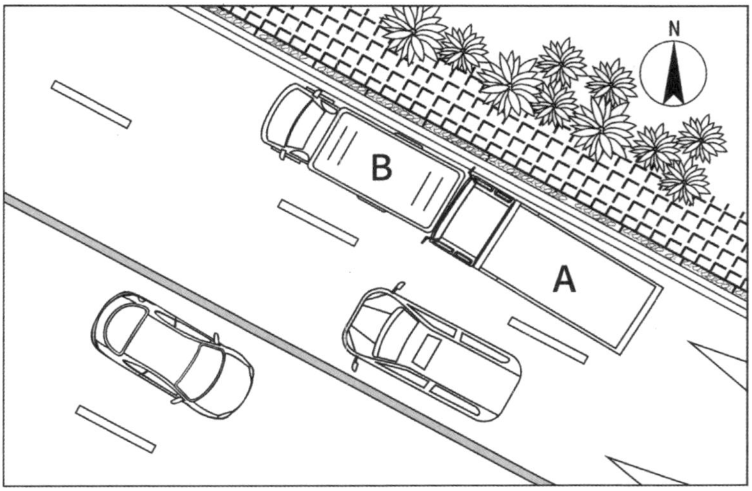

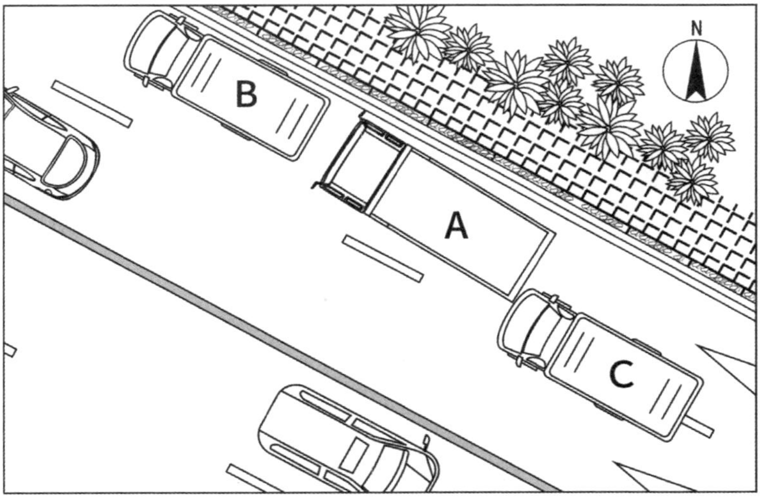

【法院判决】

A 车所有人向一审法院起诉，请求：判令 C 车的驾驶人、C 车挂靠公司及保险公司赔偿其财产损失（车损）324,700 元、施救费 5300 元、鉴定费 4640 元，共计 334,640 元。

一审法院认为，当地交警部门对于两次事故分别作出责任认定，三方当事人均无异议，应按两次交通事故处理。第一次交通事故，A 车所有人已通过保险公司处理完毕。第二次交通事故，应由C车驾驶人承担全部赔偿责任。C车保险公司辩称应由B车和C车共同承担赔偿责任，但因A车在连续两次事故中的损失无法区分，亦无法明确确定其损失的具体数额，所以应按照A车赔偿B车、C车赔偿A车的原则予以处理更符合本次事故实际和公平原则，A车的损失应由C车相关人来赔偿。经查明，C车在保险公司投保交强险，又同时投保100万元不计免赔商业三者险；C车在某物流公司挂靠，C车驾驶人与该公司共同承担连带赔偿责任。救援公司对A车进行救援并出具了发票，对于评估公司出具的财产（车损）评估鉴定意见双方也并无异议，A车的鉴定费也有收据，所以一审法院对A车车主的损失均予以认定。

一审法院判决：（1）C车保险公司于本判决生效后10日内在交强险限额范围内赔偿A车所有人车损324,700元、施救费5300元，共计330,000元中的2000元；在商业三者险限额内赔偿车损324,700元、施救费5300元共计330,000元中的328,000元；（2）C车驾驶人于本判决生效后10日内赔偿A车所有人鉴定费4640元，C车挂靠公司对该款项承担连带赔偿责任。

C车保险公司认为A车损坏的主要部分是车头部，一审将车辆损失全部计算在第二次事故中不符合事实，按A车赔偿B车、C车赔偿A车的原则处理明显不符合法律规定，应当由第一次事故和第二次事故平均分担损失，故上诉请求撤销原判，并依法改判。

二审法院认为，A车先后发生两次事故，分别产生两次损失。A车驾驶人在第一次事故中负全部责任，C车驾驶人在第二次事故中负全部责任，故A车应对其第一次事故损失自负责任，C车应对第二次事故损失负全部赔偿责任。《民法典》第1170条规定，二人以上分别实施侵权行为造成同一损害，能够确定责任大小的，各自承担相应的责任；难以确定责任大小的，平均承担赔偿责任。因本案两次事故对A车造成的损失无法明确区分责任大小，应由两次事故的责任主体平均承担赔偿责任，故C车保险公司应赔偿A车所有人车损162,350元、施救费2650元。

二审法院判决：（1）维持一审判决第二项；（2）撤销一审判决第一项；（3）C车保险公司于本判决生效后10日内在交强险限额范围内赔偿A车所有人车损、施救费共计2000元，在商业三者险限额内赔偿A车所有人车损、施救费共计163,000元；（4）驳回A车所有人的其他诉讼请求。

第八章

机动车超速事故责任认定

01 超过限速标志、标线标明的速度行驶

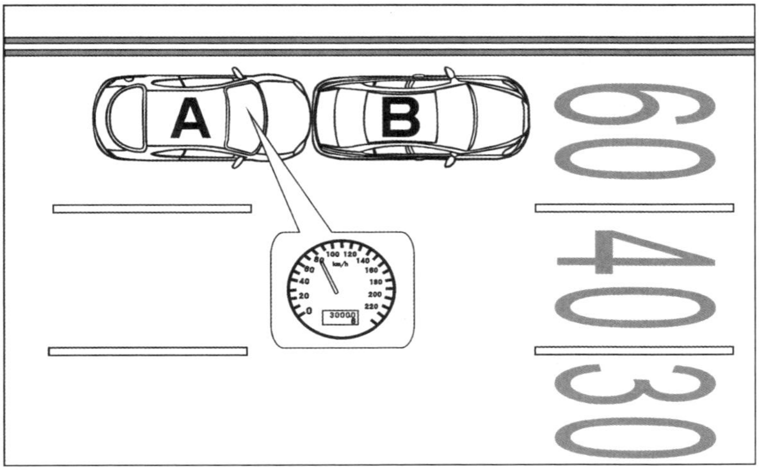

如图所示，A 车在限速路段超速行驶，与同向的 B 车发生事故，则 A 车承担全部责任。

交警解答

《道路交通安全法》第 42 条规定："机动车上道路行驶，不得超过限速标志标明的最高时速。在没有限速标志的路段，应当保持安全车速。"

为什么要限速呢？因为机动车超速行驶，车辆由于惯性，会直接导致制动距离延长，影响车辆的稳定性。在同等条件下，车速提高一倍，其离心力就会增大三倍，导致方向的操纵性也会受到很大程度的影响。另外，车辆在行驶中，驾驶人的视野、动视力、周边视力都随车速的变化而变化。超速行驶会使驾驶人视野变窄，视力减弱，从而难以发现突发情况，对突然出现的险情会极度紧张，导致处置措施失当。

超速历来被称为"公路杀手"，其造成的事故往往后果严重。因此，凡是与超速有关的交通事故，超速一方大多要承担相应责任。超速行为多数情况下被认定为"隐患类过错"，应视其在交通事故中所起作用的大小来认定当事人责任。

案例链接

如图所示，20×× 年 4 月 12 日 22 时许，A 车驾驶人驾驶 A 车，搭载乘客甲、乙二人行驶至某弯道路段处，与道路西侧路基下电线杆发生碰撞后导致车辆侧翻。该段道路限速 30km/h 。事故发生后，A 车驾驶人打电话向人求救，随后，三人被送往医院救治。次日，甲经抢救无效死亡。经当地公安司法鉴定中心鉴定，甲符合车祸致创伤性休克而死亡。另外，司法鉴定中心鉴定结果显示，A 车发生交通事故时车速为 102km/h 。据此，当地交警部门认定，A 车驾驶人在弯道路段驾驶车辆遇恶劣天气影响时仍超速行驶且未确保安全，是此次事故发生的根本原因，承担事故全部责任，甲、乙二人不承担事故责任。

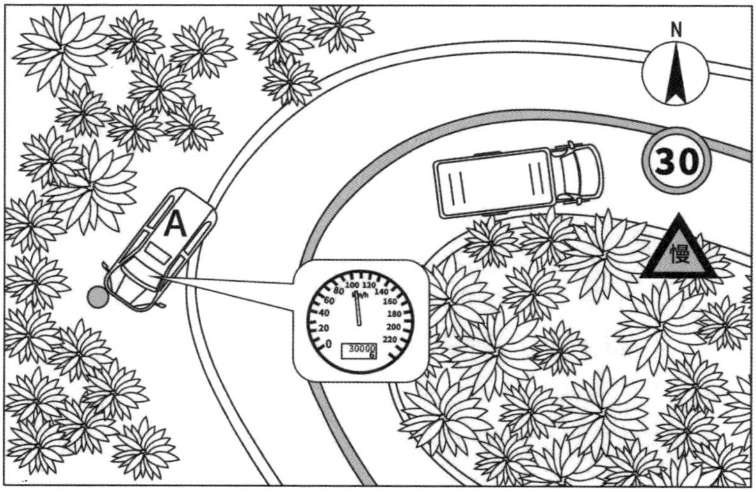

【法院判决】

当地检察院指控 A 车驾驶人犯交通肇事罪，向法院提起刑事诉讼。

法院认为，A 车驾驶人违反交通运输管理法规，驾驶机动车发生交通事故，致一人死亡，且负事故全部责任，其行为已构成交通肇事罪。A 车驾驶人在交通肇事后，未拨打报警电话，而是向他人拨打求救电话，其目的在于事故救援而非投案，反映不出自动投案的愿意，不构成自首。但归案后如实供述犯罪事实，属坦白；自愿认罪认罚，依法可以从宽处理；且积极赔偿被害人亲属的损失并取得谅解，酌情从轻处罚。A 车驾驶人犯罪情节较轻，有悔罪表现，没有再犯罪的危险，宣告缓刑对其所居住社区没有重大不良影响，予以宣告缓刑。

法院判决：A 车驾驶人犯交通肇事罪，判处有期徒刑 7 个月，缓刑 1 年。

02 在没有道路中心线或同方向只有一条机动车道的道路上超速行驶

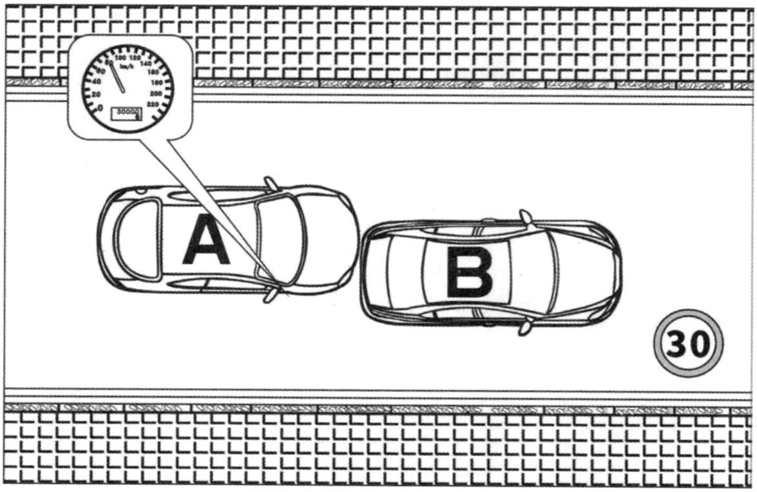

如图所示，A 车在限速路段超速行驶，与同向的 B 车发生事故，则 A 车承担全部责任。

交警解答

《道路交通安全法实施条例》第 45 条规定，没有道路中心线的道路，城市道路为每小时 30 公里，公路为每小时 40 公里；同方向只有一条机动车道的道路，城市道路为每小时 50 公里，公路为每小时 70 公里。凡是超过这个速度行驶的机动车，皆为超速行驶。

上图中 A 车在没有中心线的城市道路上以 80 公里的时速行驶，远远超过了每小时 30 公里的规定，属于严重超速。

案例链接

如图所示，20×× 年 12 月 8 日 12 时许，A 车驾驶人驾驶 A 车在某单行道路段超速行驶，碰撞前方同向同车道的因遇车辆 B 由东北侧路外倒车进入路内而停车等候通行的 C 车，导致 A 车驾驶人受伤送医后抢救无效死亡，A 车及 C

车受损。事故发生后，与其持有准驾车型不符的、逾期未检验的 B 车驾驶人倒车完毕即驾车离开事故现场。当地交警部门认定，A 车驾驶人超速行驶、遇情况未采取有效安全措施致发生事故，承担事故的主要责任；B 车驾驶人在单行路内倒车，致发生事故，应承担事故的次要责任；C 车驾驶人无责任。

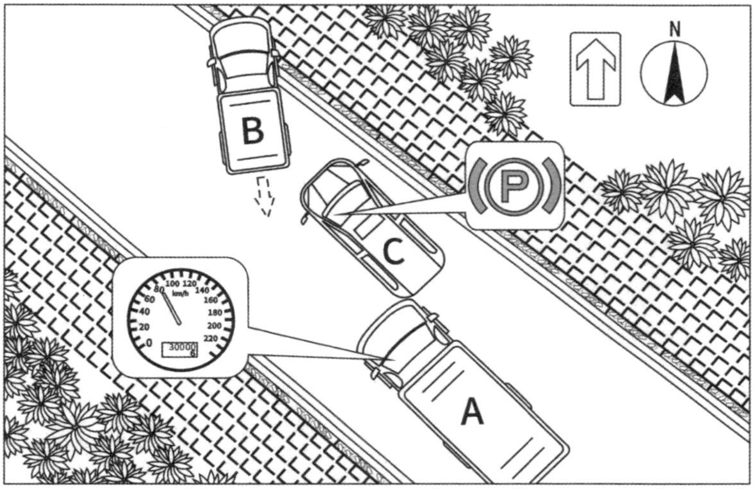

【法院判决】

C 车经定损，其损失金额为 38,287 元。C 车保险公司在足额支付 C 车赔偿款后，向法院提起赔偿诉讼。

一审法院认为，案件为保险人代位求偿权纠纷。根据《保险法》规定，C 车保险公司已向 C 车驾驶人支付保险赔偿金，故可在上述赔偿金额范围内，代位行使 C 车驾驶人对第三人请求赔偿的权利。本案中，A 车、B 车分别投保了交强险，保险公司应在有责的财产赔偿限额内先行赔偿 2000 元，但 B 车驾驶人未取得相应驾驶资格，又在不得倒车的单行道上违法倒车，对该起事故的发生存在重大过错，所以 B 车所有人、驾驶人、挂靠公司应承担责任。关于超出交强险责任限额以外的损失理赔问题，扣除上述交强险财产责任限额 4000 元后，A 车、B 车驾驶人根据事故所负主次责任比例（70%、30%）承担剩余的 34,287 元。A 车驾驶人应承担的赔偿责任由保险公司在商业三者险范围内予以理赔。但 B 车驾驶人存在与准驾车型不符、在不得倒车的单行道上违法倒车、事故发生后驾车离开等行为，符合商业三者险关于免责事由的约定，故B车保险公司不承担商业险赔偿责任，超出交强险财产责任限额部分应由B车驾驶人、所有人、挂靠公司连带赔偿。

一审法院判决：（1）A车保险公司应于判决生效之日起10日内偿还C车保险公司赔偿款26,000.9元及利息；（2）B车驾驶人、所有人、挂靠公司应于判决生效之日起10日内偿还C车保险公司赔偿款12,286.1元及利息。

B车驾驶人、所有人认为B车驾驶人在事故中无责，且C车保险公司一审起诉证据不充足，故上诉请求：撤销一审判决第二项，依法改判B车驾驶人、车主无需向C车保险公司偿还赔偿款。

二审法院认为，B车驾驶人、车主未能提供证据推翻交警部门作出的责任认定，一审法院关于各方应承担赔偿责任的认定并无不当。C车保险公司出具的《保险单》以及一审阶段提交的《机动车保险报案记录》（代抄单）、《机动车保险赔款/费用计算书》、《机动车保险车辆损失情况确认书》及项目清单等材料足以证明C车的损失情况，《定损单》并非确认车辆损失的唯一和必须证明。B车驾驶人、车主认为《索赔申请书暨赔款收据》与《机动车辆索赔权转让书》中C车驾驶人的签名笔迹不同，存在证据虚假的情况，但并未申请笔迹鉴定证明在案证据虚假，根据保险人代位求偿权，对于他们的上诉理由不予支持。且B车保险条款明确约定了驾驶人驾驶被保险机动车与驾驶证载明的准驾车型不符的情况下，保险人不承担赔偿责任。B车驾驶人虽持有驾驶证，但与准驾车型不符，应视为其并不具备驾驶相应车型的能力，与无证驾驶的法律后果相同，一审法院对B车驾驶人、车主的责任认定正确。

二审判决：驳回上诉，维持原判。

03 掉头时超速行驶

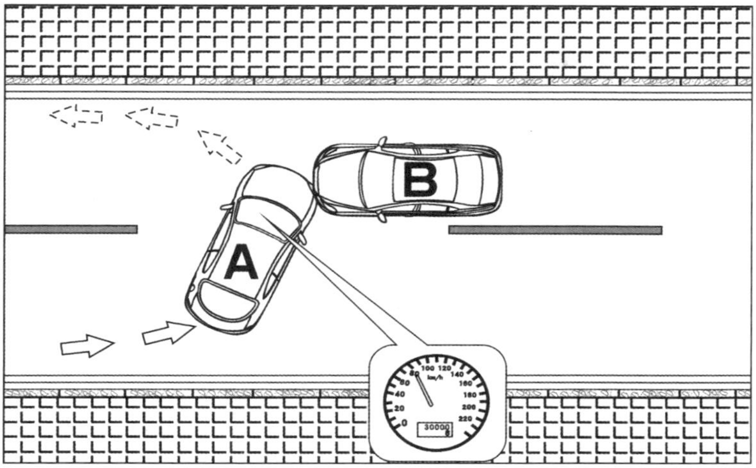

如图所示，A 车在掉头时超速行驶，与对向车道的 B 车发生事故，则 A 车承担全部责任。

交警解答

《道路交通安全法实施条例》第 46 条规定，机动车在掉头时，最高时速不得超过 30 公里，其中拖拉机、电瓶车、轮式专用机械车不得超过 15 公里。因为掉头时车速过快，一则自身容易发生侧翻，二则掉头时本来就容易妨碍其他车辆的正常行驶，加上超速掉头，就更容易导致其他车辆反应不及而发生事故。

04 转弯时超速行驶

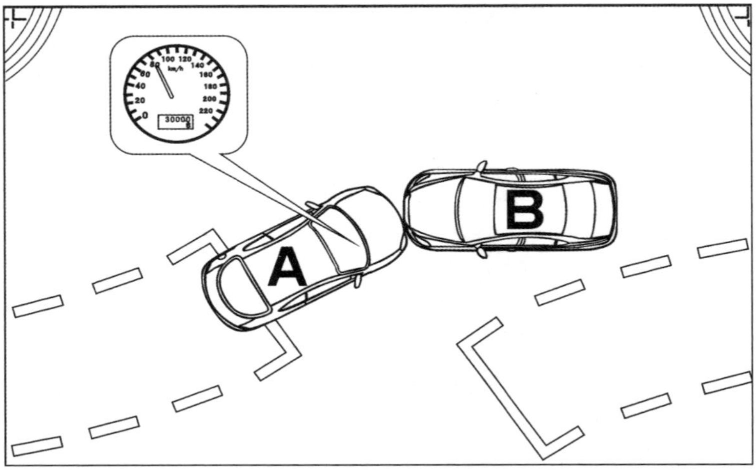

如图所示，A 车在转弯时超速行驶，与对向的 B 车发生事故，则 A 车承担全部责任。

交警解答

《道路交通安全法实施条例》第 46 条规定，机动车在转弯时，最高时速不得超过 30 公里。转弯时超速和掉头时车速过快的情况一样，不仅容易与其他车辆发生事故，而且自身也容易发生侧翻或者有冲出车道的危险。

05 下陡坡时超速行驶

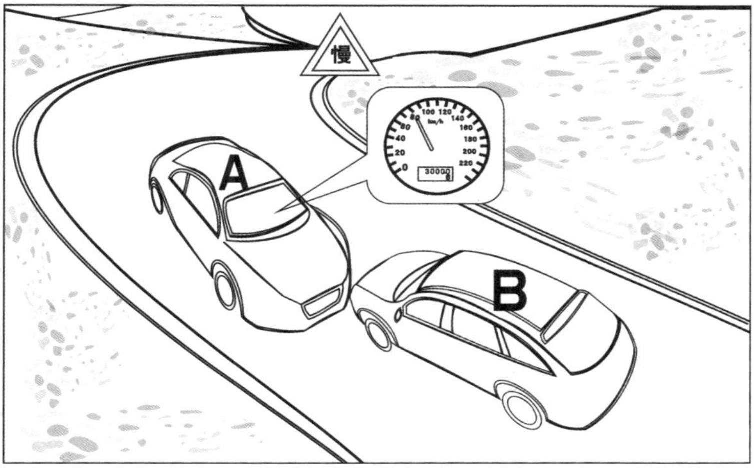

如图所示，A 车在下陡坡时超速行驶，与对向的 B 车发生事故，则 A 车承担全部责任。

交警解答

《道路交通安全法实施条例》第 46 条规定，机动车在陡坡时，最高时速不得超过 30 公里。陡坡本来就是事故的多发地段，对下坡车辆的刹车系统是个考验，此时若再超速行驶，就会大大增加刹车系统失灵的风险，一旦遇到紧急情况，就容易导致车辆失控，从而发生严重事故。

06 遇能见度在 50 米以内的天气时超速行驶

如图所示，A 车在暴雨天气超速行驶，与前方的 B 车发生追尾，则 A 车承担全部责任。

交警解答

我们都知道，从发现危险情况到作出反应再到车辆最终停下来，中间有一段距离。如果在能见度很低的情况下超速行驶，由于缺乏对附近其他车辆的了解和判断，在视距范围内就很难有效完成以上步骤，从而引发事故。

因此，《道路交通安全法实施条例》第 46 条规定，机动车遇雾、雨、雪、沙尘、冰雹，能见度在 50 米以内时，最高时速不得超过 30 公里。

案例链接

如图所示，20×× 年 12 月 20 日 8 时 6 分，A 车驾驶人驾驶 A 车沿高速公路最左侧行车道由东北向西南行驶至某处时，由于 A 车前部撞击前方的 B 车尾部，导致 A 车方向失控，其右前部又与停在最右侧车道等候进入服务区的 C 车左侧相撞，A 车驾驶室起火燃烧并引燃 C 车。事故造成 A 车驾驶人受伤、三车不同程度损坏、三车所载货物受损、高速路产受损的结果。经交警部门调查，C

车驾驶人无导致交通事故发生的交通违法行为，无事故责任。A车驾驶人与B车驾驶人驾驶的车辆对事故的成因无法查清，交警部门未作责任认定，于次年1月30日出具《事故证明》。

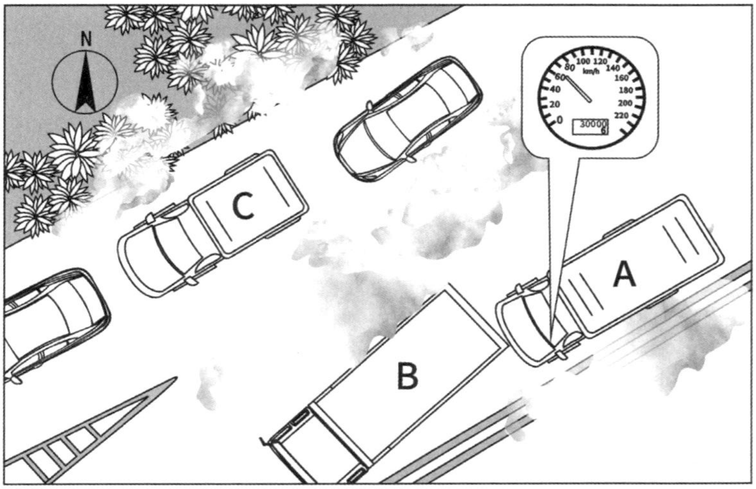

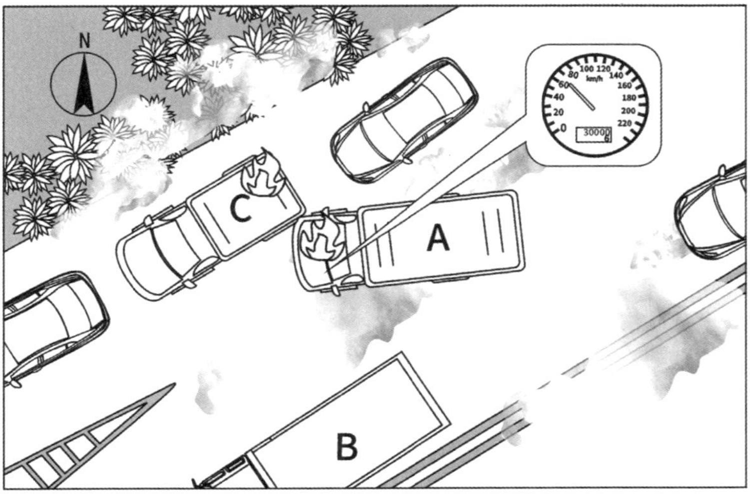

【法院判决】

B车所有人向一审法院起诉，请求：判令A车车主、保险公司赔偿其损失共计 201,015 元（车损 13,165 元、停运损失 66,000 元、货物损失 74,180 元、转货费 17,700 元、施救费 8500 元、鉴定费 2900 元、交通食宿费 11,570 元、评估费 7000 元）。

一审法院认为，此次事故交警部门未作出责任认定，根据《事故证明》记载及 A 车驾驶人在交警部门的陈述，事故发生前，高速公路上的雾突然变大，能见度仅有 20 米左右，其以 50~60km/h 的速度行驶时，发现 B 车从中间车道向最左侧车道变道，因距离太近，未来得及采取避险措施就与前车相撞。行车记录仪的数据显示，B 车事发时时速为 25.3 公里，A 车撞击前后的时速均在 65 公里以上。综上所述，A 车驾驶人驾驶车辆在雾天高速公路上行驶时未降低车速、未保持安全车距、未行安全注意义务，是追尾前车发生交通事故的主要原因，在本次事故中过错较大，一审法院酌情认定 A 车驾驶人在本次事故中承担 70% 的责任，B 车驾驶人承担 30% 的责任。

对于 B 车所有人的损失，其事故发生前的交通、食宿费用为其从事运输的必要性支出，不属于因本次事故产生的损失范畴，在其已经主张了货物转运费的前提下，一审法院对该部分的票据予以扣减。B 车所有人陈述事故发生后车辆被交警部门扣押 60 余日，其多次往返两地处理事故，一审法院对其事故发生后产生的处理交通事故的合理交通、食宿费用酌情支持 5000 元。故一审法院综合认定如下：车损 13,165 元，施救费 8500 元，货物损失 74,180 元，转货费 17,700 元，鉴定费 2900 元，公估费 3700 元，处理事故的交通、食宿费 5000 元。扣除 C 车驾驶人交强险无责财产损失限额 100 元，再由保险公司进行赔偿。

一审法院判决：（1）A 车保险公司于判决生效之日起 10 日内给付 B 车所有人 88,131.50 元；（2）驳回 B 车所有人的其他诉讼请求。

A 车车主、A 车保险公司认为一审法院对事故责任按主次责任划分没有合法依据，其在交强险赔偿范围外只承担 50% 责任。且一审法院判决赔偿 5000 元食宿费没有合法依据。退一步说，即使支持该项费用，其判决数额也过高，所以向二审法院上诉请求：查清事实，发回重审或依法改判，上诉费等由被上诉人承担。

二审法院认为，根据相关规定，B 车驾驶人与 A 车驾驶人应各承担 50% 赔偿责任。因道路交通事故证明认定 C 车驾驶人无事故责任，故一审判决扣除 C 车驾驶人在交强险无责财产损失限额内的 100 元并无不当。关于 B 车所有人是否是主张货物损失的适格主体问题并无不当，关于涉案交通费、食宿费问题无明显不当。

另外，关于本案的赔偿责任问题，根据一审法院的审理，涉案事故造成 B 车所有人损失共计 125,145 元，扣减 C 车驾驶人交强险无责财产损失限额内的 100 元，余款 125,045 元，由 A 车保险公司在交强险限额内赔偿 2000 元，余款 123,045 元由 A 车保险公司在商业三者险限额范围内承担 50% 的赔偿责任，计 61,522.5 元。

二审法院判决：（1）撤销一审法院判决；（2）A 车保险公司于本判决生效之日起 10 日内给付 B 车所有人 63,522.5 元；（3）驳回 B 车所有人其他诉讼请求；（4）驳回 A 车所有人其他上诉请求；（5）驳回 A 车保险公司其他上诉请求。

07 在冰雪、泥泞道路上超速行驶

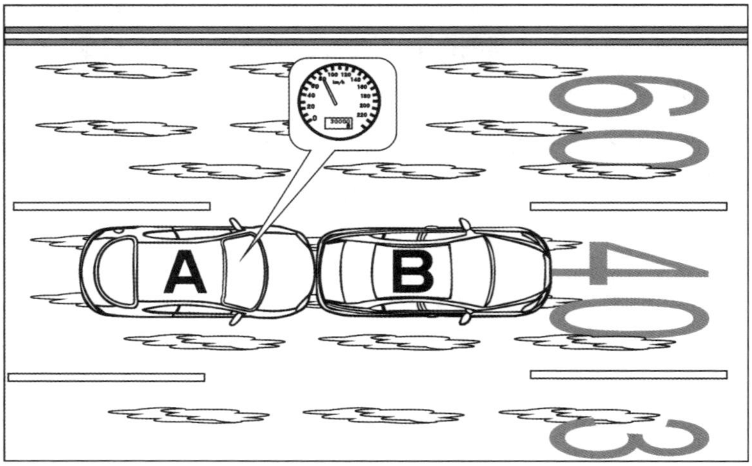

如图所示，A 车在冰雪路面上超速行驶，与前方的 B 车发生追尾，则 A 车承担全部责任。

交警解答

我们知道，车辆制动距离的长短与行驶速度、制动力、附着系数有关。行驶速度越高，制动距离越长；道路越光滑（如结冰路面），附着系数越小，制动距离越长。实验证明，机动车以同样的速度，在不同的道路上行驶，制动距离是不一样的。例如，以 30km/h 的速度行驶，在柏油路面上的制动距离为 5.9 米；而在浮雪路面上的制动距离为 17.7 米；在结冰路面上的制动距离为 35.4 米。

因此，在冰雪道路上超速行驶，是非常危险的行为。为此，《道路交通安全法实施条例》第 46 条规定，机动车在冰雪、泥泞的道路上行驶时，最高时速不得超过 30 公里。

案例链接

如图所示，20×× 年 3 月 4 日，某高速路段因发生连环交通事故造成近 1 公里路段堵塞，A 车驾驶人驾驶 A 车在行车道内排队等候放行。9 时 25 分，B

车驾驶人驾驶B车在该路段超车道内行驶过程中，与停在行车道内的A车尾部相撞，造成B车驾驶人及车上乘坐的父母死亡、弟弟甲受伤、两车不同程度受损的特大交通事故。当地交警部门委托汽车性能监督检验站对A车尾部灯光信号装置，B车的转向、制动性能以及车辆肇事时的行驶速度进行鉴定。经鉴定确定：A车尾部灯光信号装置安装齐全，工作有效；B车转向性能符合国标要求，制动性能满足车辆行驶制动要求，该车肇事前的行驶速度为134~138km/h。交警部门认定，结合事故发生时为降雪天气，事故路面有冰雪的实际情况，B车驾驶人驾驶机动车在冰雪路面上行驶时超速且未安全驾驶，违反《道路交通安全法实施条例》第46条第4项，即在冰雪、泥泞道路上行驶时，最高行驶速度不得超过每小时30公里的规定，应承担事故全部责任，A车驾驶人和B车所载三位乘客均无责任。

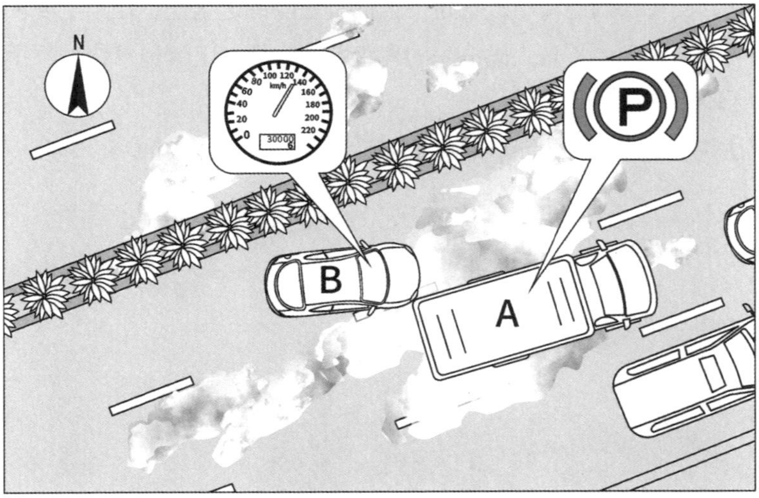

【法院判决】

因甲事故后为植物人状态，其法定代理人向一审法院起诉，请求A车驾驶人、A车保险公司及A车挂靠公司赔偿。

一审法院认为，根据交警部门作出的责任事故认定，B车驾驶人承担事故全部责任，A车驾驶人虽在行车道内斜向停车，但并未侵占他车道路，其停车方式与交通事故的发生并无因果关系。A 车投保了交强险，故 A 车保险公司应在无责任限额内赔偿甲法定代理人 22,400 元；A 车虽投保商业险，但在本起交通事故中无责任，根据保险合同约定，在商业险限额内不承担赔偿责任。

一审法院判决：（1）A 车保险公司在交强险无责任限额范围内赔偿甲法定代理人 22,400 元，减去已支付的 20,000 元，还应付 2400 元，于本判决生效后 10 日内履行完毕；（2）驳回甲及法定代理人的其他诉讼请求。

甲法定代理人认为事故发生时高速公路交警队未设置任何路障和警示标志。A 车斜向停放是导致 B 车发生交通事故的原因之一，故 A 车驾驶人应当承担一定比例的赔偿责任。且 B 车驾驶人是为了不撞上交警、路政人员和路边的群众，快速将方向盘打向右边，撞上了 A 车，其行为具有紧急避险的性质。因此，甲法定代理人提起上诉，请求撤销一审判决，依法改判或发回重审。

二审法院认为，交警部门作出责任认定后，甲法定代理人并未提请公安机关复议，因此，交警部门的《事故认定书》仍是法院确定赔偿责任的主要依据。甲法定代理人所提上诉理由不是人民法院的审查范围，故其上诉请求依法不予支持，原审判决并无不当。

二审法院判决：驳回上诉，维持原判。

08 牵引发生故障机动车时超速行驶

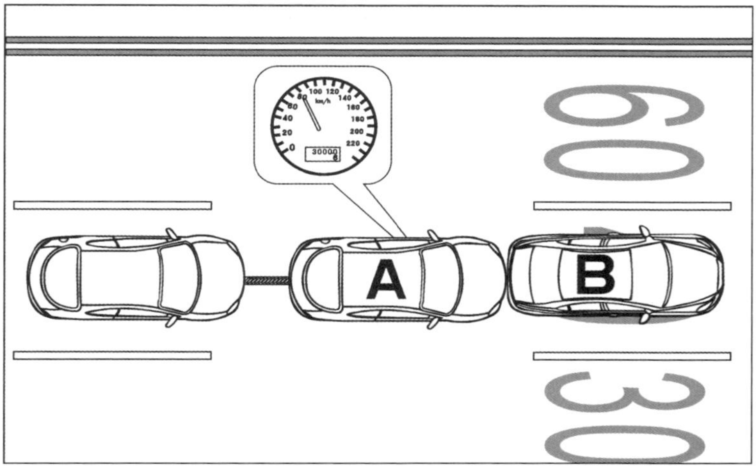

如图所示，A 车在牵引故障车时超速行驶，与同向的 B 车发生事故，则 A 车承担全部责任。

交警解答

《道路交通安全法实施条例》第 46 条规定，机动车在牵引发生故障的机动车时，最高时速不得超过 30 公里。第 61 条更是对牵引故障机动车作了严格规定：被牵引的机动车除了驾驶人外不得载人，不得拖带挂车；被牵引的机动车宽度不得大于牵引机动车的宽度；使用软连接牵引装置时，牵引车与被牵引车之间的距离应当大于 4 米小于 10 米；对制动失效的被牵引车，应当使用硬连接牵引装置牵引；牵引车和被牵引车均应当开启危险报警闪光灯。

然而，很多车主在道路上遇到车辆抛锚的情况时，因为担心费用较高，不愿拨打求助救援电话，而是通过朋友的车辆来完成牵引，却不知在牵引的过程中，交通事故隐患重重，很容易因为车速过快而引发第二次交通事故。

另外，用绳子牵引故障机动车尤其危险。如果绳子与路面颜色相近，牵引车和被牵引车都没有打危险报警闪光灯，特别是在车辆转弯时，若是绳子断了，或者有其他车辆横穿被绳子绊倒，后果将极其严重。

09 进出非机动车道时超速行驶

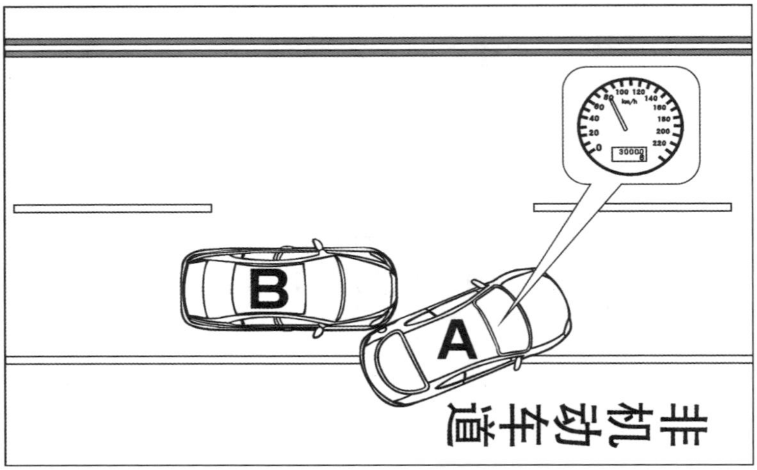

如图所示，A 车在驶出非机动车道时超速行驶，与机动车道内的 B 车发生事故，则 A 车承担全部责任。

交警解答

《道路交通安全法实施条例》第 46 条规定，机动车在进出非机动车道时，最高时速不得超过 30 公里。然而，有些机动车在进出非机动车道时，还习惯于保持在机动车道的行驶速度，加上非机动车在行驶过程中相对杂乱一些，若机动车再进来一搅和，就容易引发交通事故。

案例链接

如图所示，20×× 年 11 月 5 日 17 时许，A 车驾驶人驾驶无号牌普通二轮摩托车 A 沿道路由西向东行驶，至某路段驶入非机动车道时，与 B 车驾驶人停于非机动车道内的无号牌手扶拖拉机 B 碰撞，随后被后方同向行驶的无号牌普通两轮摩托车 C 碰撞，造成 A 车驾驶人、C 车驾驶人受伤，三车损坏的交通事故。当地交警部门作出《事故认定书》，认定 A 车驾驶人驾驶未经交通管理部门登记的机动车（摩托车），未依法取得机动车驾驶证，上道行驶未按照交通信号通行（驶入非机动车道），超过限速标志标明的最高时速（超速13%），未按规范佩戴安全头盔，其行为违反了《道路交通安全法》第8条、第19条第1款、第38条、第42条第1款、第51条之规定，应承担该起交通事故的主要责任；B车驾驶人未在规定地点停放机动车，机动车未经农业机械主管部门登记注册，未依法取得机动车驾驶证，驾驶安全设施不全或者机件不符合技术标准等具有安全隐患的机动车，其行为违反了《道路交通安全法》第21条、第56条、第121条第1款之规定，应承担该起交通事故的次要责任；C车驾驶人驾驶未经交通管理部门登记的机动车（摩托车），未依法取得机动车驾驶证，未按操作规范安全驾驶，未按规范佩戴安全头盔，其行为违反了《道路交通安全法》第8条、第19条第1款、第22条第1款、第51条之规定，应承担该起交通事故的次要责任。

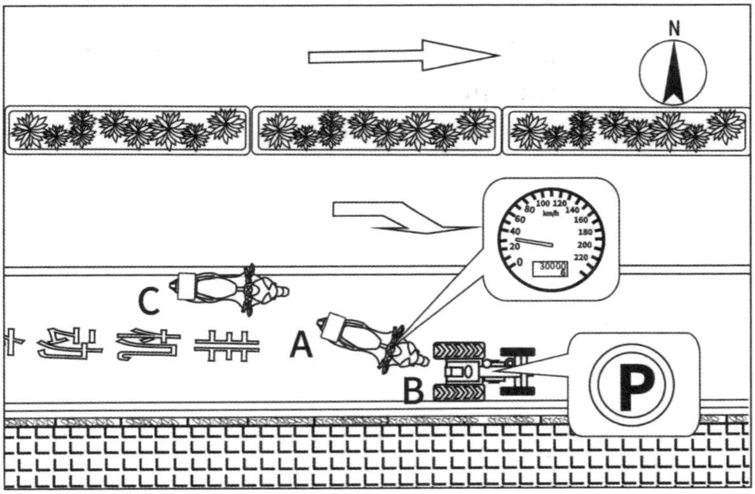

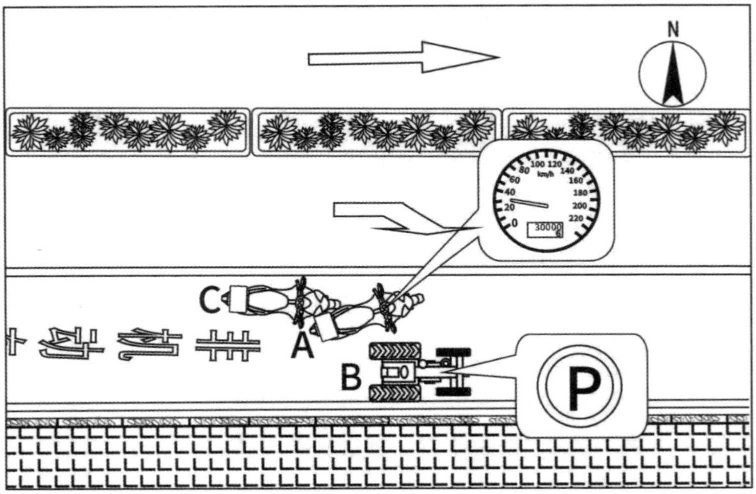

【法院判决】

A 车驾驶人向一审法院起诉，请求：（1）判令 B 车驾驶人、C 车驾驶人在交强险范围内承担赔偿责任，由 B 车驾驶人赔偿其医疗费、误工费、伤残赔偿金等合计 139,664 元，由 C 车驾驶人赔偿其医疗费、误工费、伤残赔偿金等合计 139,664 元；（2）判令 B 车驾驶人赔偿其扣除交强险赔偿额后 15% 的损失，包括营养费、住院伙食补助费、医疗费、鉴定费等，合计 4822.97 元；（3）判令 C 车驾驶人赔偿其扣除交强险赔偿额后 15% 的损失，包括营养费、住院伙食补助费、医疗费、鉴定费等，合计 3822.97 元；（4）诉讼费由 B 、C 两车驾驶人承担。

一审法院认为，A 车驾驶人要求 B 车驾驶人、C 车驾驶人各承担 15% 的赔偿责任，一审法院予以照准。法院确认 A 车驾驶人各项合理经济损失共计 297,326.27 元。A 车驾驶人的医疗费 47,478.27 元、住院伙食补助费 3200 元、营养费 5000 元（合计 55,678.27 元），另案 C 车驾驶人的医疗费 18,563.83 元、住院伙食补助费 1600 元、营养费 2500 元（合计 22,663.83 元），二者合计 78,342.10 元，超过 B 车、C 车交强险医疗费项下的赔偿限额，结合 A 车驾驶人诉请，一审法院综合认定 C 车驾驶人在交强险医疗限额下赔偿 A 车驾驶人 18,000 元，B 车驾驶人在交强险医疗项下赔偿 A 车驾驶人 16,017.36 元。剩余 21,660.91 元，由 B 车驾驶人、C 车驾驶人各承担 3249.14 元（21,660.91 元 ×15%）。A 车驾驶人护理费 6960 元、误工费 13,844 元、残疾赔偿金 202,124 元、精神损害抚慰金 18,000 元（合计 240,928

元），另案C车驾驶人护理费6480元、残疾赔偿金70,743.40、交通费340元、精神损害抚慰金8000元（合计85,563.40元），二者合计326,491.40元，未超过B车、C车驾驶人交强险项下伤残赔偿限额360,000元，故由C车驾驶人、B车驾驶人各在交强险伤残限额下赔偿120,464元。

一审法院判决：（1）B车驾驶人于判决生效后10日内赔偿A车驾驶人各项损失138,730.50元；（2）C车驾驶人于判决生效后10日内赔偿A车驾驶人各项损失141,713.14元。案件受理费5620元，B车驾驶人、C车驾驶人各负担2754元，A车驾驶人负担112元。鉴定费2720元，由B车驾驶人负担258元，C车驾驶人负担408元。

B车驾驶人认为，A车驾驶人无证驾驶不应获得交强险赔偿，故上诉请求：（1）撤销原审判决，依法改判其按照《道路交通安全法》第76条规定承担赔偿责任；（2）一审、二审诉讼费由二被上诉人承担。

二审法院认为，A车驾驶人是否无证驾驶并不影响B车驾驶人所驾驶的车辆应当承担交强险赔偿责任。至于B车驾驶人无证驾驶一节，即使B车驾驶人无证驾驶，承保交强险的保险公司仍应当承担赔偿责任，但保险公司赔偿后可以向无证驾驶的侵权人追偿。

二审法院判决：驳回上诉，维持原判。

10 通过铁路道口时超速行驶

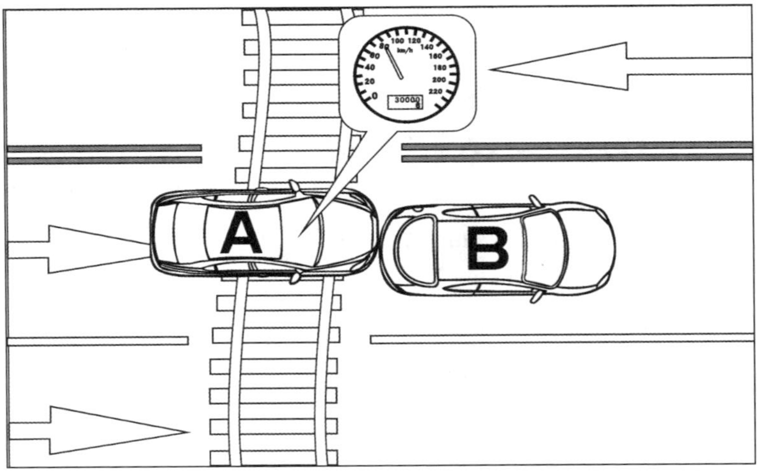

如图所示，A 车在通过铁路道口时超速行驶，与同向行驶的 B 车发生事故，则 A 车承担全部责任。

交警解答

铁路道口人车混杂，交通拥挤，在此路段行驶时必须特别谨慎。若是超速行驶，不仅容易造成道口设施损坏，而且遇到突发事件时，会因为不能及时停车从而引发事故。为此，《道路交通安全法实施条例》第 46 条规定，机动车在通过铁路道口时，最高时速不得超过 30 公里。

11 在急弯路超速行驶

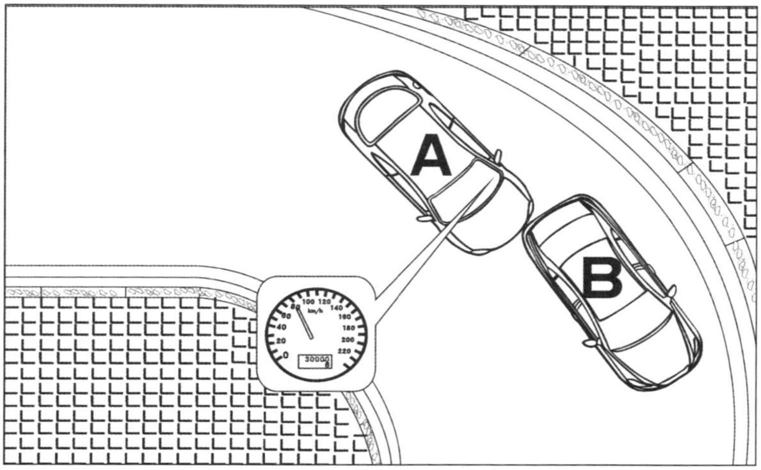

如图所示，A 车在通过急弯时超速行驶，与同向行驶的 B 车发生事故，则 A 车承担全部责任。

交警解答

《道路交通安全法实施条例》第 46 条规定，机动车在通过急弯路时，最高时速不得超过 30 公里。

超速行驶会使驾驶人视力下降，视野变小，分辨能力降低。尤其是在弯道上高速行驶时，很容易导致车辆侧翻或冲出道外。

案例链接

如图所示，20×× 年 10 月 2 日，A 车驾驶人驾驶 A 车行驶至某弯道路段时，与对向行驶的 B 车及 C 车相撞，造成三车部分受损的交通事故。当地交警部门认定，A 车驾驶人承担全部责任，B 车驾驶人、C 车驾驶人无责任。后历经一审、二审、再审，由再审法院对事故责任重新划分，A 车驾驶人仅承担 10% 的责任。

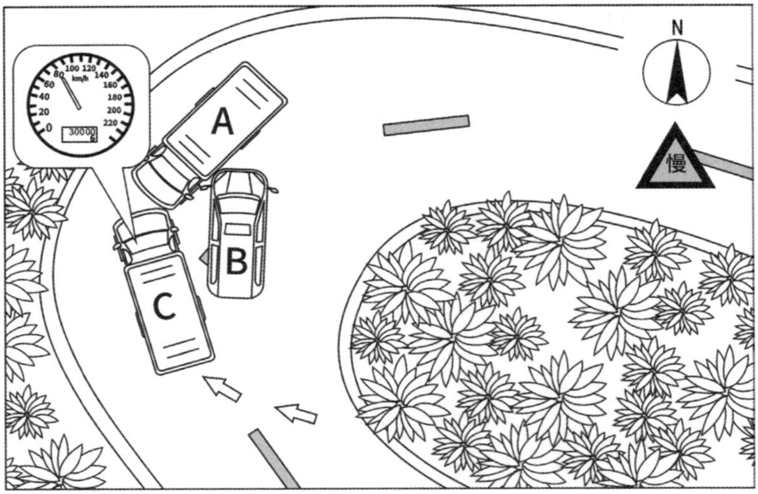

【法院判决】

B 车驾驶人向一审法院起诉，请求：A 车驾驶人、A 车所有人、A 车保险公司 C 车驾驶人、C 车保险公司赔偿其车辆修理费 54,086 元、车辆折旧损失费 30,000 元、租车费 5000 元、其他损失费 2000 元，共计 91,086 元。

一审法院认为，根据交警部门作出的事故责任认定，A 车驾驶人对 B 车驾驶人合理的财产损失承担全部赔偿责任，C 车驾驶人不承担赔偿责任。当 B 车驾驶人的财产损失超过机动车交通事故强制保险责任限额时，超出部分由 A 车驾驶人承担赔偿责任，而 A 车所有人对交通事故的发生没有过错，不应当承担赔偿责任。对于 B 车驾驶人的损失，因 B 车驾驶人已实际支付车辆维修费并提供了相关票据，故承认该项费用；其他损失无相关证据，不予支持。

一审法院判决：（1）B 车驾驶人因交通事故车辆受损产生的维修费，由 A 车保险公司赔偿其 2000 元，由 C 车保险公司赔偿其 100 元，由 A 车驾驶人赔偿其 51,986 元；（2）驳回 B 车驾驶人的其他诉讼请求。

A 车驾驶人不服一审判决，上诉请求：（1）撤销一审民事判决；（2）依法判决驳回 B 车驾驶人的诉讼请求，并赔偿 A 车所有人的车辆损失，追究 B 车驾驶人在交通事故中移动现场、伪造现场证据和虚假诉讼罪、构成诈骗罪的事实；（3）B 车驾驶人赔偿 A 车驾驶人所驾驶车辆的损失。

二审法院认为，A 车驾驶人关于一审程序违法的上诉请求没有事实和法律依据，二审法院依法不予采信。经调查，事发时 B 车驾驶人在道路中央行驶，C 车驾驶人在道路左侧行驶准备超越 B 车。两车碰撞物散落位置在道路中心虚线两侧，事发时的碰撞位置应位于道路中心虚线附近。根据道路通行相关规范，对于划有单虚线的路段，车辆可以越过虚线借道行驶，但是应当确保行车安全，且不影响其余车辆安全通行。B 车驾驶人驾驶机动车行驶遇相对方来车时并未及时靠右行驶，导致在道路中央与对方车辆碰撞发生交通事故，其行为系引发交通事故的原因之一，应承担相应的事故责任。本案事发路段系弯道，而事发时 C 车驾驶人在弯道上超车，应承担相应的事故责任。综上所述，本起交通事故系多种原因结合造成，根据当事人的过错程度，二审法院确定 A 车驾驶人承担事故 50% 责任，B 车驾驶人承担事故 20% 责任，C 车驾驶人承担事故 30% 责任。A 车驾驶人的其他主张没有事实和法律依据，二审法院不予采信。

二审法院判决：（1）撤销一审民事判决；（2）B 车驾驶人因交通事故车辆受损产生的维修费 54,086 元，由 A 车保险公司赔偿 2000 元，由 C 车保险公司赔偿 17,025.8 元，由 A 车驾驶人赔偿 25,043 元；（3）驳回 B 车驾驶人的其他诉讼请求。

A 车驾驶人认为一审程序违法，对责任的划分不正确，B 车驾驶人应负全责，遂向当地省高院申请再审，再审请求：（1）依法改判由 B 车驾驶人和 C 车驾驶人承担同等责任；（2）驳回 B 车驾驶人的全部诉讼请求。

再审法院认为，一审程序违法理由不能成立。根据事发情况，C 车在弯道超车，其行为与本案交通事故发生具有直接的因果关系，应承担事故的主要责任。B 车驾驶人驾驶机动车行驶遇相对方来车时并未及时靠右行驶，导致在道路中央与对方车辆碰撞发生交通事故，其行为系引发交通事故的原因之一，应承担事故的次要责任。A 车驾驶人在与 B 车会车时，操作不当，导致其车辆行驶方向发生改变并先后与 B 车、C 车发生碰撞，其行为也与交通事故的发生具有一定的因果关系，应承担一定的事故责任。因此，分别由 C 车驾驶人承担事故 60% 责任、B 车驾驶人承担事故 30% 责任、A 车驾驶人承担事故 10% 责任。

再审法院判决：（1）撤销二审民事判决及一审民事判决；（2）B 车驾驶人因交通事故车辆受损产生的维修费 54,086 元，由 A 车保险公司赔偿 2000 元，由 C 车保险公司赔偿 32,051.6 元，由 A 车驾驶人赔偿 5008.6 元；（3）驳回 B 车驾驶人的其他诉讼请求。

本判决为终审判决。

12 在窄路、窄桥上超速行驶

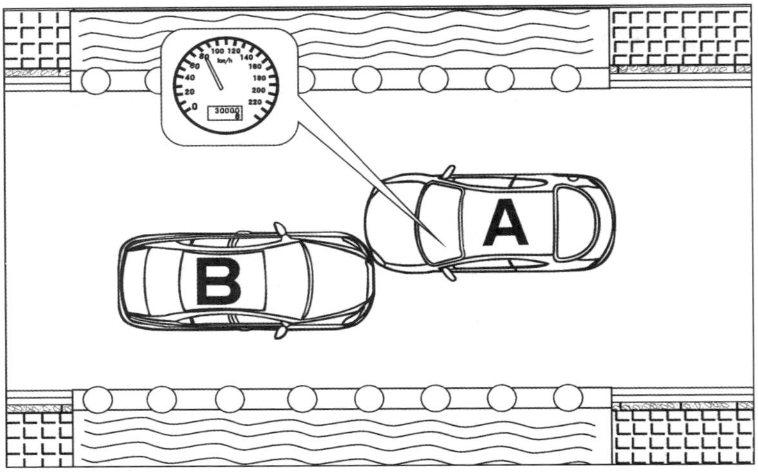

如图所示，A 车在窄桥上超速行驶，与对向行驶的 B 车发生事故，则 A 车承担全部责任。

交警解答

《道路交通安全法实施条例》第 46 条规定，机动车在通过窄路、窄桥时，最高时速不得超过 30 公里。因为窄路、窄桥交通相对拥挤，加上避让的空间有限，在超速行驶的状态下很容易发生碰撞事故。

13 在没有交通信号灯控制的路口超速行驶

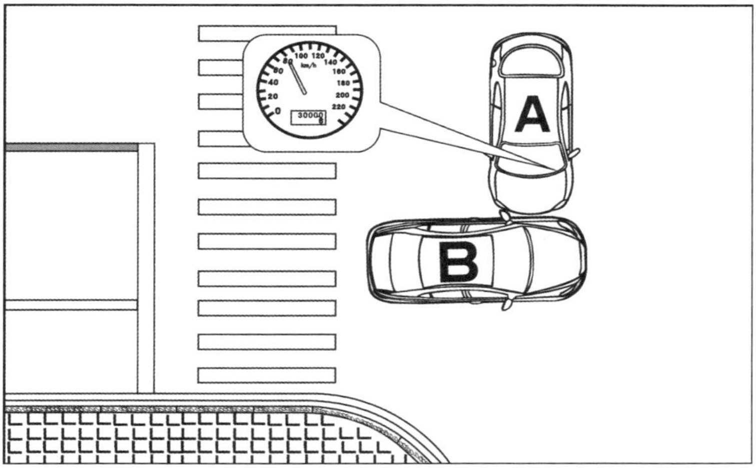

如图所示，在没有交通信号灯控制的路口，A车超速行驶，与侧向行驶的B车发生事故，则A车承担全部责任。

交警解答

《道路交通安全法》第44条规定，机动车在通过没有交通信号灯、交通标志、交通标线或者交通警察指挥的交叉路口时，应当减速慢行，并让行人和优先通行的车辆先行。在交通汇集的交叉路口超速行驶，是一种十分危险的行为。

14 借用非机动车道、人行道时超速行驶

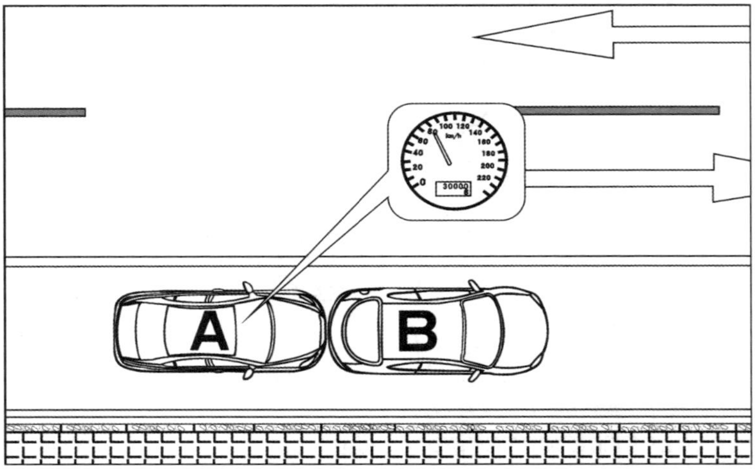

如图所示，A 车在借用非机动车道时超速行驶，与非机动车道内的 B 车发生事故，则 A 车承担全部责任。

交警解答

按照各行其道的原则，机动车一般是不允许借用非机动车道或人行道行驶的，遇到特殊情况必须借用时，应减速慢行，确保非机动车道和人行道内其他车辆和行人的安全。机动车借道非机动车道，已经打乱了非机动车的行驶秩序，此时若再超速行驶，就很容易引发交通事故。

15 在容易发生危险的路段行驶时未降低速度

如图所示，A 车在狭窄山道上未减速行驶，与 B 车发生事故，则 A 车承担全部责任。

交警解答

《道路交通安全法》第 42 条规定，机动车在容易发生危险的路段行驶，应当降低行驶速度。《道路交通安全法实施条例》第 59 条第 1 款规定："机动车驶近急弯、坡道顶端等影响安全视距的路段以及超车或者遇有紧急情况时，应当减速慢行，并鸣喇叭示意。"

所谓危险路段，是指由于道路设计、施工或维护等方面的问题，而存在较多交通隐患的路段。在这些路段行驶时，必须小心谨慎。

16 夜间行驶时未降低速度

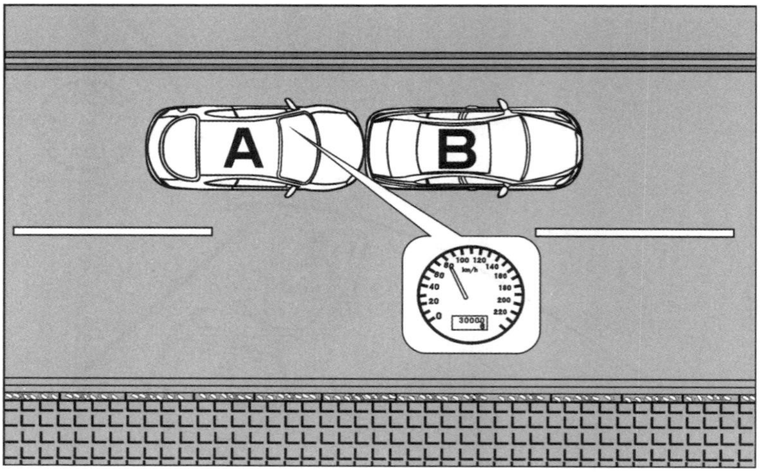

如图所示，A车在夜间行驶时未减速，与同向的B车发生事故，则A车承担全部责任。

交警解答

《道路交通安全法》第42条规定，机动车在夜间行驶时，应当降低行驶速度。

因为夜间光线暗淡，可见距离比白天短，路面附着物模糊不清，即使车灯再亮，也不如白天清晰。超速行驶会使驾驶人视力下降，判断情况不佳，并延长了车辆的制动距离，扩大了非安全区，一旦突然发现前方有紧急情况，驾驶人就会措手不及，加上采取措施不及时或不正确，从而发生事故。

案例链接

如图所示，20××年11月13日0时50分许，A车驾驶人夜间驾驶A车由西向东超速行驶至某处时，由于前方路面行走的行人甲避让不及，A车将甲碰撞，造成甲当场死亡、车辆损坏的道路交通事故。当地交警部门认定，A车驾驶人承担此次事故的全部责任，甲不承担此次事故责任。

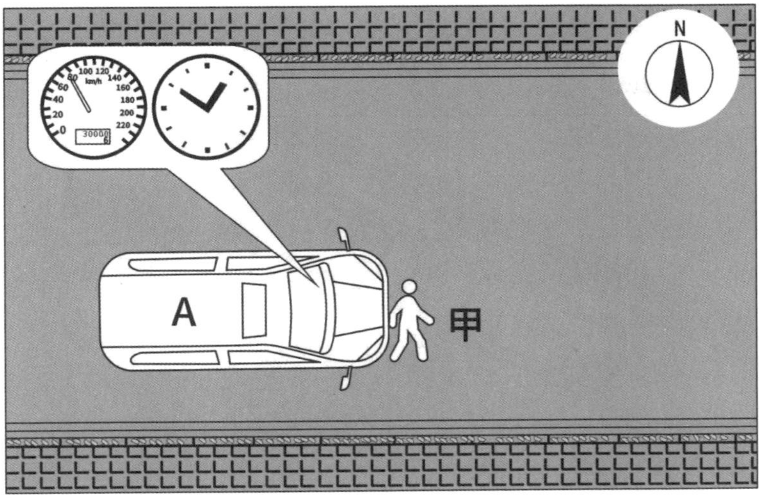

【法院判决】

甲亲属向法院提起诉讼，请求：（1）A 车驾驶人、A 车所有人、A 车保险公司赔偿其死亡赔偿金 848,620 元、丧葬费 47,217.5 元、被抚养人生活费 181,617 元、精神损害抚慰金 50,000 元（交强险范围内进行赔付），交通、住宿、误工费 20,000 元，上述合计 1,147,454.5 元；（2）本案诉讼费由三被告承担。

法院认为，甲亲属出具了《事故认定书》、A 车驾驶人驾驶证、A 车交强险保险单、商业保险单复印件、居民死亡医学证明书、户口注销证明、火化证、殡仪服务费票据、户口本复印件、村民委员会亲属关系证明复印件、《道路交通事故协议书》复印件（证明 A 车驾驶人为了甲亲属能出具刑事谅解书，自愿补偿其 35 万元，该 35 万元不应在民事诉讼赔偿项目中予以扣除，且 A 车驾驶人在法庭上对此无异议）等单据，对除殡仪服务费票据外均予以认定。关于甲亲属办理丧葬事宜支出的交通费、住宿费和误工损失等其他合理费用属于丧葬费支持，可纳入丧葬费一项，不宜再单独请求。法院确认甲亲属的损失为 1,127,454.5 元。

法院判决：（1）由 A 车保险公司于本判决生效之日起 5 日内在交强险死亡伤残赔偿限额内赔偿甲亲属 180,000 元；（2）由 A 车保险公司于本判决生效之日起 5 日内在商业三者险限额内赔偿甲亲属 947,454.5 元；（3）驳回甲亲属其他诉讼请求。案件受理费 3118 元，由 A 驾驶人负担 3068 元，甲亲属负担 50 元。

17 高速上低缓慢速，超速

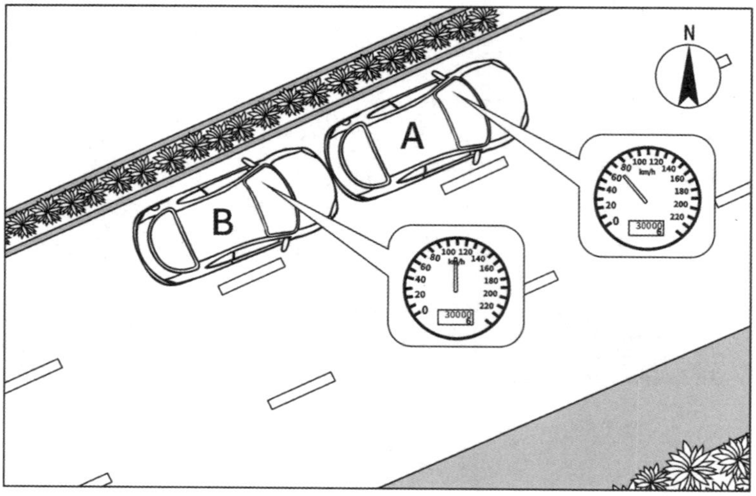

如图所示，A 车在超车道上低速行驶。B 车追尾 A 车，A 车承担次要以上责任。

交警解答

出于安全考虑，有的司机以为慢点开就不会发生交通事故，其实不然，比如在高速公路上驾车低速行驶，就是非常危险的。在高速公路上低速行驶不仅不安全甚至会危及其他车辆。

《道路交通安全法实施条例》第 78 条规定，高速公路应当标明车道的行驶速度，最高车速不得超过每小时 120 公里，最低车速不得低于每小时 60 公里。在高速公路上行驶的小型载客汽车最高车速不得超过每小时 120 公里，其他机动车不得超过每小时 100 公里，摩托车不得超过每小时 80 公里。同方向有 2 条车道的，左侧车道的最低车速为每小时 100 公里；同方向有 3 条以上车道的，最左侧车道的最低车速为每小时 110 公里，中间车道的最低车速为每小时 90 公里。道路限速标志标明的车速与上述车道行驶车速的规定不一致的，按照道路限速标志标明的车速行驶。

案例链接

如图所示，20××年1月17日1时28分许，A车驾驶人驾驶A车行驶至某高速公路枢纽路口处时，为确认行驶方向，在高速公路行车道上实施倒车行为。此时，B车驾驶人驾驶B车到达此处，发现前方车辆倒车行为，在未确保安全的前提下驾车低速缓慢变更车道。不久后，C车和搭载甲、乙、丙三名乘客的D车先后到达此处，C车驾驶人提前发现前车变更车道车辆并向左避让，D车驾驶人因未与前方同车道车辆保持必要的安全距离，导致避让不及，追尾撞上B车，造成甲、乙受伤，丙当场死亡。事故发生后，A车驾驶人驾车驶离了现场，甲被送到医院住院治疗。经交警部门认定，A车驾驶人承担此次交通事故的同等责任，B车驾驶人、D车驾驶人两人共同承担此次交通事故的同等责任，C车驾驶人、甲、乙、丙无责任。

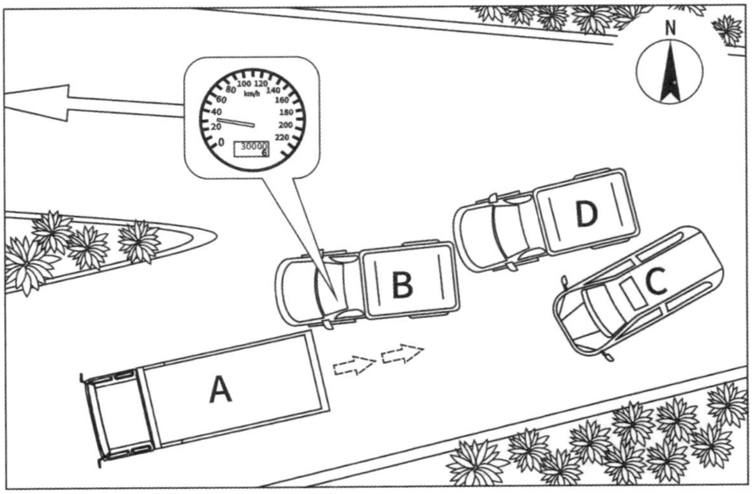

【法院判决】

甲向法院提出诉讼请求：（1）判令A车驾驶人、A车车主、A车保险公司，B车驾驶人、B车车主、B车保险公司、D车驾驶人、D车保险公司赔偿其医疗费40,231元、残疾赔偿金95,391元（包括伤残赔偿金89,732元、被扶养人生活费5659元）、误工费38,872元、护理费12,957元、营养费3000元、后续治疗费

10,000 元、住院伙食补助费 1200 元、交通费 1500 元、鉴定费 1900 元、精神损害抚慰金 5000 元，扣除保险公司已垫付的 18,000 元，共计 192,050 元；（2）判令本案的诉讼费由上述被告承担。

法院认为，关于甲提出的因本次交通事故造成的各项损失数额，经过认定，总计为 181,613 元。关于各方如何承担责任的问题，A 车、B 车均投保了交强险和商业三者险。事故处理期间，A 车保险公司为甲垫付医疗费 18,000 元，其赔偿责任已履行完毕。而根据交通事故责任认定书认定的责任比例，本案交强险理赔不足部分的损失，由 A 车保险公司和 B 车保险公司分别按 50%、25% 的比例承担，除去非医保用药，分别应赔偿 79,189 元和 39,595 元。D 车购买了交通意外伤害保险，意外身故、残疾限额 50 万元，交通意外医疗限额 5 万元，意外住院津贴每日补助限额 250 元。虽然 D 车驾驶人和 D 车保险公司之间形成的保险合同法律关系与本案机动车交通事故责任纠纷不属于同一法律关系，但为减轻当事人诉累，法院决定一并处理，故 D 车保险公司应当在交通意外伤害保险限额内赔偿甲 14,714 元。A 车驾驶人、B 车驾驶人分别承担商业三者险不能赔付的非医保用药损失的 50% 和 25%，即 2618 元和 1309 元。对于 D 车驾驶人的赔偿责任，其本应承担交强险以外损失 25% 的赔偿责任，即 40,903 元，但甲乘坐 D 车时未支付报酬，应属于好意同乘，酌情由 D 车驾驶人承担应承担责任的 36% 的赔偿责任，即 14,725 元，其余部分损失应由甲自行承担。扣除 D 车保险公司在交通意外伤害保险限额内赔偿的 14,714 元，D 车驾驶人还应当赔偿甲损失 11 元。甲未提交证据证明实际侵权人与 A 车、B 车车主之间的法律关系，故其在本案中请求车辆所有人承担本案民事责任的理由，本院不予支持。

法院判决：（1）A 车保险公司于本判决生效之日起 10 日内在商业三者险限额内赔偿甲损失 79,189 元；（2）B 车保险公司于本判决生效之日起 10 日内在商业三者险限额内赔偿甲损失 39,595 元；（3）D 车保险公司于本判决生效之日起 10 日内在交通意外伤害保险限额内赔偿甲损失 14,714 元；（4）A 车驾驶人于本判决生效之日起 10 日内赔偿甲损失 2618 元；（5）B 车驾驶人于本判决生效之日起 10 日内赔偿甲损失 1309 元；（6）D 车驾驶人于本判决生效之日起 10 日内赔偿甲损失 11 元；（7）驳回甲的其他诉讼请求。案件受理费 2070 元，由 A 车驾驶人负担 745 元，B 车驾驶人负担 373 元，D 车驾驶人负担 134 元，甲负担 818 元。

第九章

机动车信号灯事故责任认定

01 向左转弯时未提前开启左转向灯

如图所示，A 车向左转弯时未提前开启左转向灯，与对向行驶的 B 车发生事故，则 A 车承担全部责任。

交警解答

《道路交通安全法实施条例》第 57 条规定，机动车在向左转弯时，应当提前开启左转向灯。

转向灯是机动车辆在转向时提示周围车辆及行人注意避让的警示灯，开启转向灯时，灯光会反复闪烁，这是为了引起周围车辆和行人的注意，以免发生交通事故。

转向灯的开启时间要掌握好，应在距转弯路口 50 米左右时打开，如果并线更需提前开启。一定要把握好时间，开得过早会给后车“忘关转向灯”的错觉，开得过晚又会造成后车或行人因反应不及而发生事故。

案例链接

如图所示，20×× 年 1 月 29 日 8 时 26 分许，A 车驾驶人驾驶 A 车沿某市区道路由西南往东北行驶至某路口时左转弯，遇到 B 车驾驶人驾驶正三轮载货摩托车B沿该道路由东北往西南直行。A车驾驶人左转弯时未提前开启转向灯，未让直行的B车先行，B车驾驶人在往右打方向避让过程中摩托车单偏侧翻，导致其当场死亡及车辆损坏。经鉴定，B车驾驶人符合胸部受交通事故钝性外力作用致胸腔脏器损伤而死亡。当地交警部门认定，A车驾驶人驾驶车辆行经没有交通信号灯控制也没有交通警察指挥的交叉路口左转弯时，未提前开启转向灯，且转弯未让直行车辆先行，承担事故的主要责任；B车驾驶人驾驶安全设施不全（前制动不符合规定要求）的机动车行经事故路口未确保安全驾驶，承担事故的次要责任。事故发生后，A车驾驶人驾车逃逸，后经民警通知回到现场接受调查。到案后，A车驾驶人如实供述主要犯罪事实且已赔偿B车驾驶人亲属人民币5万元。

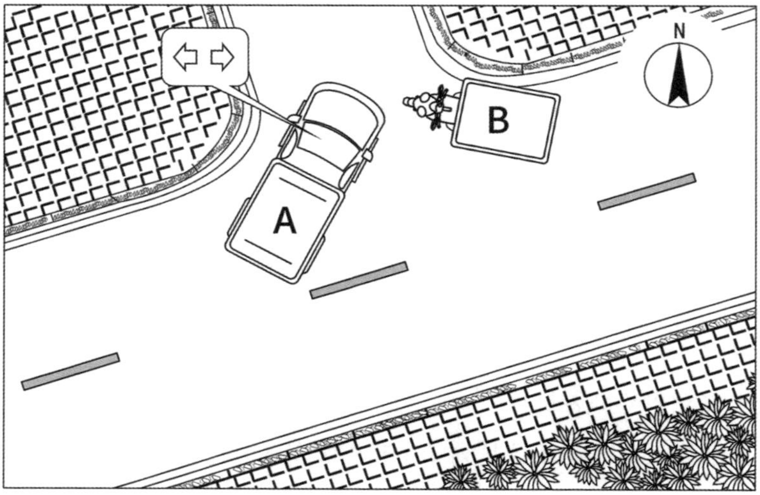

【法院判决】

当地某区人民检察院指控A车驾驶人犯交通肇事罪，并附带B车驾驶人亲属随案提起的附带民事诉讼。

一审法院认为，根据各项物证、人证，A车驾驶人承担该事故的主要责任，其又构成交通肇事罪，但在民警通知后主动到案，属于自首，可以减轻处罚。经查明，A车所有人系A车驾驶人经营的某园艺场，该园艺场向保险公司投保了交强险和商业三者保险。

一审法院判决：（1）A 车驾驶人犯交通肇事罪，判处有期徒刑 2 年 4 个月；（2）A 车保险公司应于本判决生效之日起 10 日内赔偿附带民事诉讼 B 车驾驶人亲属经济损失人民币 110,000 元；（3）A 车驾驶人与附带民事诉讼园艺场应于本判决生效之日起 10 日内连带赔偿附带民事诉讼 B 车驾驶人亲属经济损失人民币 668,456 元；（4）驳回附带民事诉讼 B 车驾驶人亲属的其他诉讼请求。

某区人民检察院抗诉认为，A 车驾驶人未如实供述逃逸事实，属未如实供述主要犯罪事实，一审判决认定其如实供述主要犯罪事实，具有自首情节，属认定事实错误；原判适用法律错误，导致未在法定刑幅度内量刑，量刑畸轻；原判不符合自首的立法本意，与设立自首制度的目的相悖。综上所述，请求二审法院依法改判。

A 车驾驶人对原判认定的事实和罪名无异议，二审庭审时供认其确有明知发生交通事故，因怀有侥幸心理才离开现场。上诉辩称其属于过失犯罪，具有自首情节，平时表现良好，有正当职业，无前科劣迹，且身患严重疾病，其亲属在一审宣判后依照附带民事判决全额赔付原审附带民事诉讼原告人的经济损失并取得谅解，请求二审从轻处罚。

二审法院认为，经查明，在一审宣判后，A 车驾驶人亲属代为赔偿 B 车驾驶人亲属经济损失 668,456 元人民币，原审附带民事诉讼原告出具谅解书，请求对 A 车驾驶人从轻处罚。且司法局出具《审前社会调查评估意见书》，认为 A 车驾驶人符合社区矫正的条件。A 车驾驶人在接到公安机关的电话通知后立即驾车返回事故现场接受调查，系在尚未受到讯问、未被采取强制措施时主动向公安机关投案，应当认定为自动投案，且在公安机关询问时，也均如实供述事实，一审判决认定 A 车驾驶人具有自首情节并无不当，其在案发时的逃逸事实行为与其到案后如实供述认定构成自首不存在冲突。

二审法院判决：（1）维持该市某区人民法院刑事判决第一项对 A 车驾驶人的定罪判决部分；（2）撤销该市某区人民法院刑事判决第一项对 A 车驾驶人的量刑判决部分；（3）A 车驾驶人犯交通肇事罪，判处有期徒刑 2 年 4 个月，缓刑 3 年（缓刑考验期自本判决确定之日起计算）。

02 向左变更车道时未提前开启左转向灯

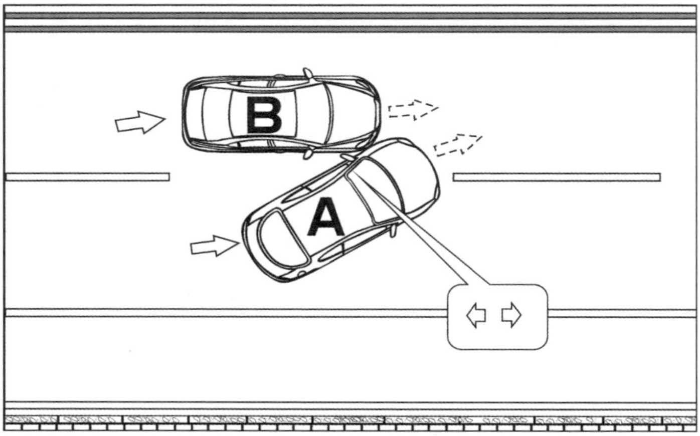

如图所示，A 车向左变更车道时未提前开启左转向灯，与左侧车道内同向行驶的 B 车发生事故，则 A 车承担全部责任。

交警解答

不少驾驶人认为，变更车道是三两秒之内就能完成的，根本没有必要打转向灯，更不要说提前“打灯”了。有些驾驶人尽管使用转向灯，但他们往往是“先打轮再打灯”，结果是车身已经并入相邻的车道，转向灯才开始闪烁。正是这种思想和行为造成了许多交通事故的发生。

据相关资料显示，随意变更车道容易引发交通事故。

因此，《道路交通安全法实施条例》第 57 条明确规定，机动车在向左变更车道时，应当提前开启左转向灯。

案例链接

如图所示，20×× 年 4 月 23 日 8 时 33 分左右，A 车驾驶人驾驶 A 车沿高速公路由东北向西南行驶至某路段时占用应急车道停车，停车后起步向左变道驶入西南并向第四排车行道内行驶时，未开启左转向灯，在高速公路车行道低速行驶，被同行车道同向行驶至此处的 B 车追撞，造成 B 车驾驶人死亡、两车受损的交通事故。事故发生后，A 车驾驶人拨打 120 急救电话和 122 报警电话，在现场等候公安机关处理，到案后如实供述犯罪事实。经交警部门认定，A 车驾驶人承担此次道路交通事故的主要责任，B 车驾驶人承担此次道路交通事故的次要责任。

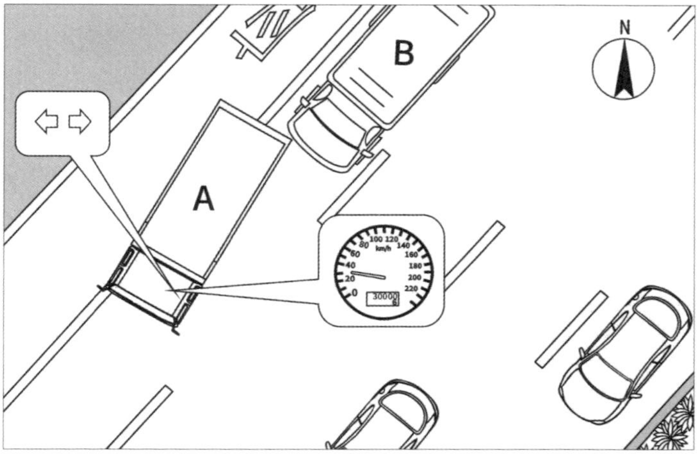

【法院判决】

当地检察院指控 A 车驾驶人犯交通肇事罪。

一审法院认为，A 车驾驶人违反交通运输管理法规，发生重大交通事故，致一人死亡，应承担该起事故主要责任，其行为已构成交通肇事罪，应予惩处。公诉机关指控 A 车驾驶人的犯罪事实和罪名成立，法院予以支持。同时，A 车驾驶人在交通事故发生后拨打 122 报警电话，在现场等候公安机关处理，到案后如实供述犯罪事实，系自首，又自愿认罪认罚，可从宽处罚。依照我国《刑法》规定，认定 A 车驾驶人犯交通肇事罪，判处有期徒刑 7 个月。

A 车驾驶人认为其系初犯、偶犯，认罪态度较好，无前科劣迹，犯罪情节轻微，又系主动自首，并认罪认罚，B 车驾驶人亲属已经在保险范围内获得赔偿，遂提起上诉，请求二审法院改判缓刑。

二审法院认为，原审法院已在量刑时根据 A 车驾驶人的犯罪事实、犯罪情节以及认罪态度、悔罪表现在法定刑幅度内给予从轻处罚，量刑适当。A 车驾驶人的上诉理由及其辩护人的辩护意见均无事实和法律依据，本院不予采纳。

二审法院判决：驳回上诉，维持原判。

03 准备超车时未提前开启左转向灯

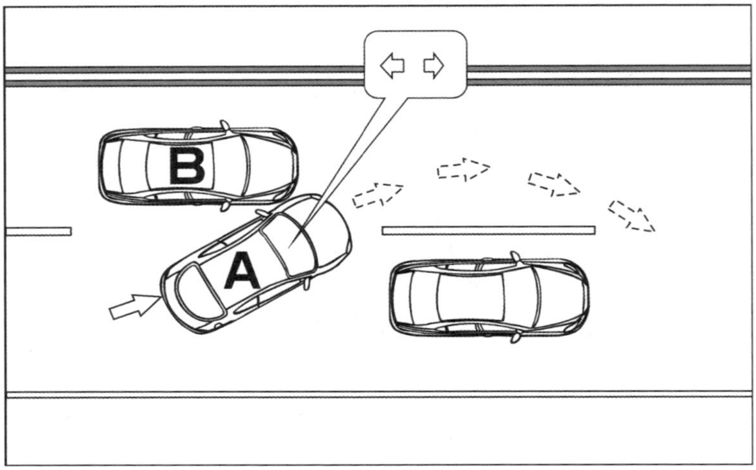

如图所示，A 车在超车时未提前开启左转向灯，与左侧车道内同向行驶的 B 车发生事故，则 A 车承担全部责任。

交警解答

《道路交通安全法实施条例》第 57 条规定，机动车准备超车时，应当提前开启左转向灯。后车应当在确认有充足的安全距离后，从前车的左侧超越，在与被超越车辆拉开必要的安全距离后，开启右转向灯，驶回原车道。

超车的正常程序是，提前打左转向灯，看后视镜，确认没问题后再超车，超车完毕后开启右转向灯，慢慢驶回原车道。如果遇上不让超车的，不要硬超。在上图中，A 车既没有提前开启左转向灯，又没有确认充足的安全距离，导致发生事故，应当承担全部责任。

04 掉头时未提前开启左转向灯

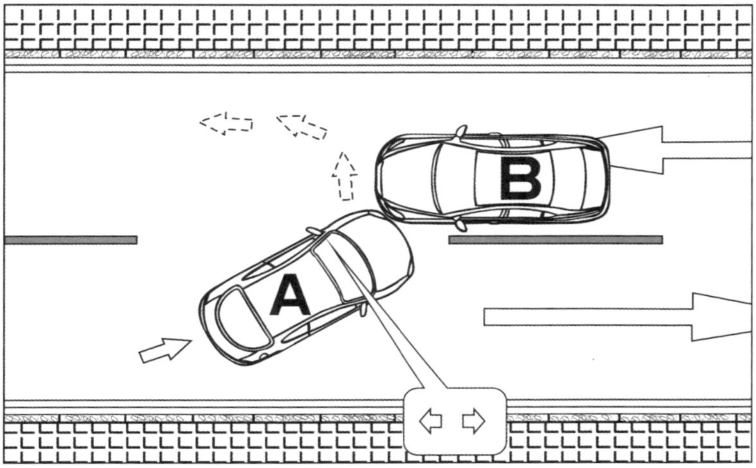

如图所示，A 车在掉头时未提前开启左转向灯，与对向行驶的 B 车发生事故，则 A 车承担全部责任。

交警解答

掉头时提前打转向灯和转弯时是一样的。为什么掉头时要打左转向灯呢？因为按照规定，应当向左侧掉头，向右侧掉头则属于逆行。因此，《道路交通安全法实施条例》第 57 条规定，机动车在掉头时，应当提前开启左转向灯。

案例链接

如图所示，20×× 年 4 月 28 日 14 时 5 分许，A 车驾驶人驾驶 A 车沿道路第三条机动车道由东南向西北行驶至某路口时，在未开启左转向灯向左转弯掉头的过程中，遇 B 车驾驶人驾驶 B 车沿同方向道路的第二条机动车道由东南向西北驶来，B 车前部与 A 车左侧后部接触，导致 A、B 两车驾驶人及其车内乘车人受伤。当地交警部门认定，A 车驾驶人承担事故的主要责任，B 车驾驶人承担事故的次要责任，两车乘车人不承担事故责任。

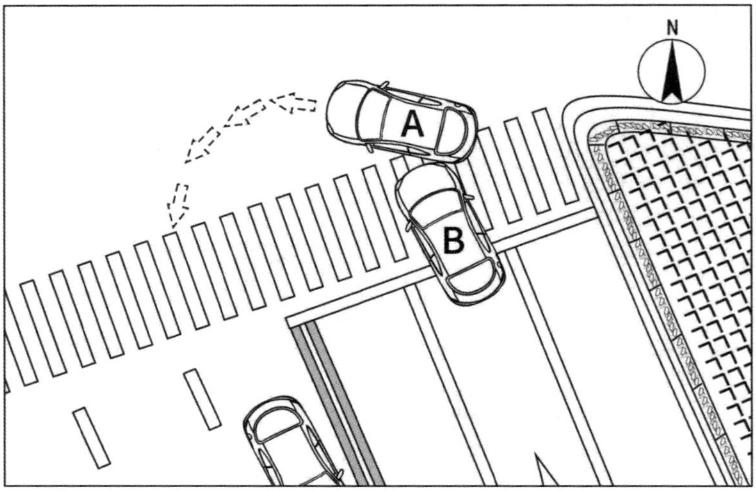

【法院判决】

B 车驾驶人向法院起诉，请求：（1）判令 A 车驾驶人、A 车保险公司赔偿车辆损失费 128,203 元、鉴定费 9115 元；（2）A 车保险公司在保险责任限额内承担赔偿责任；（3）诉讼费由上述被告承担。

法院认为，本案事实清楚、责任明确，交警部门根据当事人的违法行为在事故中所起的作用作出的责任认定客观准确，予以采纳。法院认定 B 车驾驶人车辆损失费 182,290 元、鉴定费 9115 元，共计 191,405 元。对于 B 车驾驶人的合理经济损失，A 车驾驶人作为事故主责方及车辆所有人应按所负事故责任承担赔偿责任。因 A 车保险公司可足额赔偿 B 车驾驶人的合理经济损失，A 车驾驶人在本案中不再承担赔偿责任。

法院判决：（1）A 车保险公司在交强险限额内赔偿 B 车驾驶人车辆损失 2000 元；（2）A 车保险公司在商业三者险限额内赔偿 B 车驾驶人车辆损失费、鉴定费共计 189,405 元的 70% 即 132,583.50 元；（3）驳回 B 车驾驶人的其他诉讼请求。案件受理费减半收取 1517 元，由 A 车驾驶人负担。

05 驶离停车地点时未提前开启左转向灯

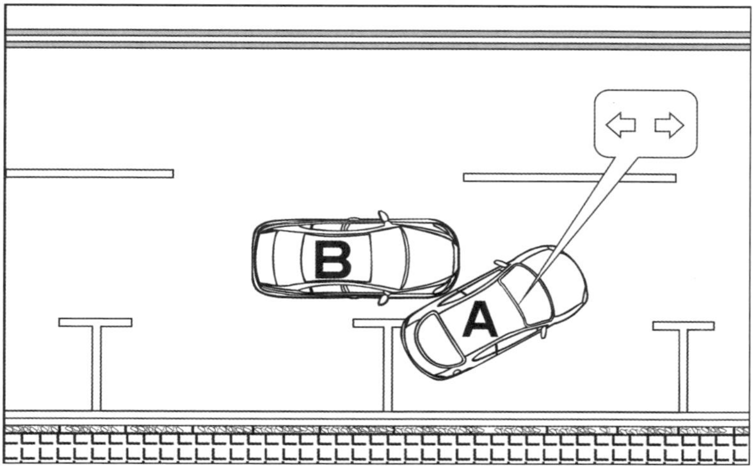

如图所示，A 车在驶离停车地点时未提前开启左转向灯，与后方行驶的 B 车发生事故，则 A 车承担全部责任。

交警解答

不少驾驶人认为，转向灯只在转弯、弯道或掉头时开启，驶离停车点时根本不需要开启。这种认识是错误的。

《道路交通安全法实施条例》第 57 条规定，机动车在驶离停车地点时，应当提前开启左转向灯。因为驶离停车地点意味着要并入其他车道，从本质上来说属于变道行为，所以应当按照变道的要求来操作。正常情况下，从停车地点进入车道，是往左侧变道的，所以应提前开启左转向灯。

06 向右转弯时未提前开启右转向灯

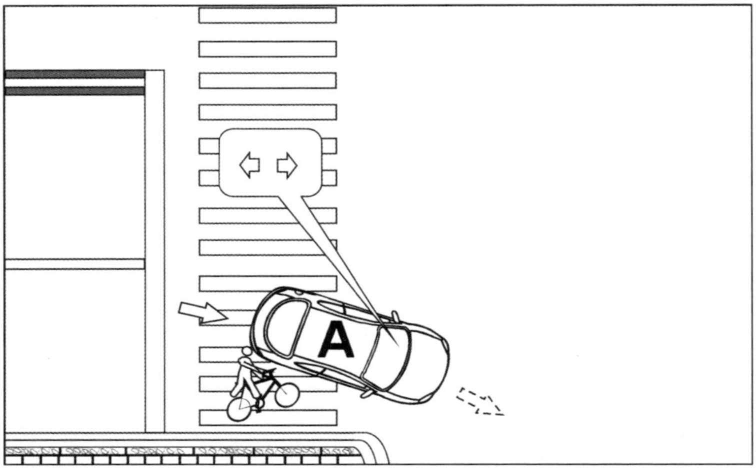

如图所示，A 车在路口右转弯时未提前开启右转向灯，与非机动车道内行驶的自行车发生事故，则 A 车承担全部责任。

交警解答

《道路交通安全法实施条例》第 57 条规定，机动车在向右转弯时，应当提前开启右转向灯。然而，不少机动车驾驶人缺乏对非机动车和行人的尊重及对安全的重视，在右转弯时很少开启右转向灯，导致非机动车和行人因无法提前判明情况继续直行，从而发生交通事故。

07 向右变更车道时未提前开启右转向灯

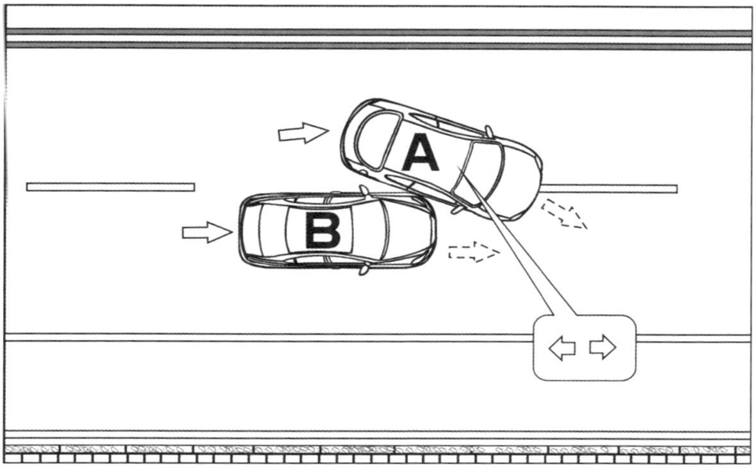

如图所示，A 车在向右变更车道时未提前开启右转向灯，与右侧车道内正常行驶的 B 车发生事故，则 A 车承担全部责任。

交警解答

我国使用的机动车辆的方向盘位于左侧，在靠右行驶时，从驾驶人的位置看右侧，就有一个视线盲区，而且车辆越高视线盲区越大。另外，驾驶人观察右边情况时，需从车辆右边的反光镜中观察。由于反光镜中观察到的视野毕竟有限，远远不及驾驶人用肉眼观察到的视野范围广，这就给车辆右转弯或变道增加了危险因素。

因此，机动车驾驶人在右转弯或变道时同样需要小心谨慎，提前开启右转向灯。

08 超车完毕驶回原车道时未提前开启右转向灯

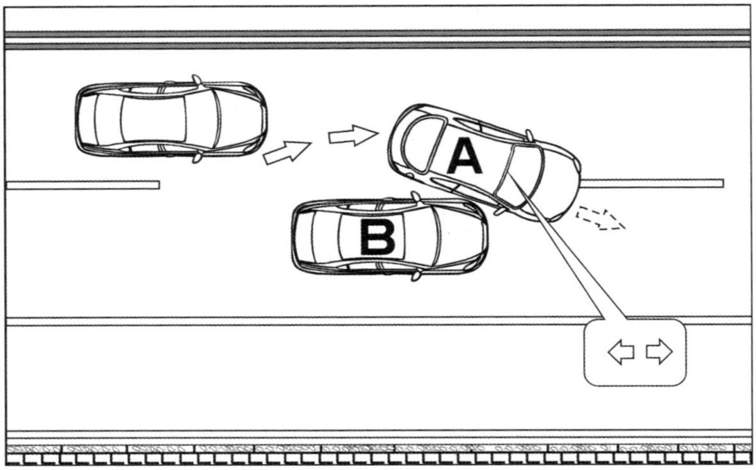

如图所示，A 车在超车完毕驶回原车道时，未提前开启右转向灯，与被超越的 B 车发生事故，则 A 车承担全部责任。

交警解答

《道路交通安全法实施条例》第 57 条规定，机动车在超车完毕驶回原车道时，应当提前开启右转向灯。超车完毕后如果不开启右转向灯，会让后车以为你会继续在超车道行驶。这时你若没拉开必要的安全距离就突然驶回原车道，可能会导致后车反应不及而发生事故。

09 靠路边停车时未提前开启右转向灯

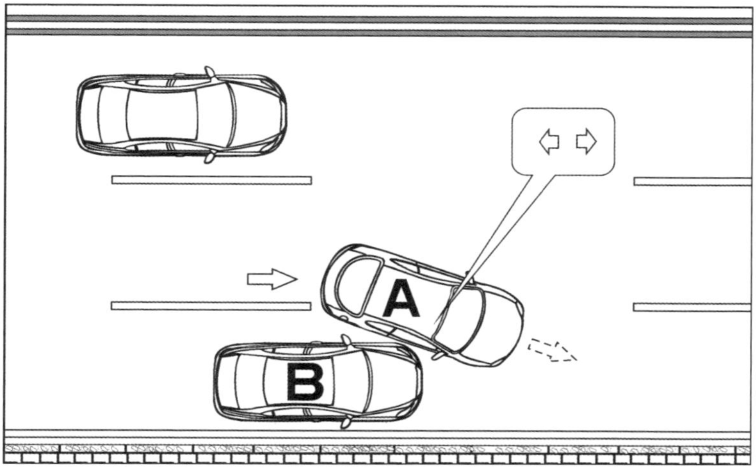

如图所示，A 车在靠路边停车时，未提前开启右转向灯，与同向行驶的 B 车发生事故，则 A 车承担全部责任。

交警解答

《道路交通安全法实施条例》第 57 条规定，机动车在靠路边停车时，应当提前开启右转向灯。特别是在没有划分机动车道、非机动车道和人行道的道路上，机动车在道路中间通行，非机动车和行人在道路两侧通行，由于路边非机动车和行人的流量通常很大，若是机动车在“不打招呼”的情况下，贸然靠边停车，就容易与非机动车或行人发生事故。

10 高速公路能见度小于200米时，未开启雾灯、近光灯、示廓灯和前后位灯

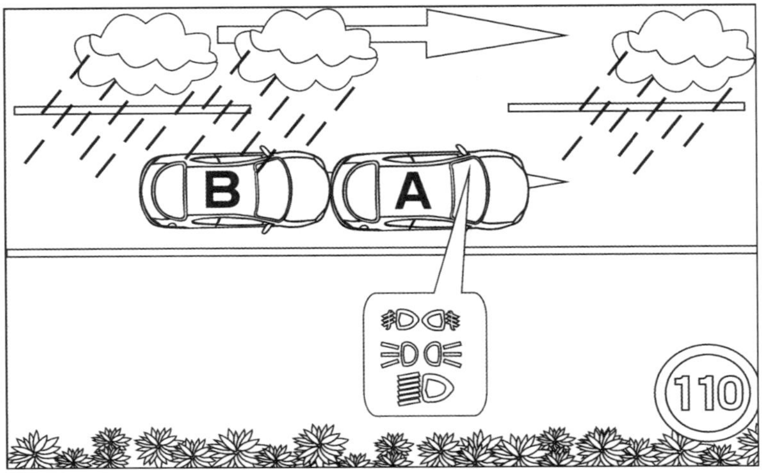

如图所示，A车在能见度小于200米的高速公路上行驶时，未开启雾灯、近光灯、示廓灯和前后位灯，与同向行驶的B车发生追尾事故，则A车承担同等以上责任。如果A车超低速行驶，可能会承担主要责任。

交警解答

《道路交通安全法实施条例》第81条规定，机动车在高速公路上行驶，遇有雾、雨、雪、沙尘、冰雹等低能见度气象条件，当能见度小于200米时，开启雾灯、近光灯、示廓灯和前后位灯，车速不得超过每小时60公里，与同车道前车保持100米以上的距离。其中，雾灯、近光灯主要是为自己照亮前方道路，示廓灯和前后位灯是提醒后方车辆，让其他车辆对自己的车型、位置、速度有个清楚的判断，以避免事故的发生。

11 高速公路能见度小于 100 米时，未开启雾灯、近光灯、示廓灯、前后位灯和危险报警闪光灯

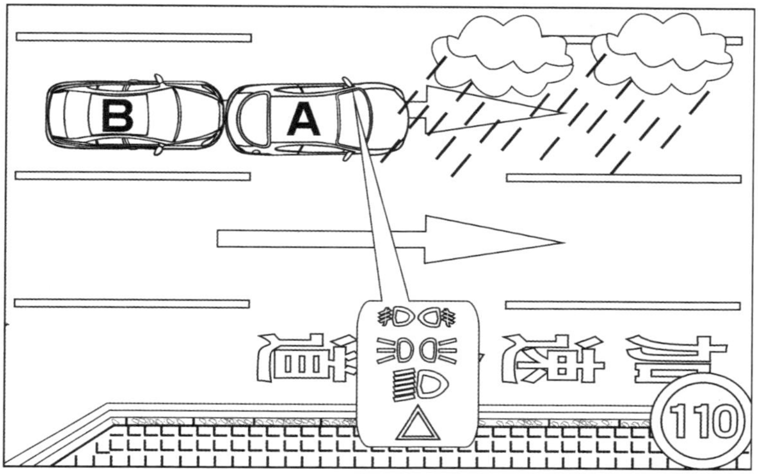

如图所示，A 车在能见度小于 100 米的高速公路上行驶时，未开启雾灯、近光灯、示廓灯、前后位灯和危险报警闪光灯，与同向行驶的 B 车发生追尾事故，则 A 车承担同等以上责任。

交警解答

《道路交通安全法实施条例》第 81 条规定，机动车在高速公路上行驶，当能见度小于 100 米时，开启雾灯、近光灯、示廓灯、前后位灯和危险报警闪光灯，车速不得超过每小时 40 公里，与同车道前车保持 50 米以上的距离。

需要特别说明的是，这个 50 米的距离其实就是车辆在时速 40 公里的情况下紧急刹车时的安全制动距离。

12 夜间会车时未在距相对方向来车 150 米外改用近光灯

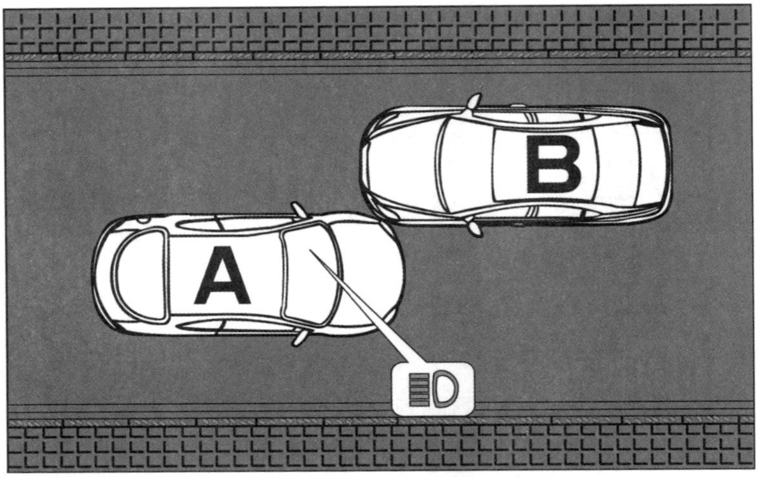

如图所示，A 车在夜间会车时，一直开启远光灯，与对面来车发生碰撞，则 A 车承担次要以上责任。

交警解答

《道路交通安全法实施条例》第 48 条规定，在没有中心隔离设施或者没有中心线的道路上，机动车夜间会车应当在距相对方向来车 150 米以外改用近光灯。因为远光灯的眩光对驾驶人夜间视力危害很大。然而，有些驾驶人对夜间会车变光持无所谓态度，会车时随心所欲，想变就变，不想变就不变，以至于会车变光的人越来越少。刺眼的车灯互射对方的眼睛，造成驾驶人头晕目眩、视线模糊，很难看清路面情况，更不可能对前方的突发情况立刻做出反应，从而带来很大的安全隐患。

在实践中，当事人是否使用远光灯，调查取证较为困难，这里只是理论上的责任认定参考。

案例链接

如图所示，20×× 年 2 月 28 日 19 时 29 分许，A 车驾驶人 A 车沿某道路由东向西行驶至某处时，与沿该路由西向东行驶的 B 车会车时，A 车将由北向南横过道路的行人甲、乙二人撞倒，造成甲死亡、乙受伤的交通事故。当地交警部门认定，A 车驾驶人驾驶机动车夜间在城镇主干道行驶时，未确保安全行车、疏忽大意、瞭望不周、未及时发现前方行人是此次事故发生的主要原因，承担主要责任；B 车驾驶人驾驶机动车夜间上路行驶遇相对方向来车会车时，未在 150 米外改用近光灯是此次事故发生的次要原因，承担次要责任；甲、乙二人无责任。

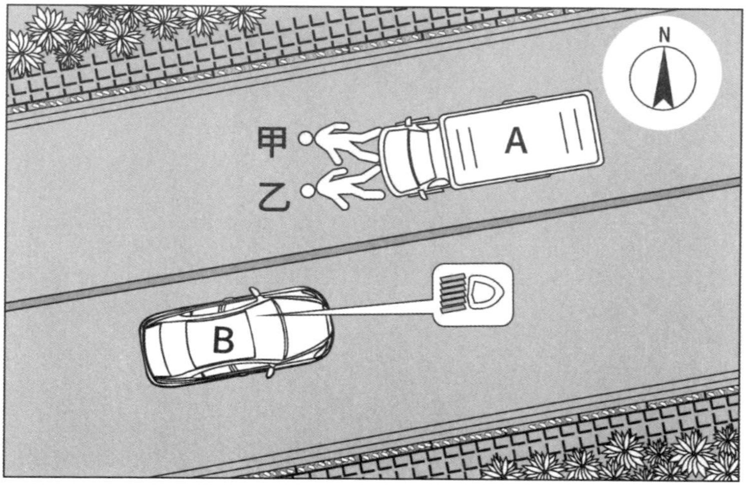

【法院判决】

甲亲属向法院提出诉讼，主张死亡赔偿金 887,540 元、丧葬费 46,633 元、被扶养人生活费 290,069.40 元、精神损害抚慰金 50,000 元，由 A、B 两车保险公司在交强险限额内先行赔偿，超出部分由 B 车保险公司在商业三者险限额内赔偿，放弃对 A 车驾驶人超出交强险部分的请求，最终请求赔偿数额为 604,032.72 元。

法院认为，根据交警部门的交通事故责任认定，确定 A 车驾驶人对该事故负有 70% 的过错责任，B 车驾驶人对该事故负有 30% 的过错责任。关于甲亲属的各项损失，认定死亡赔偿金为 1,081,865.33 元、丧葬费 43,958 元、精神损害抚慰金 10,000 元。

法院判决：（1）A 车保险公司于本判决生效后 5 日内在交强险限额内赔偿甲亲属死亡赔偿金、丧葬费，合计 158,391.28 元；（2）B 车保险公司于本判决生效后 5 日内在交强险和商业三者险限额内赔偿甲亲属死亡赔偿金、丧葬费、精神损害抚慰金，合计 404,103.51 元；（3）驳回甲亲属的其他诉讼请求。

13 夜间在窄路、窄桥与非机动车会车时未使用近光灯

如图所示，A 车夜间在窄桥行驶时未使用近光灯，与对面非机动车发生碰撞，则 A 车承担同等以上责任。

交警解答

窄路、窄桥一般都没有划分机动车道和非机动车道，是机动车与非机动车混杂的路段，加上路面狭窄，避让的空间极其有限。夜间在此路段行驶时，若机动车开启远光灯，会导致对向非机动车驾驶人处于视觉“失明”状态，并产生恐慌心理。

据研究，夜间会车不关掉远光灯，容易造成对方驾驶人前 10 米左右出现盲区，这种视线受阻一般可持续四五秒，而这四五秒钟极可能酿成车祸。因此，《道路交通安全法实施条例》第 48 条明确规定，机动车夜间在窄路、窄桥与非机动车会车时，应当使用近光灯。

14 夜间没有路灯、照明不良或低能见度情况时未开启前照灯、示廓灯和后位灯

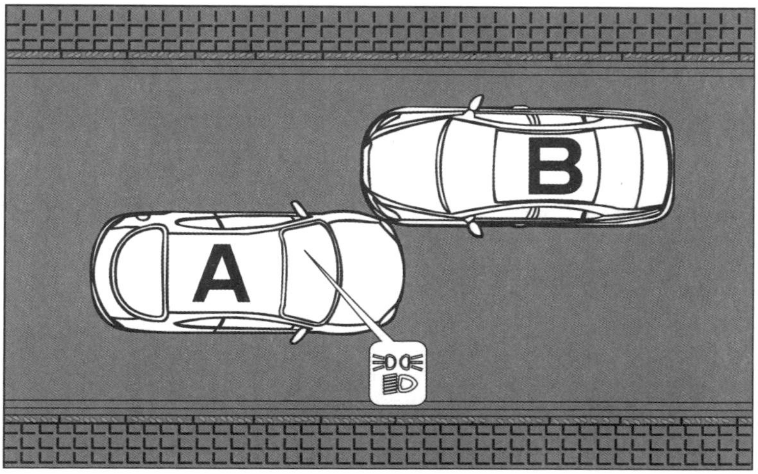

如图所示，A 车夜间在没有路灯的道路上行驶，未开启前照灯、示廓灯和后位灯，与对向的 B 车发生碰撞，则 A 车承担同等以上责任。

交警解答

《道路交通安全法实施条例》第 58 条规定：“机动车在夜间没有路灯、照明不良或者遇有雾、雨、雪、沙尘、冰雹等低能见度情况下行驶时，应当开启前照灯、示廓灯和后位灯，但同方向行驶的后车与前车近距离行驶时，不得使用远光灯。”换句话说，这是为了把自己置于明处，在看清别人的同时也让别人看清自己。

这里特别提一下示廓灯：示廓灯也叫示宽灯，一般安装在汽车顶部的边缘处，既能表示汽车高度又能表示宽度，在黎明、黄昏或其他能见度稍低的时候应打开。

然而，有的车辆在夜间行驶时出了故障，驾驶员片面地认为有路灯照明，可以在原地放心修车，觉得顶多有必要开启危险报警闪光灯，没必要同时开启示廓灯和后位灯。但是，由于夜间能见度较低，驾驶人视野变窄，在高速行驶的状态下，对宽度容易判断失误，稍有不慎，就会引发交通事故。

15 雾天行驶未开启雾灯和危险报警闪光灯

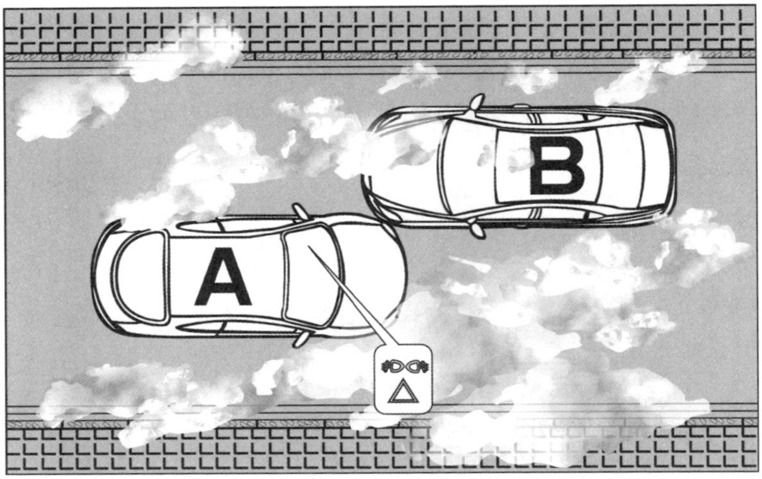

如图所示，A 车雾天行驶时未开启雾灯和危险报警闪光灯，与对向 B 车发生碰撞，多数情况下，A 车承担同等以上责任。

交警解答

《道路交通安全法实施条例》第 58 条规定："机动车雾天行驶应当开启雾灯和危险报警闪光灯。"

这里介绍一下雾灯：雾灯安装在汽车前部比前照灯稍低的位置，用于雨雾天气行车时照明道路。因为雾天能见度低，驾驶人视线受到限制，灯光可增大运行距离，特别是黄色防雾灯的光穿透力强，它可以提高驾驶人与周围交通参与者的能见度，使来车和行人在较远处就能发现对方。

在实践中，使用灯光不当行为作为事故责任认定的依据比较少见。

案例链接

如图所示，20×× 年 10 月 22 日 17 时 18 分，A 车驾驶人驾驶无号牌电动车 A 与 B 车驾驶人驾驶的无号牌电动车 B（经鉴定为摩托车）相撞，导致 A 车驾驶人、B 车驾驶人受伤，双方车辆损坏。当地交警部门认定，A 车驾驶人的行为违反了《道路交通安全法》第35条关于“机动车、非机动车实行右侧通行”的规定，A车驾驶人应承担此起道路交通事故的主要责任；B车驾驶人的行为违反了《道路交通安全法》第19条第1款和第36条关于“驾驶机动车，应当依法取得机动车驾驶证”“根据道路条件和通行需要，道路划分为机动车道、非机动车道和人行道的，机动车、非机动车、行人实行分道通行。没有划分机动车道、非机动车道和人行道的，机动车在道路中间通行，非机动车和行人在道路两侧通行”，以及《道路交通安全法实施条例》第58条关于“机动车在夜间没有路灯、照明不良或者遇有雾、雨、雪、沙尘、冰雹等低能见度情况下行驶时，应当开启前照灯、示廓灯和后位灯，但同方向行驶的后车与前车近距离行驶时，不得使用远光灯。机动车雾天行驶应当开启雾灯和危险报警闪光灯”的规定，B车驾驶人应承担此起道路交通事故的次要责任。

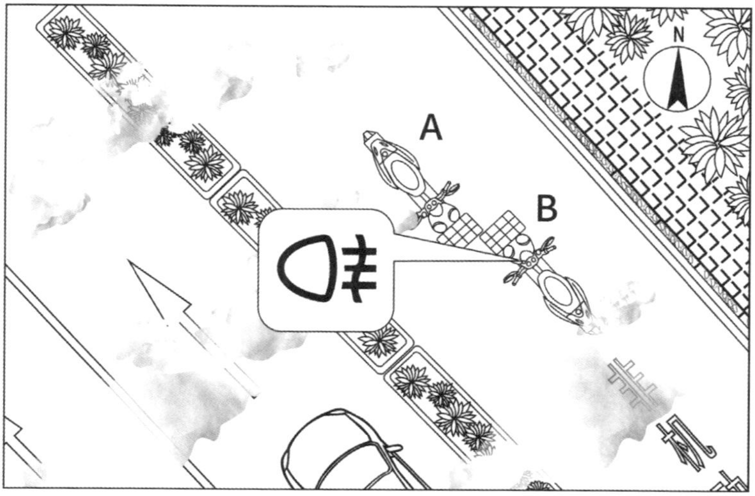

【法院判决】

B车驾驶人向法院提起诉讼，请求：（1）A车驾驶人在交强险限额内赔偿住院医疗费17,192.94元、门诊医疗费514.50元、外购药物费43.80元、鉴定费1900元、检查费432元、伤残赔偿金71,292元、误工费28,202.40元、护理费9400.80元、交通费20元、B车修理费1900元，合计129,018.44元，超出交强险的部分

16,900 元（营养费 2700 元、住院伙食补助费 1200 元、二次手术费 13,000 元），按 70% 比例，主张 11,830 元，两项合计 140,848.44 元；（2）A 车驾驶人承担诉讼费。

法院认为，B 车驾驶人主张各项经济损失合计 147,734.64 元，于法有据，予以支持。鉴于 A 车属于非机动车，根据《事故认定书》，酌定 A 车驾驶人承担 70% 赔偿责任，即应当赔偿 B 车驾驶人 103,414.25 元。

法院判决：A 车驾驶人于本判决发生法律效力之日赔偿 B 车驾驶人 103,414.25 元。案件受理费 1184 元，由 A 车驾驶人负担。

16 夜间通过急弯时未交替使用远近光灯示意

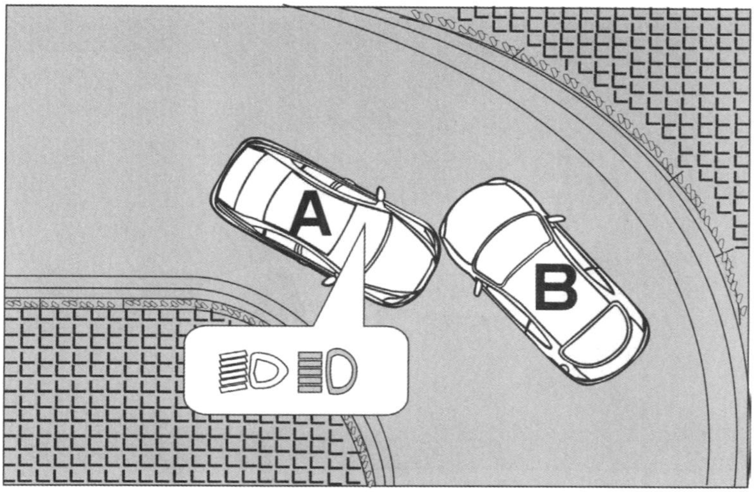

如图所示，A 车在夜间通过急弯时，未交替使用远近光灯示意，与对向的 B 车发生事故，则 A 车承担同等以上责任。

交警解答

《道路交通安全法实施条例》第 59 条规定，机动车在夜间通过急弯时，应当交替使用远近光灯示意。因为急弯处视距本来就受到极大限制，夜间视距更是为零。如果不交替使用远近光灯进行示意，对面来车就无法从灯光判断 A 车的距离远近和行驶状态，从而极易发生碰撞事故。

17 夜间通过坡路时未交替使用远近光灯示意

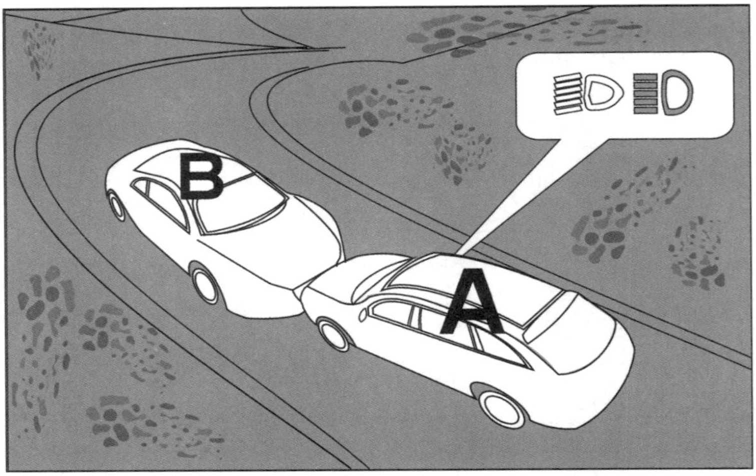

如图所示，A 车在夜间通过坡路时，未交替使用远近光灯示意，与对向的 B 车发生事故，则 A 车承担同等以上责任。

交警解答

《道路交通安全法实施条例》第 59 条规定，机动车在驶近急弯、坡道顶端等影响安全视距的路段时，应当减速慢行，并鸣喇叭示意。在夜间通过坡路时，应当交替使用远近光灯示意。因为坡道顶端安全视距受较大影响，夜间行驶时，只有交替使用远近光灯示意，才能让坡道另一面的来车及时了解这边的情况，从而小心驾驶，避免事故的发生。

18 夜间通过拱桥时未交替使用远近光灯示意

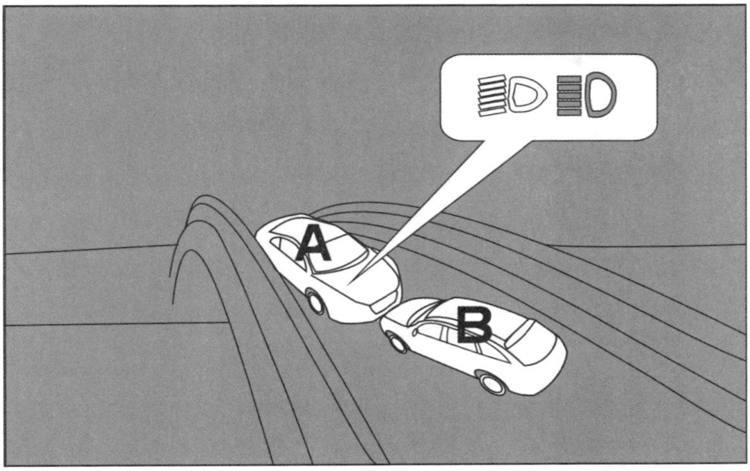

如图所示，A 车在夜间通过拱桥时，未交替使用远近光灯示意，与对向的 B 车发生事故，则 A 车承担同等以上责任。

交警解答

拱桥和坡路的交通状况是非常相似的，都是属于安全视距受到影响的路段，而且相对来说，拱桥比坡路更狭窄，遇到紧急情况时更难避让。因此，《道路交通安全法实施条例》第 59 条规定，机动车在夜间通过拱桥时，应当交替使用远近光灯示意。

19 夜间通过人行横道时未交替使用远近光灯示意

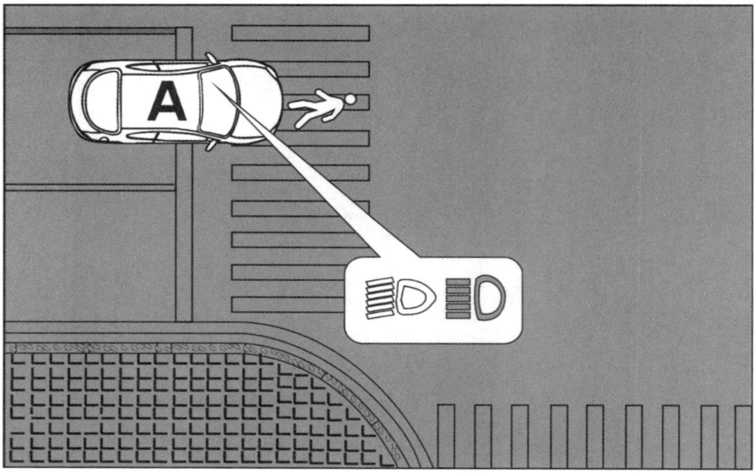

如图所示，A 车在夜间通过人行横道时，未交替使用远近光灯示意，撞上人行横道上正常行走的行人，则 A 车承担全部责任。

交警解答

夜晚行走时，行人通过车灯判断来车距离的远近有一定困难，尤其当车灯保持一成不变时。交替使用远近光灯示意，有利于行人判断来车距离，提前采取有效的避让措施。因此，《道路交通安全法实施条例》第 59 条规定，机动车在夜间通过人行横道时，应当交替使用远近光灯示意。

20 夜间通过没有交通信号灯控制的路口时未交替使用远近光灯示意

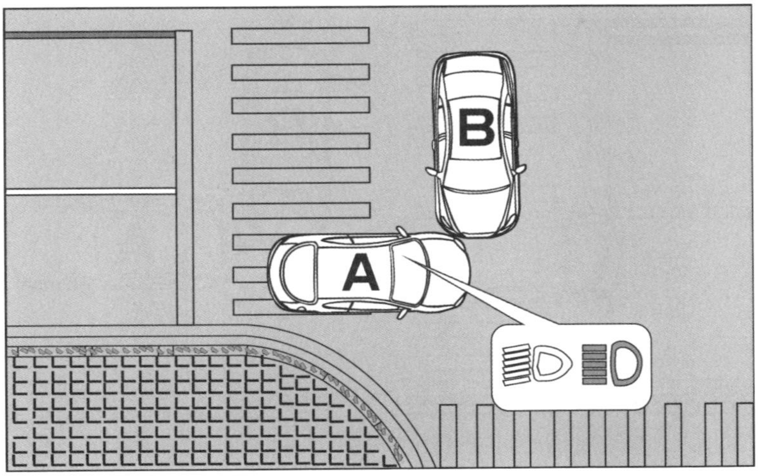

如图所示，A 车在夜间通过没有交通信号灯控制的路口时，未交替使用远近光灯示意，与左侧驶来的 B 车发生事故，则 A 车承担同等以上责任。

交警解答

《道路交通安全法实施条例》第 59 条规定，机动车在夜间通过没有交通信号灯控制的路口时，应当交替使用远近光灯示意。因为，晚上行人过街有时就像个影子，不交替使用灯光，很难保证驾驶员及时发现情况，从而造成事故。

21 牵引车与被牵引车未开启危险报警闪光灯

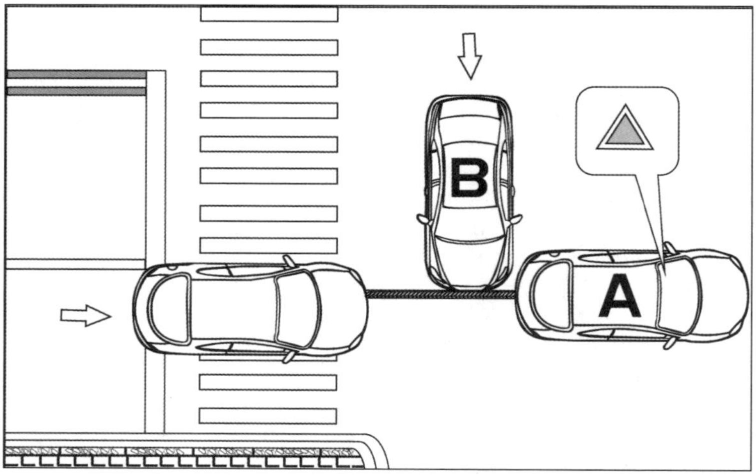

如图所示，A 车在牵引车辆途中开启了危险报警闪光灯，但被牵引车未开启，与从两车之间穿插的 B 车发生事故，则 A 车承担相应责任。

交警解答

很多驾驶人都知道，在牵引车辆时，牵引车应开启危险报警闪光灯，却没有意识到被牵引车也应开启。这一点在《道路交通安全法实施条例》第 61 条规定得很清楚，牵引车和被牵引车均应开启危险报警闪光灯。目的是提醒过往车辆及行人，特别是后方行驶的车辆，避免穿插超越后急打方向或没有保持必要的安全距离，引起危险情况的发生。

另外，牵引车辆车速较慢，而且有时候跟在后方的车辆并不能看出前方是在牵引，以为在正常行驶。如果情况好，可能会长时间跟在后面，而不知前方道路其实很畅通；如果情况不好，就会造成追尾。

22 机动车驶近急弯时未鸣喇叭示意

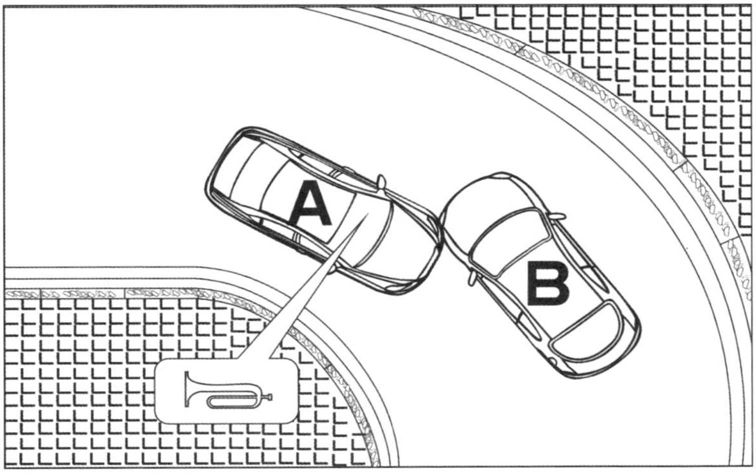

如图所示，A 车在驶近急弯时未鸣喇叭示意，与对向驶来的 B 车发生碰撞，则 A 车承担相应责任。

交警解答

机动车在夜间通过急弯时应交替使用远近光灯进行示意。那么，白天如何提示对面车辆呢？就是鸣喇叭。喇叭是汽车的音响信号装置。在汽车的行驶过程中，驾驶人根据需要和规定发出必需的音响信号，警告行人或引起其他车辆注意，保证交通安全，同时还用于催行与传递信号。

在急弯处鸣喇叭，就是为了提醒对方，对面有车辆正在驶来，请遵守交通规则，减速靠右行驶。在实践中，因为未鸣笛而认定当事人的责任比较少见，其主要的原因是取证困难。

23 机动车驶近坡道顶端时未鸣喇叭示意

如图所示，A 车在驶近坡道顶端时未鸣喇叭示意，与对向驶来的 B 车发生碰撞，则 A 车承担相应责任。

交警解答

通常情况下，安全视距受到的影响越大，发生危险的可能性也就越大。机动车在行驶过程中，一旦遇到影响安全视距的路段，比如坡顶，就应严格遵守交通规则，减速慢行，并发出适当信号以引起对向来车的注意，这是基本的驾驶常识和要求。

因此，《道路交通安全法实施条例》第 59 条规定，机动车驶近坡道顶端时，应鸣喇叭示意。

案例链接

如图所示，20×× 年 9 月 27 日 18 时 45 分，A 车驾驶人驾驶 A 车沿某市区道路由西向东行驶至一上坡路段时，与由东拐向南的手扶拖拉机 B 相撞，导致 B 车驾驶人摔倒在地。后由西向东行驶的 C 车又与倒卧状态下的 B 车驾驶人相撞，致 B 车驾驶人死亡。该事故经当地交警部门现场勘查，得到如下事实：（1）该路段无有效监控视频覆盖。（2）司法鉴定意见书显示，A 车事发时的行驶速度约为 73~78km/h，但依据现有证据分析，无法计算 C 车事发时的行驶速度；C 车左前下部碰撞碾压处于倒卧状态下的 B 车驾驶人；A 车驾驶人静脉血及 C 车驾驶人静脉血中均未检出乙醇，B 车驾驶人心血中检出乙醇，含量为 34.2mg/100mL；B 车驾驶人符合颅脑及胸腹腔脏器损伤死亡。该道路交通事故部分事实及成因无法查清，事故责任无法认定，交警部门出具了《事故证明》。

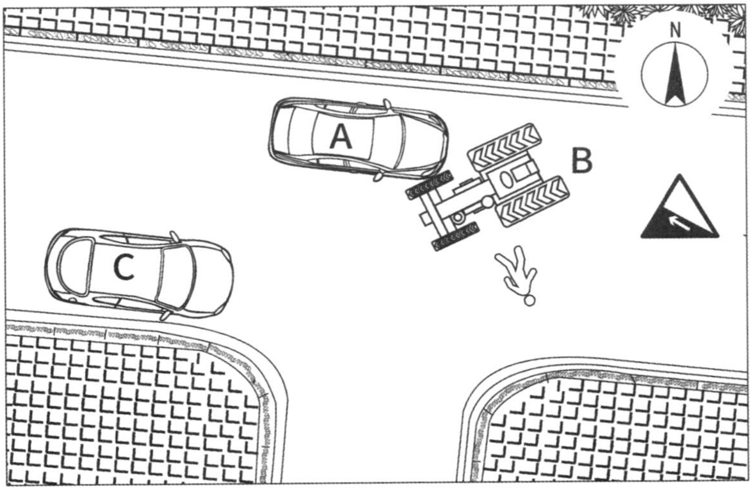

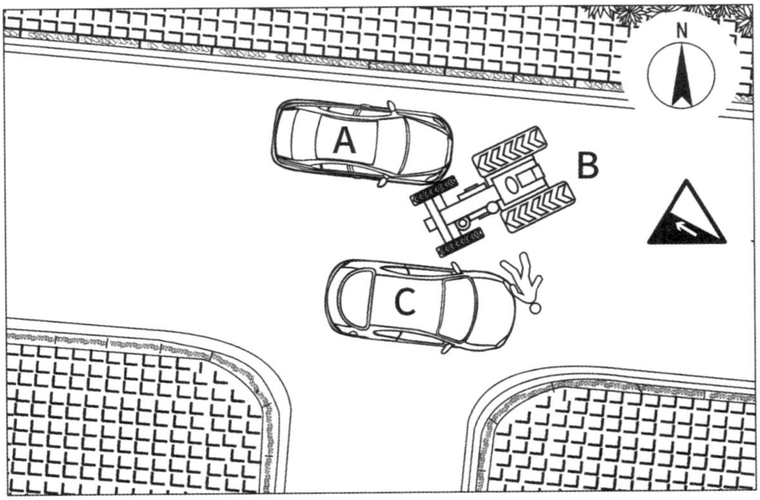

【法院判决】

B车驾驶人亲属向法院提起诉讼，请求：（1）判令A车驾驶人、A车保险公司、C车驾驶人、C车所有人、C车保险公司赔偿其死亡赔偿金等各项经济损失共计738,172.40元，保险公司在交强险、商业三者险责任限额内优先赔偿；（2）案件受理费、保全费、保全担保费等合理支出由被告承担。

法院认为，A车驾驶人夜间驾驶机动车上路行驶，未保持安全车速，驾驶过程中未确保安全、文明驾驶，是事故发生的主要原因；C车驾驶人无证驾驶机动车上路行驶，行驶至上坡路段未进行远近光交替示意、未鸣喇叭示意，行驶过程中未尽安全注意义务、未注意路边人员的挥手示意，盲从、大意驾驶，致使对受害人进行了第二次撞击，也是事故发生的主要原因；B车驾驶人夜间驾驶手扶拖拉机横过公路未尽安全注意义务、无证饮酒后驾驶机动车，也是事故发生的原因。结合事故发生的原因及过错程度，法院酌定由A车驾驶人、C车驾驶人与B车驾驶人按4∶3∶3的比例分担事故责任，故对因该次事故给B车驾驶人亲属造成的损失，应由A车驾驶人、C车驾驶人分别按照40%、30%的比例承担赔偿责任。C车所有人将车辆出借给无驾驶资质的C车驾驶人使用，其在出借过程中存在过错，依法应对C车驾驶人的赔偿义务承担连带赔偿责任。法院对B车驾驶人亲属的各项损失认定共计926,311元。

法院判决：（1）A车保险公司在交强险限额范围内赔偿B车驾驶人亲属各项损失110,950元，于判决生效后7日内付清；（2）C车保险公司在交强险限额范围内赔偿B车驾驶人亲属各项损失110,950元，于判决生效后7日内付清；（3）A车驾驶人赔偿B车驾驶人亲属各项损失278,964.40元，于判决生效后7日内付清；（4）C车驾驶人赔偿B车驾驶人亲属各项损失209,223.30元，于判决生效后7日内付清；（5）A车驾驶人赔偿B车驾驶人亲属精神损害抚慰金4000元，于判决生效后7日内付清；（6）C车驾驶人赔偿B车驾驶人亲属精神损害抚慰金3000元，于判决生效后7日内付清；（7）C车所有人对C车驾驶人的赔偿义务承担连带赔偿责任；（8）驳回B车驾驶人亲属的其他诉讼请求。案件受理费11,677元，B车驾驶人亲属负担707元，A车驾驶人负担6000元，C车驾驶人负担4970元；财产保全费2070元，A车驾驶人负担1785元，C车驾驶人负担285元，保全担保费900元，由A车驾驶人负担600元，C车驾驶人负担300元。

24 机动车超车时未鸣喇叭示意

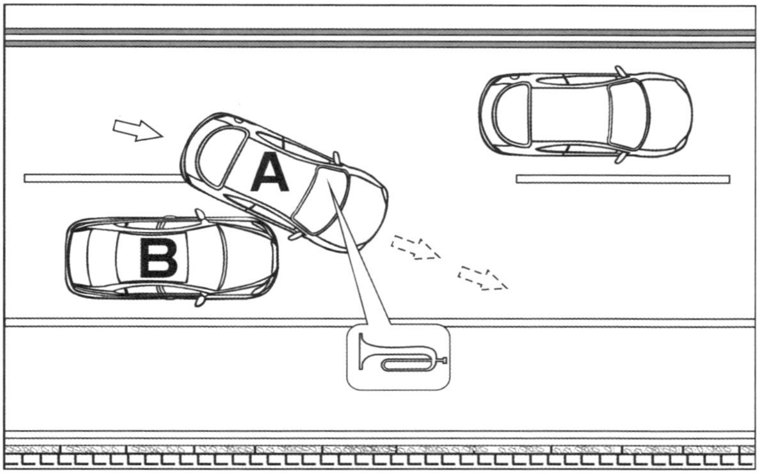

如图所示，A 车在超车时未鸣喇叭示意，与同向行驶的 B 车发生碰撞，则 A 车承担全部责任。

交警解答

《道路交通安全法实施条例》第 59 条规定，机动车在超车时，应鸣喇叭示意。鸣喇叭的用意，一是提醒前车，我准备超车了，请保持目前的行驶路线和速度，不要突然变道或减速；二是提醒对面来车，请注意减速靠右行驶，以免发生交通事故。

因此，超车时“鸣锣开道”，可以提高安全系数。超车鸣喇叭，为己也为他！当然，在禁止鸣笛路段也要遵守禁鸣规定，不要鸣笛超车。

25 机动车遇有紧急情况时未鸣喇叭示意

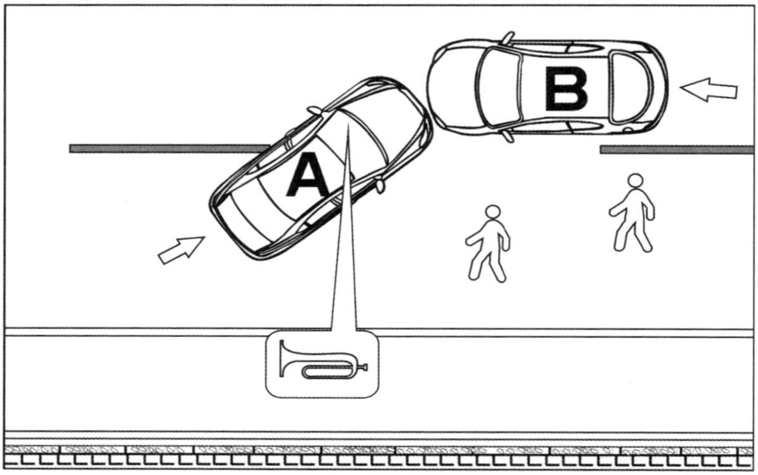

如图所示，A 车在遇紧急情况时未鸣喇叭示意，与对向驶来的 B 车发生碰撞，则 A 车承担主要以上责任。

交警解答

虽然鸣喇叭会产生噪声，但是，车上既然装有喇叭，肯定是有其用意的。一般来说，在非紧急情况下，如果为了“叫人”而鸣喇叭，或开“霸王车”而急鸣喇叭，是要受到处罚的。但在不按喇叭安全没法保证的紧急情况下，就需要鸣喇叭。

因此《道路交通安全法实施条例》第 59 条规定，机动车在遇紧急情况时，应鸣喇叭示意。比如，在看到前车突然并线或者其他紧急情况时，就需要鸣喇叭提醒，以防交通事故发生。

需要提醒的是，如果是紧急避险的情况，驾驶人在紧急刹车的同时按响了喇叭，是不会受处罚的。

第十章

机动车停车事故责任认定

01 在设有禁停标志、标线的路段停车

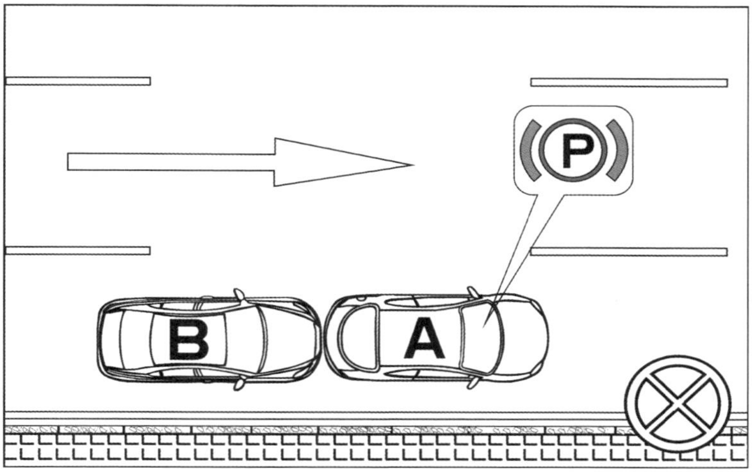

如图所示，A 车在设有禁停标志的路段停车，与后方驶来的 B 车发生碰撞，则 A 车承担相应责任。此类事故较为常见，一般情况下，A 车被认定承担次要责任的情况较多。

交警解答

随着有车的人越来越多，随地乱停车现象也愈演愈烈。在城市主干道旁的人行道上和非机动车道上，总有不少车辆一看到有空位就见缝插针地停车，给交通秩序造成了混乱，对交通安全造成了危害。

为此，有些城市会在某些路段设置禁停标志或标线。如果出现车辆乱泊乱停现象，或是在禁停标志旁停车，交警将予以警告、罚款、拖走车辆等处罚。

什么是禁停路段呢？一般来说，部分禁停标志上会标明“全路段”或其他字样，以表明禁止停车的范围；如果没有特别的文字标识，则表示设有禁停标志的整个路段都禁止临时或长期停放车辆。

案例链接

如图所示，20×× 年 5 月 6 日，A 车驾驶人驾驶 A 车沿某市区道路由北向

南超速行驶至某交叉路口时，与由南向北行驶至路口处向西左转弯的普通两轮摩托车B相撞，后B车驾驶人及B车又与停在路边的C车相撞，导致B车驾驶人死亡。当地交警部门认定，B车驾驶人与A车驾驶人承担此事故的同等责任，C车驾驶人承担此事故的次要责任。

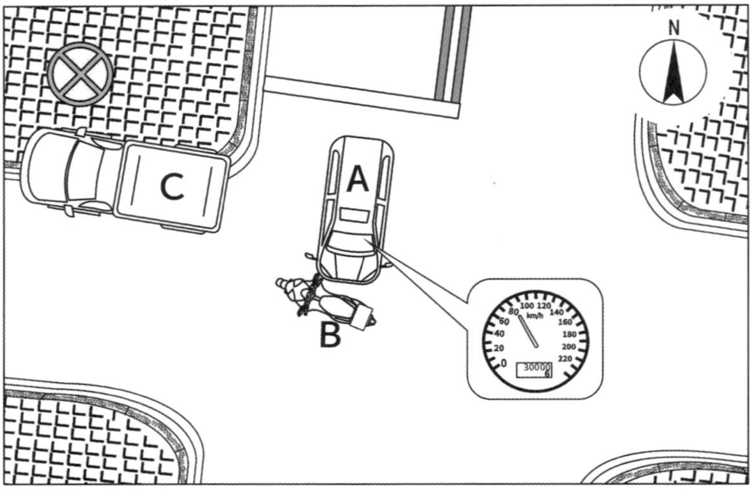

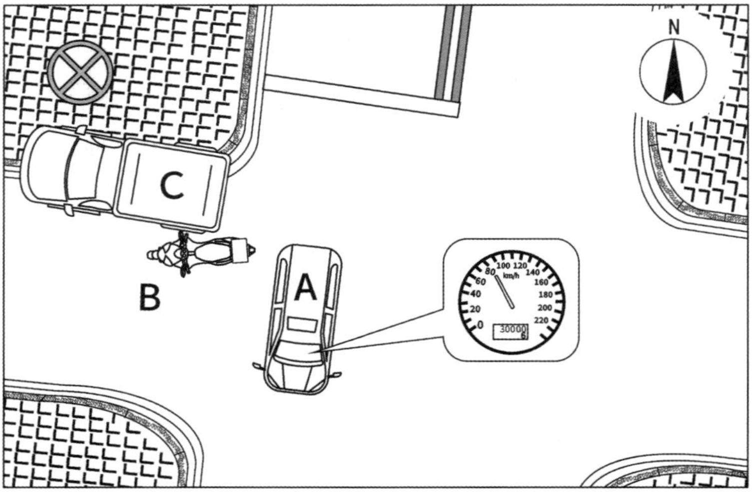

【法院判决】

B 车驾驶人亲属向法院起诉，请求：（1）判令 A 车保险公司在交强险限额内赔偿其各项损失共计 180,000 元，在商业三者险限额内赔偿其各项损失共计 352,027.40 元，不足部分由 A 车驾驶人及其所有人承担连带责任；（2）判令 C 车保险公司在交强险限额内赔偿其各项损失共计 180,000 元；（3）判令 C 车驾驶人赔偿其各项损失共计 176,013.70 元；（4）本案诉讼费由上述被告承担。

法院认为，根据交警部门作出的责任认定，A 车保险公司在商业三者险保额内承担赔偿比例应为 40%，C 车驾驶人承担赔偿责任比例为 20%。A、C 两车驾驶人已于庭审前各自垫付 25,000 元，B 车驾驶人亲属诉请中包括垫付款 50,000 元。

法院判决：（1）A 车保险公司于本判决生效后 10 日内在交强险限额内赔偿 B 车驾驶人亲属各项损失 180,000 元，在商业三者险限额内赔偿 327,943 元；（2）C 车保险公司于本判决生效后 10 日内在交强险限额内赔偿 B 车驾驶人亲属各项损失 180,000 元；（3）C 车驾驶人于本判决生效后 10 日内赔偿 B 车驾驶人亲属各项损失 151,471.50 元；（4）驳回 B 车驾驶人亲属的其他诉讼请求。案件受理费 6340 元，保全费 1420 元，共计 7760 元，B 车驾驶人亲属负担 25 元，A 车驾驶人负担 4210 元，C 车驾驶人负担 3525 元。

02 在机动车道内停车

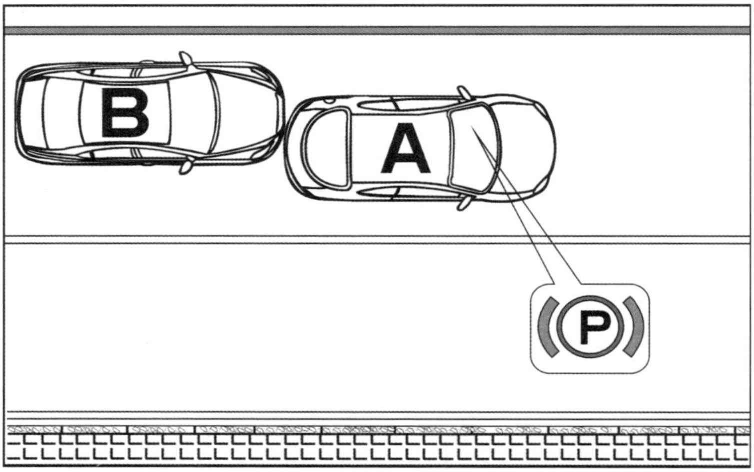

如图所示，A 车在机动车道内停车，与后方驶来的 B 车发生碰撞事故，一般情况下，A 车应承担同等以上责任。

交警解答

所谓机动车道，顾名思义，就是供机动车行驶的通道。在机动车道上违法停车，会大大降低道路的通行能力，影响其他车辆安全通行，更严重的可能会引起交通堵塞，造成交通秩序混乱和事故多发。

03 在机动车道与非机动车道、人行道之间设有隔离设施的路段停车

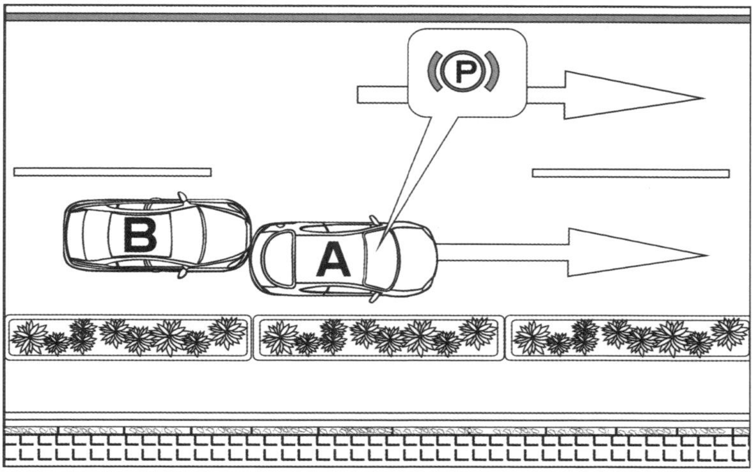

如图所示，A 车在机动车道与非机动车道之间设有隔离设施的路段停车，与后方驶来的 B 车发生碰撞，则 A 车承担次要以上责任。实践中，多数情况下 A 车被认定为次要责任。

交警解答

《道路交通安全法实施条例》第 63 条规定，机动车在机动车道与非机动车道、人行道之间设有隔离设施的路段，不得停车。设有隔离设施，意味着车道是封闭式的。封闭式车道的用途很单纯，就是只作为车辆正常行驶的通道，禁止其他车辆和行人穿越，也不能停车。如果在封闭式车道内停车，很容易让其他车辆产生误判，从而发生事故。

案例链接

如图所示，20×× 年 4 月 21 日 21 时 40 分许，A 车驾驶人醉酒驾驶电动三轮车 A 搭载乘客甲行驶至某路段时，与 B 车驾驶人临时停放在同路段非机动车道的 B 车发生碰撞，造成车辆受损、A 车驾驶人和甲受伤的交通事故。当地

交警部门认定，B 车驾驶人违反了《道路交通安全法实施条例》第 63 条第 1 项“在设有禁停标志、标线的路段，在机动车道与非机动车道、人行道之间设有隔离设施的路段以及人行横道、施工地段，不得停车”之规定，A 车驾驶人违反了《道路交通安全法实施条例》第 72 条第 3 项“不得醉酒驾驶”之规定。据此，认定 A 车驾驶人、B 车驾驶人承担事故同等责任，甲无责任。

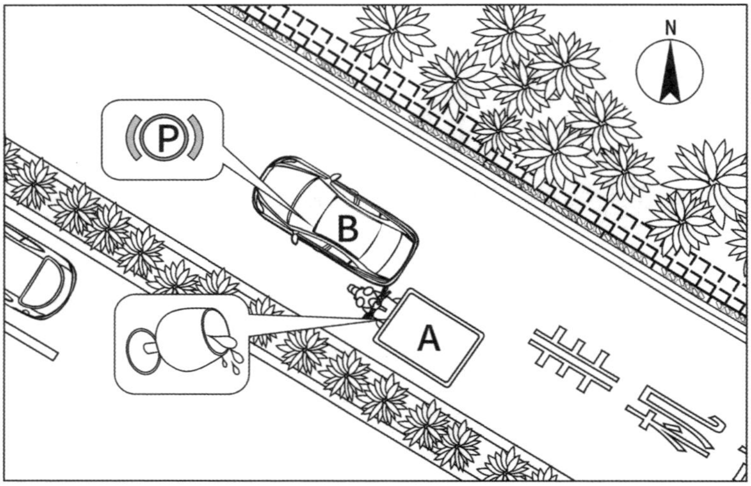

【法院判决】

甲向法院提起诉讼，请求：（1）B 车驾驶人、B 车保险公司赔偿其各项损失共计 242,438 元（其中医疗费 2198.97 元、住院伙食补助费 900 元、营养费 4500 元、护理费 10,800 元、交通费 1000 元、误工费 26,400 元、残疾赔偿金 223,449.60 元、精神损害抚慰金 10,000 元、鉴定费 4815 元，合计 284,063.57 元。根据同等责任，应赔偿 242,438 元）；（2）本案诉讼费用由 B 车驾驶人、B 车保险公司承担。

法院认为，根据交警部门作出的责任认定和甲伤势及鉴定情况，认定医疗费 2198.97 元、住院伙食补助费 900 元、营养费 4500 元、护理费 9360 元、交通费 300 元（酌定）、误工费 26,400 元、残疾赔偿金 223,449.60 元、精神损害抚慰金 10,000 元、鉴定费 4815 元。B 车保险公司应在交强险死亡伤残赔偿限额内赔偿 110,000 元（交强险医疗费用赔偿限额在前期医疗费中已用完，A 车驾驶人自愿放弃在交强险范围内为其预留的份额）；超出交强险限额部分根据事故责任划分由 B 车保险公司在商业三者险范围内赔偿 103,154.14 元。

法院判决：（1）B 车保险公司于本判决生效之日起 10 日内赔偿甲各项损失共计 213,154.14 元；（2）本案诉讼费由 B 车驾驶人负担。案件受理费减半收取 806 元，甲负担 73 元，B 车驾驶人负担 733 元。

04 在人行横道停车

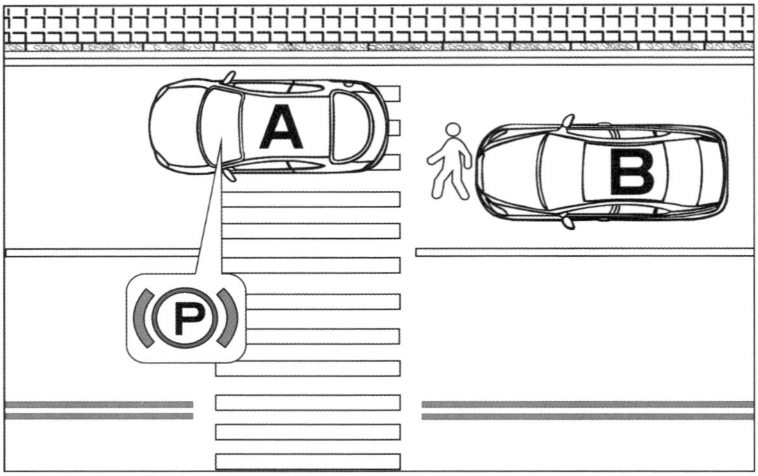

如图所示，A 车在人行横道停车，导致行人绕行车道，被 B 车撞倒，则 A 车也应承担次要以上责任。

交警解答

人行横道是庇护行人过马路的安全区域。在路段中，当行人通过人行横道线时，经过的车辆都要减速慢行和避让行人。《道路交通安全法实施条例》第 63 条明确规定，机动车在人行横道不得停车。

机动车驾驶人将机动车停放在人行横道线上，不仅是一种严重的违法停车行为，还使行人无法安全正常地过马路，侵犯了行人的通行权。如果驾驶人将车停放在人行横道上，行人因绕行过路口而发生事故，那么违法停放车辆驾驶人也要对事故承担相应责任。

案例链接

如图所示，20×× 年 7 月 10 日 12 时 40 分许，A 车驾驶人驾驶 A 车沿道路由东向西行驶至某路段时，未礼让行人、忽视行车安全未遵守道路交通安全法律、法规的规定，未按照操作规范安全驾驶、文明驾驶，与由南向北沿人行横道步行过路的行人以及在人行横道停车揽客的 B 车驾驶人发生碰撞，造成车辆受损、行人受伤的交通事故。经当地交通部门认定，A 车驾驶人承担此事故的主要责任，B 车驾驶人承担次要责任。

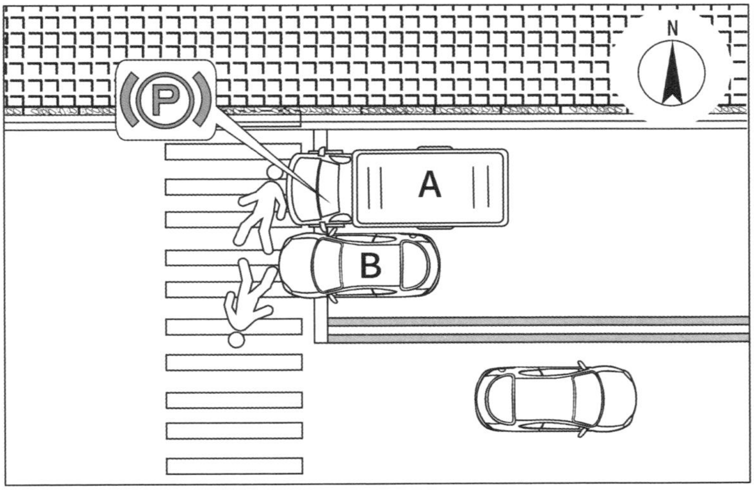

【法院判决】

B 车驾驶人向法院提起诉讼，请求 A 车驾驶人、A 车所有人、A 车保险公司赔偿其停运损失 4531 元（197 元 / 天 ×23 天），诉讼费由上述被告承担。

法院认为，根据交警部门作出的责任认定，且事故发生在保险期内，A 车保险公司对 B 车驾驶人损失的合理部分在商业三者险限额内承担 70% 的赔偿责任。A 车保险公司认为，停运损失是间接损失，不同意赔偿。依照《交通事故损害赔偿解释》（2012 年版，已修改）第 14 条第 2 款“道路交通安全法第七十六条规定的‘财产损失’，是指因机动车发生交通事故侵害被侵权人的财产权益所造成的损失”、第 15 条第 3 项“因道路交通事故造成下列财产损失，当事人请求侵权人赔偿的，人民法院应予支持……（三）依法从事货物运输、旅客运输等经营性活动的车辆，因无法从事相应经营活动所产生的合理停运损失”的规定，停运损失属于财产损失，应予赔偿。关于 B 车驾驶人主张的停运损失 4531 元，其为此提供了暂扣事故车辆放行通知书、修车证明、协会证明等证据，能够证明其因为本次交通事故造成车辆停运的时间，包括被当地交警大队暂扣 20 天，以及在汽车修配厂修理 3

天，故B车驾驶人的停运损失时间按23天计算，法院予以确认。关于B车驾驶人主张停运损失的标准197元/天，因B车为营运车辆，本次交通事故被扣押及维修期间必然发生停运损失，按照当地交通运输行业工资标准为196.91元/天，故其停运损失为4528.93元（196.91元/天 ×23天）。A车保险公司对B车驾驶人的停运损失4528.93元承担70%的赔偿责任，即3170.25元（4528.93元 ×70%）。

法院判决：（1）A车保险公司于本判决生效后10日内赔偿B车驾驶人经济损失3170.25元；（2）驳回B车驾驶人的其他诉讼请求。案件受理费25元，由A车保险公司负担17元，B车驾驶人负担8元。

05 在施工路段停车

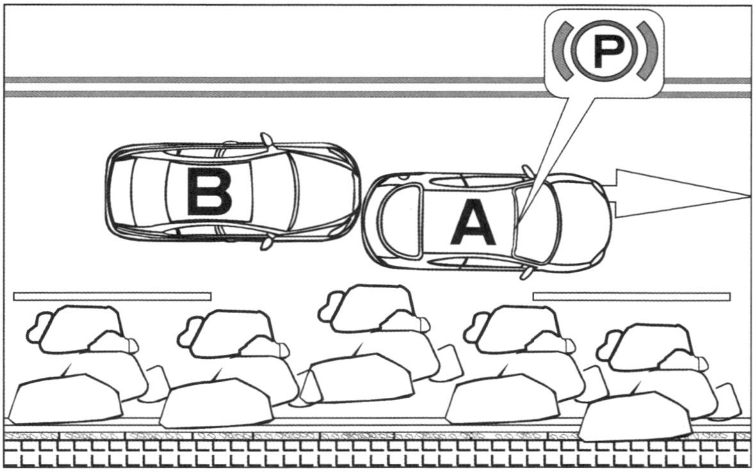

如图所示，A 车在施工路段停车，被后方驶来的 B 车碰撞，则 A 车承担相应责任。B 车在施工路段未减速慢行，也有责任。

交警解答

《道路交通安全法实施条例》第 63 条明确规定，机动车在施工地段不得停车。由于道路施工需要占用部分车道，导致相关地段道路狭窄，本来就给道路畅通和行车安全带来不便，此时，若在施工地段违规停车，则会进一步加剧交通堵塞，增大车辆剐碰等事故风险。由此引发的交通事故，违法停放车辆当然应承担相应责任。

06 在交叉路口停车

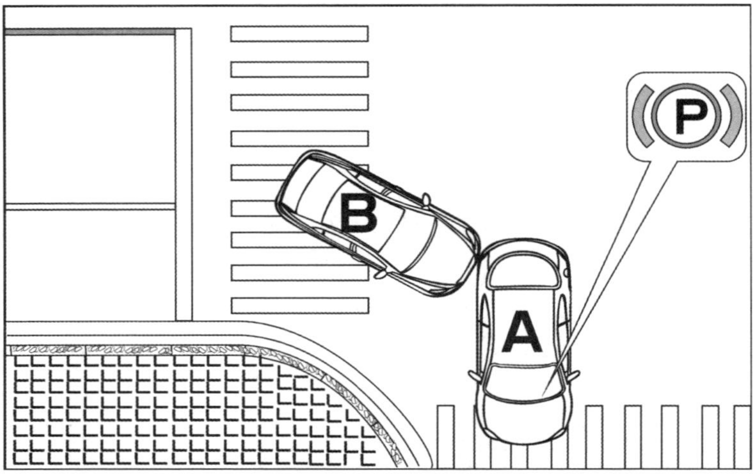

如图所示，A车在交叉路口停车，与右转弯驶来的B车相撞，则A车承担相应责任。另外，B车未注意观察，也有责任。

交警解答

交叉路口车流人流交汇，车子停在交叉路口容易挡住其他车辆和行人的视线，使其难以观察其他方向来车和来人情况。另外，其他车辆想转弯过去，必须加大转弯的幅度和范围，这样就容易和其他方向的车辆发生碰撞。

因此，《道路交通安全法实施条例》第63条明确规定，机动车在交叉路口以及距离该地点50米以内的路段，不得停车。

案例链接

如图所示，20×× 年1月8日下午，A车驾驶人驾驶A车（搭载四人并载货）沿某市内道路行驶至某T型路口处，往左越过中线超越停在路口、有学生正在上下车的校车B，遇自行车C行驶进入该路口由校车前方左转，A车与C车驾驶人及C车发生碰撞，致C车驾驶人受伤、两车受损。事发后，B车驾驶人驾车离开现场，C车驾驶人经抢救无效于次日死亡。经鉴定，A车左后部灯具不符合国家标准。当地交警部门认定，A 车驾驶人持逾期未审验驾驶证驾驶机动车，行经交叉路口未确认安全，且载货超过该车核定载货量，C 车驾驶人驾驶非机动车行至交叉路口转弯时未让直行的车辆优先通行，B 车驾驶人在路口停车影响其他车辆观察、通行，三方行为是该起事故发生的原因，且三方过错的严重程度相当，确定 A 车驾驶人、B 车驾驶人、C 车驾驶人分别承担该起事故的同等责任。

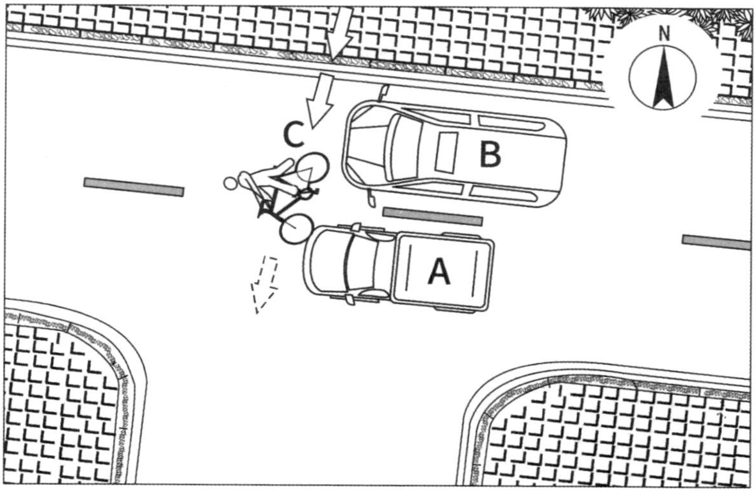

【法院判决】

C 车驾驶人亲属向法院起诉，请求：（1）判令 A 车驾驶人、B 车驾驶人共同承担事故的全部责任；（2）判令 A 车驾驶人、A 车登记所有人某物流公司（以下简称“物流公司”）、B 车驾驶人赔偿其 558,022 元，其中精神损害抚慰金在交强险范围内优先支付；（3）判令 A 车保险公司、B 车保险公司分别在保险责任范围内承担赔偿责任。

法院认为，根据交警部门的认定，A 车驾驶人、B 车驾驶人、C 车驾驶人分别承担事故同等责任。但依据《民法典》第 1211 条中“以挂靠形式从事道路运输经营活动的机动车，发生交通事故造成损害，属于该机动车一方责任的，由挂靠人和被挂靠人承担连带责任”之规定，A 车驾驶人和物流公司应当在相应责任比例中承担连带责任。又依照《民法典》第 1191 条中“用人单位的工作人员因执行工作任务造成他人损害的，由用人单位承担侵权责任”之规定，B 车的登记车主学校与 B 车驾驶人是雇佣关系，学校应当承担事故相应责任。综上所述，法院认定 A 车驾驶人和物流公司应当在 40% 的责任范围中承担连带责任，学校承担 40% 的责任，C 车驾驶人自行承担 20% 的责任。关于 C 车驾驶人亲属的各项损失，法院共认定为 617,021.04 元。

法院判决：（1）A 车保险公司在本判决发生法律效力之日起 7 日内给付 C 车驾驶人亲属 213,673.08 元，给付 A 车驾驶人先行垫付 C 车驾驶人亲属的 60,150.12 元；（2）B 车保险公司在本判决发生法律效力之日起 7 日内给付 C 车驾驶人亲属 282,828.42 元；（3）学校在本判决发生法律效力之日起 7 日内给付 C 车驾驶人亲属 2535.25 元；（4）驳回 C 车驾驶人亲属的其他诉讼请求。

07 在铁路道口停车

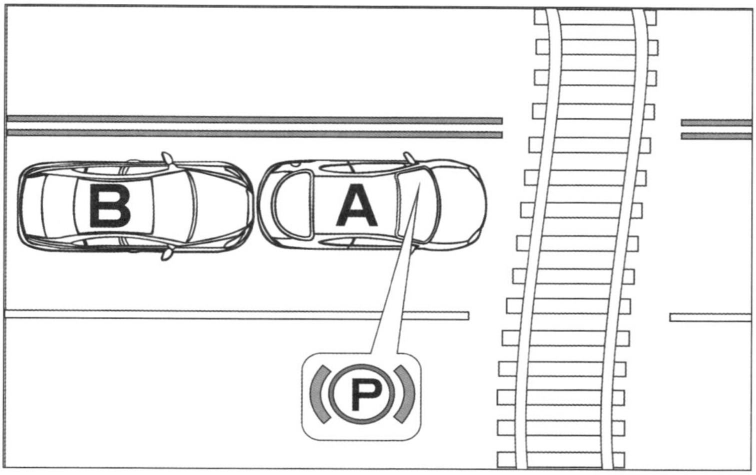

如图所示，A 车在铁路道口停车，与驶来的 B 车相撞，则 A 车承担次要以上责任。

交警解答

铁路与公路交叉口交通状况复杂，交通事故多发，为了保持交通畅通，便于机动车及时疏散，《道路交通安全法实施条例》第 63 条规定，距离铁路道口前后 50 米以内的路段，机动车不能临时停车。如需临时停车，应将驾驶的机动车停放在距铁路道口 50 米以外的安全地段，且不得影响正常交通。

08 在急弯路停车

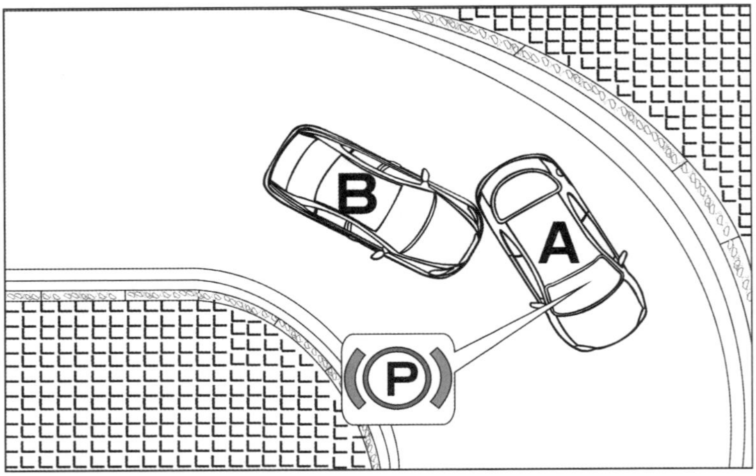

如图所示，A 车在急弯路停车，与驶来的 B 车相撞，则 A 车承担次要以上责任。

交警解答

机动车行驶至急弯路时，本来视线就容易受限，若再占道停车，来往的车辆就必须在更窄的道路内急转弯，如果一不留神，车速稍快，就会发生碰撞或侧翻。因此，在急弯路停车，是对交通安全和他人生命极度不负责任的行为。

《道路交通安全法实施条例》为此规定，距离急弯路前后 50 米以内的路段，机动车不能临时停车。

案例链接

如图所示，20×× 年 4 月 23 日，A 车驾驶人驾驶 A 车在某县道上行驶，后停在一急弯路段的右侧下车揽客。A 车驾驶人与甲横过道路至 A 车左侧等待另外同行人员。在甲由 A 车左侧后门处再次横过县道的过程中，与在 A 车对向车道行驶的 B 车相撞，造成甲受伤、B 车损坏。甲受伤后被送往医院住院治疗，6 天后经抢救无效死亡。当地交警部门认定，B 车驾驶人违反《道路交通安全法》第 22 条第 1 款“机动车驾驶人应当遵守道路交通安全法律、法规的规定，按照操作规范安全驾驶、文明驾驶”、第 42 条第 1 款“机动车上道路行驶，不得超过限速标志标明的最高时速”之规定，A 车驾驶人违反《道路交通安全法实施条例》第 63 条“机动车在道路上临时停车，应当遵守下列规定：……（二）交叉路口、铁路道口、急弯路、宽度不足 4 米的窄路、桥梁、陡坡、隧道以及距离上述地点 50 米以内的路段，不得停车”之规定，甲违反《道路交通安全法》第 62 条“行人通过路口或者横过道路，应当走人行横道或者过街设施”之规定，B 车驾驶人承担此事故同等责任，A 车驾驶人与甲共同承担此事故同等责任。

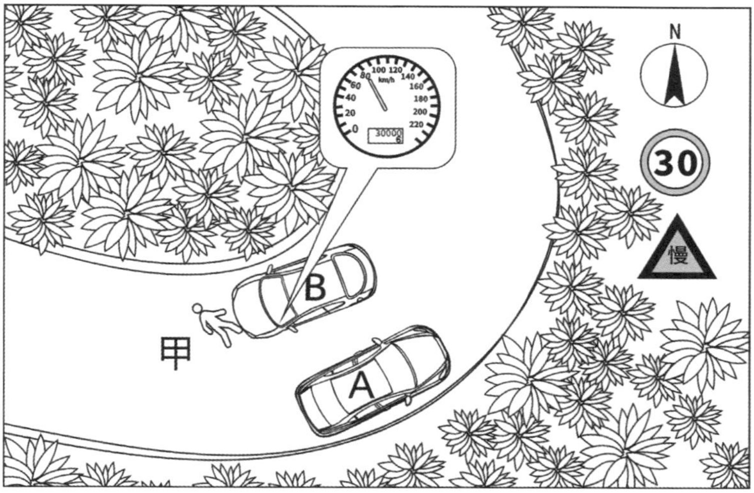

【法院判决】

甲亲属向法院起诉，请求：（1）判令 B 车驾驶人赔偿各项损失共计 443,242.86 元，A 车驾驶人赔偿各项损失共计 277,837.14 元，合计 721,080 元；（2）判令 A 车保险公司、B 车保险公司在保险责任限额内承担赔偿责任，精神损害抚慰金优先在交强险限额内赔偿。

法院认为，A 车保险公司主张事故发生时 A 车与甲的死亡无关，应由 A 车驾驶人承担本案交通事故的责任，且甲系 A 车的乘客，非第三者，其不应承担商业三者险责任。A 车保险公司的证据不能改变交警部门的认定，A 车驾驶人应承担本案交通事故的责任，A 车驾驶人应承担的责任由保险公司在保险限额内承担。A 车驾驶人提交的证据能够证明其在发生交通事故时有固定的工作，虽然在事故发生当天 A 车驾驶人有揽客行为，但未发生收取相关费用的事实，其性质尚不能确认属于从事营业性运输，因此，对 A 车保险公司的主张不予支持。根据交警部门的责任认定，确定 B 车驾驶人承担 60% 的责任，余下 40% 由甲与 A 车驾驶人按 4 ：6 比例承担。A 车保险公司、B 车保险公司分别在交强险医疗费限额内赔偿 10,000 元、在死亡伤残限额内赔偿 110,000 元，共计 240,000 元，甲亲属损失超出交强险赔偿部分为 602,790.52 元，B 车驾驶人承担 361,674.31 元（由 B 车保险公司代偿），甲亲属承担 96,446.48 元，A 车驾驶人承担 144,669.73 元（由 A 车保险公司代偿）。本次事故发生后，B 车驾驶人垫付医疗费 28,350 元、丧葬费 33,000 元，B 车保险公司垫付医疗费 10,000 元。

法院判决：（1）B 车保险公司于判决发生法律效力后 10 日内赔偿甲亲属各项损失共计 424,549.86 元；（2）B 车保险公司于判决发生法律效力后 10 日内支付 B 车驾驶人垫付款 47,124.45 元；（3）A 车保险公司于判决发生法律效力后 10 日内赔偿甲亲属各项损失共计 264,669.73 元；（4）A 车驾驶人于判决发生法律效力后 10 日内赔偿甲亲属各项损失共计 5690.22 元；（5）驳回甲亲属的其他诉讼请求。

09 在宽度不足 4 米的窄路上停车

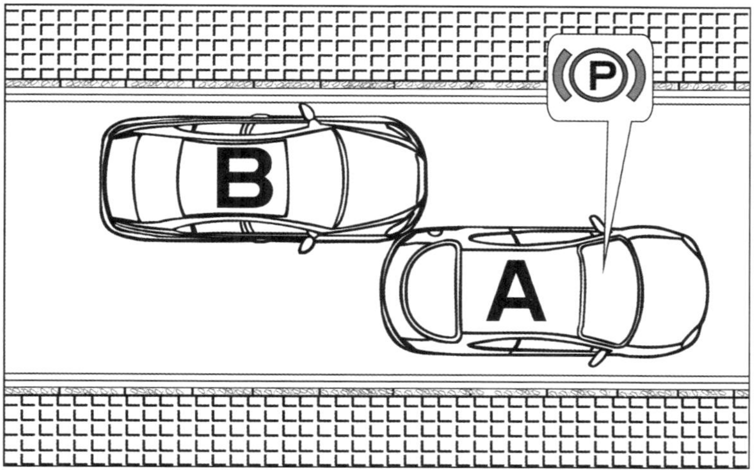

如图所示，A 车在宽度不足 4 米的窄路停车，与驶来的 B 车相撞，则 A 车承担次要以上责任。

交警解答

选择停车位置至少要考虑以下几方面的因素：

（1）不要在窄路停车，否则会对别人的通行造成阻碍。《道路交通安全法实施条例》为此规定，在宽度不足 4 米的窄路，以及距离上述地点 50 米以内的路段，机动车不得停车；（2）不要在上下坡道停车，否则很容易发生溜车事故；（3）不要在视线盲区停车，比如在弯道、交叉路口停车等，这样很容易引发交通事故；（4）不要在车流量较大的路段停车，否则很容易造成交通堵塞，形成侧剐事故；（5）不要在行人、非机动车辆较拥挤的地方停车，因为这样自车很容易形成他车的视线盲区，从而引发他车剐碰行人等事故。

10 在桥梁上停车

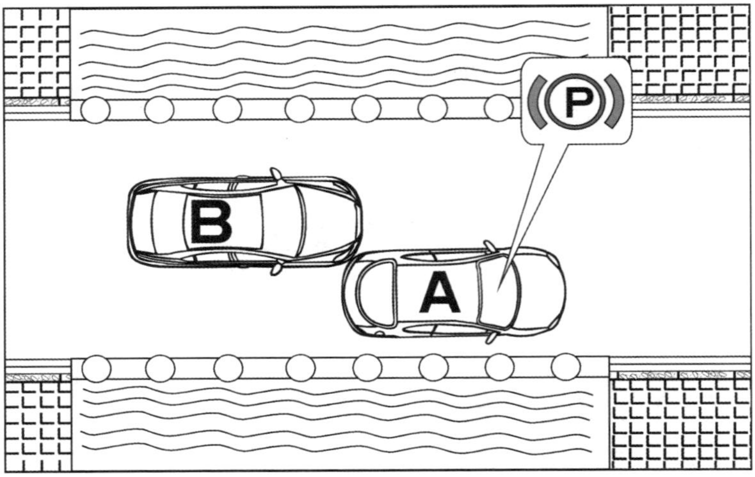

如图所示，A 车在桥梁上停车，与驶来的 B 车相撞，则 A 车承担次要以上责任。

交警解答

一方面，桥梁通常比路基要窄，没有路肩带，也没有辅道，所以如果停车的话，肯定对后面的车流造成堵塞。另一方面，停车会造成对桥梁的损害，增加桥梁的负荷。因此，《道路交通安全法实施条例》第 63 条第 2 款规定，在桥梁以及距桥梁 50 米以内的路段，机动车不得停车。

11 在陡坡上停车

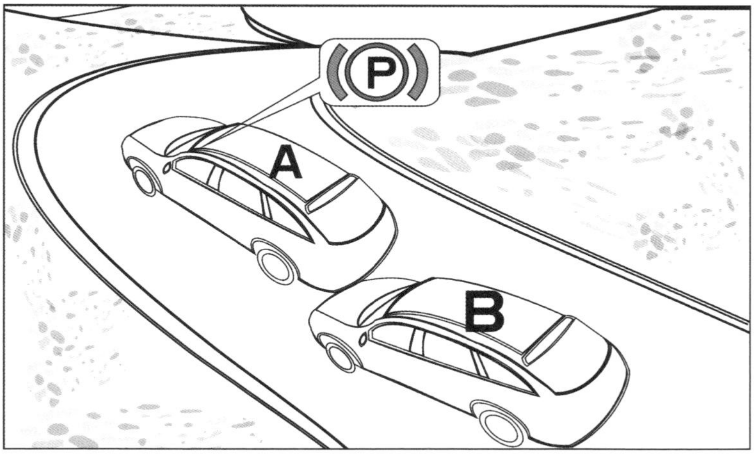

如图所示，A 车在陡坡上停车，导致溜车与后面的 B 车发生碰撞，则 A 车承担全部责任。

交警解答

《道路交通安全法实施条例》规定，不要在陡坡上停车，因为这样容易发生溜车事故。若不得不在坡路停车，首先，要拉好手刹。其次，在车辆熄火后，应把挡位挂在 1 挡或倒挡上，这样即使没拉手刹，车也不会移动。最后，驾驶人要研判停车位的周围可利用条件，当车头冲坡下时，让右前轮顶在路缘石上；如果车头朝向坡顶，则让右前轮的后部紧靠在路缘石上；如果没有路缘石，则要向右打方向盘，以避免汽车倒滑进入路中央。另外，有长期在坡路上停车必要的驾驶人，应自备砖头、木块等物品，把车垫住。

12 在隧道内停车

如图所示，A 车在隧道内停车，导致与后面的 B 车发生碰撞，则 A 车承担次要以上责任。

交警解答

隧道内相对狭窄、阴暗、湿滑，是交通事故的多发地段。车辆在进入隧道后，应开启大灯，且时速不得超过 60 公里，严禁超车。隧道内严禁停车，若是车辆在隧道内发生故障，必须开启危险报警闪光灯，并在车后 150 米处放置警示牌。

案例链接

如图所示，20×× 年 2 月 29 日 12 时许，A 车驾驶人驾驶 A 车载三名乘客行驶至某高速公路隧道内时，车辆右前侧与前方因出现故障而停于隧道内的 B 车车尾左侧相撞，导致 A 车内的两名乘客当场死亡，一名乘客现场经抢救无效死亡，A 车驾驶人受伤，两车及 B 车所载货物不同程度受损。经交警部门调查认定，A 车驾驶人承担此次事故的主要责任，B 车驾驶人承担事故的次要责任。

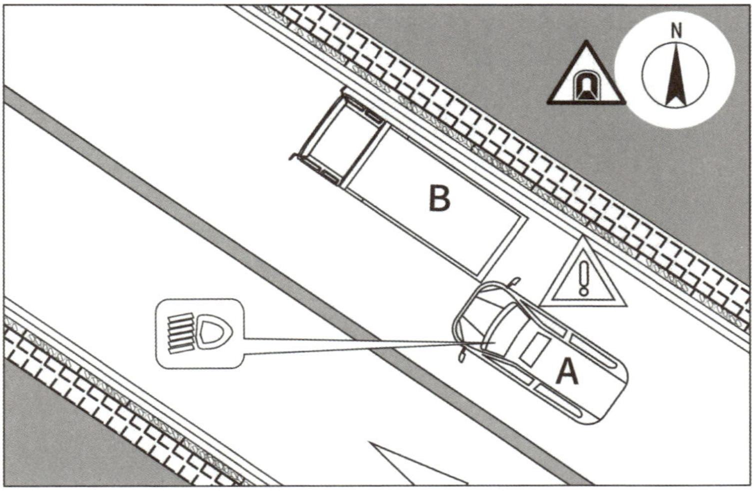

【法院判决】

当地人民检察院指控 A 车驾驶人犯交通肇事罪、附带民事诉讼 A 车乘客家属向当地法院提出诉讼，请求：A 车驾驶人、A 车保险公司、A 车所有人、B 车驾驶人、B 车保险公司、B 车挂靠公司等赔偿其损失。

一审法院根据查明的事实及采信的依据，判决如下：A 车驾驶人犯交通肇事罪，判处有期徒刑 3 年；B 车保险公司在交强险限额范围内分别赔偿三名乘客家属 216,339 元、249,158 元和 228,272 元，在第三者商业责任险限额范围内分别赔偿 9174 元、10,577 元和 9684 元；A 车驾驶人分别赔偿 449,269 元、517,468 元和 474,070 元。驳回其他诉讼请求。

A 车驾驶人认为，其在此次交通事故中只应该承担次要责任，法院应宣告其无罪，遂提起上诉。当地检察院认为，原判认定事实清楚，证据确实充分，定性准确，审判程序合法，对 A 车驾驶人量刑偏轻，但按照上诉不加刑原则，不宜加重上诉人刑罚，建议驳回上诉，维持原判。

二审法院认为，A 车驾驶人未按照操作规范安全文明驾驶，在易发生危险的路段未降低车速行驶，在进入隧道时未开启前照灯，导致车辆撞上前方停置的 B 车，其行为是此道路交通事故发生的主要原因；B 车驾驶人驾驶反光标志不合格的车辆上路行驶，在发生故障难以移动的情况下未按规定设置警告标志并迅速报警，其行为是此次交通事故发生的次要原因。故交警部门作出的交通事故责任认定并无不当。A 车驾驶人违反交通运输管理法规，发生重大交通事故，应承担此次事故的主要责任，其致三人死亡的行为，已构成交通肇事罪，应依法惩处。虽 A 车驾驶人具有自首情节，依法可以对其从轻、减轻处罚，但一审法院对其量刑也属畸轻，又没有其他可以减轻处罚的情节，故二审法院不宜再对其减轻处罚。

二审法院判决：驳回上诉，维持原判。

13 在高速公路上的车道内停车

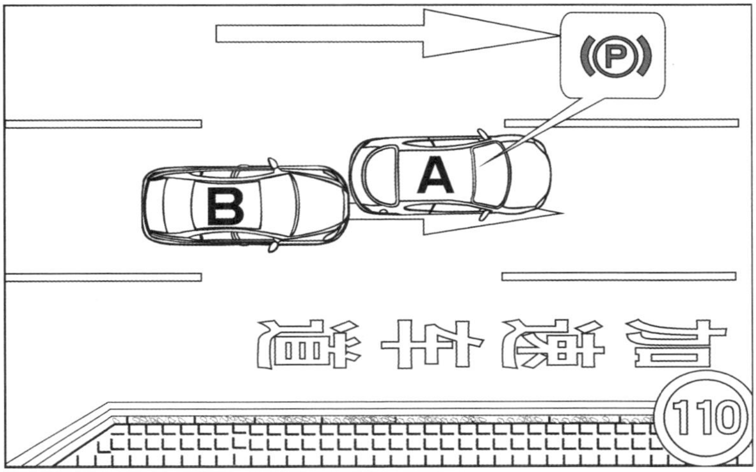

如图所示，A 车在高速公路车道内停车，导致与后面的 B 车发生碰撞，则 A 车承担同等以上责任。

交警解答

如果给高速公路上各种危险驾驶动作进行排序的话，“突然停车”应该被排到首位。原因很简单，高速公路上的车辆速度都非常快，如果突然停车，后方车辆避闪不及就会直接撞上。按照高速公路的行车速度，这一撞基本上能把前车直接撞飞。

因此，《道路交通安全法实施条例》第 82 条规定，机动车在高速公路上行驶，不得在车道内停车。

14 非紧急情况下在高速公路应急车道上停车

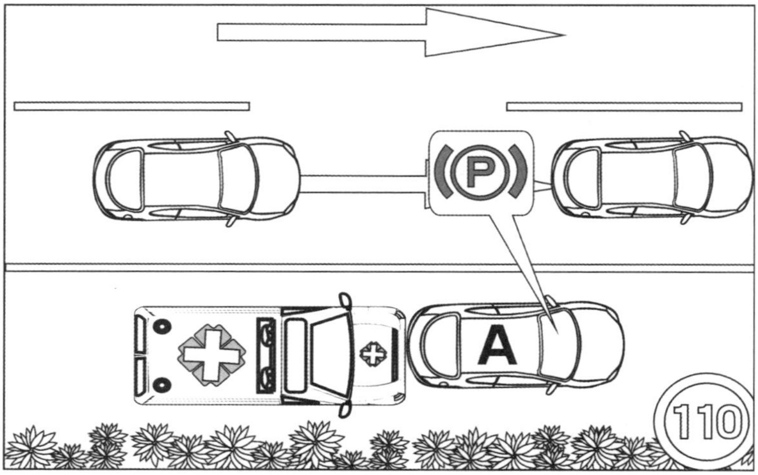

如图所示，A 车非紧急情况下在高速公路应急车道内停车，导致与后面执行紧急任务的救护车发生碰撞，则 A 车承担主要以上责任。

交警解答

《道路交通安全法实施条例》第 82 条规定，机动车在高速公路上行驶，非紧急情况时不得在应急车道行驶或者停车。

高速公路应急车道是“生命通道”，只供应急车辆通行。除执行紧急任务的警车、消防车、工程救险车、救护车外，其他机动车不得进入应急车道内行驶或者停车。除了车辆出现故障外，任何车辆任何时候都不能在应急车道停放。个别驾驶人疲劳驾驶感觉困倦后，将车辆停靠在应急车道内休息，这种做法是绝对不行的。有的人甚至还将车停靠在应急车道，到路边“方便”，这都是十分危险的行为。司机感到困倦或是想“方便”，必须到服务区里。此外，客车在应急车道停车上下客的，一经发现，也将被严肃处理。

15 在高速公路快车道、行车道停车上下人或装卸货物

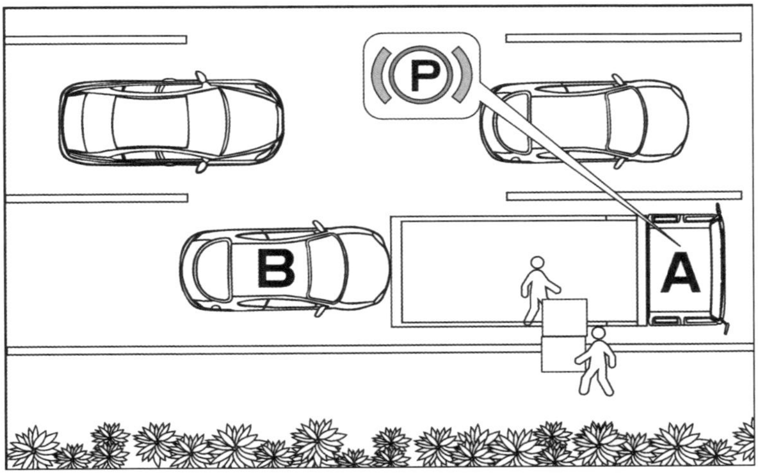

如图所示，A 车在高速公路行车道停车装卸货物，导致 B 车与之碰撞，则 A 车承担同等以上责任。

交警解答

高速公路在通车之际，都设置了完善的交通安全设施，但是由于人为破坏，或者疏于维护，高速公路上行人活动的区域随处可见陈旧性的“出入口”，给高速公路上客车上下人提供了“客观条件”。

《道路交通安全法实施条例》第 82 条规定，机动车在高速公路上行驶，不得在车道内停车。但是，总有一些驾驶人受利益驱动而不惜以身试法，为了“挣个过路费，挣个油钱”，一见路边有人招手或乘客要求，就在高速路上停车上下人，拿安全当儿戏，这是极度不负责任的危险行为。

16 在公共汽车站前停车

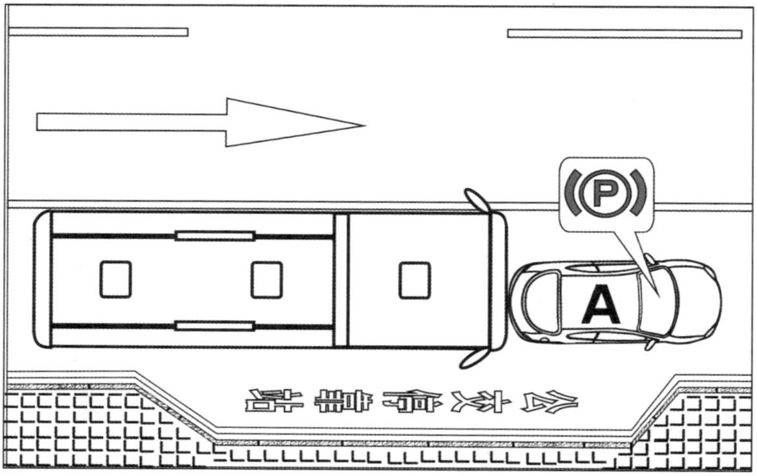

如图所示，A 车在公共车站前停车，与进站的公交车发生碰撞，则 A 车承担次要以上责任。

交警解答

《道路交通安全法实施条例》第 63 条规定：“公共汽车站、急救站、加油站、消防栓或者消防队（站）门前以及距离上述地点 30 米以内的路段，除使用上述设施的以外，不得停车。”公共汽车站是车流、人流非常集中的地方，在此路段停车，不仅会对交通秩序造成很大妨碍，甚至可能因道路或视线受限引发交通事故。

17 在急救站门前停车

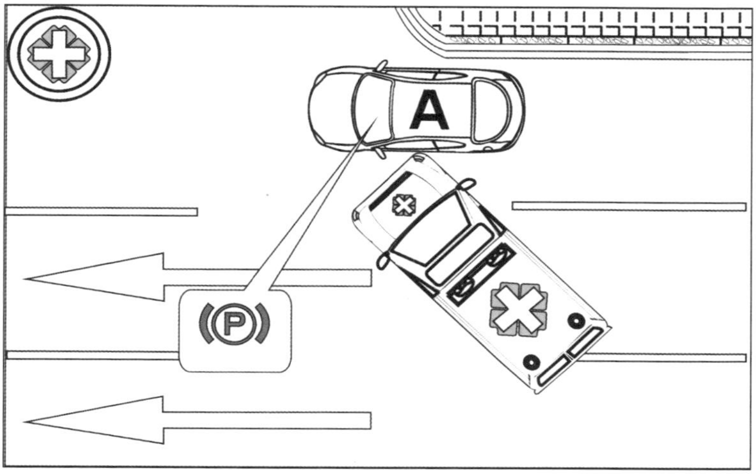

如图所示，A 车在急救站门前停车，与进站的救护车发生碰撞，则 A 车承担次要以上责任。

交警解答

急救站是一个集院外、院内救治为一体的医疗急救单位，承担着医疗救护和重大意外灾害事故的抢救任务。正因为急救站的性质和功能，对于急救站来说，时间就是生命。如果在急救站门前乱停车，影响急救车辆的进出，不仅会耽误急救时间，甚至可能引发交通事故。

18 在加油站前停车

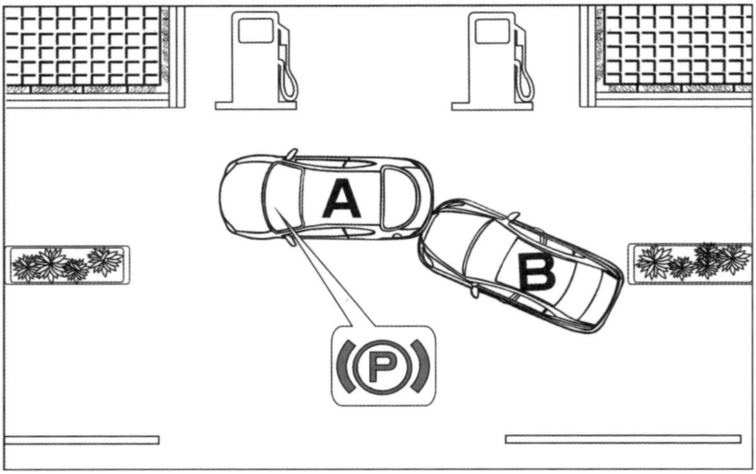

如图所示，A 车在加油站前停车，与进站的 B 车发生碰撞，则 A 车承担次要以上责任。

交警解答

每个驾驶人都知道，加油站是安全重地，在安全重地内当然是不允许随便停车的。然而，加油站却成为少数驾驶人心目中的“免费停车场”。他们把车开到站内不是来加油，而只是想免费停车。

在加油站乱停放车辆，不仅会影响站内的正常营业，也会影响加油站的通行秩序。有的驾驶人将车辆停在加油站门口，直接导致其他进出车辆视线受影响，容易引发交通事故。特别是入夏后，加油站油气浓度升高，违法停车极易引发安全事故。

19 在消防队门前或消防栓处停车

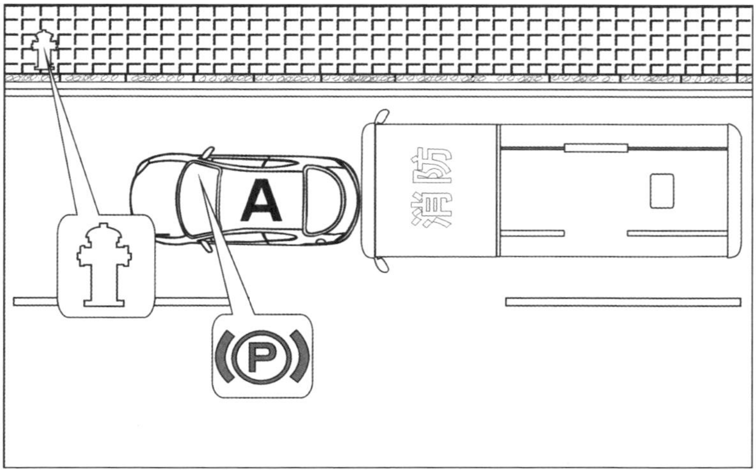

如图所示，A 车在消防栓前停车，与紧急救险的消防车发生碰撞，则 A 车承担次要以上责任。

交警解答

我们都知道，火灾一旦发生，火势发展迅猛，破坏力极其巨大。我国有句广为流传的谚语："贼偷三次不穷，火烧一把精光。"其形象地说明了火灾的残酷无情。特别是在城市地区，社会人口相对集中，建筑设施鳞次栉比，一旦发生火灾，所造成的生命财产损失更是惨重。

在世界各国，处理火灾最重要、最专业、最强大的力量就是消防队。因此，全社会和每个公民都有责任和义务为他们的工作提供安全畅通的通道。

20 车停稳前开车门和上下人员

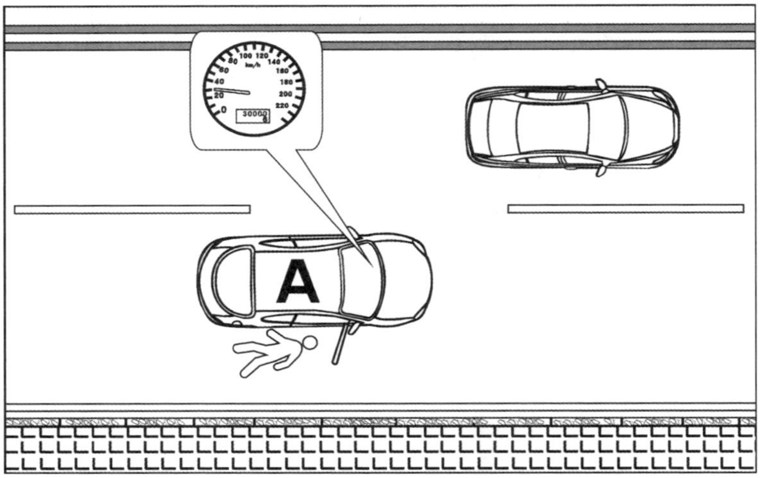

如图所示，A 车在停稳前就开车门，导致乘客摔出车外，则 A 车承担全部责任。

交警解答

凡是乘坐过车辆的人都有一个基本常识：车停稳前开车门，容易导致车门口的乘客摔出车外；车在停稳前乘客下车，可能导致乘客在惯性作用下摔伤；车在停稳前乘客上车，一旦乘客踏空或踩滑而掉落车下，可能造成严重后果。因此，车在停稳前开车门和上下人员，都是非常危险的行为。

为此，《道路交通安全法实施条例》第 63 条规定，车辆停稳前不得开车门和上下人员，开关车门不得妨碍其他车辆和行人通行。

21 开关车门妨碍其他车辆和行人通行

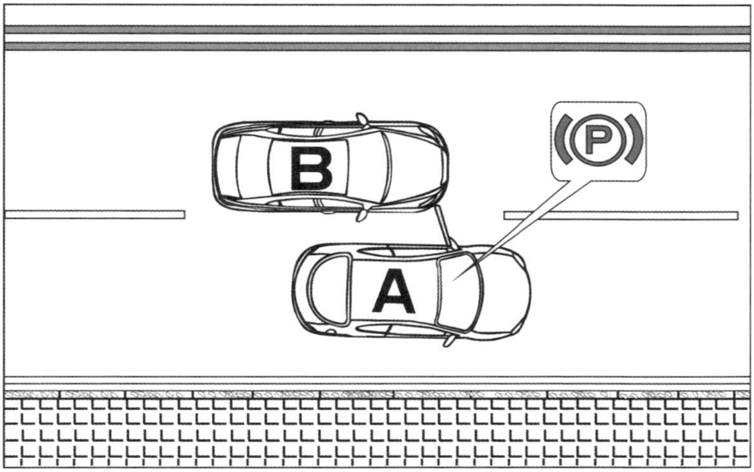

如图所示，A 车在开车门时未观察周围情况，导致车门与经过的 B 车剐碰，则 A 车承担全部责任。此类事故就是人们通常所说的“开门杀”，较为常见。

交警解答

开关车门，对于有车一族而言是最平常不过的事情，但是每年因莽撞开车门而撞伤行人的事故不计其数，严重的还有致人死亡的情况发生。鲁莽开车门已经成了现在最常见、对行人最具威胁的不良驾驶和乘车习惯。

《道路交通安全法实施条例》第 63 条除了规定车未停稳时不得开车门外，还规定开关车门不得妨碍其他车辆和行人通行。那么，如何开车门才能确保安全呢？在允许停车的地方，应当待车辆完全停稳之后，最好能打开双闪灯，前后环视车外，特别是车门侧后方，确认安全之后再开门。开门时，速度一定要慢，千万不要一下子推开门。应该先拧开车门把手，推开一个小门缝，再次确认车外情况。在确定旁边、后方没有来车、来人后，再完全打开车门下车，并迅速关上车门。若车上还有其他乘客，驾驶人也要这样提醒乘客。

案例链接

如图所示，20×× 年 12 月 10 日下午，A 车驾驶人驾驶 A 车行驶至某路段，乘客甲打开左后门准备下车时，遇 B 车驾驶人醉酒驾驶普通两轮摩托车 B 从同方向车道后方驶来。由于 A 车驾驶人在驾驶证被依法暂扣期间驾驶机动车上道路行驶，驾车未在规定地点停放，甲在没有注意路面动态的情况下开关车门妨碍其他车辆通行，B 车驾驶人醉酒驾驶机动车上道路行驶、驾车时未戴安全头盔，致使 A 车与 B 车相撞，造成双方车辆损坏、B 车驾驶人受伤后经送医院救治无效于 3 日后死亡的交通事故。当地交警部门作出事故责任认定，A 车驾驶人、甲承担此事故的同等责任，B 车驾驶人承担此事故的次要责任。

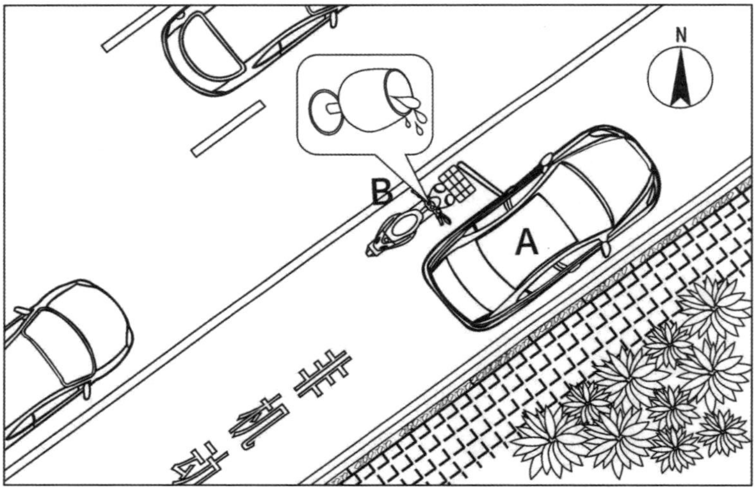

【法院判决】

B 车驾驶人亲属向一审法院起诉，请求：（1）判令 A 车保险公司、A 车驾驶人、甲连带赔偿其各项损失共计 704,281.67 元和律师代理费 20,000 元；（2）诉讼费由上述被告共同承担。

一审法院认为，根据 A 车驾驶人亲属的各项损失，认定医疗费 40,683.36 元、营养费 120 元、住院伙食补助费 200 元、护理费 480 元、丧葬费 31,534.50 元、死亡赔偿金（含被扶养人生活费）697,140 元、精神损害抚慰金 35,000 元、办理丧葬事宜交通费 300 元及误工费 2520 元、摩托车修理费 200 元。另外又查明，事故发生后，A 车驾驶人共给付 B 车驾驶人亲属各项费用 20,000 元，甲共给付各项费用 80,000 元，A 车保险公司支付医疗费 10,000 元。

一审法院判决：（1）A 车保险公司在交强险死亡伤残赔偿限额内赔付精神损害抚慰金 35,000 元、死亡赔偿金 75,000 元，在医疗费赔偿限额内赔偿医疗费 10,000 元，在财产损失赔偿限额内赔偿摩托车修理费 500 元，合计 120,500 元；（2）A 车驾驶人先行给付的各项费用 20,000 元，甲给付的各项费用 80,000 元，A 车保险公司支付的医疗费 10,000 元，可直接抵扣上述第一项 A 车保险公司在交强险限额内应赔偿和给付 B 车驾驶人亲属的费用；（3）其他各项费用合计 687,977.86 元，由 A 车保险公司在商业三者险限额内赔偿 70% 的责任份额，计 481,584.50 元。（4）驳回 B 车驾驶人亲属的其他诉讼请求；（5）所涉执行内容，限在判决生效后 20 日内履行完毕。

A 车保险公司不服一审判决，认为 A 车驾驶人驾驶证被暂扣期间驾车发生本案事故，符合 A 车保险合同中的免责条款，上诉请求撤销一审判决，改判其在商业三者险内不承担赔偿责任。甲上诉请求撤销一审判决，依法判决 A 车保险公司在交强险限额范围内返还其垫付款 80,000 元。

二审法院认为，虽然 A 车驾驶人的驾驶证被暂扣，但驾驶证仍在有效期内，保险公司不能将驾驶证暂扣作为保险人的免责事由。而甲并非被保险人，也非被保险人允许的合法驾驶人，因其自身的加害行为造成受害人的损失，不属于商业三者险的保险责任范畴，损害后果应由甲自负。

二审法院判决：（1）维持一审法院民事判决第四、五项；（2）撤销一审法院民事判决第一、二、三项；（3）由 A 车保险公司在交强险和商业三者险内共赔付因本案交通事故造成的各项损失 351,292.25 元，其中直接赔付给 B 车驾驶人亲属 331,292.25 元，返还给 A 车驾驶人 20,000 元；（4）由甲给付的因本案交通事故造成的各项损失共计 240,792.25 元，核减其已支付的 80,000 元，仍应赔付 160,792.25 元。

甲不满判决，申请再审。

再审法院认为，虽然 A 车驾驶人与甲有事故责任划分，但不影响事故车辆所涉交强险和商业三者险对车外第三者 B 车驾驶人的统一赔付，故 A 车保险公司关于仅对被保险机动车驾驶人依法应承担的民事赔偿责任承担保险赔偿责任的主张，本院不予支持。驾驶证是允许驾驶人驾驶机动车的凭证，持有驾驶证才具有驾驶资格。而交通事故发生时A车驾驶人驾驶证被暂扣期间，此时可以视同A车驾驶人“未取得驾驶资格或未取得相应驾驶资格”，因此A车驾驶人驾驶机动车致人损害，A车保险公司应当在交强险限额范围内予以赔偿，并有权在赔偿范围内向侵权人主张追偿权。

一、二审判决认定事实清楚，但在认定A车保险公司应当承担的保险赔偿责任范围及A车驾驶人在驾驶证被暂扣期间驾驶机动车的行为性质上存在适用法律错误，再审予以纠正。结合一审判决认定的事实、赔偿项目和费用，本院认定B车驾驶人亲属的损失合计为808,477.86元。其中，在交强险限额内赔付的120,500元，为减少诉累，按照事故责任划分由A车驾驶人和甲各负担50%，核减A车驾驶人已支付的20,000元和甲已支付的80,000元，仍应由A车驾驶人赔付20,500元，并由A车驾驶人返还给甲19,750元；交强险外的损失为687,977.86元，按照事故责任划分，由A车保险公司在商业三者险限额内赔偿70%，计481,584.50元，为方便赔付，核减其先行垫付的10,000元，仍应向B车驾驶人亲属赔付471,584.50元；剩余损失由B车驾驶人亲属自负。

再审法院判决：（1）撤销一审和二审法院判决；（2）A车驾驶人应于本判决生效之日起10日内赔偿B车驾驶人亲属各项损失20,500元，返还给甲19,750元；（3）A车保险公司应于本判决生效之日起10日内赔偿B车驾驶人亲属各项损失共计471,584.50元；（4）驳回B车驾驶人亲属的其他诉讼请求。一审案件受理费11,042元，二审案件受理费10,324元，合计21,366元，由A车保险公司负担8524元，由甲负担5241元，由A车驾驶人负担5241元，由B车驾驶人亲属负担2360元。

22 公交车在站点外停车上下乘客

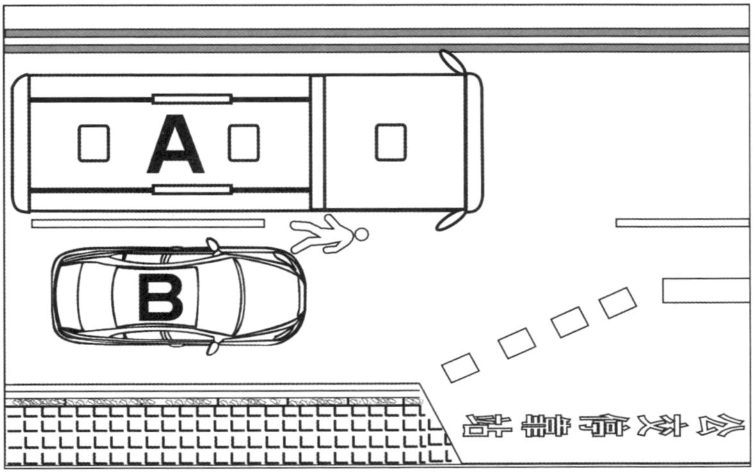

如图所示，A 公交车在站点外停车上下乘客，导致乘客被 B 车碰撞，则 A 车承担同等以上责任。

交警解答

《道路交通安全法实施条例》第 63 条明确规定：“城市公共汽车不得在站点以外的路段停车上下乘客。”到站停车是对公交车的基本要求。如果公交车不在站点停车上下乘客，其他过往车辆就容易疏忽大意而与上下车乘客发生事故。

23 遇前方交叉路口交通阻塞时，在路口内停车等候

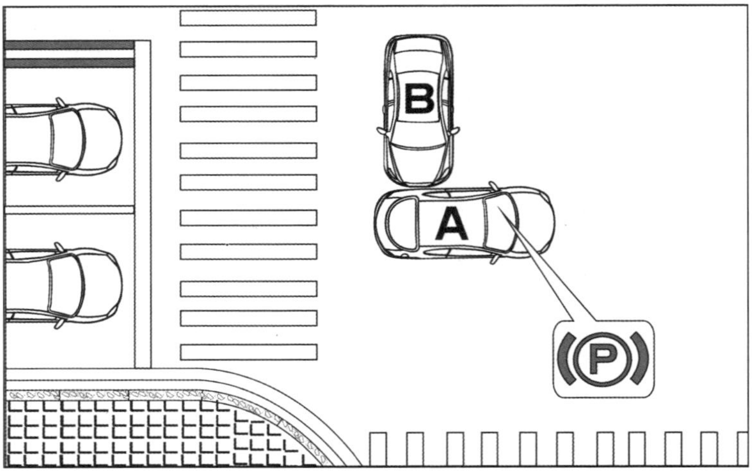

如图所示，A 车在交叉路口遇到交通阻塞时，在路口内停车等候，与侧向行驶的 B 车发生事故，则 A 车承担同等以上责任。

交警解答

“让一步海阔天空”，这句古训在道路交通中得到充分印证。“让”能让出一分畅通，“让”能让出一分安全，而“抢”往往是交通事故和拥堵的罪魁祸首。因此，交通法律法规中，对“让”作了详细规定。比如，《道路交通安全法实施条例》第 53 条就规定：“机动车遇有前方交叉路口交通阻塞时，应当依次停在路口以外等候，不得进入路口。”

24 遇前方车辆停车排队等候或缓慢行驶时，在人行横道停车等候

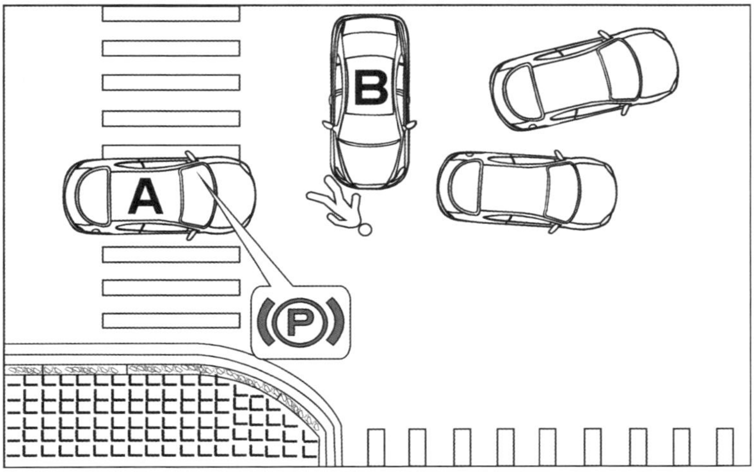

如图所示，A 车在遇前方车辆停车排队等候时，在人行横道停车等候，导致行人在绕行时发生事故，则 A 车承担相应责任。

交警解答

《道路交通安全法实施条例》第 53 条规定："机动车在遇有前方机动车停车排队等候或者缓慢行驶时，应当依次排队，不得从前方车辆两侧穿插或者超越行驶，不得在人行横道、网状线区域内停车等候。"机动车占压人行横道线停车，对行人安全会造成危害，迫使行人在车辆中穿行，或在路口内横穿道路，从而没有安全保证。

据温州有关部门统计，在行人通过路口不走人行横道而引发的交通事故中，有六成是因人行横道线被机动车占压、行人无路可走而横穿马路所致。

25 遇前方车辆停车排队等候或缓慢行驶时，在网状线区域内停车等候

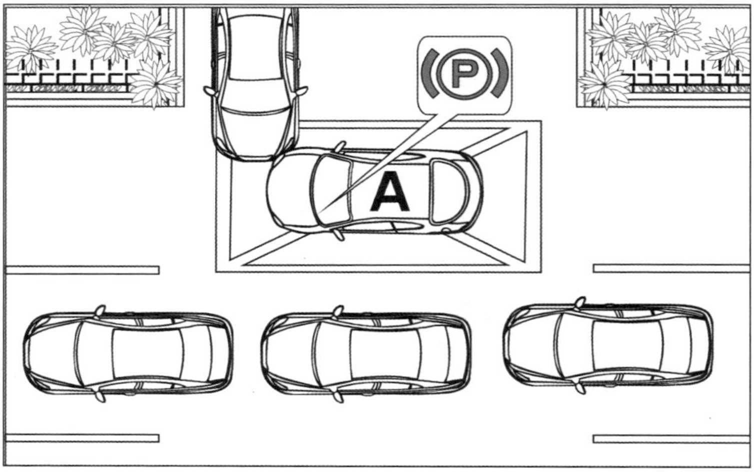

如图所示，A 车在遇前方车辆停车排队等候时，在网状线区域内停车等候，引发交通事故，则 A 车承担相应责任。

交警解答

黄色网状线不准停车，这是为保证与主干路交叉的两侧道路或重要机关、单位门前始终处于畅通状态而制定的一项交通法规。机动车占用人行横道线与占压黄色网状线的法律责任一致，处罚标准相同，但是二者给道路交通安全通畅带来的危害不同：机动车占压人行横道线停车，会危害行人安全；机动车占压黄色网状线停车，极易导致瘫痪式交通拥堵，甚至导致交通事故的发生。

26 未将故障车移到不妨碍交通的地方停放

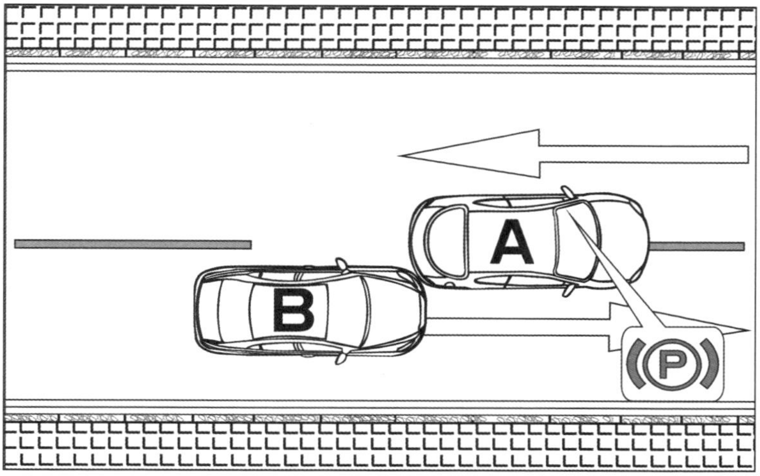

如图所示，A 车在发生故障且可以移动的情况下，未及时转移到不妨碍交通的地方，与后方的 B 车发生事故，则 A 车承担相应责任。

交警解答

《道路交通安全法》第 52 条规定：“机动车在道路上发生故障，需要停车排除故障时，驾驶人应当立即开启危险报警闪光灯，将机动车移至不妨碍交通的地方停放。”当然，这里所指的是可以移动的故障车辆。这样做的目的，一是不妨碍交通，二是避免发生事故。

27 在道路上发生故障或交通事故后，妨碍交通而又难以移动的，不设置警告标志或使用警示灯

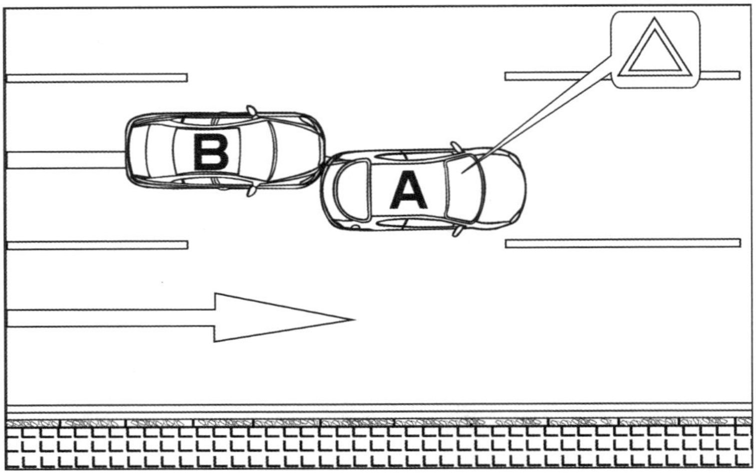

如图所示，A 车在发生故障且无法移动的情况下，未及时使用警示灯并设置警告标志，与后方的 B 车发生事故，则 A 车承担相应责任。

交警解答

《道路交通安全法》第 52 条规定，机动车在道路上发生故障，需要停车排除故障时，难以移动的，应当持续开启危险报警闪光灯，并在来车方向设置警告标志等措施扩大示警距离，必要时迅速报警。

28 在高速公路发生故障或交通事故后，未开启危险报警闪光灯、未在故障车来车方向150米以外设置警告标志

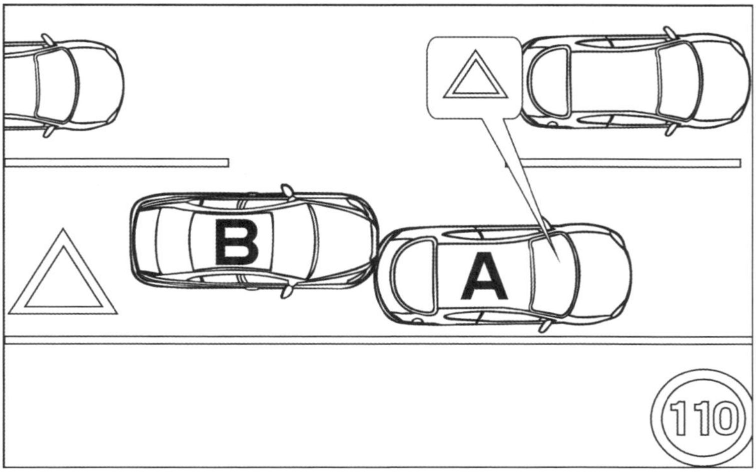

如图所示，A车在高速公路发生故障后，未开启危险报警闪光灯，未设置警告标志，与后方B车发生事故，则A车承担相应责任。

交警解答

《道路交通安全法》第68条规定，机动车在高速公路上发生故障时，无法移动的，驾驶人除了应当立即开启危险报警闪光灯外，还应在故障车来车方向150米以外设置警告标志，车上人员应当迅速转移到右侧路肩上或者应急车道内，并迅速报警。之所以规定警告标志要设置在150米外，是充分考虑到高速公路上的行车速度和制动距离。

29 在机动车道停车卸货

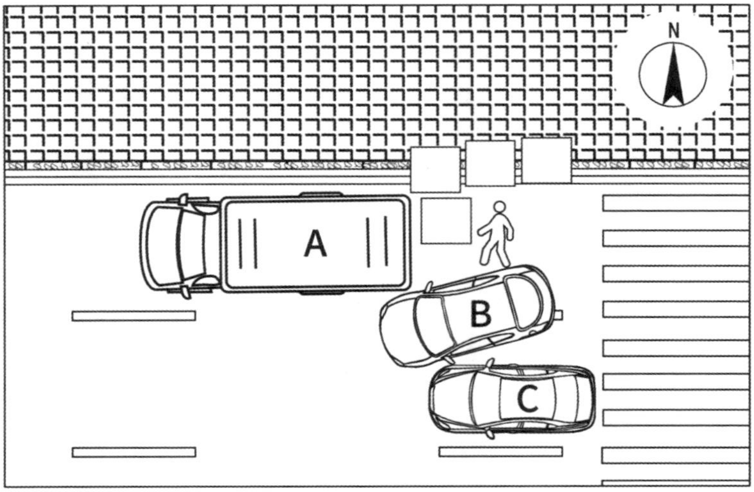

如图所示，A 车随意在机动车道停车装卸货物，B 车为避让 A 车与 C 车碰撞，则 A 车承担相应责任。

交警解答

《道路交通安全法实施条例》第 63 条第 5 项规定，路边停车应当紧靠道路右侧，机动车驾驶人不得离车，上下人员或者装卸物品后，立即驶离。在道路上临时停车，车身右侧紧靠道路边缘线不得超过 30 厘米。

我们有时在道路上会看到商贩停车售卖商品，这不但违反《道路交通安全法》，也容易引发交通事故，不但会造成人员和财产损失，而且要承担相应的事故责任。

案例链接

如图所示，20×× 年 12 月 26 日 10 时 28 分左右，A 车驾驶人驾驶电动自行车 A 由北向南行驶至某路段时，遇事发前顺向停于前方非机动车道内的专项作业车 B 及逆向停于 B 车东侧相邻机动车道内的 C 车正在作业装卸货物，A 车驾驶人从 C 车东侧机动车道经过上述车辆作业区域后继续向南行驶。同方向后侧的货车 D 经过上述车辆作业区域时向 C 车东侧变更车道，右前侧与 A 车发生剐擦，A 车驾驶人连人带车倒地后又被 D 车右后轮碾压，致 A 车驾驶人当场死亡。经当地交警部门认定，D 车驾驶人承担事故的主要责任，C 车驾驶人和 B 车驾驶人共同承担事故的次要责任，A 车驾驶人无责任。

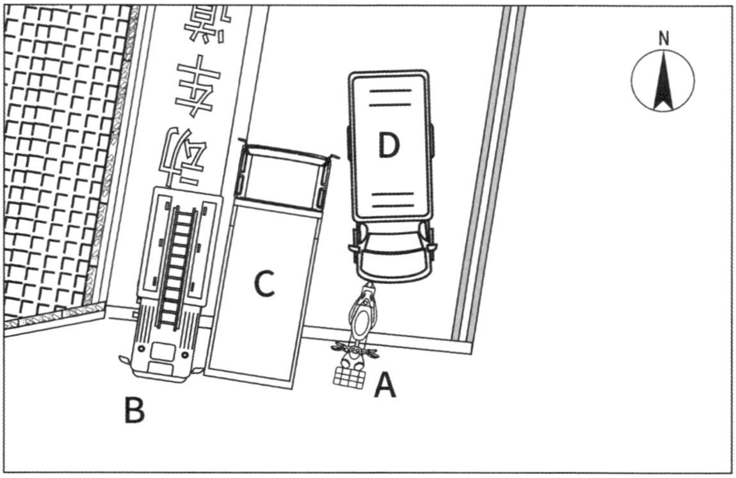

【法院判决】

A 车驾驶人亲属向法院提起诉讼，要求 D 车驾驶人、D 车挂靠公司、D 车保险公司、B 车驾驶人、B 车所有人、B 车保险公司以及 C 车驾驶人、C 车保险公司赔偿因 A 车驾驶人交通事故死亡造成的死亡赔偿金、精神损害抚慰金、丧葬费、办理丧葬事宜人员交通费、误工费和住宿费等各项损失共计 1,069,661 元。

法院认为，根据交警部门作出的责任认定，D 车驾驶人承担超过交强险部分 70% 的赔偿责任，B 车所有人和 C 车驾驶人各自承担超过交强险部分 15% 的赔偿责任，由各自的保险公司在保险限额内依法承担赔偿责任。对 A 车驾驶人亲属主张的损失核定为 1,018,995.5 元。B 车为驾驶人和所有人共有，两人系合伙经营，B 车所有人自愿承担本案的所有赔偿责任，并向法院预交了 80,000 元的保证金，同意以该保证金抵扣赔偿款。

法院判决：（1）D 车保险公司于本判决发生法律效力之日起 10 日内在交强险限额内赔偿 A 车驾驶人亲属丧葬费、死亡赔偿金、办理丧葬事宜人员误工费和交通费等共计 180,000 元，在商业三者险限额内赔偿 A 车驾驶人亲属共计 335,296.85 元；（2）B 车保险公司于本判决发生法律效力之日起 10 日内在交强险限额内赔偿 A 车驾驶人亲属丧葬费、死亡赔偿金、精神损害抚慰金、办理丧葬事宜人员误工费和交通费等共计 180,000 元；（3）B 车所有人赔偿 A 车驾驶人亲属丧葬费、死亡赔偿金、办理丧葬事宜人员误工费和交通费等共计 71,849.33 元（以其交纳的保证金 80,000 元抵扣）；（4）C 车保险公司于本判决发生法律效力之日起 10 日内在交强险限额内赔偿 A 车驾驶人亲属丧葬费、死亡赔偿金、精神损害抚慰金、办理丧葬事宜人员误工费和交通费等共计 180,000 元，在商业三者险限额内赔偿 A 车驾驶人共计 71,849.33 元；（5）驳回 A 车驾驶人亲属的其他诉讼请求。

第十一章

机动车与行人事故责任认定

01 红灯亮时，行人进入人行横道

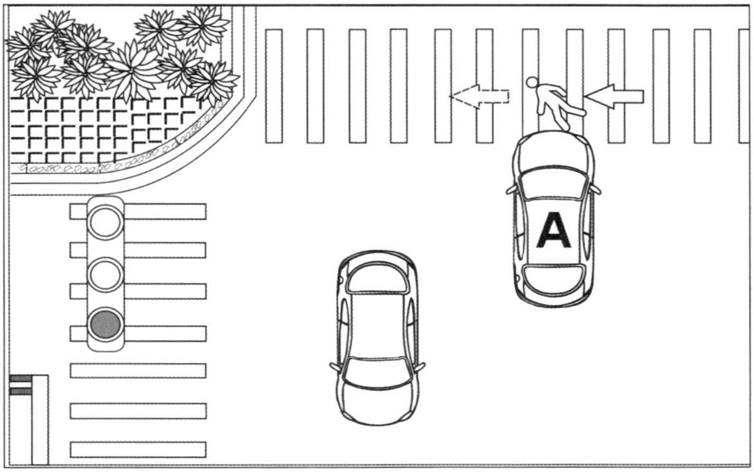

如图所示，行人在红灯亮时进入人行横道，被 A 车撞上，则行人承担次要以上责任。

交警解答

《道路交通安全法》第 62 条规定，行人通过有交通信号灯的人行横道，应当按照交通信号灯指示通行。第 47 条又规定：“机动车行经人行横道时，应当减速行驶；遇行人正在通过人行横道，应当停车让行。”即使行人正在闯红灯也不例外。另外，《道路交通安全法》第 76 条对机动车与非机动车、行人之间发生交通事故的责任认定有专门规定。

02 红灯亮时，行人正走到道路中心线处，又继续通过

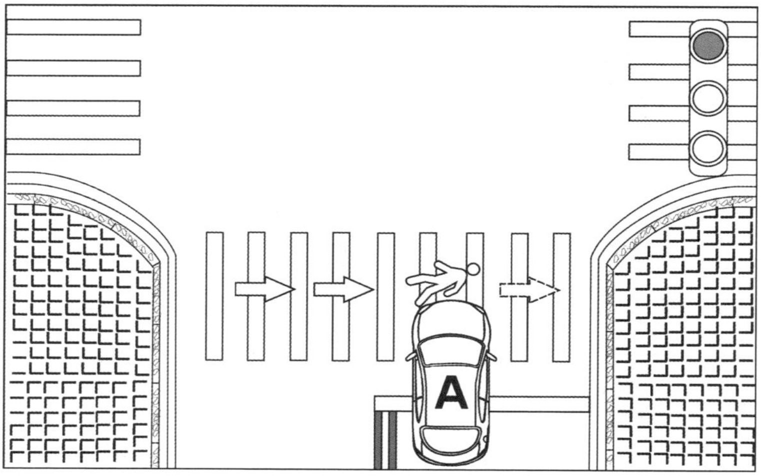

如图所示，行人在绿灯步行至道路中心线处时，交通信号灯转为红灯，又继续通过，被A车撞上，则A车承担主要以上责任。

交警解答

我们经常遇到这种情况：明明看到绿灯亮了，可走到一小半，右转弯的车来了。止步吧，红灯马上亮；前行吧，汽车从身边唰唰驶过；等待吧，可能几个绿灯都过不了马路，这时，该走还是不走？

《道路交通安全法实施条例》第39条规定，红灯亮时，已经进入人行横道的行人，可以继续通行或者在道路中心线处停留等候。也就是说，行人有选择继续通行的权利，这种情况下不算闯红灯。

作为被放行车辆的驾驶人，一定要注意观察路口尤其是人行横道情况，坚持“一看二慢三通过”，确保行人安全，避免意外事故的发生。

03 经过没有交通信号的道路时，遇行人横过道路未避让

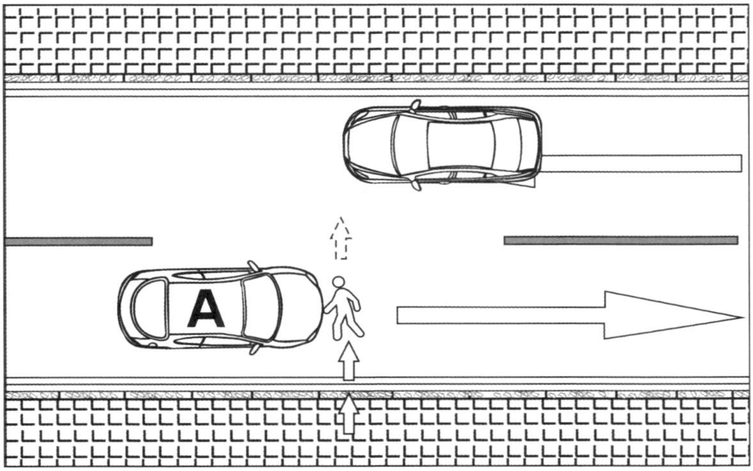

如图所示，A 车经过没有交通信号的道路时，遇行人横过道路，发生碰撞，则 A 车承担主要以上责任。

交警解答

在城市中许多没有设置信号灯的路口，机动车驾驶人经常会无视前方人行横道，呼啸而过，从而给行人安全造成重大威胁。

《道路交通安全法》第 47 条明确规定："机动车行经没有交通信号的道路时，遇行人横过道路，应当避让。"对于行人的要求则体现在第 62 条，即行人通过没有交通信号灯、人行横道的路口，或者在没有过街设施的路段横过道路，应当在确认安全后通过。

行人在没有交通信号的路段横过机动车道时，虽属借道通行，但在这种情况下，机动车仍有避让行人的义务。这是行人在没有交通信号控制的路段横过道路的特殊通行规定，也是道路交通安全法以人为本指导思想的具体体现，充分表现出重点保护弱者的特点。

04 有人行横道或行人过街设施时，行人横过机动车道

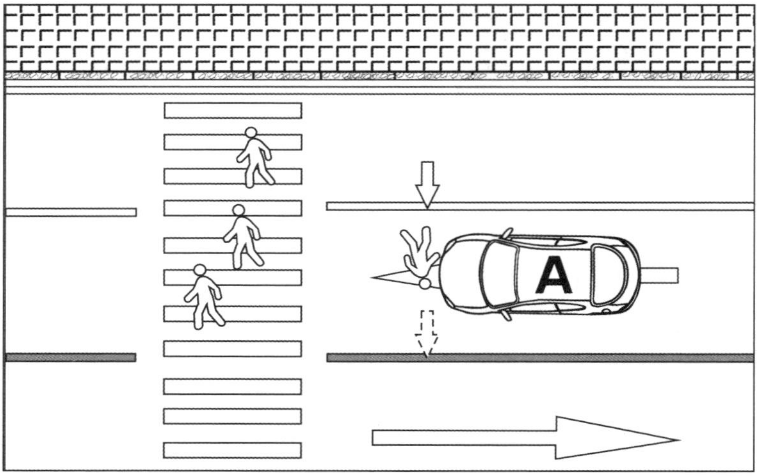

如图所示，在有人行横道的情况下，行人仍横过机动车道，被A车撞上，则行人承担次要以上责任。

交警解答

最常见的行人交通违法行为，就是横穿马路；而行人最危险的交通违法行为，就是守着完备的交通设施不用，在法定范围以外横穿马路。殊不知，也许仅仅是几十甚至十几厘米的距离，在人行横道内行人可能无须承担交通事故责任；如果在人行横道外，就要承担很大一部分责任。同样是过马路，合法与非法，受保护与不受保护，也许只差一步。

《道路交通安全法》第62条明确要求："行人通过路口或者横过道路，应当走人行横道或者过街设施。"

案例链接

如图所示，20×× 年12月9日15时14分，A车驾驶人驾驶A车行驶至某路段时，将未从人行横道内横穿马路的行人甲撞倒，事故造成A车受损，甲受伤。当地交警部门出具《事故认定书》，认定甲承担此次事故的主要责任，A车

驾驶人承担此次事故的次要责任。

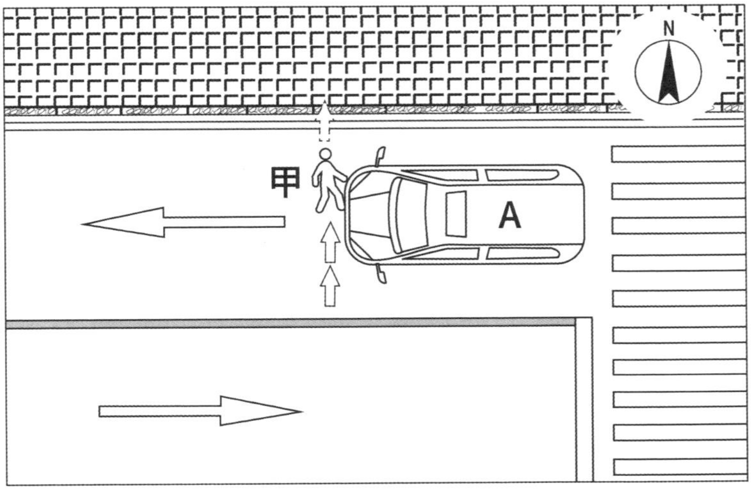

【法院判决】

甲向一审法院起诉，请求 A 车驾驶人按 30% 的赔偿比例承担其医疗费 355,141.93 元、住院伙食补助费 8300 元，即 103,632.58 元。

一审法院认为，A 车仅投保交强险，结合本案实际情况及双方的过错程度，A 车保险公司在交强险限额内承担赔偿责任，不足部分由 A 车驾驶人按 20% 比例承担赔偿责任较为适宜。一审法院对甲提出的损失均予以确认，A 车保险公司在交强险内赔偿 18,000 元，则 A 车驾驶人还需赔偿其 69,088.39 元。

一审法院判决：（1）A 车驾驶人于本判决发生法律效力之日起 10 日内赔偿甲医疗费、住院伙食补助费 69,088.39 元；（2）驳回甲的其他诉讼请求。

A 车驾驶人认为甲违反了交通规则，其已尽到全部注意义务，应免责。且根据甲提供的病例等证据，其本身存在重大疾病，所用大量非医保用药并非用于治疗本次事故导致的伤病，与本次事故无关。上诉请求依法改判其只需赔偿甲医疗费、住院伙食补助费的 10%，即 34,544.193 元。

二审法院认为，一审法院确定的 20% 的赔偿比例并无不当，A 车驾驶人对其上诉理由也并未提供确凿的相关证据。

二审法院判决：驳回上诉，维持原判。

05 紧急避险撞倒行人

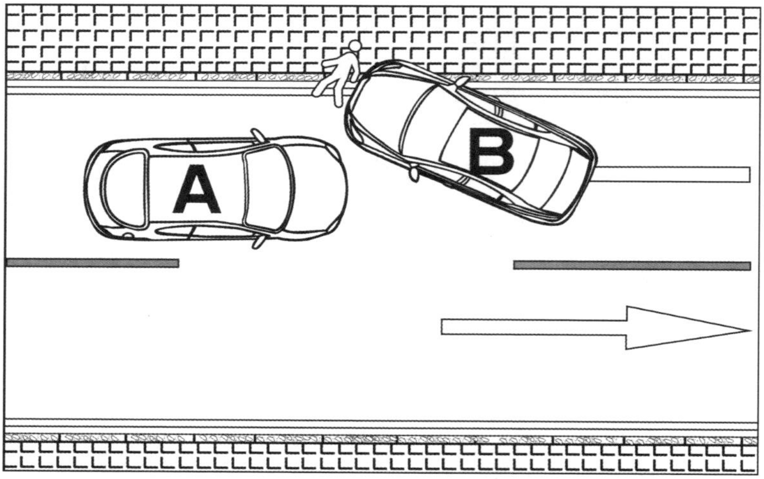

如图所示，B 车为正常行驶，突然对面 A 车逆行而来，B 车为避让 A 车急打方向，不慎把行人撞倒，则 A 车承担相应责任。

交警解答

紧急避险是指为了使社会公共利益、本人或他人的合法权益免受更大的损害，不得已而采取的紧急措施。紧急避险必须符合如下条件才能构成：一是必须存在正在发生并威胁社会公共利益、本人或他人合法权益的危险；二是必须情况紧急，没有其他方法可以避免危险才能采取的避险措施；三是避险不得超过必要的限度，也就是说，紧急避险所造成的损害必须小于不采取这种措施必然造成的损害。

我国《民法典》第 182 条规定："因紧急避险造成损害的，由引起险情发生的人承担民事责任。危险由自然原因引起的，紧急避险人不承担民事责任，可以给予适当补偿。紧急避险采取措施不当或者超过必要的限度，造成不应有的损害的，紧急避险人应当承担适当的民事责任。"

因紧急避险发生交通事故的，应当认定引起险情的人承担全部责任；如果避险不当，认定引起险情的人和避险人承担相应的责任；如险情是自然原因引起的，根据避险人避险措施得当与否，认定避险人不承担责任或承担适当的责任。

06 行人在机动车道内行走

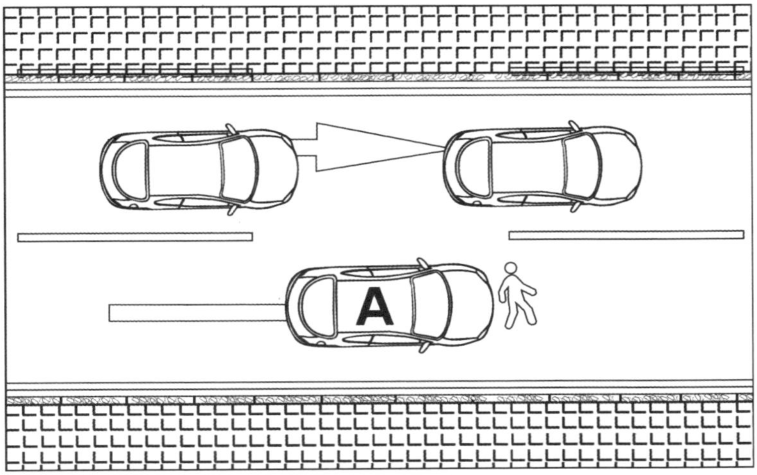

如图所示，A 车在行驶过程中，与在机动车道行走的行人发生碰撞，则 A 车承担相应责任。如行人在非机动车道或人行道行走，A 车承担全部责任。

交警解答

《道路交通安全法》第 36 条对分道通行作了规定："根据道路条件和通行需要，道路划分为机动车道、非机动车道和人行道的，机动车、非机动车、行人实行分道通行。没有划分机动车道、非机动车道和人行道的，机动车在道路中间通行，非机动车和行人在道路两侧通行。"

因此，若行人在机动车道行走，发生交通事故，行人要承担相应责任。

07 没有人行道时行人未靠边行走

如图所示，在没有划分人行道的道路上，行人未靠边行走，与 A 车发生碰撞，则 A 车承担主要以上责任。

交警解答

一般来说，非机动车道是在机动车道的两边，人行道是在非机动车道的两边。但是，有的道路可能仅划有机动车道和非机动车道，在这种情况下，非机动车和行人在同一条道路上通行，行人要在道路的两边通行。

行人在两边通行时，以距路边多少为合适呢？一般认为不超过 1 米。如果行人不靠边，发生交通事故也有责任。

08 行人跨越道路隔离设施

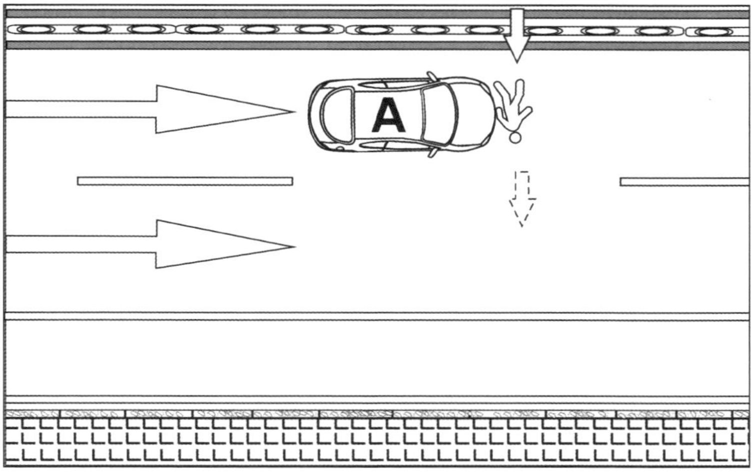

如图所示，行人跨越道路隔离设施，与A车发生碰撞，则行人承担同等以上责任，A车承担相应责任。

交警解答

现在的《道路交通安全法》不仅摒除了“撞了白撞”的思想表示，而且更加强调了“安全原则”。这一点体现在该法第76条“交通事故的赔偿原则”中。

对于事故后果的民事责任分担，双方都是机动车的，按过错责任承担；一方是机动车、一方是行人或非机动车的，由机动车一方承担责任；有证据证明行人或非机动车方有过错、机动车方采取了必要措施的，才可以减轻责任，而不是免除责任。只有能够证明是被撞人故意造成（如自杀、“碰瓷”等）的，才可以免除责任。这在《程序规定》第60条中有专门规定。因此，即使行人违规跨越道路隔离设施发生事故，撞人车辆也要承担相应责任。

09 行人进入高速公路

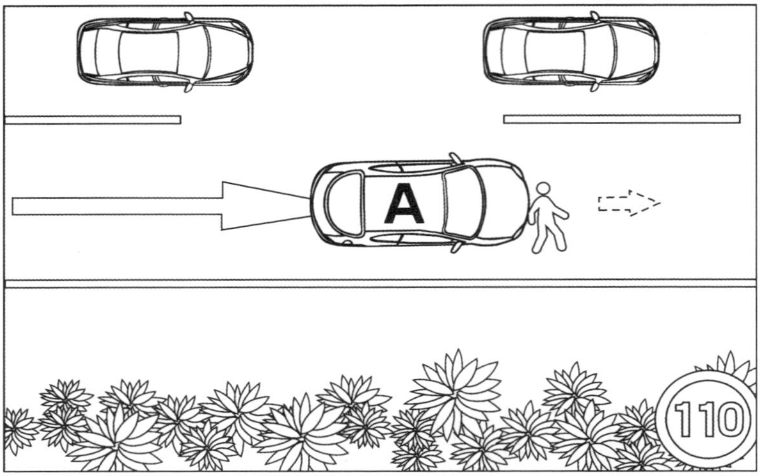

如图所示，行人进入高速公路行走，与A车发生碰撞，则行人承担同等以上责任，A车承担相应责任。

交警解答

《道路交通安全法》第67条规定："行人、非机动车、拖拉机、轮式专用机械车、铰接式客车、全挂拖斗车以及其他设计最高时速低于70公里的机动车，不得进入高速公路。"

禁止行人进入高速公路，主要是为了保证高速公路的顺畅和行人的安全。

案例链接

如图所示，20××年1月21日18时25分许，A车驾驶人驾驶A车行驶至高速公路某路段时，车辆右前部与正在横穿高速公路的行人甲发生碰撞，造成甲当场死亡，A车受损。当地交警部门认定，甲的违法行为对本次道路交通事故发生所起的作用较大，承担事故的主要责任；而A车驾驶人驾驶机动车上路行驶未尽到注意观察义务，承担事故的次要责任。

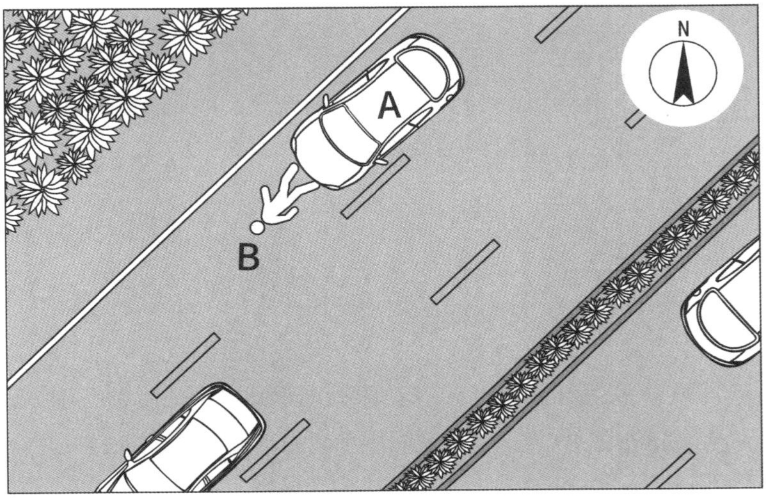

【法院判决】

甲亲属向一审法院提起诉讼，请求：（1）A 车保险公司在交强险限额内赔偿其损失 110,000 元；（2）高速公路公司与 A 车驾驶人连带赔偿其各项费用共计 989,239 元。

一审法院认为，关于甲亲属的各项损失，经认定为 833,595.25 元。《道路交通安全法》规定，机动车与非机动车驾驶人、行人之间发生交通事故，非机动车驾驶人、行人没有过错的，由机动车一方承担赔偿责任；有证据证明非机动车驾驶人、行人有过错的，根据过错程度适当减轻机动车一方的赔偿责任。当地的道路交通安全条例规定，非机动车驾驶人、行人的过错在交通事故中起主要作用的，机动车一方承担 40%~50% 的赔偿责任。因甲在本次交通事故中承担主要责任，认定甲承担本次事故 60% 的责任。关于 A 车驾驶人和高速公路公司责任比例的划分，根据《民法典》第 1243 条规定，未经许可进入高度危险活动区域或者高度危险物存放区域受到损害，管理人能够证明已经采取足够的安全措施并尽到警示义务的，可以减轻或者不承担责任。高速公路公司在事故现场设有道路交通标志、道路交通标线、中央隔离设施，无路侧防护设施。但未能举证证明其对时常有行人进入、具有更高安全隐患的事发路段尽到及时发现、及时制止并加强防护设施的管理维护义务，应在其未尽管理维护义务的范围内承担相应的责任。而 A 车驾驶人在事发时正处于高速行驶的状态，虽然其未尽到观察注意义务，但不能苛求其在紧急情况下一定能够采取有效措施避免事故的发生。相较于要求高速行驶中的驾驶员在紧急情况下采取有效措施避免事故发生，由高速公路的管理者在事发前采取措施防止行人进入高速公路，显然后者的期待可能性更高、防范效果更好。综上所述，根据本次交通事故发生的原因力、过错及对防止损害后果发生的可控力，认定甲承担 60% 的责任、A 车驾驶人承担 15% 的责任、高速公路公司承担 25% 的责任。另，已查明 A 车驾驶人已先行垫付 100,000 元。

一审法院判决：（1）A 车保险公司于判决生效后 10 日内在交强险限额内赔偿甲亲属各项损失等共计 110,000 元；（2）A 车驾驶人于判决生效后 10 日内赔偿甲亲属损失等共计 8539.29 元；（3）高速公路公司于判决生效后 10 日内赔偿甲亲属各项损失等共计 180,898.81 元；（4）驳回甲亲属的其他诉讼请求。

高速公路公司不服一审判决，上诉请求判令撤销一审判决第二项、第三项，改判其不承担赔偿责任。高速公路公司认为其已举证证明尽到了安全管理维护义务，一审判决认定错误；事发路段为边坡地段，且有足够宽的路侧安全区，可不设置护栏中的防撞护栏，完全符合《高速公路交通工程及沿线设施设计通用规范》的规定。且在附近修建了人行涵洞及人行天桥，事故发生原因是甲安全意识淡薄。一审判决对各方赔偿责任比例的划分，违背了法律和政策关于保护人民群众生命安全的宗旨，属于适用和理解法律错误，其不应承担相应的责任。

二审法院认为，本案争议的主要焦点为高速公路公司承担甲死亡 25% 的赔偿责任是否适当。路侧防护设施一方面可以减少车辆在高速公路上发生事故的危险性，另一方面也具有阻拦行人、动物穿越高速公路的作用，并非像高速公路公司所说仅起到车辆减速防止冲出路面的作用。本案涉事路段，虽然一侧为边坡地段属于天然屏障，可以不设置隔离栅，但该天然屏障与非天然屏障连接处应当有隔离栅予以封闭。该路段既然未设置防护栏，就应当有其他隔离设施予以完全封闭。事发路段边坡的铁丝网和塑料网，与该天然屏障连接处并未完全封闭，之间留有一定的空隙，致使行人可能抱着侥幸心理，为图省事而利用该空隙横穿高速公路，从而可能引发交通事故。高速公路公司作为事发路段的管理者，虽然采取了一定的安全措施并尽到一定的警示义务，但未能完全尽到事发路段的安全管理责任，依法应当承担一定的赔偿责任。所以，一审判决认定其责任比例并无不当。

二审法院判决：驳回上诉，维持原判。

10 行人在高架公路或立交桥上行走

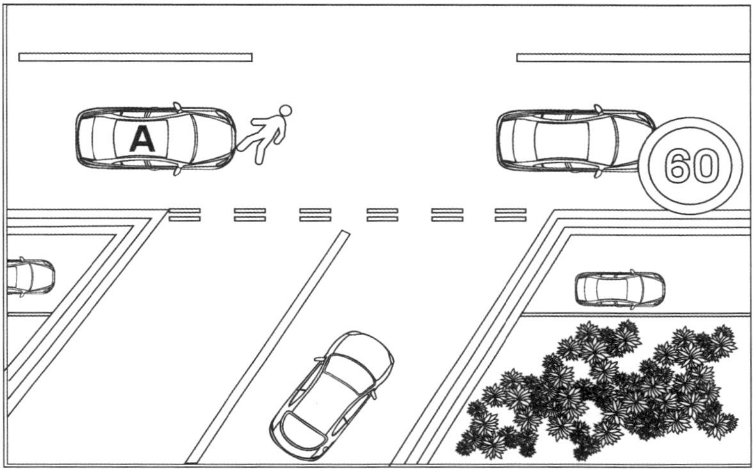

如图所示，行人进入高架公路行走，与 A 车发生碰撞，则行人承担同等以上责任，A 车承担相应责任。

交警解答

高架道路是指与地面保持一定空间，并设置高架道路交通指路标志，专供机动车通行的道路。高架公路和高速公路不同，高速公路可以建成高架，普通公路某些路段和城市快速干道也可以建成高架。不过，从通行规定来说，高架公路、立交桥和高速公路又是一样的，只允许机动车行驶，不允许非机动车行驶及行人通行。

因此，行人在高架公路和立交桥上与机动车发生交通事故，行人理论上应承担事故的全部责任。

11 行人强行拦车

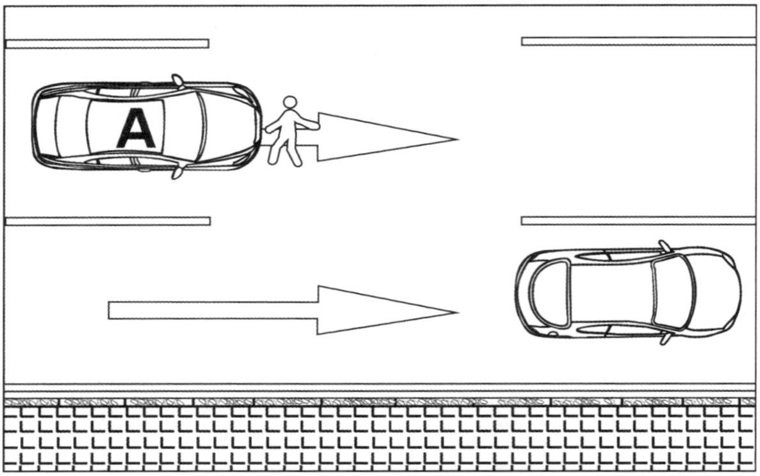

如图所示，行人在机动车道上强行拦车，与 A 车发生碰撞，则行人承担事故的主要责任。

交警解答

《道路交通安全法实施条例》第 77 条规定：“不得在机动车道上拦乘机动车。”行人强行拦车是非常危险的行为。在道路上突然对正常行驶的汽车予以阻拦，可能导致驾驶人反应不及、判断失误而出现车辆操作失控，从而严重危害他人人身和车辆安全。

12 行人在禁止停车的路段或逆行方向的道路一侧拦乘车辆

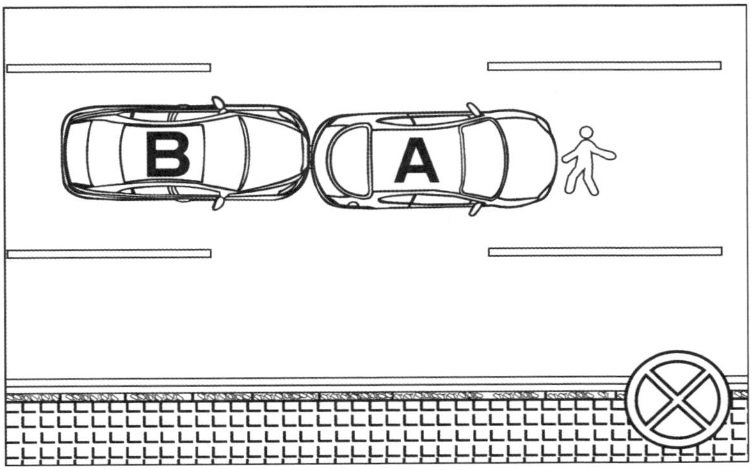

如图所示，行人在机动车道上强行拦车，与A车发生碰撞，则行人承担事故的主要责任。

交警解答

行人不是驾驶人，他们往往不知道哪些路段可以停车，哪些路段不可以。特别是在上下班高峰的时候拦乘出租车的现象更是“遍地开花”，有的在禁止停车的路段拦乘车辆，有的甚至在逆行方向的道路一侧拦乘车辆。这些都是非常危险的行为。

在禁止停车的路段拦乘车辆，容易造成后车追尾；在逆行方向的道路一侧拦乘车辆，乘车人在冲过道路时容易发生危险。因此，《道路交通安全法》是不允许出租车在禁止停车的路段和逆行方向的道路一侧停车载客的。

案例链接

如图所示，20××年1月26日20时10分左右，A车驾驶人驾驶A车载着醉酒后的乘客甲沿公路由东向西行驶。在车辆行驶过程中，A车驾驶人与甲在车内发生争吵，甲在车辆行驶过程中强行打开车门要下车，A车驾驶人见状后立即停车。甲下车后在机动车道内拦截同方向后方过往车辆，被A车驾驶人制止后不听劝阻，步行到道路南侧的对向机动车道内再次伸开双臂拦截车辆时，与由西向东超速行驶的B车左前部发生碰撞，造成B车损坏，甲受伤。甲被送到医院抢救，因多发性大脑挫伤死亡。当地交警部门认定，甲承担事故主要责任，B车驾驶人承担事故次要责任。

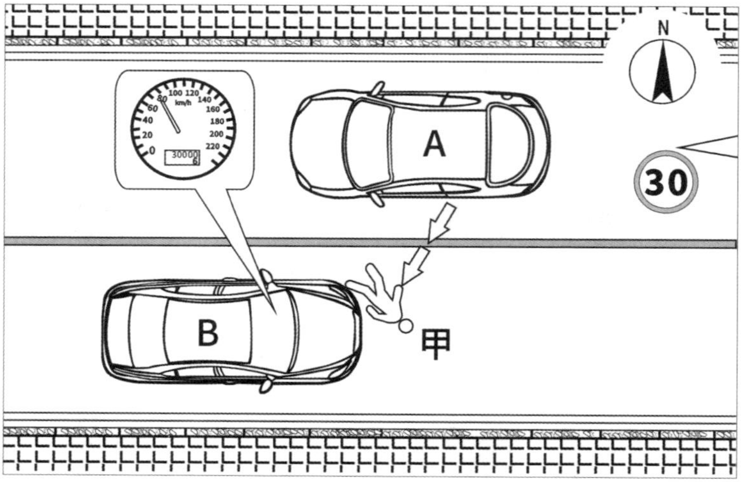

【法院判决】

甲亲属向法院提起诉讼，请求：（1）B车保险公司在交强险限额内赔偿其医疗费10,000元、死亡赔偿金110,000元、财产损失2000元，精神损害抚慰金30,000元在交强险范围内优先赔偿；（2）B车保险公司在商业三者险限额范围内赔偿其医疗费、住院伙食补助费、营养费、死亡赔偿金（包括被抚养人生活费）、丧葬费、护理费等共计594,595.66元（扣除交强险责任限额内赔偿的部分，由B车驾驶人承担70%的民事赔偿责任），上述交强险和商业三者险限额范围内赔偿不足的部分，由B车驾驶人承担赔偿责任。

法院认为，甲作为具有完全民事行为能力的成年人，应当知道夜晚在机动车道上强行拦车的危险程度，交警部门根据交通事故当事人的行为对发生交通事故所起的作用以及过错的严重程度，认定甲醉酒状态下在机动车道上强行拦车是本起交通事故发生的主要原因，甲承担本起事故的主要责任并无不当。甲亲属虽然提出复核申请，但至本案进入诉讼程序也未收到复核结果，故交警部门作出的事故认定书并未失去效力。《事故认定书》认定的事实与庭审中认定的事实一致，甲亲属没有提出相反证据或足以推翻其结论的理由，《事故认定书》作为公文书证，其认定的事实清楚、程序合法、适用法律正确，本案交警部门对事故责任的认定并不适用“优者危险负担”原则，《事故认定书》可以作为定案依据。根据事故原因分析及交警部门责任划分，B 车驾驶人承担 40% 赔偿责任。关于甲亲属的各项损失，法院认定共计 969,422.37 元，由 B 车保险公司在交强险限额范围内赔偿医疗费 10,000 元、死亡赔偿金 110,000 元（包括精神抚慰金 30,000 元），在商业三者险限额范围内赔偿 339,768.95 元。

法院判决：（1）B 车保险公司于本判决生效之日起 10 日内，在交强险限额范围内赔偿甲亲属 120,000 元，在商业三者险限额范围内赔偿甲亲属 339,768.95 元；（2）驳回甲亲属的其他诉讼请求。

13 行人扒车

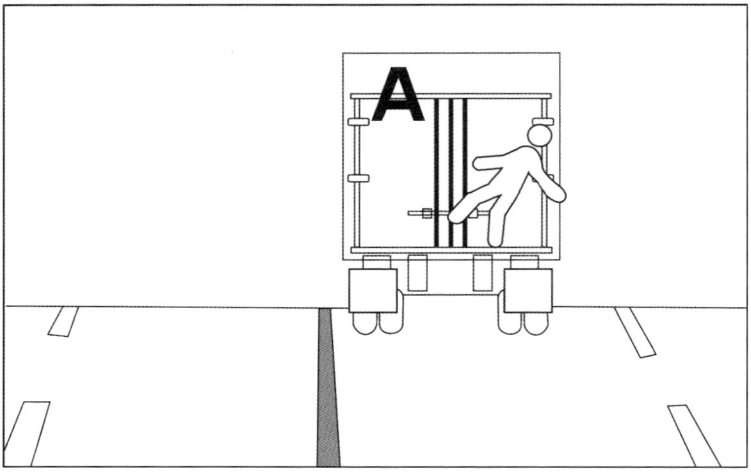

如图所示，行人在 A 车行驶过程中强行扒车，发生事故，则行人承担主要以上责任；若 A 车驾驶人已经发觉但未阻止或未采取相应的安全措施，则承担次要责任。

交警解答

《道路交通安全法》明确规定，行人不得扒车。扒车是拿生命当儿戏的行为，万一车辆遇紧急情况而急刹车，或者行人没抓牢而摔下来，或者后车来不及刹车而发生追尾，后果不堪设想。因此，作为行人，千万不要为了少走点路，或者节省几块钱，而干出扒车的事情。

14 行人追车

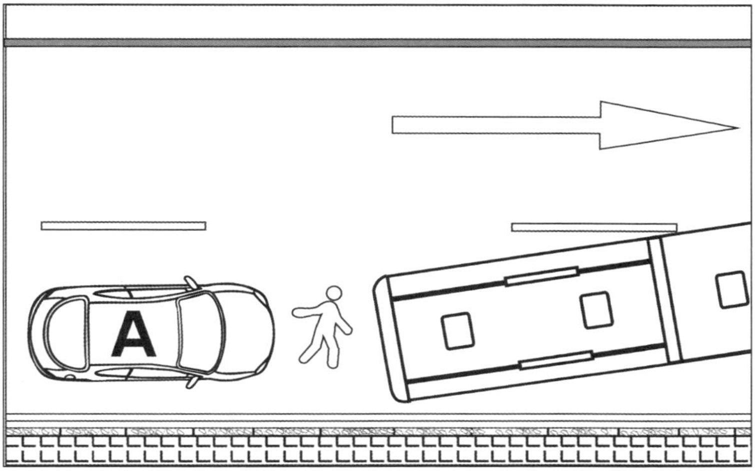

如图所示，公交车驶出站点后，行人追车，被A车撞上，则行人应承担相应责任。

交警解答

《道路交通安全法实施条例》第74条规定，行人不得有追车、抛物击车等妨碍道路交通安全的行为。行人追车往往发生在机动车道内，而且这时行人的所有注意力都在所追的车辆身上，往往不注意周围其他车辆的行驶状况，这样就会扰乱其他车辆的安全行驶，稍有不慎甚至会危及行人自己的生命。

15 行人抛物击车

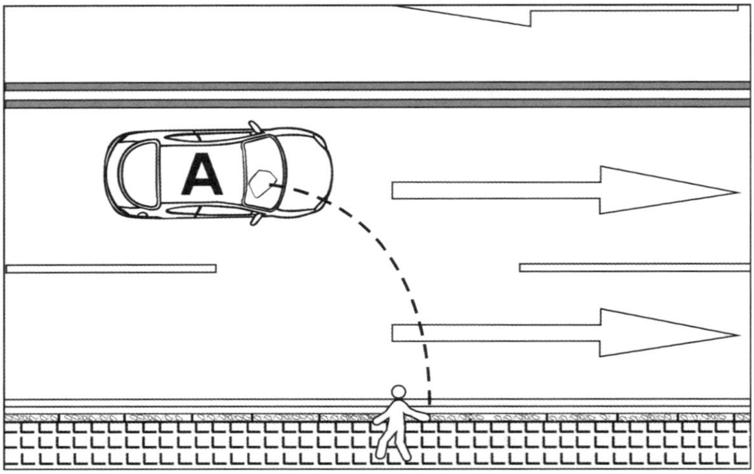

如图所示，A 车在正常行驶途中，行人抛物击车，则行人承担全部责任。

交警解答

抛物击车的情况大多发生在孩子身上，成人抛物击车的，要么是没有赶上车，要么是遭到拒载，要么是该车在行驶中有让行人受到惊吓或弄脏行人衣物的行为。但不管行人有什么情绪，应该就事论事而不应该朝车辆发泄。

如果抛物击车导致该车受到损坏，行人必须承担相应的赔偿责任；如果导致司乘人员受伤，乃至车辆失控发生更大的交通事故，后果更为严重。

16 行人横过机动车道，在车辆临近时突然加速横穿

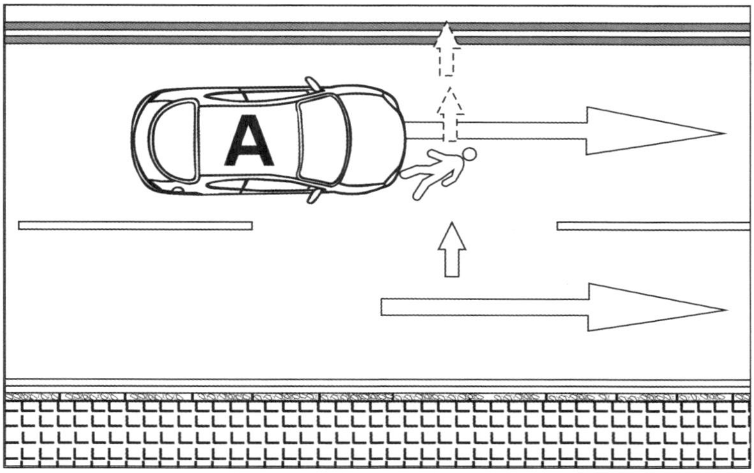

如图所示，行人横过机动车道，在A车临近时突然加速横穿，则行人承担同等以上责任。

交警解答

《道路交通安全法》规定，机动车行经没有交通信号的道路时，遇行人横过道路，应当避让。《道路交通安全法实施条例》第75条又规定："没有人行横道的，应当观察来往车辆的情况，确认安全后直行通过，不得在车辆临近时突然加速横穿或者中途倒退、折返。"

正常情况下，当驾驶人发现行人已经停止穿行时，会认为行人在避让车辆。若行人在车辆临近时又加速横穿，驾驶人根本来不及反应，即使有所反应车辆也无法有效制动，事故的发生就不可避免了。

17 行人横过机动车道，在车辆临近时突然中途倒退、折返

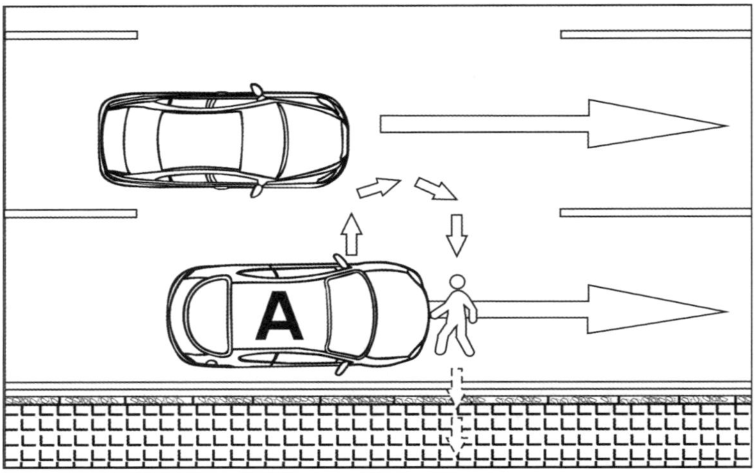

如图所示，行人横过机动车道，在A车临近时突然中途倒退、折返，则行人承担同等以上责任。

交警解答

行人在横过机动车道时，在车辆临近时中途倒退、折返，其危险性和突然加速横穿是一样的，会导致机动车驾驶人无法准确判明行人的意图，从而发生无法避免的事故。

案例链接

如图所示，20××年9月14日22时28分许，A车驾驶人驾驶A车（所有人为某汽车销售服务有限公司，驾驶人系该公司员工，事发时在工作）行驶至某路段时，遇行人甲由道路西南侧向道路东北侧横过马路，A车驾驶人驾车向道路西侧打方向避让，但甲突然折返向道路西侧跑，A车驾驶人制动避让不及，驾车与甲相撞，致甲当场死亡。当地交警部门认定，A车驾驶人与甲承担此交通事故的同等责任。

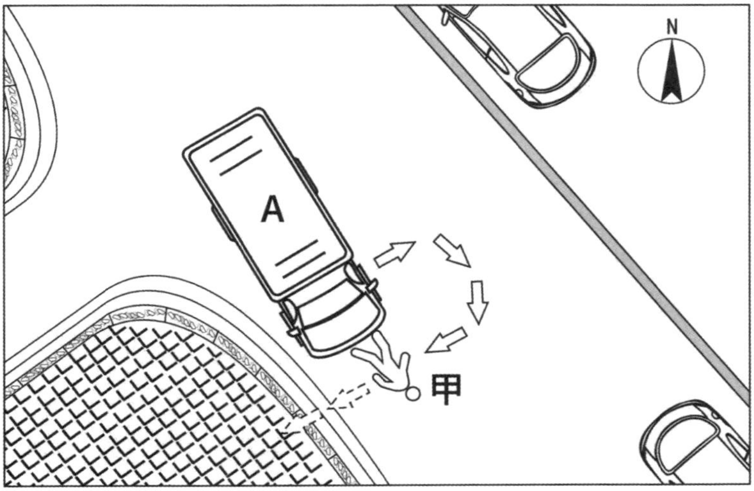

【法院判决】

甲亲属向一审法院起诉，请求：（1）判令A车驾驶人、A车所属公司赔偿其死亡赔偿金517,936元、被扶养人生活费80,270元、精神损害抚慰金50,000元、交通费5249.60元、住宿费920元、误工费2607.42元、生活费4535.20元、证人出庭费460元；（2）判令A车保险公司在机动车交通事故责任强制保险和商业险范围内直接对其进行赔偿。

一审法院认为，对甲亲属提出应由A车驾驶人承担80%责任的诉讼主张，因未提供充足证据，不予支持。根据各项证据，认定A车驾驶人承担50%的赔偿责任。对于甲亲属主张的住宿费、生活费、证人出庭费，未能提交确实充分的证据证明上述费用产生明细，也未提交证据证明上述费用与本案存在直接因果关系，故不予支持。A车驾驶人与甲亲属签订协议书，支付丧葬费53,000元。该项费用由A车所属公司代A车驾驶人支付，A车保险公司同意按保险公司规定支付该公司一半丧葬费即23,922元。

一审法院判决：（1）本案死亡赔偿金574,125元、交通费1500元、误工费2000元、精神损害抚慰金10,000元，以上合计587,625元，由A车保险公司在保险范围内按责任赔偿348,812.50元；（2）A车保险公司在保险范围内按责任赔偿A车所属公司23,922元；（3）驳回甲亲属的其他诉讼请求。

甲亲属上诉请求：（1）撤销一审判决第一项、第三项；（2）改判A车驾驶人、

A 车所属公司赔偿其各项损失共计 661,518.22 元；（3）判令 A 车保险公司在交强险和商业三者险范围内直接对其进行赔偿；（4）本案诉讼费用由 A 车驾驶人、A 车所属公司、A 车保险公司共同承担。

二审法院认为，根据《道路交通安全法》规定，机动车与非机动车驾驶人、行人之间发生交通事故，有证据证明非机动车驾驶人、行人有过错的，根据过错程度适当减轻机动车一方的赔偿责任。法院确认 A 车驾驶人承担本次事故 60% 的赔偿责任，同时因 A 车驾驶人在事故发生时系在执行工作任务，依法应由其用人单位即 A 车所属公司向甲亲属承担赔偿责任。另，已重新查明甲亲属关系及扶养情况。

二审法院判决：（1）维持一审法院判决第二项；（2）撤销一审法院判决第一项、第三项；（3）A 车保险公司于本判决生效之日起 60 日内向甲家属赔偿 422,193.75 元；（4）驳回甲家属其他诉讼请求。

18 行人在机动车道内打闹追逐

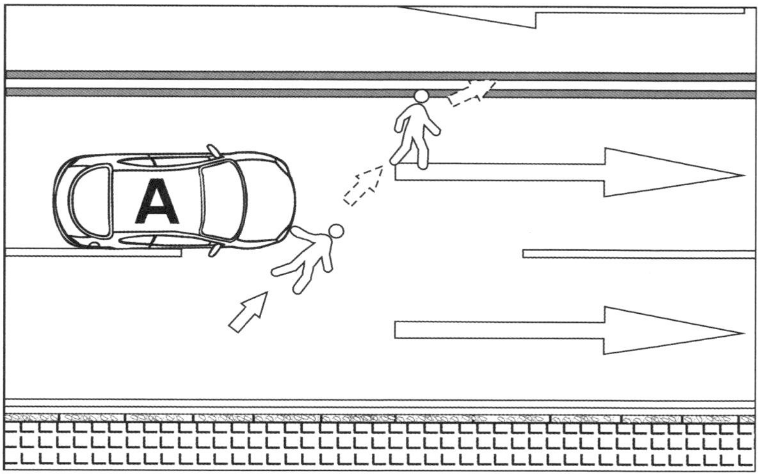

如图所示，行人在机动车道内打闹追逐，与 A 车发生事故，则行人承担同等以上责任。

交警解答

行人在马路上打闹追逐，由于精力和注意力都在打闹上，无视正在来来往往的车辆的存在，不仅严重扰乱交通秩序，更严重的是，会使驾驶人难以作出准确判断，从而发生无法预料的危险。

因此，《道路交通安全法》第 63 条规定，行人不得跨越、倚坐道路隔离设施，不得扒车、强行拦车或者实施妨碍道路交通安全的其他行为。行人在车行道内追逐打闹属于妨碍道路交通安全的行为。

案例链接

如图所示，20×× 年 3 月 28 日 16 时 20 分左右，A 车驾驶人驾驶 A 车行驶时，与行人甲等 3 人相遇。因甲与 A 车驾驶人素有矛盾，便将 A 车拦停，双方发生了口角。经甲的同行人员劝解，A 车驾驶人驾车准备离开，此时，甲身体紧贴车辆前部，A 车驾驶人在慌乱中将甲剐倒摔伤。随后，甲起身捡起石头砸向

A车驾驶人，A车驾驶人驾车逃离。同日，甲到医院住院治疗，诊断为胸腰部外伤，需休息两周，期间均为二级护理。当地交警部门出具《事故证明》：A车驾驶人驾车时，车辆前部与甲接触，造成甲受伤。因A车移动，导致无现场，证据灭失。

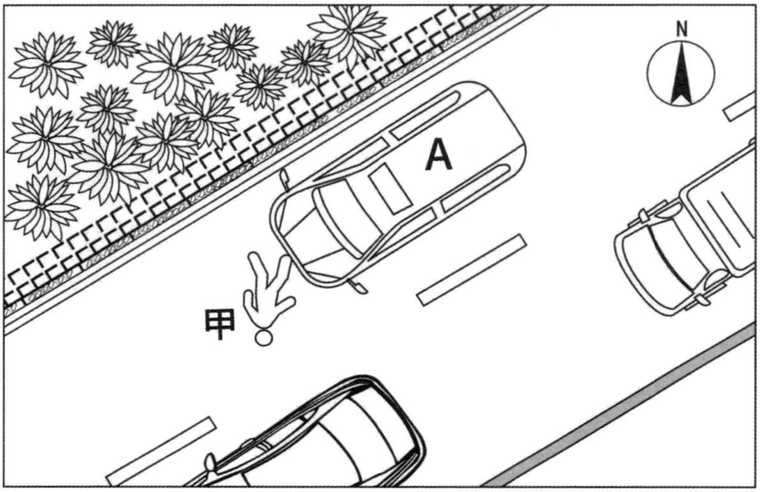

【法院判决】

甲向法院起诉，请求：（1）判令A车驾驶人赔偿其合理损失10,241.08元，包括医疗费3810.76元、住院伙食补助费1100.00元、护理费3263.92元、误工费2066.40元；（2）A车保险公司在保险范围内对上述款项承担给付责任；（3）本案诉讼费由A车驾驶人负担。

法院认为，本案争议重点为本起交通事故是否为故意而为之，A车保险公司是否免责。经查，根据事发情况，现无证据证明A车驾驶人故意驾驶车辆将甲撞伤，也无证据证明甲故意与车相撞，故本案不应属于故意而为之的人为交通事故。本次事故中，甲故意将身体紧贴车辆前部，对本次事故的发生具有过错；A车驾驶人慌乱中不慎将甲刮倒摔伤，属于操作不当，亦具有过错。综合考虑本次事故发生的原因、过程，酌定甲和A车驾驶人各自承担本次事故50%的责任。A车投保了交强险和商业三者险，故甲的合理损失应由保险公司在交强险限额范围内先予以赔偿，不足部分再按照责任比例在商业三者险范围内予以赔偿。

法院判决：（1）甲的合理损失为10,241.08元；（2）A车保险公司在交强险限额范围内赔偿医疗费4910.76元（医疗费、住院伙食补助费）、伤残补偿费5330.32元，共计赔偿10,241.08元。案件受理费56元，减半收取28元，由甲负担14元，A车驾驶人负担14元。

19 行人在机动车道内坐卧、停留

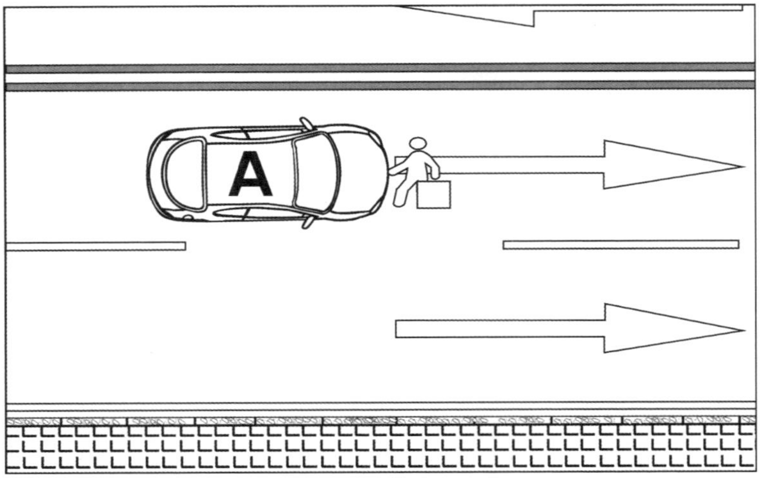

如图所示，行人在机动车道内坐卧，与A车发生事故，则行人承担相应责任。

交警解答

车辆在高速行驶中，驾驶人一般对道路上动态的目标比较关注，而对于较小的静止目标则容易忽视，比如处于坐卧状态的行人。特别是夜间，行人若是坐卧在车行道上，更是危险之极。

因此，《道路交通安全法实施条例》第74条规定，行人在车行道内不得坐卧、停留。

案例链接

如图所示，20××年9月9日3时15分许，A车驾驶人驾驶A车沿道路由西往东方向在最左侧机动车道行驶，至交叉路口西侧路段时，车辆左前轮碾压醉酒后躺卧在该机动车道上的行人甲头部，造成甲当场死亡。根据A车驾驶人的陈述，其在运送乘客的过程中因地面光线不足，并未看到躺在地上的甲，只感到车辆震动了两下，继续送乘客到目的地。事后经A车驾驶人同事告知，才意识到可能发生了事故，然后开到现场协助交警调查。当地交警部门作出道路交通事故认定，甲承担本次事故的主要责任，A 车驾驶人承担本次事故的次要责任。

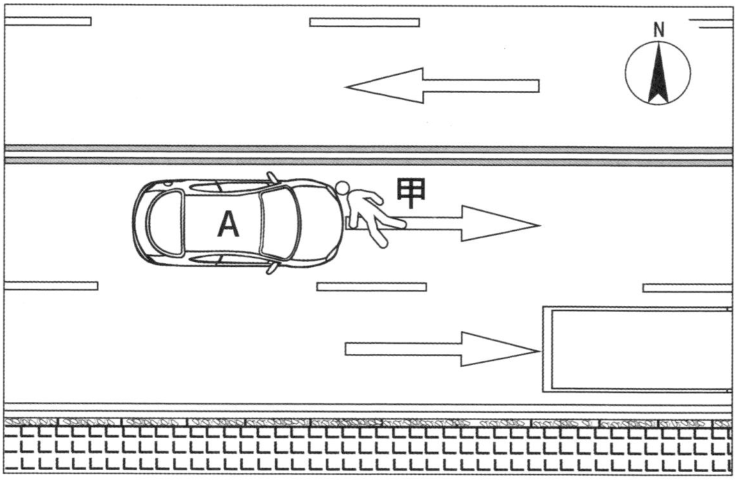

【法院判决】

A 车所有人向一审法院起诉，请求：（1）甲亲属赔偿其停运损失、评估费合计 16,171.2 元；（2）甲亲属承担本案诉讼费。

一审法院判决，甲亲属应在所继承的遗产范围内，赔偿 A 车所有人交通事故损失 16,171.2 元。案件受理费减半收取 496 元，由 A 车所有人负担 328 元，由甲亲属负担 168 元。

甲亲属不服一审判决，上诉请求：（1）撤销一审判决，驳回 A 车所有人的全部诉讼请求；（2）判令 A 车所有人承担本案一、二审诉讼费。

二审法院认为，本案系机动车交通事故责任纠纷。A 车作为营运车辆，因交通事故被交警扣押，期间产生的损失经专业鉴定公司进行鉴定，甲亲属也并未提供证据反驳评估结论或证明评估结论依据不足。因此，二审法院支持 A 车所有人的损失请求。现有证据不能证明 A 车驾驶人在事发当时明知与甲发生了碰撞然后离开事故现场，也不能证明其离开事故现场主观上是为逃避法律责任。因此，一审法院认为 A 车驾驶人的行为不构成交通肇事逃逸，并无不当。关于事故责任认定及民事赔偿责任认定问题，甲亲属虽对交警部门就涉案事故所作认定有异议，但其未能提供相反证据推翻交警部门所作事故认定，涉案事故认定书有相应的证明力。结合事故双方当事人的事故责任、过错程度，一审法院认定甲应对事故造成A车所有人的损失承担60%的责任合理，该院予以确认。

二审法院判决：驳回上诉，维持原判。

甲亲属申请再审，请求：（1）撤销一、二审判决；（2）驳回A车所有人一审的全部诉讼请求及支持其二审的全部上诉请求；（3）A车所有人承担本案一、二审的案件受理费。

再审法院认为，本案应当适用《道路交通安全法》第76条第1款的相关规定。对于机动车与非机动车驾驶人、行人之间发生交通事故的情形，该条只规定机动车一方应向非机动车驾驶人、行人承担赔偿责任，非机动车驾驶人、行人对事故发生有过错的，按照过失相抵原则减轻机动车一方的赔偿责任，并未规定非机动车驾驶人、行人应当赔偿机动车一方的损失。因此，机动车与行人之间发生交通事故，赔偿责任主体应为机动车一方以及承保其交强险的保险公司。再根据《交强险条例》第21条第1款规定和《交通事故损害赔偿解释》（2012年版，已修订）第14条规定，此种情形下有权获得赔偿的主体仅限于被保险机动车本车人员、被保险人以外的被侵权人、受害人，亦即行人一方，赔偿范围也仅限于行人一方的损失，不包括作为侵权人的机动车一方的损失。上述司法解释第15条规定中的侵权人是指依法应当承担损害赔偿责任的机动车一方，作为事故受害人的行人并非该条所规定的赔偿责任主体。此外，一、二审判决将甲认定为侵权人，并依据《道路交通安全法》第76条、上述司法解释第15条的规定，支持A车所有人的诉讼请求，属于理解、适用法律有误。《道路交通安全法》第76条并未规定机动车与行人之间发生交通事故，行人应赔偿机动车一方的损失，上述司法解释第15条规定的侵权人亦即赔偿责任主体，是指机动车一方而非行人。因此，对于A车所有人的诉讼请求，本院不予支持。

再审法院判决：（1）撤销二审法院民事判决；（2）撤销一审法院民事判决；（3）驳回A车所有人的诉讼请求。一审案件受理费496元，二审案件受理费204元，由A车所有人负担。

20 行人在机动车道内从事非交通活动

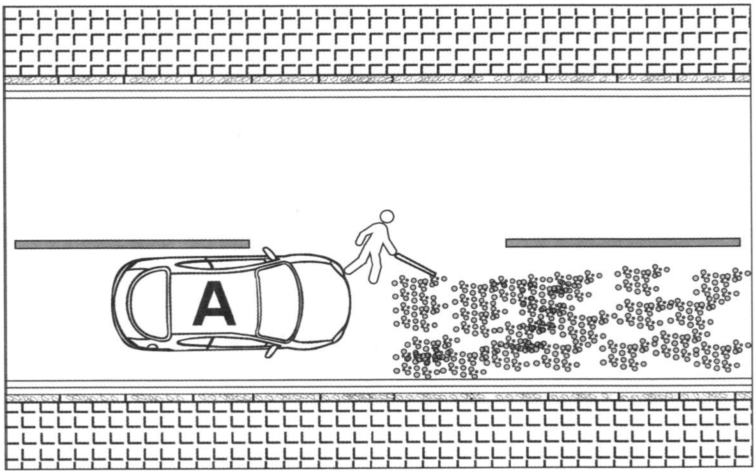

如图所示，行人在机动车道内晒粮食，与 A 车发生事故，则行人承担相应责任。

交警解答

在农村公路上，每年夏秋两季，不少农民把公路当成了打谷场，在公路上打场晒粮的行为屡禁不止，严重影响了车辆通行安全和晒粮农民的自身安全。因为公路晒粮导致的交通事故几乎每年都会发生，其结果或是驾车人员车毁人伤，或是晒粮农民自食苦果。

因此，《道路交通安全法》第 31 条明确规定：未经许可，任何单位和个人不得占用道路从事非交通活动。

案例链接

如图所示，20×× 年 6 月 10 日 20 时许，A 车驾驶人驾驶 A 车由东向西行驶，撞到占用道路给轻便两轮摩托车 B 加油的甲、乙二人，导致甲、乙受伤。甲受伤后在医院住院治疗。经交警部门认定，A 车驾驶人承担本次事故的主要责任，甲和乙承担次要责任。

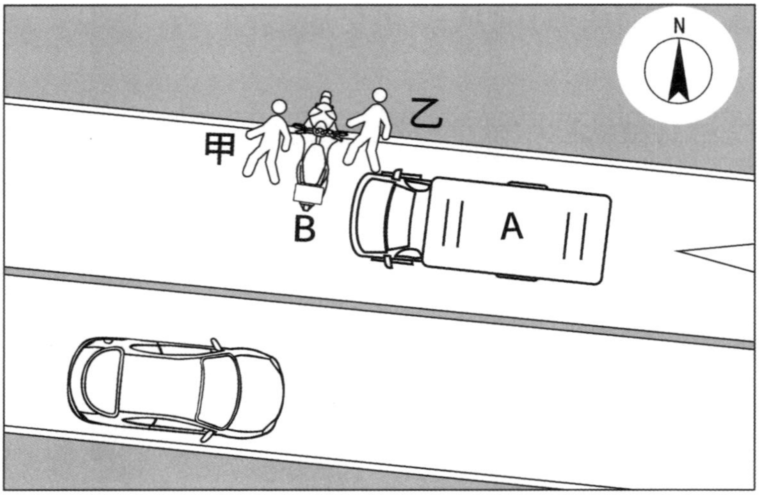

【法院判决】

甲向一审法院起诉，请求：（1）判令 A 车保险公司赔偿其因交通事故造成的医疗费 345,733.88 元、营养费 2250 元、住院伙食补助费 3600 元、护理费 44,800 元、误工费 46,200 元、残疾赔偿金 536,275.2 元、精神损害抚慰金 25,000 元、交通费 6000 元、财物损失 2000 元、护理依赖 87,600 元，扣除第三人垫付 55,070.52 元，按责承担后，甲实际主张 848,800 元；（2）案件受理费和鉴定费由 A 车保险公司负担。

一审法院认为，经调查，乙承诺交强险内的全部份额由甲享有。因 A 车驾驶人投保了交强险和不计免赔 100 万元商业三者险，故对甲的案涉损失，应先由 A 车保险公司在交强险限额内予以赔偿，不足部分在商业三者险范围内按照 70% 的责任赔偿。经过司法鉴定所对甲的鉴定，认为甲因车祸致重型颅脑损伤遗留左侧肢体偏瘫，构成五级残疾；遗留脑软化灶形成伴精神障碍，日常生活有关的活动能力重度受限，构成八级残疾；左侧多发肋骨骨折，构成十级残疾。法院对此予以认定。

一审法院判决：（1）A 车保险公司于本判决生效之日起 10 日内，赔偿甲各项经济损失 761,265.36 元；（2）驳回甲的其他诉讼请求。案件受理费 12,288 元，减半收取 6144 元，鉴定费 5849.80 元，合计 11,993.80 元，由甲负担 993.80 元，A 车保险公司负担 11,000 元。

甲认为，当时其驾驶电动自行车为乙送油，为乙的摩托车 B 加完油后步行离开该摩托车时被 A 车碰撞，事发时其应是行人，一审法院对赔偿责任比例划分不恰当，上诉请求：（1）撤销原审判决，依法改判 A 车保险公司在商业三者险限额内按照 80% 的赔偿比例增加赔偿甲损失 93,037 元或发回重审；（2）二审上诉费用由 A 车保险公司承担。

二审法院认为，一审法院根据案涉《事故认定书》认定的双方主次责任，结合双方过错程度，确定 A 车保险公司在商业三者险范围内承担 70% 的事故赔偿责任，符合本案事实和法律规定，并无不当。

二审法院判决：驳回上诉，维持原判。

21 行人在机动车道上使用滑板、旱冰鞋等滑行工具

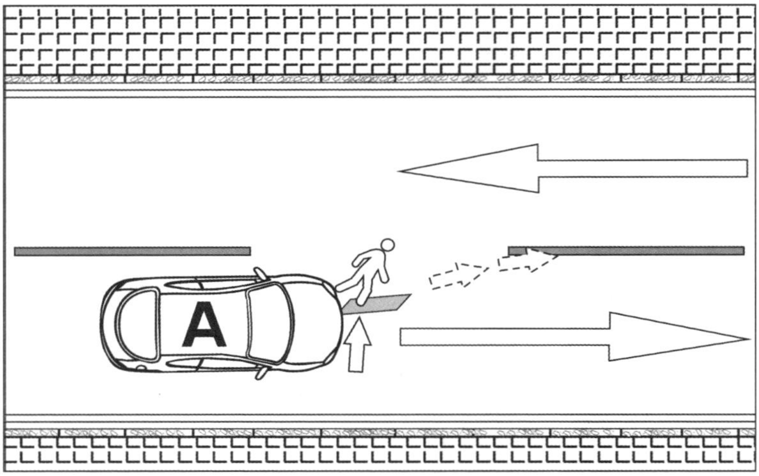

如图所示，行人在机动车道内使用滑板滑行，与A车发生事故，则行人承担同等以上责任。

交警解答

《道路交通安全法》第74条规定，行人在道路上不得使用滑板、旱冰鞋等滑行工具。这里的道路包括机动车道和非机动车道，而不仅仅局限于机动车道。另外，凡是机动车能正常行驶的广场、小区道路、厂区道路等地方，都不能使用滑板和旱冰鞋。

在这里提醒广大青少年：合理、低速地玩滑板，能够锻炼大脑反应能力，提高身体协调能力，但在运动的同时一定要注意安全，应在安全的地点玩耍，以免发生事故。

案例链接

如图所示，20×× 年11月9日8时30分许，A车驾驶人驾驶三轮电动车A沿道路行驶至某路段，遇对向滑行滑板车的儿童甲时，三轮电动车因避让甲造成侧翻，在侧翻过程中与甲发生事故，导致甲受伤，随后甲被送到医院救治。当

地交警部门出具的《事故证明》载明：虽有证据证明A车驾驶人和甲的监护人均有违法行为，但由于事故现场变动，经现场复勘后三轮电动车与滑板车在道路上的接触位置无法确定，导致事故成因无法判定。

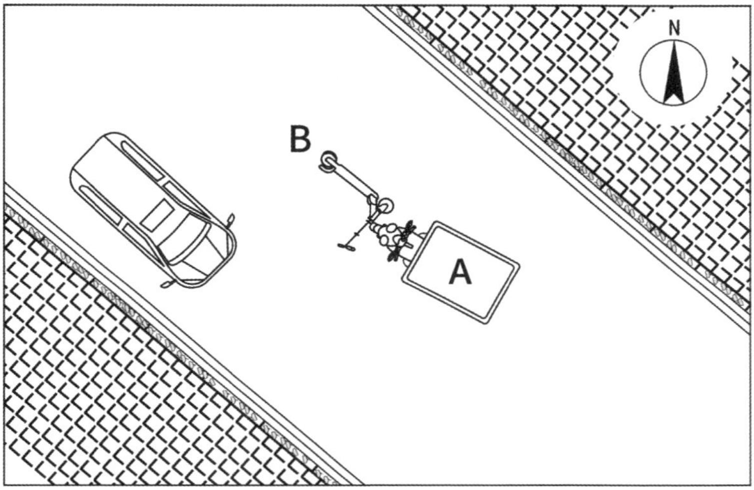

【法院判决】

甲的监护人向法院提起诉讼，请求：（1）A车驾驶人赔偿其因交通事故所造成的各项损失103,668.31元；（2）本案诉讼费由A车驾驶人承担。

法院认为，虽然交警部门因事故成因无法判定而未对本起交通事故责任进行认定，但不影响人民法院根据各方的过错程度等确定侵权人的赔偿责任。A车驾驶人违反了《道路交通安全法》第18条第1款“依法应当登记的非机动车，经公安机关交通管理部门登记后，方可上道路行驶”的规定，甲的监护人的行为违反了《道路交通安全法》第64条第1款“学龄前儿童以及不能辨认或者不能控制自己行为的精神疾病患者、智力障碍者在道路上通行，应当由其监护人、监护人委托的人或者对其负有管理、保护职责的人带领”以及《道路交通安全法实施条例》第74条第1项行人不得“在道路上使用滑板、旱冰鞋等滑行工具”的规定，事故双方在本起事故中均存在过错。从双方所使用工具来看，A车驾驶人驾驶三轮电动车，甲滑行滑板车，A车驾驶人在危险控制、风险承受能力等方面明显居于优势地位，故本案中 A 车驾驶人与甲的责任划分为主次责任较为合适，即 A 车驾驶人承担本起事故的主要责任，甲的监护人承担本起事故的次要责任。法院酌情确定 A 车驾驶人对甲的损失承担 60% 的赔偿责任，其余 40% 的损失由甲的监护人自行承担。

综上所述，法院确定甲因本起交通事故所造成的各项损失共计 96,968.31 元，其中医疗费 8723.51 元、住院伙食补助费 350 元、营养费 1000 元、护理费 2710.80 元、残疾赔偿金 78,884 元、鉴定费 2000 元、精神损害抚慰金 3000 元、交通费 300 元，A 车驾驶人按责赔偿甲 59,380.99 元，扣除 A 车驾驶人垫付的 2000 元，尚需赔偿甲 57,380.99 元，其余 40% 的损失 37,587.32 元由甲的监护人自行承担。

法院判决：A 车驾驶人于本判决生效之日起 15 日内赔偿甲因交通事故所造成的各项损失 57,380.99 元。案件受理费 818 元，减半收取 409 元，由甲监护人负担 183 元，A 车驾驶人负担 226 元。

22 机动车借用非机动车道或人行道行驶时碰撞行人

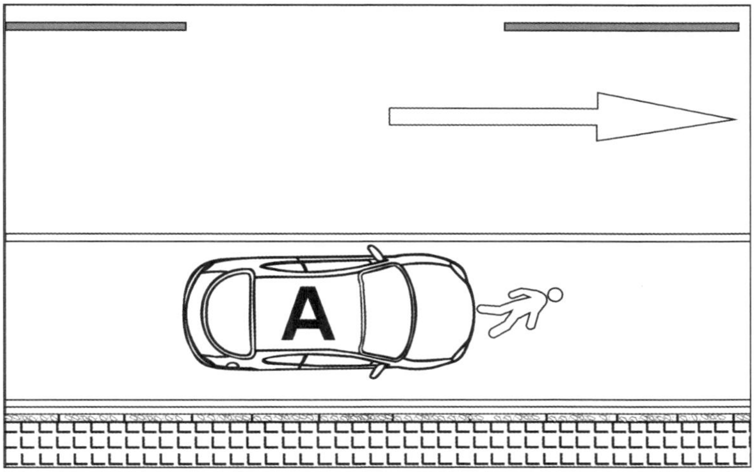

如图所示，A 车在借用非机动车道行驶时撞倒行人，一般情况下 A 车承担全部责任。

交警解答

《道路交通安全法》规定，机动车借道行驶时，应当让非机动车或行人优先通行。借道车辆不允许逆行，应保持低速，注意避让行人，保证安全。机动车驶入非机动车道或人行道，未避让非机动车或行人，发生事故原则上均由机动车承担全部责任。除非有证据证明行人或非机动车存在过错，才可减轻机动车的责任。

需要强调的是，借道车辆只能短时间借用非机动车道或人行道，否则就是违法占道行驶了。

23 从机动车道向非机动车道或人行道转弯时碰撞行人

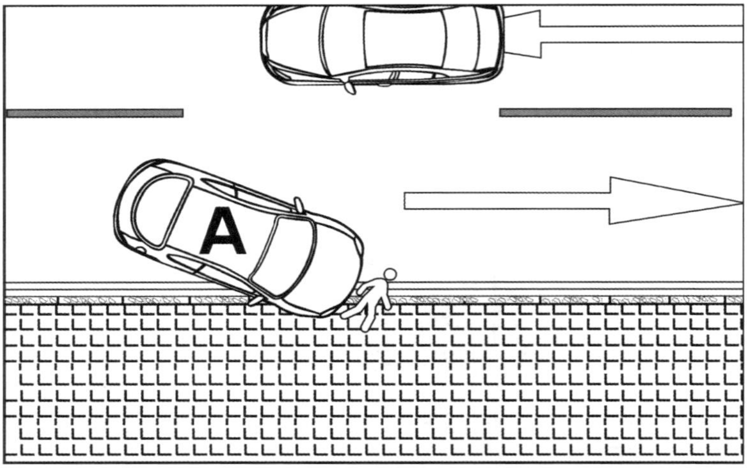

如图所示，A 车在从机动车道右转弯时，撞倒人行道上直行的行人，则 A 车承担全部责任。

交警解答

《道路交通安全法》明确规定，转弯的车辆让直行的车辆、行人先行。作为右转弯的机动车，在行经非机动车道和人行道时，也相当于借道通行，所以必须让非机动车和行人先行，并保证他们的安全。否则，一旦在这些路段发生事故，机动车就要承担全部责任。除非有证据证明非机动车和行人对事故的发生有过错。

24 乘车人在机动车道上从机动车左侧上下车

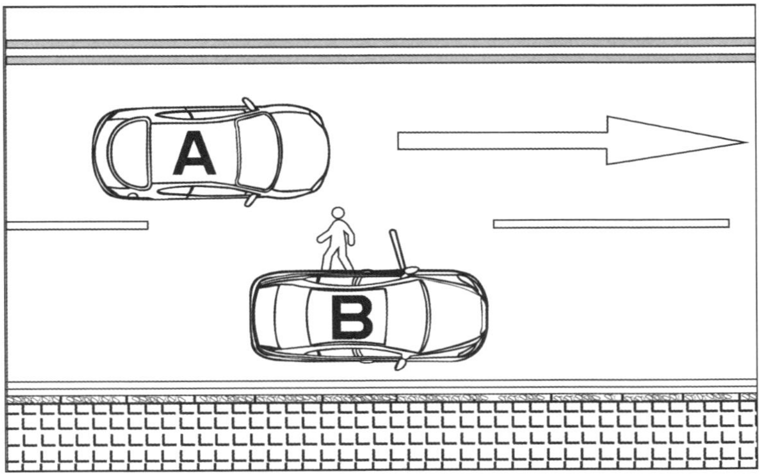

如图所示，乘车人从机动车左侧下车，被后面的A车撞到，则乘车人承担相应责任。

交警解答

《道路交通安全法实施条例》第77条规定，乘坐机动车时，在机动车道上不得从机动车左侧上下车。因为车辆靠右行驶，车辆的左侧便成为车辆之间来去交会的临界点，若是乘客从左侧上下车，容易被后面的车子剐碰，轻则毁坏车门，重则伤人。

案例链接

如图所示，20××年12月24日5时5分许，A车驾驶人驾驶A车行至高速公路某处时，停驶于应急车道，处于醉酒状态的乘客甲打开A车后排左侧车门进入行车道，B车驾驶人驾驶B车与甲发生碰撞，导致甲当场死亡。当地交警部门认定，甲在本次事故中承担主要责任，A车驾驶人、B车驾驶人承担次要责任。

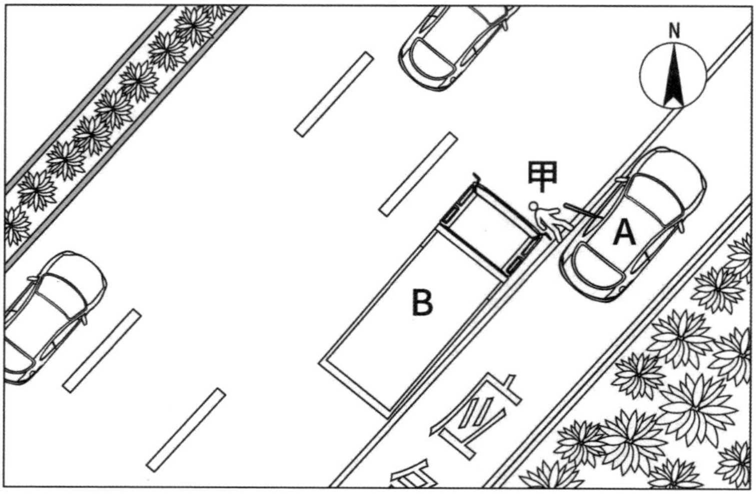

【法院判决】

甲亲属向法院提起诉讼，请求：依法判令A、B两车驾驶人、A车、B车各自保险公司赔偿其死亡赔偿金、丧葬费、被抚养人生活费、误工费、交通费、精神损害抚慰金等各项费用共计1,253,993元。

法院认为，乘坐机动车辆的任何人都不可能永久地置身于车内。机动车第三者责任保险中的"第三者"是指除被保险人和保险车辆的人员以外的因保险车辆发生意外事故遭受人身伤亡或者财产损失的人；车上人员责任险中的"车上人员"是指发生意外事故的瞬间，身处被保险车辆车体内或者车体上的人。判断受害人属于"第三者"还是"车上人员"，应当以受害人在事故发生以及受伤时的特定时间点与被保险车辆的空间位置作为主要依据。本案中，A车停驶于应急车道，甲打开后排左侧车门进入行车道，B车与甲发生碰撞，此时甲已经不在A车内，而是在行车道上，且根据《事故认定书》可以看出交警部门已经将甲认定为A车乘车人后下车转为行人；另外，从对危险的控制力看，车上人员下车后与其他普通"第三者"对危险的控制力并无实质区别，故本案中从事故发生时特定时间点以及甲的空间位置状态等情况看，甲属于机动车第三者责任保险中的"第三者"。根据交警部门作出的责任认定，酌定A、B两车驾驶人各承担20%的赔偿责任为宜，故本案中应先由A、B两车保险公司在交强险内对甲承担赔偿责任，不足部分由A车保险公司和B车保险公司在商业三者险内分别承担20%的赔偿责任。法院确认甲的死亡赔偿金 941,320 元、被扶养人生活费 175,884 元、丧葬费 42,044.52 元，共计 1,159,248.52 元。由 A 、B 两车保险公司在交强险范围内分别赔偿 180,000 元，在商业三者险范围内分别赔偿 159,849.7 元。

法院判决：（1）A 车保险公司在交强险范围内赔偿甲亲属 180,000 元；（2）B 车保险公司在交强险范围内赔偿甲亲属 180,000 元；（3）A 车保险公司在商业三者险范围内赔偿甲亲属 159,849.7 元；（4）B 车保险公司在商业三者险范围内赔偿甲亲属 159,849.7 元；（5）驳回甲亲属其他诉讼请求。

25 乘车人在机动车行驶中跳车

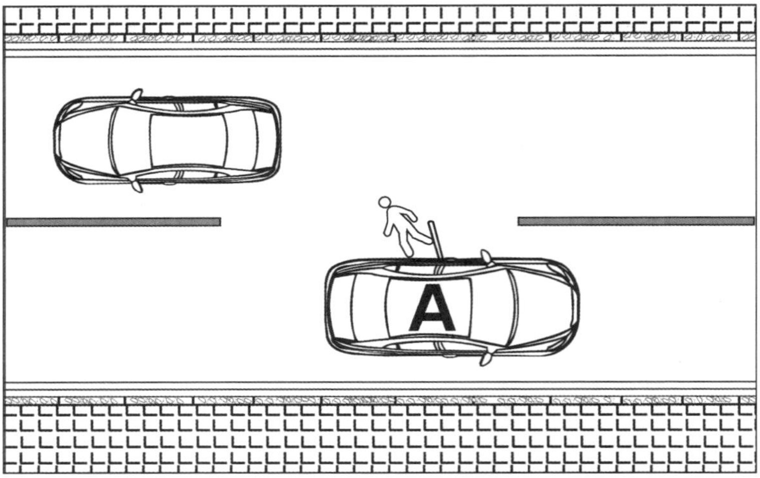

如图所示，乘车人在车辆行驶途中，从机动车上跳下来，则乘车人承担主要以上责任。

交警解答

《道路交通安全法实施条例》第77条规定，机动车行驶途中，乘车人不得跳车。从行驶的机动车上向下跳是非常危险的。因为车和人一起向前运动，当你从车上跳下时，脚处于静止状态，身体上部由于惯性还会继续向前运动，人就会摔倒。如果车辆速度较快，车辆较高，乘车人摔倒后头部着地，后果就更加严重。

案例链接

如图所示，20×× 年11月21日18时许，乘客甲等十余人（其中有5人在驾驶室内，甲等人坐在驾驶室后的车厢内）乘坐A车驾驶人驾驶的A车（核定载人2+3人）回家。A车沿省道由东向西行驶至某路口时，甲因看到其下车的路口已过，未通知驾驶员即从行驶中的A车上跳下受伤，后经抢救无效于当月25日死亡。事故发生后，当事人均未在现场报警。11月22日7时47分，甲亲属报警。交警大队根据当事人陈述、现场勘查、证人证言及鉴定意见等证据作出

《事故证明》。

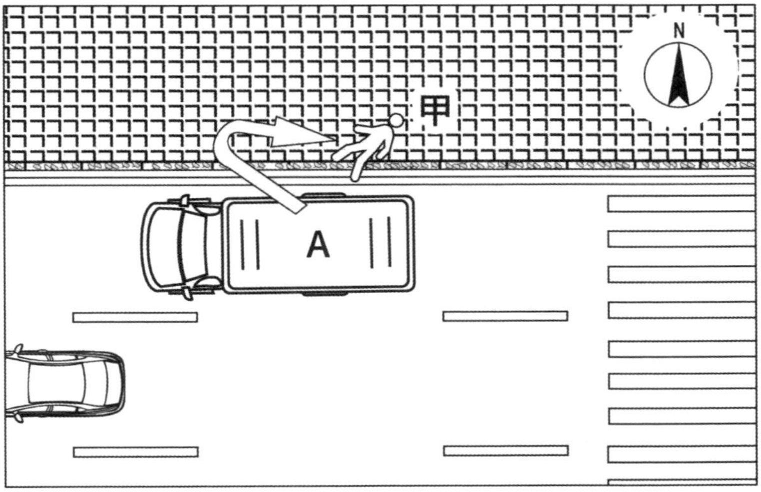

【法院判决】

甲亲属向一审法院起诉，请求：判令A车驾驶人、A车保险公司赔偿其死亡赔偿金、丧葬费、精神损失费等计337,003.45元。

一审法院认为，甲从行驶中的车上跳下的违法行为是造成此次交通事故的主要原因，应承担事故的主要责任；A车驾驶人驾驶机动车载人时超过核定的人数并在货箱内载人的违法行为是造成此次交通事故的次要原因，应承担事故的次要责任。双方应当按照该认定书确定的责任比例承担自己的民事责任，一审法院酌定减轻A车驾驶人70%的责任。但是A车保险公司辩称甲乘坐在车上，属于车上人员，而并非交强险赔偿对象的第三者，且其受伤是其从车上跳下摔伤，并非机动车碰撞造成的事故伤，不属于交强险保险责任。关于“车上人员”的界定，结合交强险立法目的，判断发生交通事故而受害的人属于第三者还是本车人员，必须以该人在“交通事故发生当时”这一特定时间“是否身处机动车之上”为依据，在车上即为本车人员，在车外即为第三者，二者只是特定时空条件下的临时身份，可以因特定时空条件的变化相互发生转换。本案中，交通事故发生前，甲确系乘坐于车上的车上人员，但在其跳车时，其已身处车外，故其身份性质已转换为第三者，而事故发生在其跳车后，故依法应当获得交强险限额赔偿。法院对甲亲属各项损失认定共计 351,575.95 元，其中医药费 10,000 元应由 A 车保险公司在医疗费用赔偿限额内予以赔偿，死亡赔偿金 110,000 元应由其在死亡伤残赔偿限额内予以赔偿，在交强险范围内共赔偿 120,000 元。其余损失 231,575.95 元应由 A 车驾驶人赔偿 30%，即 69,472.79 元。因 A 车驾驶人已预付给赔偿款 42,602.45 元，该款从赔偿款中减除后，A 车驾驶人还应赔偿 26,870.34 元。

一审法院判决：（1）A 车保险公司于本判决生效之日起 10 日内在交强险范围内赔偿甲亲属医疗费等计 120,000 元；（2）A 车驾驶人于本判决生效之日起 10 日内赔偿甲亲属死亡赔偿金等计 26,870.34 元。

A 车保险公司不服一审判决，上诉请求：撤销一审判决，改判其不承担赔偿责任。

二审法院认为，对于事故中脱离车辆的受害人，存在属于“车上人员”和不属于“车上人员”两种理解，且该两种理解均具有一定合理性。但根据《保险法》的格式条款不利解释原则及交强险的立法目的，从维护受害人合法权益角度出发，应作对保险人不利的解释，认定事故中脱离车辆的本车其他人员不属于“车上人员”。据上所述，甲虽原为车上人员，但损害发生时已脱离车辆，且从公安机关出具的事故证明来看，其受伤与交通事故也存在因果关系，原审法院从时空角度认定损害后果发生时甲已转换为涉案车辆投保交强险的第三者并无不当。此外，关于甲对其损害是否存在间接故意问题，在本案中，甲虽客观上存在从行驶中的车辆跳下的行为，但通过公安机关对同车人员的询问可知，其跳车目的是提前下车，该行为不能说明甲能预见到跳车会致其死亡且放任该结果发生，A 车保险公司也未提供证据证明甲属于间接故意（预见到损害结果发生，并放任该结果发生的心态），保险人主张免除赔偿责任缺乏依据，一审法院判令 A 车保险公司在交强险范围内承担赔偿责任符合法律规定。

二审法院判决：驳回上诉，维持原判。

A 车保险公司不服二审判决，认为甲不能转化为本车第三人，不属于交强险的赔偿范围，且其行为存在间接故意，保险公司不应承担赔偿责任，再审请求：驳回甲亲属对其的诉讼请求。

再审法院认为，《交强险条例》第 3 条规定，本条例所称机动车交通事故责任强制保险，是指由保险公司对被保险机动车发生道路交通事故造成本车人员、被保险人以外的受害人的人身伤亡、财产损失，在责任限额内予以赔偿的强制性责任保险；第 21 条规定，被保险机动车发生道路交通事故造成本车人员、被保险人以外的受害人人身伤亡、财产损失的，由保险公司依法在机动车交通事故责任强制保险责任限额范围内予以赔偿。第 5 条规定，交强险合同中的受害人是指因被保险机动车发生交通事故遭受人身伤亡或者财产损失的人，但不包括被保险机动车本车车上人员、被保险人。上述条款明确将本车人员排除在交强险的赔偿范围之外。而对于本车车上人员转化为第三者的认定，应考虑交通事故发生前受害人身体所处的位置，以及受害人遭受损害的原因等因素进行综合分析。甲并非因该车辆行驶不当或涉案车辆与其他车辆、物体相撞而被摔下车，而是在该车辆正常行驶过程中，且未告知 A 车驾驶人的情形下主动跳车导致摔伤，跳车后亦没有受到该车的拖带或碾压或存在其他与该车相碰行为，故甲虽然因跳车而身体在涉案车辆外，但不能因此即转化为涉案车辆交强险的第三者，A 车保险公司对甲的损害在交强险限额内无须承担赔偿责任。

另外，甲违反了《道路交通安全法实施条例》第 77 条第 4 项“机动车行驶中，不得干扰驾驶，不得将身体任何部分伸出车外，不得跳车”的规定，且作为完全民事行为人，其应当对跳车后果有预见能力，自身对损害的发生存在主要过错。A 车驾驶人虽然存在超载的行为，但并不必然会导致案涉事故，对驾驶座后车厢内司乘人员的跳车并不知情且也无法预见，故原审法院判决 A 车驾驶人承担甲损害的 30% 赔偿责任略高，本院酌定改 A 车驾驶人承担 20% 的赔偿责任。当事人对一、二审法院认定的案涉事故造成甲损失的各项费用合计 351,575.95 元并无异议，故 A 车驾驶人应承担的赔偿金额为 70,315.19 元，扣除 A 车驾驶人的预付赔偿金还应赔偿 27,712.74 元。

再审法院判决：（1）撤销一、二审法院民事判决；（2）A 车驾驶人于本判决生效之日起 10 日内赔偿甲亲属死亡赔偿金等 27,712.74 元；（3）驳回甲亲属的其他诉讼请求。

26 乘车人将身体伸出车外

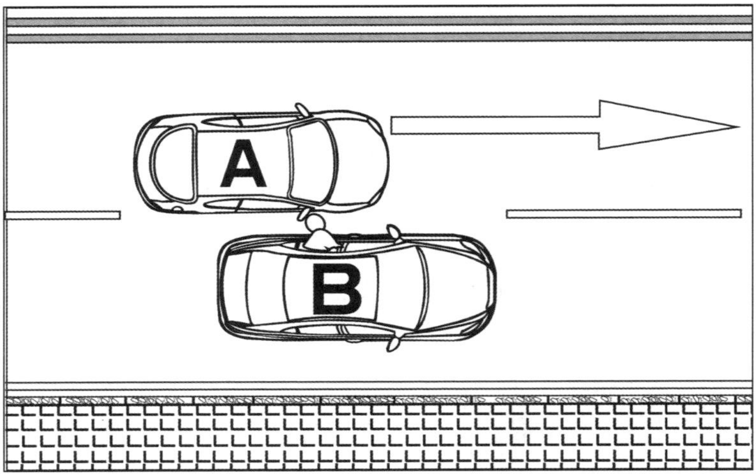

如图所示，B 车乘车人在车辆行驶途中，将身体伸出车外，被后方相邻车道的 A 车撞到，则乘车人承担主要以上责任。

交警解答

我们知道，行车途中将身体伸出车外造成的伤害程度，跟速度、相对速度有关。比如，两辆相向行驶的时速各 40 公里的车辆，会车速度就是 80km/h。在这样的速度下，即使是一根细细的风筝线都可以割断成人的肌肉、肌腱甚至喉管。

因此，当乘车人把身体或者四肢伸出车外时，遇两车近距离会车，一旦发生高速剐蹭，其结果可想而知；如果发生追尾，乘车人还很可能会摔出车外。《道路交通安全法》明确规定，机动车行驶途中，乘车人不得将身体任何部分伸出车外。

27 乘车人干扰驾驶人员

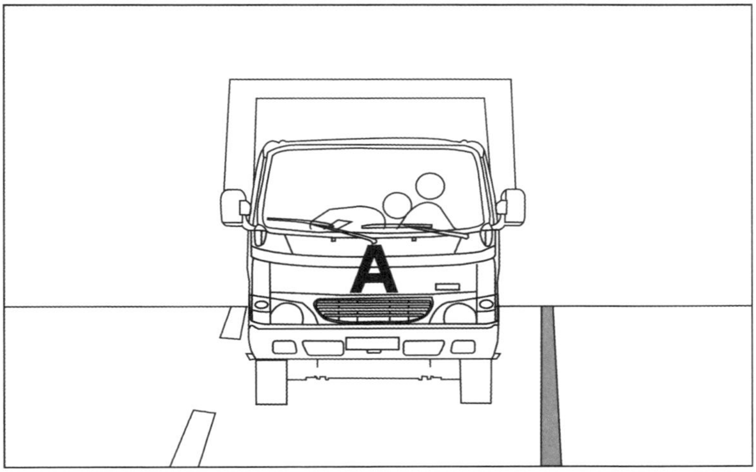

如图所示，乘车人在车辆行驶途中，干扰驾驶人员，导致车辆发生事故，则乘车人承担主要以上责任。

交警解答

根据《道路交通安全法实施条例》第 77 条的规定，乘车人在机动车行驶途中，不得干扰驾驶。在车辆行驶途中，驾驶人承担着把车上所载人和物安全送到目的地的责任，可谓责任重大，必须自始至终全神贯注，注意力高度集中。如果乘车人干扰驾驶人，就可能导致其无法有效地履行职责，甚至危及整个车辆的安全。

如果是公共交通车辆上的乘车人干扰驾驶员正常驾驶，该乘车人可能涉嫌刑事犯罪。

28 “鬼探头”

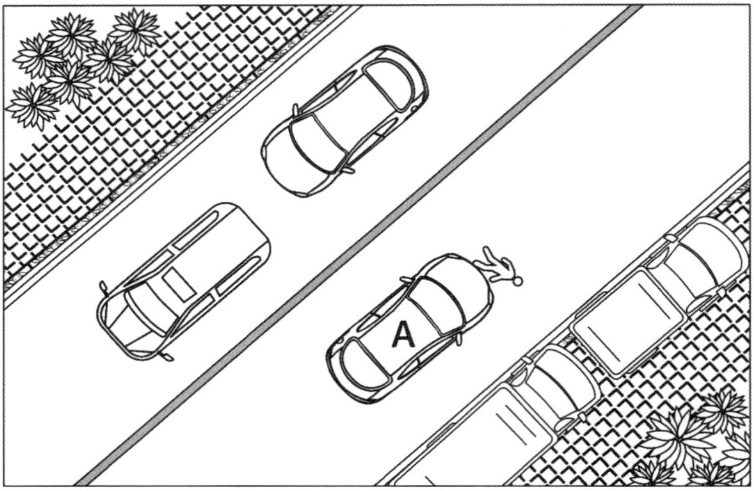

如图所示，A 车正常行驶，行人突然从路边冲出，横穿道路，被 A 车撞上，行人承担主要以上责任。

交警解答

“鬼探头”通俗来讲，就是在前方有车辆或障碍物阻挡视线，也就是视野盲区的位置，突然蹿出一辆非机动车或行人。司机避让不及时，往往造成车损人亡的惨剧。

《道路交通安全法》第 62 条规定，行人通过路口或者横过道路，应当走人行横道或者过街设施；通过有交通信号灯的人行横道，应当按照交通信号灯指示通行；通过没有交通信号灯、人行横道的路口，或者在没有过街设施的路段横过道路，应当在确认安全后通过。

案例链接

如图所示，20×× 年 1 月 14 日上午，A 车驾驶人驾驶 A 车（所属甲公司，专在厂区内行驶）在厂区内由北朝南方向行驶。行至一厕所门口时（路面及人行道上堆放有物品，属于乙公司），与从厕所出来由东朝西横过道路去往对面的行人丙发生碰撞，导致丙受伤。当地交警部门认定，厂区内部道路，不同于一般道路，驾驶人有高度注意的义务。A 车驾驶人驾车进入厂区道路行驶时，对前方路面上可能出现的情况预判不足，是造成此事故的主要原因；丙从厕所出来进入路面前，未对路面上的情况观察仔细确保安全，是造成此事故的次要原因；乙公司在事发地路段占用道路堆放设备（影响交通安全，未事先征得交警部门同意，并且未在堆放设备地点来车方向安全距离处设置明显的安全警示标志、采取防护措施，是造成此事故的次要原因，故 A 车驾驶人承担事故的主要责任，丙、乙公司承担事故的次要责任。

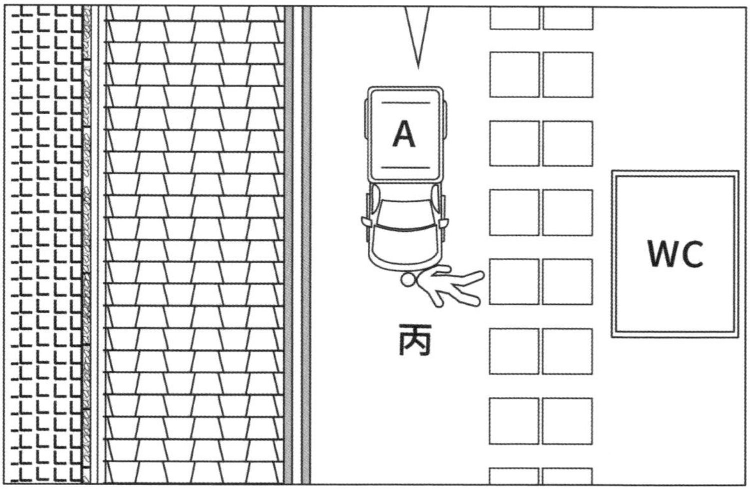

【法院判决】

丙向法院起诉，请求：（1）判令甲公司、乙公司赔偿其各项损失 689,646 元，其中甲公司赔偿 522,238 元，乙公司赔偿 167,408 元；（2）本案诉讼费由两公司承担。

法院认为，本案道路交通事故发生在机动车与行人、物品管理人之间，且根据交警部门作出的交通事故责任认定，确定本次交通事故造成的损失由 A 车驾驶人负担 70%，丙和乙公司各负担 15%。根据《交强险条例》第 2 条之规定，在中华人民共和国境内道路上行驶的机动车的所有人或者管理人，应当按照《道路交通安全法》的规定投保机动车交通事故责任强制保险。虽然厂内用机动车不在公路、城市道路通行，但是如果在厂区范围内通行，而该厂区范围内又允许社会车辆通行，则该厂区范围仍属于《道路交通安全法》第119条所规定“道路”，那么在该厂区范围内行驶的机动车，仍属于《交强险条例》第2条规定的“在中华人民共和国境内道路上行驶的机动车”，故本案所涉肇事车辆的所有人或管理人即甲公司具有投保交强险的法定义务。《交通事故损害赔偿解释》（2020年修正）第16条规定：“未依法投保交强险的机动车发生交通事故造成损害，当事人请求投保义务人在交强险责任限额范围内予以赔偿的，人民法院应予支持。”A车在事发时未投保交强险，因此，丙合理损失先由甲公司在交强险的责任限额内承担。丙超出交强险的损失部分，按照《道路交通安全法》和《民法典》的相关规定由侵权人予以赔偿。法院认定丙的各项损失共计1,000,459.92元。

法院判决：（1）甲公司赔偿丙736,561.94元；（2）乙公司赔偿丙131,948.99元；（3）驳回丙的其他诉讼请求。案件受理费10,858元，由甲公司负担7676元，乙公司负担2939元，丙负担243元。

第十二章

机动车与非机动车事故责任认定

01 非机动车转弯时未减速慢行、伸手示意，突然转弯

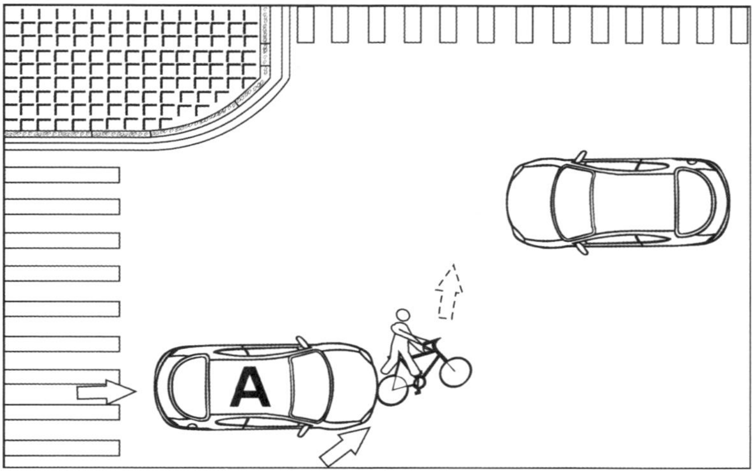

如图所示，非机动车在转弯时骑车人未减速慢行、伸手示意，而是突然猛拐，与直行的 A 车发生事故，则非机动车承担同等以上责任。

交警解答

《道路交通安全法实施条例》第 72 条规定，非机动车转弯前应当减速慢行、伸手示意，不得突然猛拐。其实无论是机动车还是非机动车，在转弯时都应减速慢行，并发出转弯信号。这里所谓的发转弯信号，就是有转弯信号灯的就打信号灯，没有信号灯的（如自行车）驾驶人就应伸手示意。

案例链接

如图所示，20×× 年 10 月 16 日 5 时 40 分许，A 车驾驶人骑电动两轮车 A 由东向西行驶至路口左转弯时，与顺行的直行 B 车发生相撞，致 A 车驾驶人受伤。当地交警部门认定，B 车驾驶人承担事故的次要责任，A 车驾驶人承担事故的主要责任。

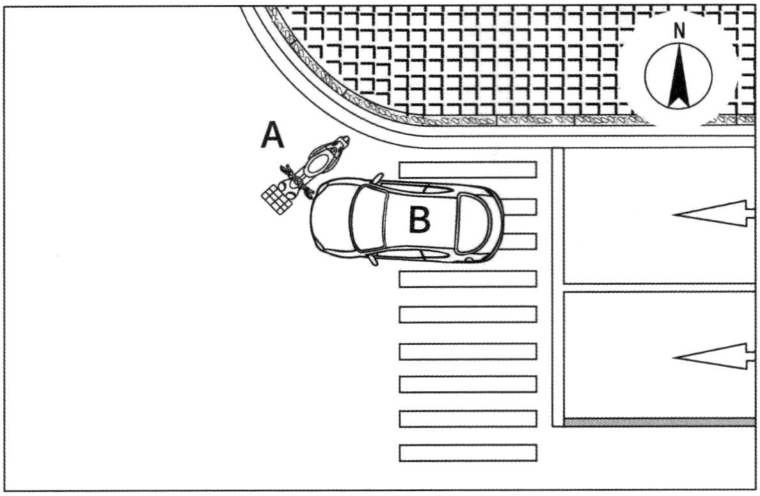

【法院判决】

A 车驾驶人向法院起诉，请求：（1）判令 B 车驾驶人、B 车保险公司赔偿其各项损失共计 308,124.7 元；（2）本案诉讼费用由 B 车驾驶人、B 车保险公司承担。

法院认为，国家有关部委在 2019 年 3 月 14 日联合发文中，明确了电动自行车的登记使用管理办法，电动自行车按非机动车管理，对不符合旧标准也不符合新标准的电动自行车设置过渡期，发放临时号牌，故 A 车应为非机动车。按“优者危险负担原则”，B 车驾驶人驾驶的机动车规避性明显高于 A 车驾驶人所骑电动车，B 车驾驶人承担事故的次要责任，A 车驾驶人承担事故的主要责任，以 B 车驾驶人承担 40% 的责任为宜。依据《事故认定书》，结合双方当事人过错程度，认定 A 车驾驶人和 B 车驾驶人分别承担 60% 和 40% 的责任。法院认定 A 车驾驶人精神损害抚慰金 4000 元、医疗费 159,996.79 元、伤残赔偿金 314,827.2 元、护理费 25,200 元、交通费 1000 元、住院伙食补助费 11,600 元、完全依赖护理费 349,808 元、鉴定费 3640 元，上述损失保险公司在交强险限额范围内赔偿医疗费、精神损害抚慰金、伤残赔偿金等损失 198,000 元，在商业三者险范围内赔偿医疗费、伤残赔偿金、护理费、交通费、住院伙食补助费、完全依赖护理费等损失的 40%，即 267,372.8 元。

法院判决：（1）B 车保险公司在交强险限额范围内赔偿 A 车驾驶人精神抚慰金、医疗费、伤残赔偿金等各项经济损失 198,000 元；（2）B 车保险公司在商业三者险范围内赔偿 A 车驾驶人医疗费、伤残赔偿金、护理费、交通费、住院伙食补助费、完全依赖护理费等各项经济损失共计 267,372.80 元；（3）B 车驾驶人赔偿 A 车驾驶人鉴定费损失 1456 元，于判决生效后 10 日内汇入 A 车驾驶人账户内。

上述一至二项共计 465,372.80 元，扣除已垫付医疗费 18,000 元，余款 447,372.80 元，限 B 车保险公司于判决生效后 10 日内汇入 A 车驾驶人账户内。案件受理费减半收取 4431 元，由 A 车驾驶人负担 425 元，由 B 车保险公司负担 4006 元。

02 驾驶自行车、电动自行车、三轮车横过机动车道时不下车推行

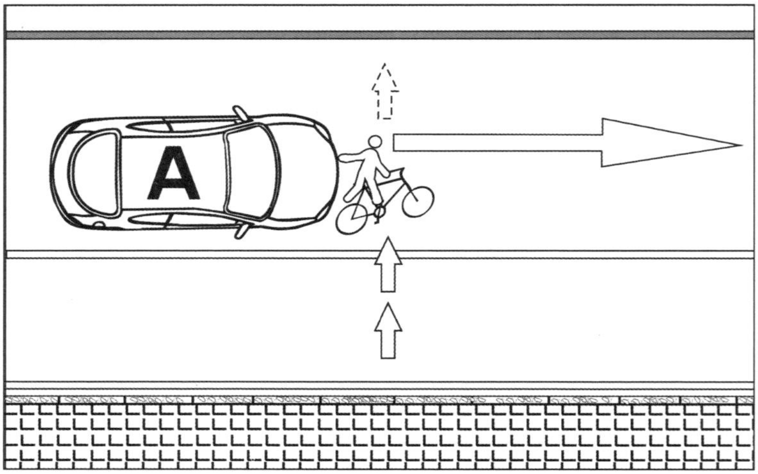

如图所示，自行车横过机动车道时，骑车人未下车推行，与直行的A车发生事故，则自行车承担次要以上责任。

交警解答

《道路交通安全法实施条例》第70条规定："驾驶自行车、电动自行车、三轮车在路段上横过机动车道，应当下车推行，有人行横道或者行人过街设施的，应当从人行横道或者行人过街设施通过；没有人行横道、没有行人过街设施或者不便使用行人过街设施的，在确认安全后直行通过。"

需要指出的是，因为行人过街设施对于电动自行车和三轮车来说，推行确实存在困难，所以这里特别强调，"不便使用行人过街设施的，在确认安全后直行通过"，这就是照顾到非机动车驾驶人的实际情况。

案例链接

如图所示，20××年12月14日16时20分许，A车驾驶人驾驶两轮电动车A由东向西骑过机动车道时，与由南向北行驶的B车接触碰撞，致A车驾驶人受

伤，两车损坏。事故发生后，A 车驾驶人被送往医院住院治疗。当地交警部门认定，A 车驾驶人驾驶非机动车未确保安全驾驶、横过机动车道时未下车推行，是此事故发生的主要原因，承担事故的主要责任；B 车驾驶人驾驶机动车未按操作规范安全驾驶，是形成此事故的次要原因，承担事故的次要责任。

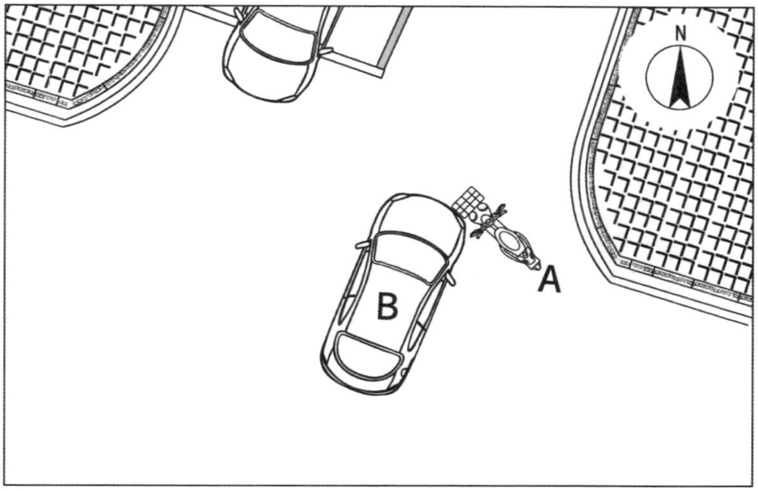

【法院判决】

A 车驾驶人向法院起诉，请求判决 B 车驾驶人、B 车所有人、B 车保险公司赔偿其各项损失 142,503.18 元。

法院认为，自然人健康权受法律保护，侵害人因过错造成他人身体损伤的，相关赔偿义务人应承担相应的责任。本案中 B 车只投保了交强险，故保险公司只在交强险限额内承担责任，超出交强险责任部分，应由 B 车驾驶人赔偿，B 车所有人对 A 车驾驶人的诉讼请求辩称没意见，应与 B 车驾驶人共同承担责任。

法院判决：（1）B 车保险公司在交强险死亡伤残限额内赔偿 A 车驾驶人交通费 400 元、误工费 23,672.68 元、伤残赔偿金 80,752 元、精神损害抚慰金 5000 元，共计 109,824.68 元；（2）B 车驾驶人、B 车所有人赔偿 A 车驾驶人医疗费 253 元、二次手术费 10,000 元、鉴定费 1720 元共计 11,973 元的 30%，即 3591.90 元；（3）驳回 A 车驾驶人的其他诉讼请求。

03 驾驶非机动车撞上停放在非机动车道内的机动车

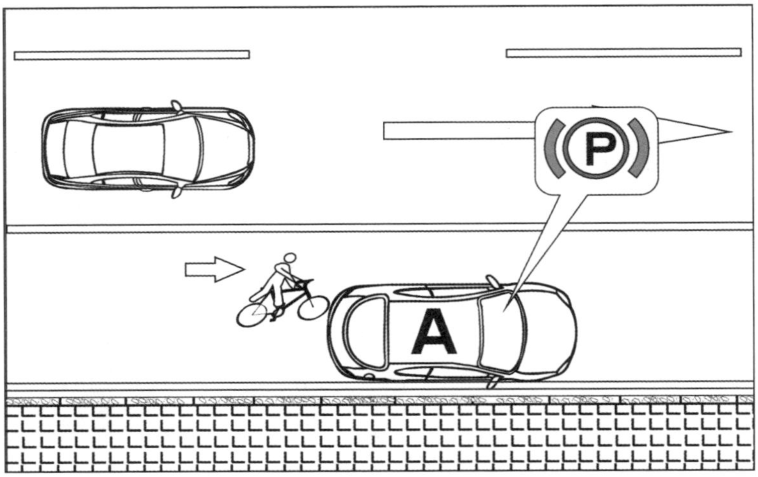

如图所示，非机动车撞上在非机动车道违规停放的 A 车，则 A 车承担次要以上责任。实践中，同一位置在白天或夜晚违停造成交通事故，违停当事人的事故责任会有不同。相比较而言，夜晚违停的事故责任相对大些。

交警解答

非机动车道，顾名思义是供非机动车行驶的，机动车只有在特殊情况下才能借道行驶，更不得停放。

首先，非机动车道路宽有限，机动车停放在非机动车道上，会对非机动车行进构成严重威胁。其次，机动车进出非机动车道，经常导致非机动车道阻塞，迫使非机动车大量进入机动车道行驶，使得机动车道交通秩序受到严重影响，非机动车的安全问题也变得越来越突出。最后，倘若容许机动车在非机动车道停车，就是间接地为机动车在非机动车道上行驶“开了绿灯”，使得一些机动车利用非机动车道加塞成为可能，一旦卡壳或造成交通事故，极易诱发大规模的交通拥堵。

因此，若是机动车违规停放在非机动车道，即使被非机动车剐碰追尾，该机动车都要承担相应责任。

04 驾驶非机动车在道路上互相追逐、曲折竞驶

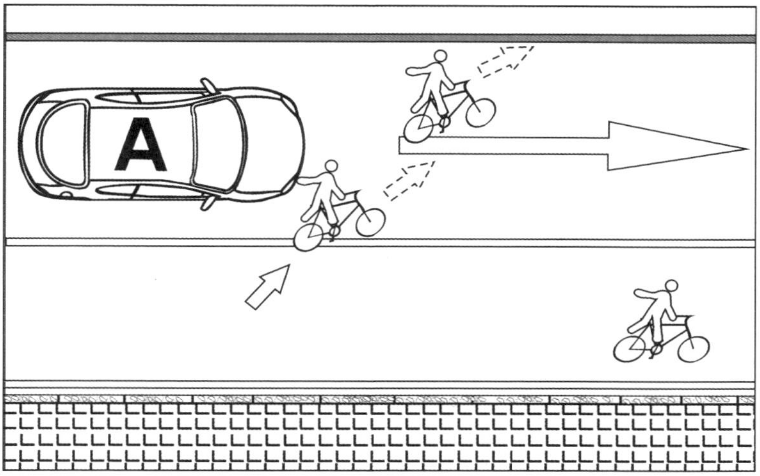

如图所示，几辆自行车在机动车道互相追逐，与A车发生事故，则骑车人承担同等以上责任。

交警解答

《道路交通安全法实施条例》第72条规定，驾驶非机动车在道路上，不得扶身并行、互相追逐或者曲折竞驶。骑车扶他人身体并行不仅影响后车行驶，也降低了安全系数。互相追逐或曲折竞驶，不仅妨碍他人通行，也十分不安全，随时都可发生自摔、互撞、撞人、被撞等事故。

05 驾驶非机动车牵引、攀扶车辆或被其他车辆牵引

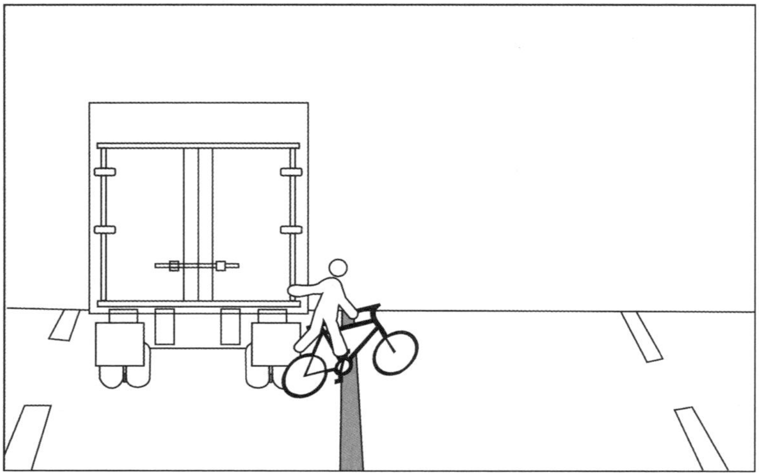

如图所示，自行车驾驶人攀扶前面的货车，发生事故，则骑车人承担主要以上责任。

交警解答

《道路交通安全法实施条例》第72条规定，驾驶非机动车在道路上，不得牵引、攀扶车辆或者被其他车辆牵引。牵引、攀扶其他车辆或被其他车辆牵引，是非常危险的行为。由于两车同行互为牵扯，只要其中一辆车的速度、方向稍有变化，如紧急制动、突然加速、急转弯、下坡、路面颠簸等，而牵引、攀扶者又不能预见这些情况，就可能发生失控、慌乱、肇事的情况。

因此，骑车途中切莫攀扶其他车辆，切莫为了省力而“偷懒”。

06 驾驶非机动车在道路上双手离把或手中持物

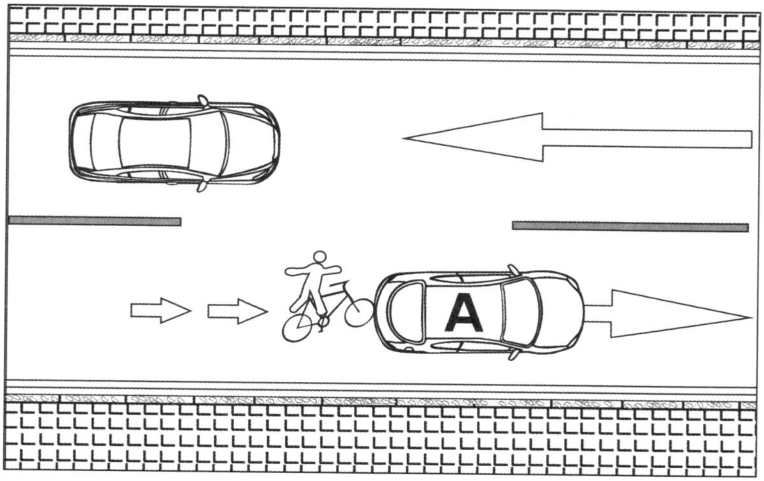

如图所示，骑车人骑自行车在道路上双手离把，与 A 车发生事故，则骑车人承担主要以上责任。

交警解答

有不少青少年认为，骑车时双手离把是“酷”“帅”，然而一旦发生事故，就是“哭”和“衰”了。骑车时双手离把或者手中持物，会影响控制方向和刹车，一旦遇到突然情况，就可能因反应不及而出现不应有的后果。尤其是摩托车，速度比自行车快得多，制动距离也长得多，对应变能力也有更高的要求，在双手离把状态下一旦出现意外情况，就极可能产生严重后果。因此，《道路交通安全法实施条例》第 72 条明确规定，在道路上驾驶非机动车时，不得双手离把或者手中持物。

07 非机动车行经路口，越过停止线停车

如图所示，自行车行经路口时，越过停止线停车，与右转弯的 A 车发生事故，则骑车人承担相应责任。一般情况下，骑车人承担次要责任。

交警解答

《道路交通安全法实施条例》第 68 条规定，非机动车通过有交通信号灯控制的交叉路口，遇有停止信号时，应当依次停在路口停止线以外。没有停止线的，停在路口以外。非机动车越过停止线甚至人行横道停车，不仅妨碍行人通行，而且妨碍右转弯机动车辆的通行，甚至因此引发交通事故。

08 因非机动车道被占用，非机动车在受阻路段借用相邻机动车道行驶，机动车未让行

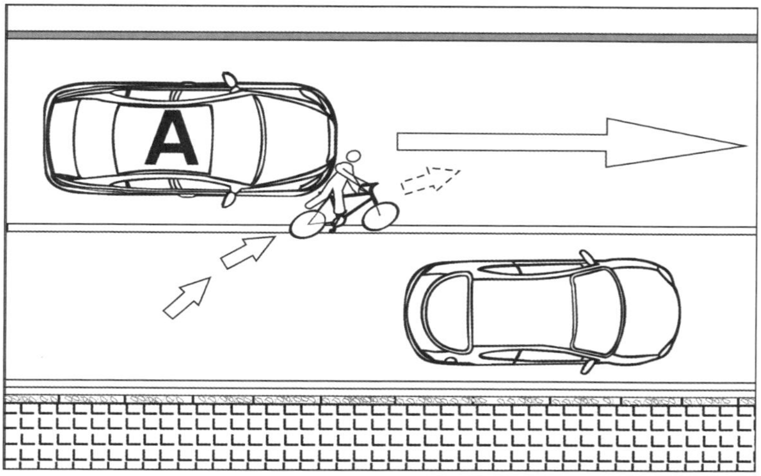

如图所示，因非机动车道被占用，自行车借用机动车道行驶，与 A 车发生事故，一般情况下，A 车承担主要责任。

交警解答

《道路交通安全法实施条例》第 70 条规定："因非机动车道被占用无法在本车道内行驶的非机动车，可以在受阻的路段借用相邻的机动车道行驶，并在驶过被占用路段后迅速驶回非机动车道。机动车遇此情况应当减速让行。"

这里就涉及三个问题：其一，非机动车必须是在非机动车道被占用无法通行的情况下，才能借用相邻的机动车道；其二，驶过被占用路段后应迅速驶回非机动车道，而不能一直在机动车道内行驶；其三，在这种情况下，机动车有让行的义务。

若是确认非机动车是在本车道被占用无法行驶的情况下借用机动车道的，一旦发生事故，则肇事一方的机动车需要承担相应责任。

案例链接

如图所示，20×× 年 3 月 29 日 18 时左右，A 车驾驶人驾驶 A 车由东向西骑跨机动车道与非机动车道分隔线行驶至某处时，遇 B 车驾驶人驾驶无号牌电动自行车 B 沿非机动车道由东向西避让违反规定停放的 C 车和 D 车行驶至此，A 车驾驶人疏于观察，未能注意安全驾驶，致 A 车前部右侧追尾碰撞到 B 车的后部，导致 B 车驾驶人摔倒，后 A 车右前轮及第二轴右侧轮胎碾轧到 B 车驾驶人，致 B 车驾驶人当场死亡。经当地交警部门认定，A 车驾驶人承担事故的主要责任，C 车和 D 车驾驶人承担次要责任，B 车驾驶人无责任。

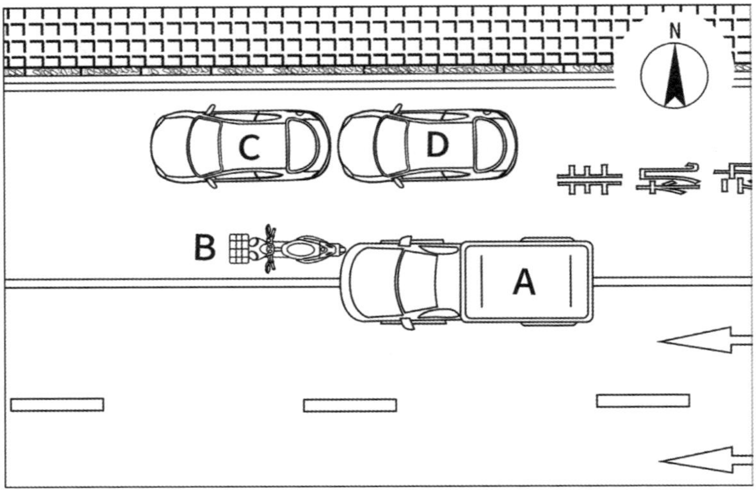

【法院判决】

B 车驾驶人亲属向法院提起诉讼，请求：判决 A 车驾驶人、A 车所有人、A 车保险公司、C 车驾驶人、C 车保险公司以及 D 车驾驶人、D 车保险公司共同赔偿其丧葬费 42,537 元、死亡赔偿金 687,860 元、精神损害抚慰金 80,000 元、交通费 2000 元、近亲属处理丧事的误工费 10,000 元，共计 822,397 元。

法院认为，本案系二人以上分别实施侵权行为造成同一损害后果，且能够确定侵权人的责任大小，则各侵权人应各自承担相应的责任。法院根据 A 车、C 车、D 车三位驾驶人的过错程度，确认 A 车、C 车、D 车驾驶人分别承担 B 车驾驶人亲属超出各机动车交强险责任限额之和的损失的 60%、20%、20%。法院对 B 车驾驶人亲属主张的各项损失，核定共计 807,049 元。

法院判决：（1）A 车保险公司在交强险责任限额内赔偿 110,000 元，在商业三者险限额内赔偿 286,229.4 元；（2）C 车保险公司在交强险责任限额内赔偿 110,000 元，在商业三者险限额内赔偿 95,409.8 元；（3）D 车保险公司在交强险责任限额内赔偿 110,000 元，在商业三者险限额内赔偿 95,409.8 元；（4）驳回 B 车驾驶人亲属的其他诉讼请求。

09 非机动车借道行驶后不迅速驶回非机动车道

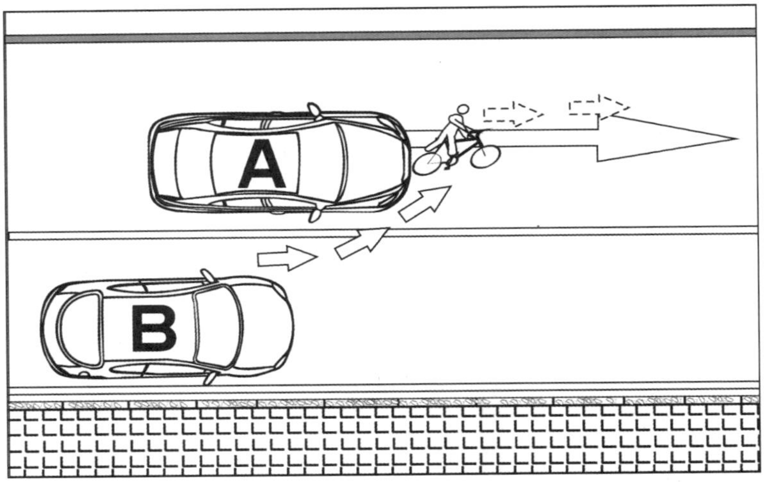

如图所示，自行车借用机动车道，在驶过被占用路段后继续在机动车道行驶，与 A 车发生事故，则骑车人承担相应责任。

交警解答

前面说过，非机动车必须是在非机动车道被占用无法通行的情况下，才能借用相邻的机动车道，且在驶过被占用路段后应迅速驶回非机动车道，而不能一直在机动车道内行驶，否则就属于占道行驶。占道行驶既不安全，一旦发生事故，还要承担相应责任。

10 在没有非机动车道的道路上，非机动车不靠道路右侧行驶

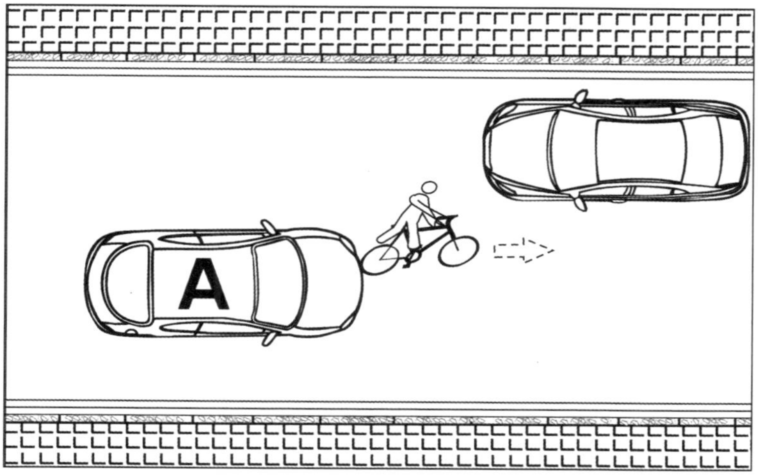

如图所示，在没有划分非机动车道的道路上，自行车在道路中间行驶，与A车发生事故，则骑车人承担相应责任。

交警解答

《道路交通安全法》第36条明确规定："没有划分机动车道、非机动车道和人行道的，机动车在道路中间通行，非机动车和行人在道路两侧通行。"更进一步说，行人应靠近路边通行，非机动车在机动车和行人之间行驶。这些道路由于没有交通标线，对于中间和两侧的认定并没有明确的界限，但是一般来说，非机动车越靠近道路两侧（当然要给行人留出适当的通道），安全越有保障，在发生事故时应承担的责任也就越小。

11 非机动车通过路口，向左转弯时不靠路口中心点右侧转弯

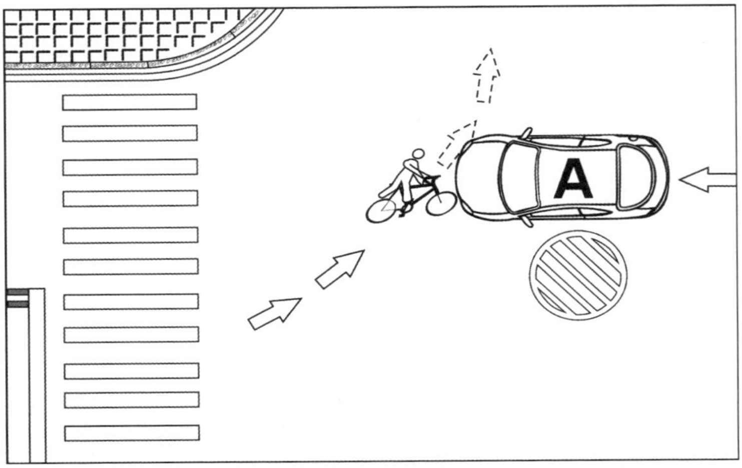

如图所示，自行车通过路口向左转弯时，靠路口中心点左侧转弯，与A车发生事故，则骑车人承担相应责任。

交警解答

《道路交通安全法实施条例》第68条规定，非机动车通过有交通信号灯控制的交叉路口，向左转弯时，靠路口中心点的右侧转弯。然而，有些非机动车驾驶人为了“走近道”，或者看机动车靠中心点左侧左转弯，就有样学样，误以为自己也应从左侧左转弯，这样就导致左转弯的非机动车与机动车混行通过路口，不能实现分道行驶，从而容易发生交通事故。

据介绍，济南市的主干线自行车放行方式为“二次过街”，即绿灯亮时左转自行车先直行通过路口，再等待相交路口方向绿灯放行时完成左转，这种放行方式有利于保证路口内自行车的安全，可以大大降低自行车左转引起的交通事故。

案例链接

如图所示，20××年9月9日5时54分许，A车驾驶人驾驶载有乘客甲

的电动三轮车A沿道路由南往北行驶至某交叉路口处左转弯时，车辆左侧部位与由西往东行驶的B车车头左侧相撞，造成A车驾驶人、甲受伤及两车不同程度损坏的交通事故。事发后B车驾驶人逃逸，于当日下午经通知后到交警队处理。当地交警部门作出责任认定，B车驾驶人未依法取得机动车驾驶证，缺乏必要的驾驶技能和安全常识，驾驶机动车通过没有交通信号控制的交叉路口时疏于观察，遇情况措施不及的过错行为，是造成该起道路交通事故的原因，且事发后逃逸，应承担该起道路交通事故的全部责任；A车驾驶人驾驶电动三轮车通过没有交通信号控制的交叉路口左转弯时未靠路口中心点右侧转弯且未让直行车辆先行，虽然也是造成该起道路交通事故的原因之一，但与甲同样不承担该起道路交通事故的责任。

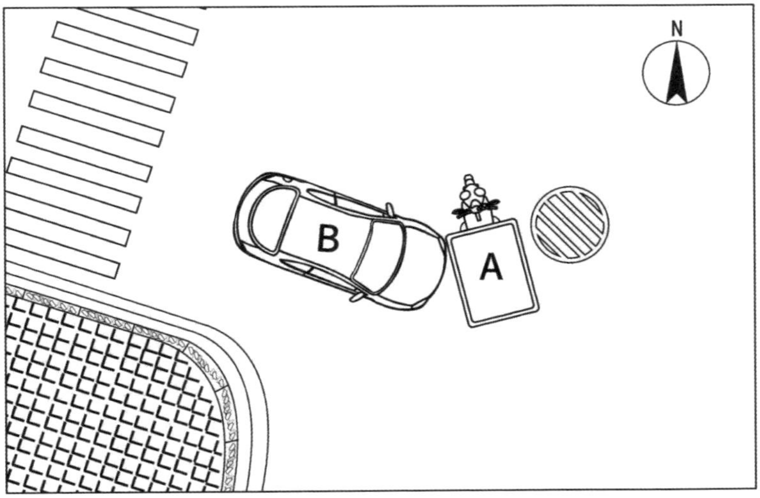

【法院判决】

甲向法院起诉，请求：（1）判决B车驾驶人与事发时坐B车副驾驶位置的B车驾驶人教练（以下简称“B车教练”）向其支付赔偿款151,106.99元；（2）判决B车保险公司在承保范围内对B车驾驶人、B车教练承担连带赔偿责任。

法院认为，根据交警的责任认定，B车驾驶人承担事故的全部责任，即承担超出交强险部分100%的赔偿责任。但事发时，B车驾驶人是作为随B车教练学习驾驶技术的学员在驾驶汽车，其并不具备驾驶资格，其在学习过程中产生的相关道路安全事故责任，应当由B车教练来承担。且B车牌照只是普通牌照，并非教练车牌照，这两种不同种类的牌照区别非常明显，B车驾驶人对此未作甄别，便轻信B车教练并随其学车以致发生事故，故B车教练还应支付甲的赔偿款项中的50%部分承担补充赔偿责任。B车保险公司在交强险范围内承担赔偿责任后可以向B车教练行使追偿权。事发后，当地司法鉴定所出具鉴定意见，甲构成十级伤残，一审法院认定甲的各项损失为139,926.99元，由B车保险公司在交强险医疗费限额内赔偿甲损失10,000元，在死亡伤残限额内赔偿甲损失110,000元（含精神损害抚慰金5000元），合计赔偿甲损失120,000元。超出交强险部分19,926.99元，由B车教练赔偿。B车驾驶人对前述赔偿金额中的6963.50部分承担补充赔偿责任。

法院判决:（1）B车保险公司在交强险范围内赔偿甲损失共计120,000元，于判决生效后10日内履行完毕;（2）B车教练赔偿甲损失共计19,926.99元，于判决生效后10日内履行完毕;（3）B车驾驶人对上述第二项中B车教练不能履行的6963.50元部分承担补充赔偿责任;（4）驳回甲的其他诉讼请求。

12 驾驶机动车右转弯驶入非机动车道，撞上同向行驶非机动车

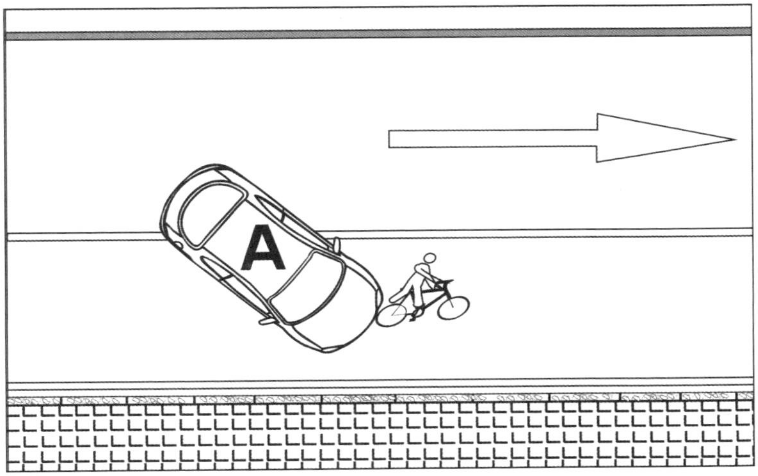

如图所示，A 车右转弯驶入非机动车道，与同向行驶的自行车发生事故，则 A 车承担全部责任。

交警解答

转弯车辆让直行车辆先行，是道路交通的基本原则。机动车向非机动车道转弯，属于借道行驶，应当确保安全，并且不妨碍非机动车道内非机动车的正常通行。

显然，图中的 A 车犯了三个错误：一是转弯车未让直行车；二是未提前观察，确保安全；三是妨碍了非机动车道内非机动车的正常通行。因此，A 车应承担全部责任。

案例链接

如图所示，20×× 年 8 月 29 日，A 车驾驶人驾驶 A 车沿道路由东向西行驶至路口右转弯驶入非机动车道时，与电动自行车 B 相撞，致 B 车驾驶人身体受伤及 B 车损坏的交通事故。事发后，B 车驾驶人入院治疗。经交警部门认定，A

车驾驶人承担该事故全部责任，B 车驾驶人无责任。

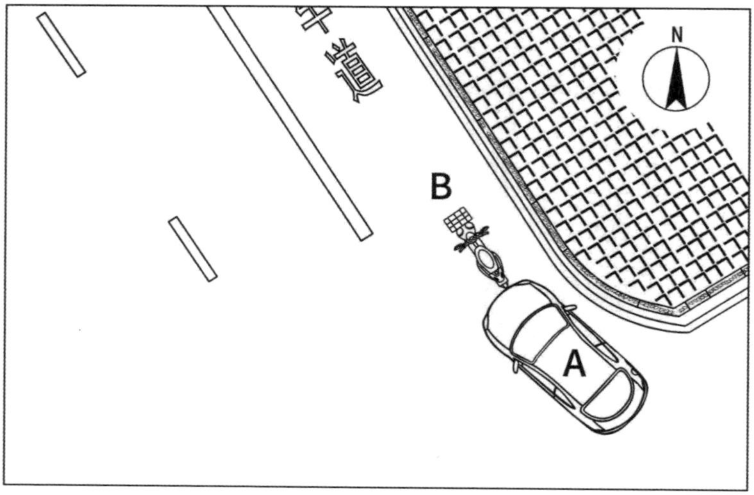

【法院判决】

B 车驾驶人向法院起诉，请求：（1）判令 A 车驾驶人、A 车保险公司赔偿其各项损失共计 261,511.49 元；（2）本案诉讼费用由 A 车驾驶人、A 车保险公司承担。

法院认为，B 车驾驶人经司法鉴定所鉴定，被评为十级伤残，需后续治疗及护理。B 车驾驶人主张的护理费，根据其伤情及司法鉴定意见书，法院酌定护理期为 150 日，合理的护理费共 22,324 元。B 车驾驶人主张误工费，但其未提交劳动合同、工资发放记录或纳税证明等佐证，不足以证实其工资实际数额，故误工费按 5000 元 / 月的标准计算。经法院核准认定，B 车驾驶人各项损失共计 228,044.15 元。事发后，A 车保险公司在交强险范围内为 B 车驾驶人垫付医药费 10,000 元，A 驾驶人为其垫付医药费 10,000 元。

法院判决：（1）A 车保险公司在交强险限额内赔偿 B 车驾驶人损失 110,000 元（扣除已垫付 10,000 元），在商业三者险限额内赔偿损失 108,044.15 元；（2）B 车驾驶人返还 A 驾驶人医药费垫付款 10,000 元；（3）驳回 B 车驾驶人的其他诉讼请求。案件受理费 2611 元，B 车驾驶人负担 435 元，A 车保险公司负担 2176 元。

13 驾驶机动车右转弯驶入非机动车道，撞上对向行驶非机动车

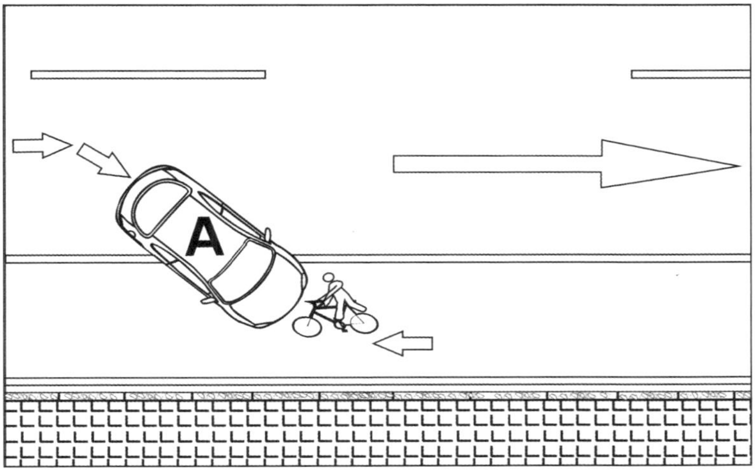

如图所示，A 车右转弯驶入非机动车道，与逆向行驶的自行车发生事故，则 A 车承担同等以上责任，自行车承担次要以上责任。此类事故实践中较为常见。

交警解答

前文已经提到，机动车右转弯驶入非机动车道时，必须确保三点，此处不再赘述。自行车在非机动车道内逆行，虽然也属于交通违规行为，但是与事故的发生并没有直接关系，所以，不能因为自行车逆行而减轻 A 车应当承担的事故责任。

14 驾驶机动车左转弯驶入非机动车道，撞上同向行驶非机动车

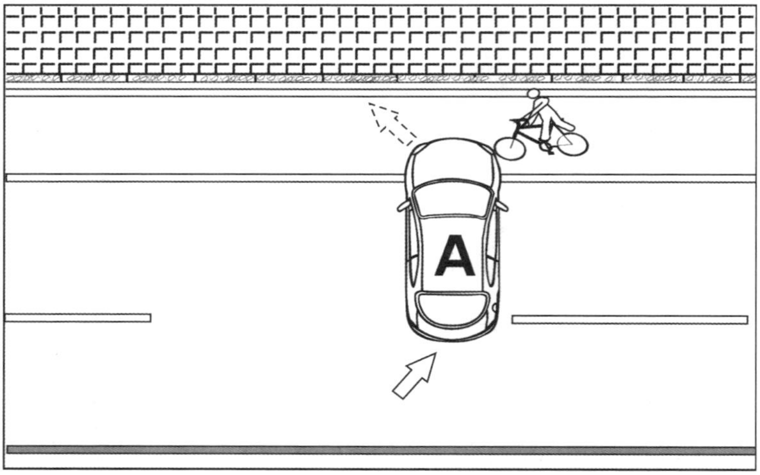

如图所示，A车左转弯驶入对向的非机动车道，与同向行驶的自行车发生事故，则A车应承担全部责任。

交警解答

图中A车的责任非常明显：其一，转弯车辆未让直行车辆；其二，借用非机动车道时，妨碍了本车道内非机动车的正常行驶；其三，如果A车是在禁止左转弯的路段强行左转弯，则更是错上加错。因此，在这种情况下发生事故，A车毫无疑问应承担全部责任。

15 驾驶机动车左转弯驶入非机动车道，撞上对向行驶非机动车

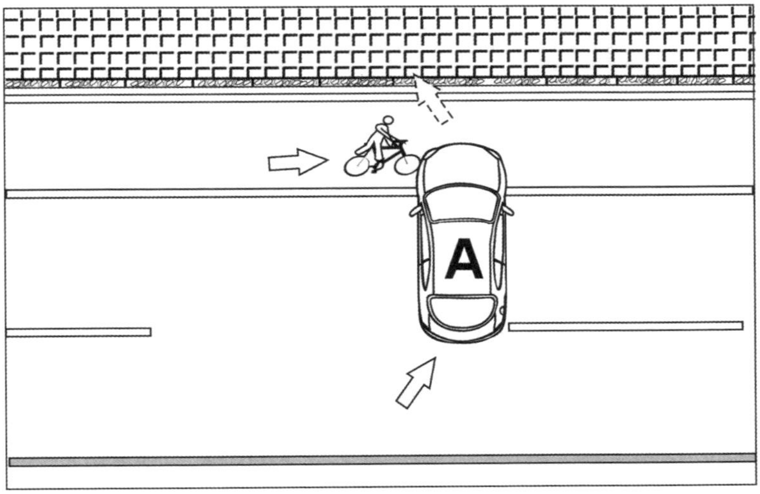

如图所示，A 车左转弯驶入对向的非机动车道，与对向行驶的自行车发生事故，则 A 车承担全部责任。

交警解答

前文提到，机动车不得占用非机动车道，若在特殊情况下需要借用非机动车道时，必须确保本车道内车辆的安全。这里所说的本车道内车辆，包括正常行驶的和逆行的。不能因为非机动车在自己的车道内逆向行驶，机动车就有占用非机动车道碰撞它的权利。

机动车在非机动车道内与非机动车发生事故，一般情况下，机动车承担全部责任。

16 非机动车在非机动车道逆行

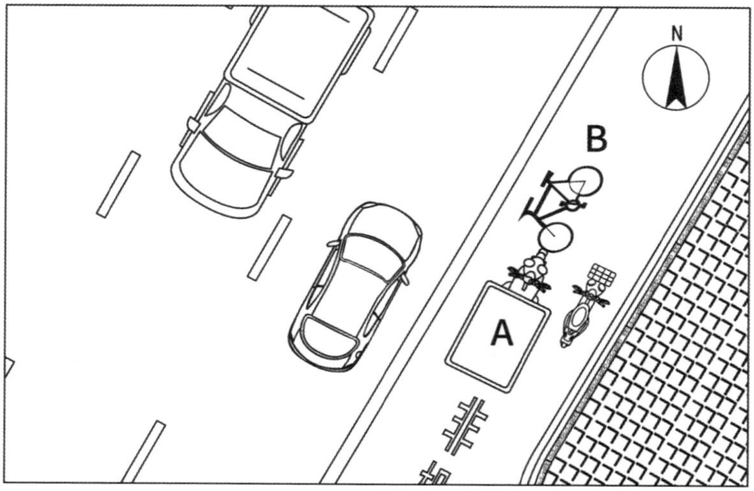

如图所示，正常行驶的 A 车与逆行的 B 车发生碰撞，则 B 车承担全部责任。

交警解答

《道路交通安全法》第 35 条规定，非机动车实行右侧通行。无论是机动车还是非机动车，车辆靠右侧通行是最基本的交通常识。然而，个别非机动车驾驶员为了赶时间、图方便、抄近道等理由，偏偏“反其道而行”，逆向行驶，将交通法规抛之脑后，不仅扰乱了道路交通秩序，还给正常行驶的车辆带来安全隐患，更是拿自己的生命开玩笑。

案例链接

如图所示，20×× 年 8 月 23 日，A 车驾驶人驾驶 A 车行驶至某路口时，与在非机动车道逆行的自行车 B 发生碰撞，造成 B 车驾驶人受伤及车辆损坏。当地交警部门认定，B 车驾驶人承担事故主要责任，A 车驾驶人承担事故次要责任。

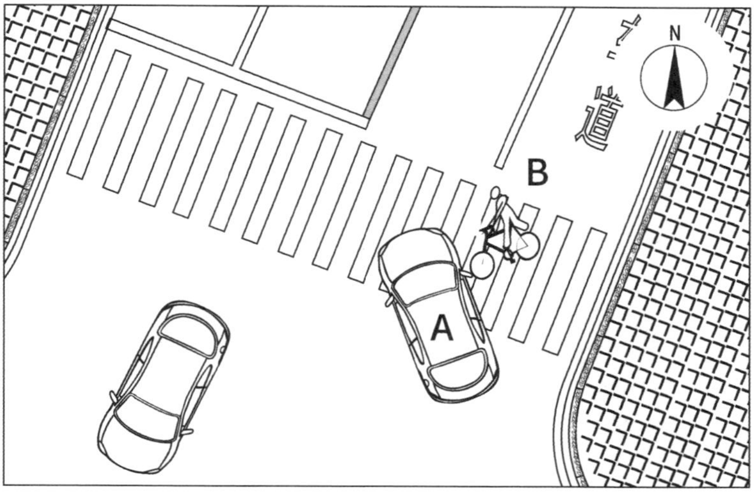

【法院判决】

A 车驾驶人向法院提起诉讼，请求判处 B 车驾驶人赔偿其修车费 2707 元、交通费 1206 元，合计 3967 元。

法院认为，《道路交通安全法》第 76 条第 2 项“机动车与非机动车驾驶人、行人之间发生交通事故，非机动车驾驶人、行人没有过错的，由机动车一方承担责任；有证据证明非机动车驾驶人、行人有过错的，根据过错程度适当减轻机动车一方的赔偿责任；机动车一方没有过错的，承担不超过百分之十的赔偿责任”的规定，仅单方面规定机动车对非机动车的赔偿问题，并未涉及非机动车驾驶人对机动车的赔偿。交警部门的事故认定，只是对事故成因的分析认定，根据非机动车驾驶人的过错程度减轻机动车方的赔偿责任，但不能据此认为非机动车驾驶人对机动车损失有过错而承担赔偿责任。且本案中 A 车驾驶人因事故仅产生了一定的财产损失，该损失可通过商业三者险赔偿得到相应填补，由非机动车驾驶人赔偿不符合民事活动的公平原则，故对 A 车驾驶人提出的主张应予驳回。

法院判决：驳回 A 车驾驶人的诉讼请求。

17 非机动车加装遮阳棚、雨棚或搭载超出车体的货物

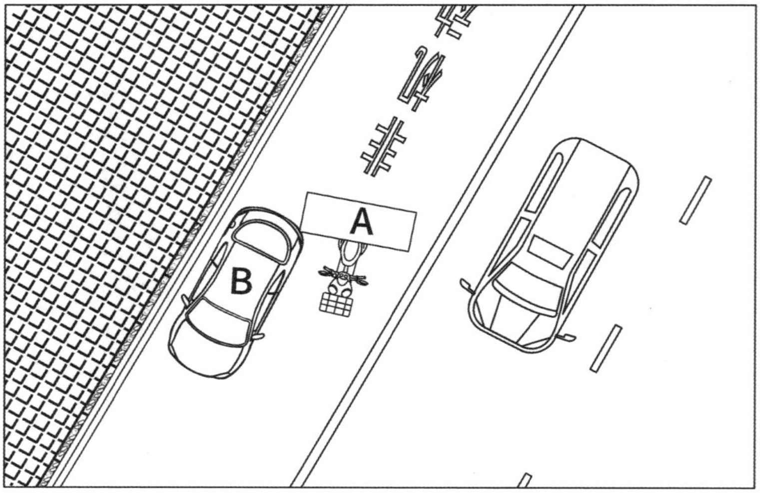

如图所示，非机动车A后座搭载超宽物品，将B车剐蹭，A车承担主要以上责任。

交警解答

非机动车因其轻便、灵活、快捷备受人们的喜爱，日常生活中和家人或朋友外出逛街、买菜、走亲戚，许多人都会选择非机动车作为代步工具。但是，非机动车由于自身结构原因，其稳定性、安全防护性能较差，如果违法载人、载物超过一定重量或尺寸，容易改变非机动车的重心，进而引发交通事故。

《道路交通安全法实施条例》第71条规定，自行车、电动自行车、残疾人机动轮椅车载物，高度从地面起不得超过1.5米，宽度左右各不得超出车把0.15米，长度前端不得超出车轮，后端不得超出车身0.3米。

案例链接

如图所示，20×× 年7月17日13时24分许，A车驾驶人驾驶电动车A搭载超出车体的货物，沿道路由北往南行驶，遇电动车B在其左前方同向行驶，A

车驾驶人从其右侧超车时，其超出车体宽度的货物刮碰到B车，造成B车驾驶人受伤、两车不同程度受损的道路交通事故。事故发生后，A车驾驶人停车查看，但未立即报警、抢救伤员，后离开现场，路过群众将B车驾驶人扶起前往卫生所检查，B车驾驶人在卫生所检查时报警。当地交警部门认定，A车搭载超宽物品，超越前车时剐碰前车，是造成此次道路交通事故的直接原因，且A车驾驶人事发后的行为违反了《道路交通安全法实施条例》第71条第1款、第72条第4项和《道路交通安全法》第70条第1款之规定，故A车驾驶人应承担此次事故的全部责任，B车驾驶人不承担责任。

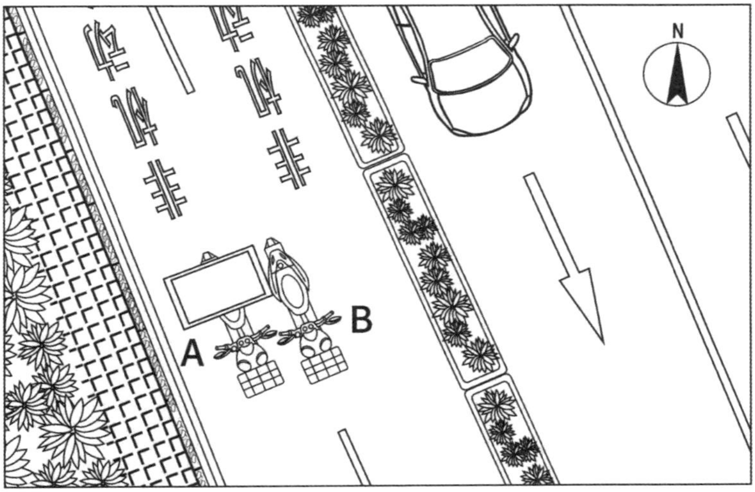

【法院判决】

B车驾驶人向一审法院起诉，请求：（1）判决A车驾驶人赔偿其医疗费1372.24元、误工费3300元、交通费325.2元、拖车费68元、修车费120元，共计5185.44元；（2）判令A车驾驶人赔偿其精神损害赔偿金1000元。

一审法院对交警部门作出的事故责任认定依法予以确认，A车驾驶人应对B车驾驶人因此次交通事故造成的全部损失承担赔偿责任。关于B车驾驶人主张的各项损失，对其中的医药费1372元、误工费3300元、交通费200元、拖车费68元予以确认，共计4940元。

一审法院判决：（1）A 车驾驶人应于本判决书生效之日起 10 日内赔偿 B 车驾驶人各项损失 4940 元；（2）驳回 B 车驾驶人的其他诉讼请求。

A 车驾驶人认为一审法院确认的误工费、交通费、门诊费等扩大了赔偿范围，且涉案交通事故实际上是双方相互碰撞所导致，一审法院并未查清事实，上诉请求：撤销一审判决，改判其只承担 874.31 元赔偿责任。

二审法院认为，根据交警部门作出的《事故认定书》，一审判决认定 A 车驾驶人应对 B 车驾驶人因本次交通事故造成的损失承担全部赔偿责任有事实和法律依据，本院予以确认。针对 B 车驾驶人的误工费损失，根据医院出具的疾病证明书中建议 B 车驾驶人全休 3 天，共计 9 天，故其误工时间应认定为 9 天。B 车驾驶人的月工资为 3300 元，故其误工费损失应为 958.06 元（3300 元 ÷31 天 ×9 天）。其他各项损失均无异议，予以确认，共计 2598.3 元。

二审法院判决：（1）撤销一审法院民事判决第二项；（2）变更一审法院民事判决第一项为 A 车驾驶人赔偿 B 车驾驶人各项损失 2598.3 元；（3）驳回 B 车驾驶人的其他诉讼请求。

18 非机动车斜向起步

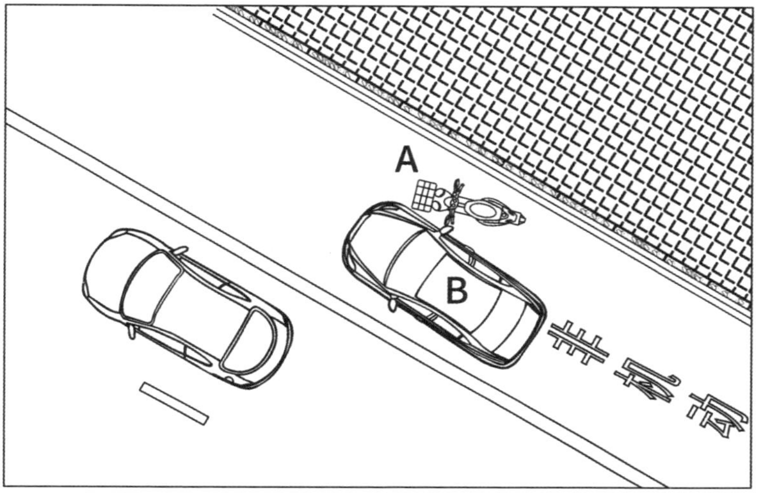

如图所示，非机动车 A 起步时改变方向，与借道行驶的 B 车发生剐蹭，A 车承担同等以上责任。

交警解答

《道路交通安全法实施条例》第 72 条规定，非机动车转弯前应当减速慢行，伸手示意，不得突然猛拐，超越前车时不得妨碍被超越的车辆行驶。人们在驾驶非机动车起步时，一般习惯于向左侧斜向行驶，这就相当于改变了非机动车的行驶方向。容易引发交通事故，也应承担相应责任。所以，驾驶非机动车起步前，要习惯于观察后方是否有车辆行驶，并伸手示意。

案例链接

如图所示，20×× 年 5 月 25 日 10 时 33 分，A 车驾驶人驾驶电动车 A 向左打方向起步自西南往东北行驶时，与电动自行车 B 发生碰撞，造成两车损坏及 A 车驾驶人受伤的道路交通事故。事故当天，A 车驾驶人到医院住院治疗。交警部门作出认定，A 车驾驶人驾车起步前，未注意观察道路车辆情况，未确保安全，是事故发生的主要原因，应承担事故的主要责任；B 车驾驶人驾车车速过快，是事故发生的次要原因，应承担事故的次要责任。

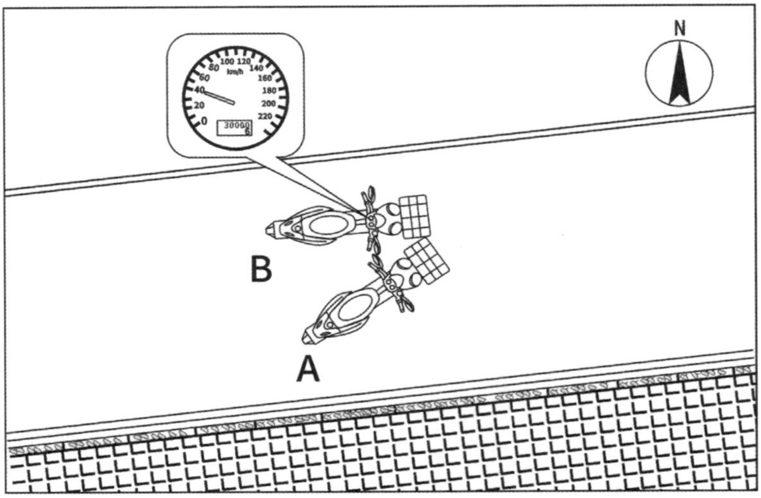

【法院判决】

A 车驾驶人向法院提起诉讼，请求：（1）判令 B 车驾驶人赔偿其损失 19,415 元；（2）本案诉讼费由 B 车驾驶人承担。

法院认为，本案双方当事人的主要争议在于 B 车驾驶人是否应赔偿 A 车驾驶人所主张的人身损害赔偿项目、双方的责任大小及 A 车驾驶人的合理损失数额等。依据交通法规，驾驶电动自行车在没有交通信号控制的道路上，应当观察道路车辆情况，在确保有序、安全、畅通的前提下通行。根据《事故认定书》，综合考虑损害后果、侵权行为人的过错程度等因素后，法院酌定 B 车驾驶人对 A 车驾驶人的合理损失承担 20% 的责任。经审查，A 车驾驶人的合理损失合计为 60,330.23 元，故 B 车驾驶人应承担的赔偿金额为 12,066.05 元（60,330.23 元 ×20%）。鉴定费系 A 车驾驶人自行举证所应承担的费用，故 A 车驾驶人诉请要求 B 车驾驶人承担，法院不予支持。

法院判决：（1）B 车驾驶人于本判决生效之日起 10 日内赔偿 A 车驾驶人各项损失合计 12,066.05 元；（2）驳回 A 车驾驶人的其他诉讼请求。案件受理费减半收取 200 元，由 B 车驾驶人负担 124 元，由 A 车驾驶人负担 76 元。

19 非机动车与行人碰撞

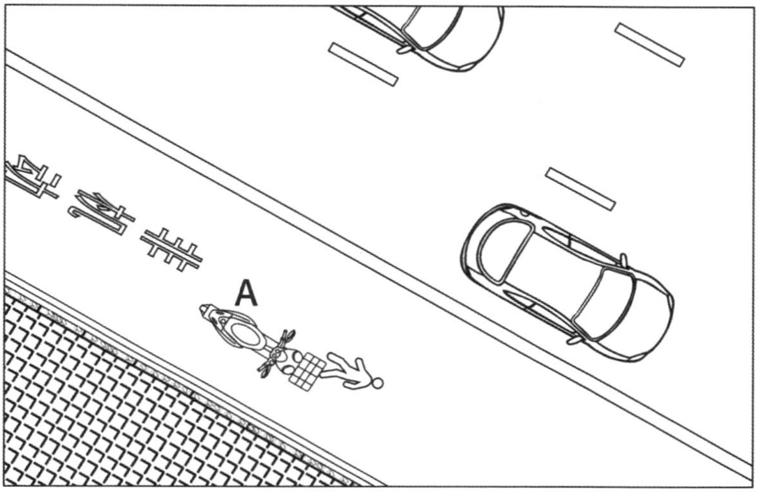

如图所示，非机动车 A 正常行驶，撞上在非机动车道上行走的行人，A 车承担主要以上责任。

交警解答

非机动车与行人发生碰撞，造成损失，根据《程序规定》第 19 条规定，非机动车与非机动车或者行人发生财产损失事故，当事人应当先撤离现场，再协商处理损害赔偿事宜。但是，如果当事人协商不成或发生人员伤亡，当事人应当报警，交警部门会根据相关法律法规来进行处理，其责任认定也是根据当事人的行为对发生事故所起的作用以及过错的严重程度划分的。

案例链接

如图所示，20×× 年 12 月 13 日 6 时 39 分，A 车驾驶人驾驶电动自行车 A 沿街道由南向北行驶至人行横道处时，与由东向西跑步的行人甲发生交通事故，造成甲受伤。后甲到医院住院治疗。当地交警部门认定，A 车驾驶人有超速驾驶非机动车未确保安全的行为，行人在车辆临近突然加速跑步过人行横道，二人过错相当，应分别承担此次事故同等责任。

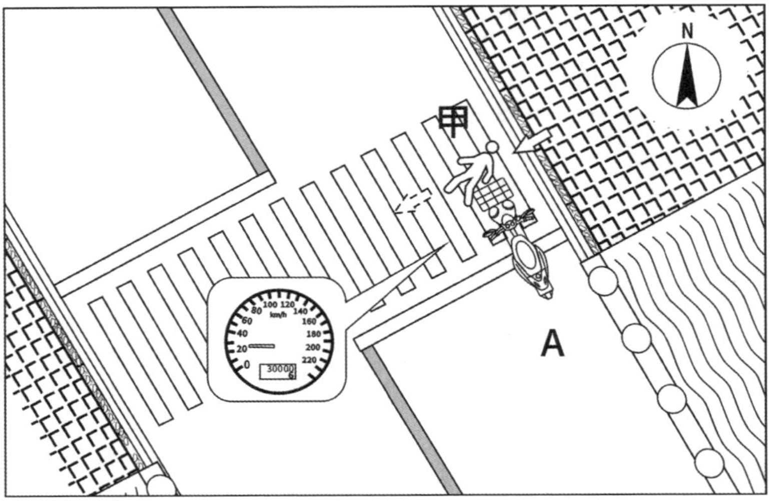

【法院判决】

甲向法院起诉，请求：(1)判决A车驾驶人赔偿其医疗费33,532.3元、护理费6932.7元、营养费2250元、住院伙食补助费450元、交通费180元、复印费18.75元、司法鉴定费860元、手术意外伤害保险费650元、残疾赔偿金44,773.04元、精神损害抚慰金10,000元，合计99,646.79元；(2)诉讼费由A车驾驶人承担。

法院认为，根据交警作出的事故责任认定，对于甲的损失，A车驾驶人和甲各承担50%。法院对甲提出的各项损失予以部分确认。关于A车驾驶人提出的是否超速的疑问，由于此类电动车辆具有动力驱动装置，时速低、质量小，不具有一般机动车的危险性，所以交通管理部门将其纳入非机动车进行管理，应在非机动车车道上行驶。《道路交通安全法》第58条规定，残疾人机动轮椅车、电动自行车在非机动车道内行驶时，最高时速不得超过15km/h。而A车事发时车速为24.14km/h，属于超速。

法院判决：(1)A车驾驶人赔偿甲医疗费33,532.3元、住院伙食补助费450元、护理费6932.7元、营养费1350元、残疾赔偿金30,781.47元、精神损害抚慰金1650元、交通费180元、鉴定费860元、复印费18.75元，共计75,755.22元；(2)驳回甲其他诉讼请求。案件受理费减半收取250元，由A车驾驶人负担。

第十三章

其他事故责任认定

01 溜车

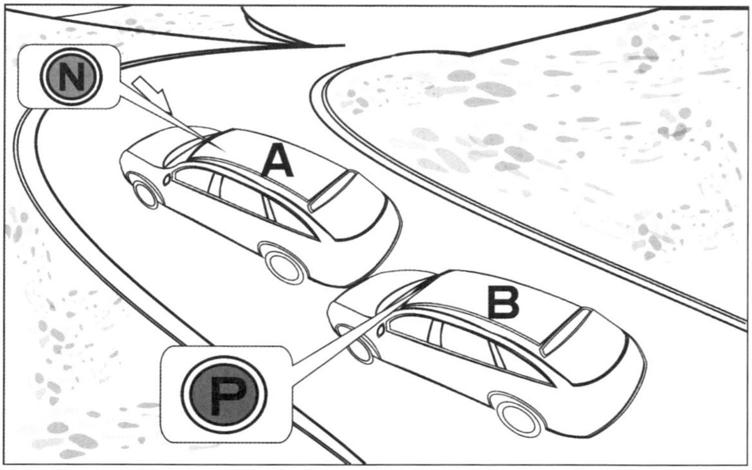

如图所示，B车正常停放，前面的A车发生溜车，与B车相撞，则A车承担全部责任。

交警解答

《道路交通安全法实施条例》规定，不要在陡坡上停车，主要为了避免发生溜车事故。一旦发生溜车，由于车辆处于完全失控状态，就像一匹脱缰的野马；与此同时，由于该车是从静止状态突然转为滑行状态，其他车辆和行人都疏于防范。这样一来，一方是脱缰的野马，另一方是毫无警觉的车辆和行人，其后果可想而知！因此，尽量不要在坡道上停车。若必须停车，应按照前面介绍的相关注意事项进行操作。

02 违反规定在专用车道内行驶

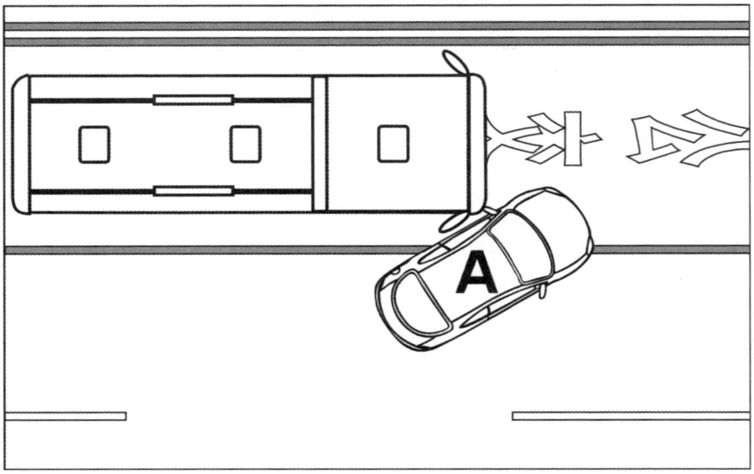

如图所示，A车违反规定驶入公交专用车道时，未避让公交车，与公交车发生事故，A车承担全部责任。

交警解答

《道路交通安全法》第37条规定："道路划设专用车道的，在专用车道内，只准许规定的车辆通行，其他车辆不得进入专用车道内行驶。"

目前按用途设有专用车道的道路主要包括两种：一种是专供公共交通车辆行驶的公交专用道；另一种是公安交通管理部门因护卫勤务、紧急救险等紧急情况而开辟的临时性交通管制车道。其中，涉及公交专用道事故较为常见。公交专用道是专供本市公交专用车按规定时间、路线行驶的专用车道，其他机动车禁止在公交车道行驶，目的是确保公共交通的优先、有序、安全。

其他机动车确需借用公交车道行驶时，可在以下两种情形下使用：其一，需要穿行公交车道转弯时，在不影响公交车行驶的情况下，可以在30米距离内借道行驶；其二，其他机动车在遇交通管制时，按交警指挥或标志指示，也可借用公交车道，但应避让公交车辆。

不按照上述规定行驶的，均属于违法行为。

案例链接

如图所示，20×× 年 3 月 13 日 14 时 34 分许，A 车驾驶人骑三轮车 A 沿人行横道由西往东横过街道时，与沿道路公交车专用道由南往北直行的普通两轮摩托车 B 发生碰撞，造成 A 车驾驶人受伤、两车损坏。当地交警部门认定，A 车驾驶人驾驶非机动车违反交通信号灯指示通行（闯红灯），未确保安全，应承担事故的主要责任；B 车驾驶人驾车在专用车道内行驶，行经人行横道未减速慢行，应承担事故的次要责任。

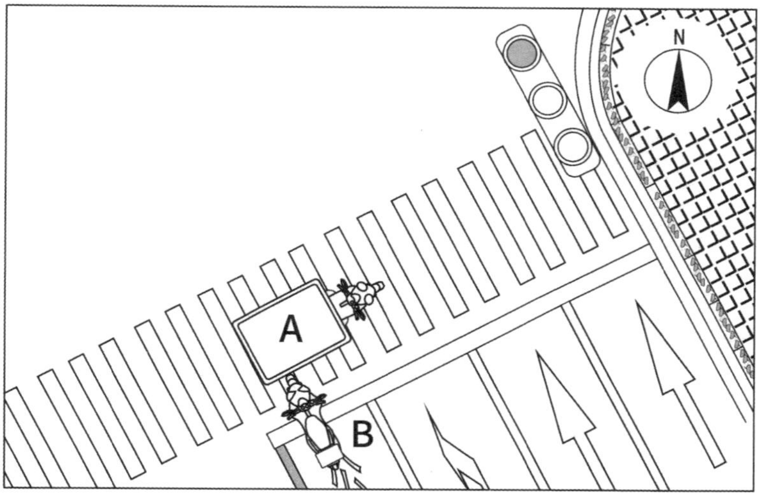

【法院判决】

A 车驾驶人向法院提起诉讼，请求：（1）判令 B 车保险公司在保险范围内赔偿其医疗费等经济损失合计 166,417.94 元；（2）判令 B 车驾驶人、B 车所有人对 B 车保险公司赔偿不足部分承担连带赔偿责任；（3）本案诉讼费由三被告承担。

法院认为，交警部门出具的《事故认定书》责任认定划分准确，当事人对此均无异议，故法院对其证明力予以确认。现无证据表明 B 车所有人对本起事故存在过错，故其不承担本案的赔偿责任。综合考虑损害后果、侵权行为人的过错程度等因素后，法院酌定 B 车驾驶人对 A 车驾驶人的合理损失承担 40% 的责任。经查，A 车驾驶人的合理损失认定为 202,274.89 元。结合本次事故损害程度、责任比例等，酌定A车驾驶人精神损害抚慰金按照3600元计算。对于超出交强险范围的医疗费用，酌定按8%计算非医保用药的费用，金额为2505.25元。其中，由B车驾驶人承担的费用为1002.1元。该费用与之前A车驾驶人受伤后进行的司法鉴定费、诉讼费并非保险赔偿范围内，故由B车驾驶人负担。

法院判决：（1）B车保险公司于本判决生效之日起10日内在保险责任赔偿限额范围内赔偿A车驾驶人各项损失共计179,563.44元；（2）B车驾驶人于本判决生效之日起10日内赔偿A车驾驶人非医保费用、鉴定费损失合计1762.1元；（3）驳回A车驾驶人的其他诉讼请求。案件受理费616元，由B车驾驶人负担608元，A车驾驶人负担8元。

03 未按照交警指挥通行

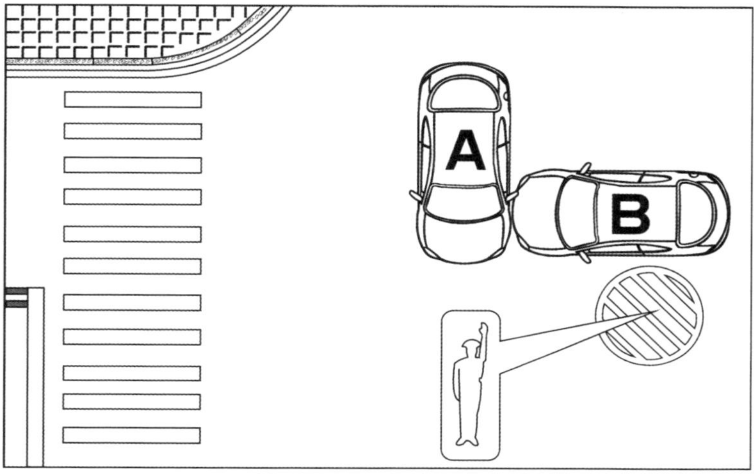

如图所示，A车未按照交警指挥通行，与B车发生事故，则A车承担全部责任。

交警解答

《道路交通安全法》第38条规定：“车辆、行人应当按照交通信号通行；遇有交通警察现场指挥时，应当按照交通警察的指挥通行；在没有交通信号的道路上，应当在确保安全、畅通的原则下通行。”交警指挥是根据当时的交通环境来发出指挥信号的，不需要征求交通者的同意；交通者只有服从的义务，没有拒绝的权利。因此，在道路上或交叉路口遇到交警指挥交通时，即使交警发出的信号与交通信号灯、交通标志、交通标线示意的不一致，也要服从交警的指挥。

04 未按导向标志指示方向行驶

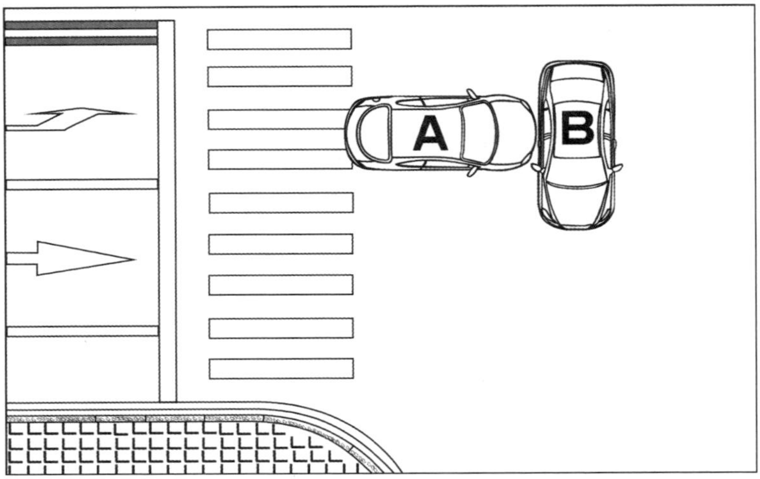

如图所示，B 车正从直行车道进入路口，这时，A 车从左侧的左转弯车道进入路口直行，两车发生碰撞，一般情况下，A 车承担主要以上责任。

交警解答

关于以上责任认定，可能存在如下争议：

争议一，如果是 A 车先一步进入路口直行，并在此过程中打了左转向灯，B 车是随后进入路口的，则其应该注意 A 车所打的转向灯，即 B 车应该让 A 车先行。且此时如果是 B 车的车头碰到 A 车的车身左侧，因此 B 车应该承担全部责任。

争议二，如果 A 车先进入路口，然后右打方向校正方位后直行，B 车紧跟着进入路口，碰到 A 车的车尾，则应该是 B 车追尾 A 车，B 车应该承担全部责任。

争议三，如果是 A 车和 B 车同时进入路口，两车车身发生剐蹭，那么，两车各承担事故的一半责任。

然而，《道路交通安全法实施条例》第 51 条明确规定，机动车通过划有导向车道的路口，应当按所需行进方向驶入导向车道。A 车未按道路导向标志指示提前驶入导向车道，因此，应负事故主要以上责任。

案例链接

如图所示，20×× 年 5 月 28 日，A 车驾驶人驾驶 A 车沿某道路行驶至路口左转弯时，与相对方向的普通两轮摩托车 B 发生碰撞，造成 B 车驾驶人死亡及车辆损坏的交通事故。当地交警部门作出责任认定，A 车驾驶人驾驶机动车未按导向标志、转弯时未让直行车先行，承担此事故的同等责任；B 车驾驶人未取得机动车驾驶证驾驶、使用其他车辆号牌的摩托车超速、未在最右侧车道行驶、未安全驾驶，承担此事故的同等责任。

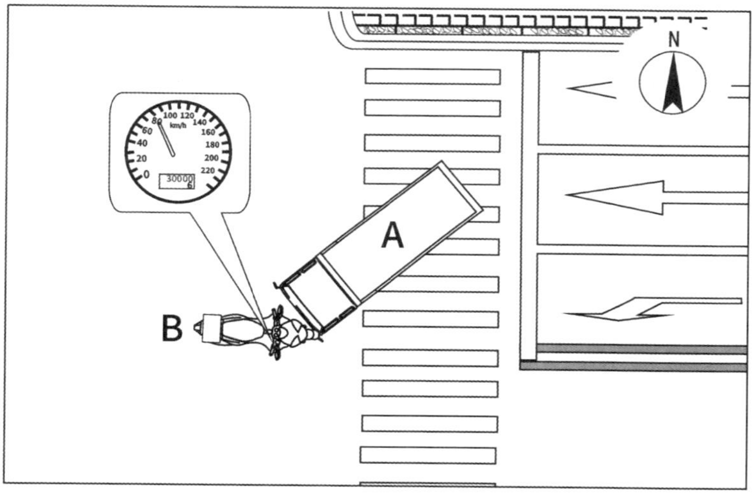

【法院判决】

B 车驾驶人亲属就事故责任认定和赔偿事宜向法院提起诉讼。

法院认为，B 车驾驶人亲属不服交警部门的事故认定，申请复核，交警部门复核后决定维持原道路交通事故认定。B 车驾驶人亲属认为交警部门对 A 车驾驶人的驾驶过错行为未进行事故责任评判，责任认定显失公平，应由 A 车驾驶人承担此事故的主要责任，即承担 70% 的赔偿责任，但并没有提交相关新的证据。因此，B 车驾驶人亲属请求由 A 车驾驶人承担主要责任的证据不足，法院不予支持；对于交警部门作出的事故认定，事实清楚、适用法律正确，法院予以采信。经核算，B 车驾驶人亲属的损失为死亡赔偿金 841,320 元、精神损害抚慰金 25,000 元、丧葬费 53,289.50 元、亲属办理丧葬事宜误工费 1037.24 元、亲属办理丧葬事宜交通费 500 元、亲属办理丧葬事宜住宿费 840 元，以上款项合计 921,986.74 元。B 车驾驶人亲属的损失，应由 A 车保险公司在交强险伤残死亡限额范围内赔偿 110,000 元（含精神损害抚慰金 25,000 元）；超出交强险部分 811,986.74 元，依照同等责任，由 A 车保险公司在商业三者险限额范围内承担 405,993.37 元（811,986.74 元 ×50%），减去 A 车驾驶人先前支付的 47,000 元，仍应赔偿 358,993.37 元。

法院判决：（1）A 车保险公司在交强险责任限额范围内赔偿 B 车驾驶人亲属各项损失 110,000 元；（2）A 车保险公司在商业三者险限额范围内赔偿 B 车驾驶人亲属各项损失 358,993.37 元。

05 驶入禁行线路

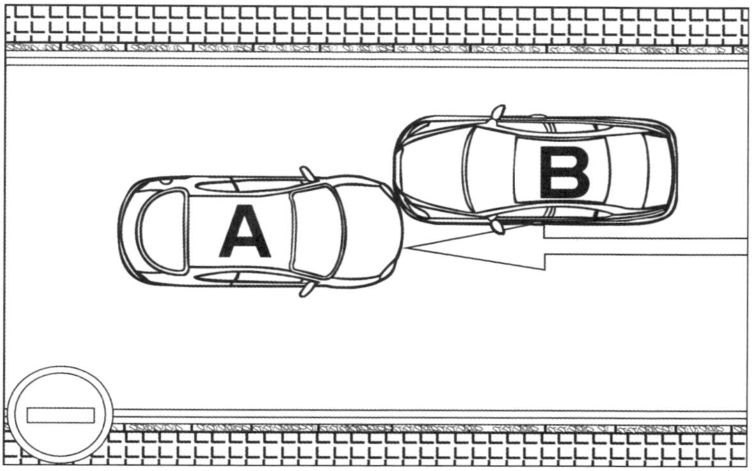

如图所示，A 车驶入有禁行标志的单行道，与正常行驶的 B 车发生碰撞，则 A 车承担全部责任。

交警解答

禁行线路是禁止车辆和行人通行的车道、线路、道路的简称。禁行线路有多种含义，交通法规根据不同的含义制定了不同的禁行标志牌：（1）禁止所有车辆行驶的道路；（2）禁止一个方向行驶（即单行线）的道路；（3）禁止某种车辆行驶的道路；（4）禁止行人通过的道路。凡是驶入禁行线路发生交通事故的，违法车辆都应承担事故的全部责任。

06 机动车在没有划分机动车道、非机动车道和人行道的道路上不在中间行驶

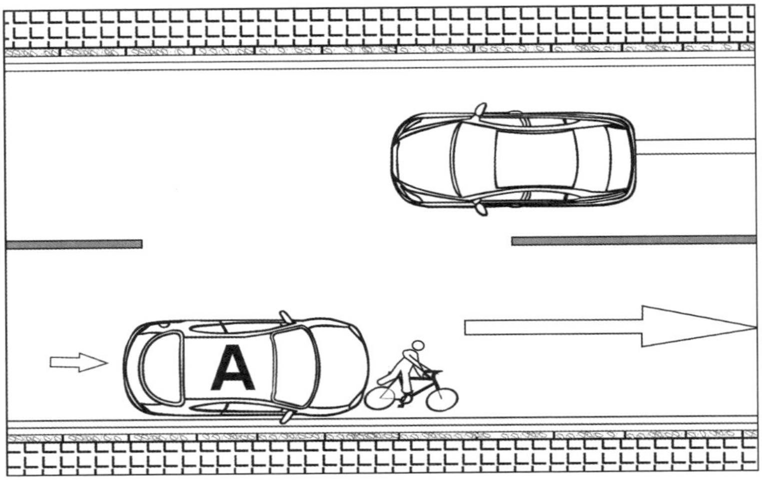

如图所示，在没有划分机动车道、非机动车道和人行道的道路上，A 车靠右行驶，与自行车发生碰撞，则 A 车承担全部责任。

交警解答

《道路交通安全法》明确规定：在没有划分机动车道、非机动车道和人行道的道路上，机动车在道路中间通行，非机动车和行人在道路两侧通行。

非机动车和行人要尊重机动车的路权，同样，机动车更要尊重非机动车和行人的路权。因为相比机动车，非机动车和行人是弱势一方。一旦机动车侵犯了非机动车和行人的路权而引发事故，一般情况下，机动车要承担全部责任。

案例链接

如图所示，20×× 年 12 月 13 日 6 时 7 分许，A 车驾驶人持 C1 驾驶证驾驶无牌两轮机动车 A 沿道路由南向北行驶至某处时，与由西向东步行横过道路的行人甲相撞，致甲、A 车驾驶人受伤，A 车损坏。事发后，甲到医院住院治疗。当地交警部门认为，A 车驾驶人持与准驾车型不符的驾驶证驾驶机动车上路行

驶，驾驶过程中未沿道路中间行驶的违法行为相比甲步行横过道路时未观察好路面情况、未确保安全的违法行为对该事故所起的作用更大，过错更严重，确定A车驾驶人承担事故主要责任，甲承担事故次要责任。

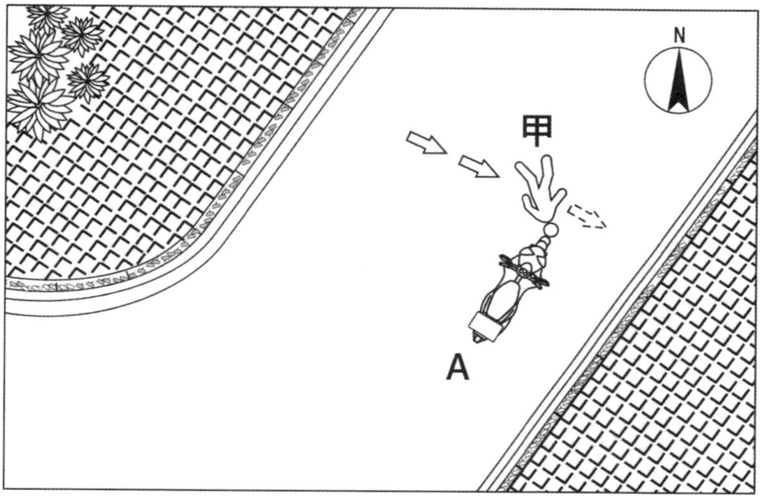

【法院判决】

甲向法院起诉，请求：（1）判令A车驾驶人在交强险范围内赔偿医疗费18,000元、护理费7200元、残疾赔偿金43,726元、精神损害抚慰金1000元、鉴定费2080元、交通费900元共计72,906元，在交强险外赔偿剩余损失57,565.15元的90%，即51,808.64元，两项共计124,714.64元，扣除A车驾驶人已付10,000元，余款为114,714.64元；（2）诉讼费由A车驾驶人承担。

法院认为，交警部门作出的交通事故责任认定程序正当、内容客观公正，并无不当，法院予以采信。A车未参加保险，对于甲的合理损失应先由A车驾驶人在交强险限额范围内赔偿，交强险外的损失根据本案情况应由A车驾驶人按照80%比例赔偿为宜，甲主张90%过高，不予支持。对于甲的各项合理损失，法院认定共计123,095.34元。上述损应由A车驾驶人在交强险限额内赔偿66,444.19元。剩余医疗费及住院伙食补助费的损失共计56,651.15元，由A车驾驶人按照80%比例赔偿甲45,320.92元。A车驾驶人应赔偿甲损失共计111,765.11元，A车驾驶人已经支付 10,000 元，应当予以扣除。

法院判决：（1）A 车驾驶人赔偿甲医疗费、护理费、残疾赔偿金、精神损害抚慰金、住院伙食补助费、交通费的损失共计 111,765.11 元，扣除已付 10,000 元，余款为 101,765.11 元；（2）驳回甲其他诉讼请求。案件受理费减半收取 1297 元，A 车驾驶人负担 1151 元，由甲负担 146 元。鉴定费 2080 元，由 A 车驾驶人负担。

07 违反装载规定造成交通事故

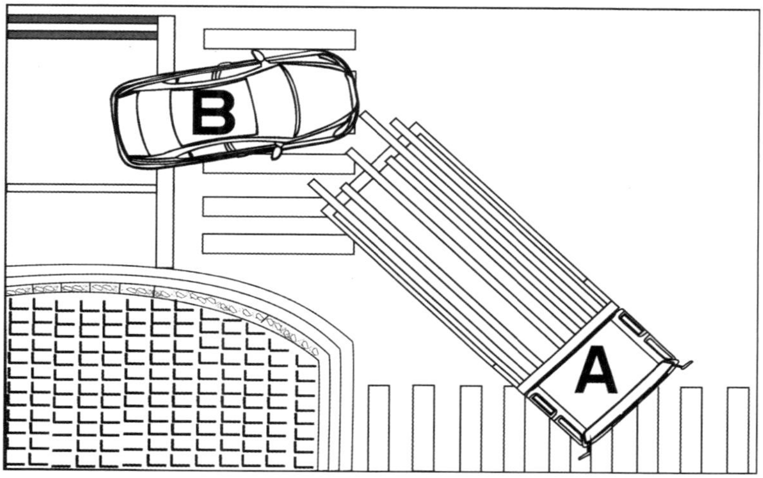

如图所示，A 车装载货物明显超长，在转弯时所载货物与 B 车发生碰撞，则 A 车承担主要以上责任。

交警解答

《道路交通安全法实施条例》第 54 条、第 55 条，对机动车载物、载人有具体详细的规定，主要包括：

（1）机动车载物不得超过机动车行驶证上核定的载质量，装载长度、宽度不得超出车厢。其中重型、中型载货汽车，半挂车载物，高度从地面起不得超过 4 米，载运集装箱的车辆不得超过 4.2 米；其他载货的机动车载物，高度从地面起不得超过 2.5 米。

（2）摩托车载物，高度从地面起不得超过 1.5 米，长度不得超出车身 0.2 米。两轮摩托车载物宽度左右各不得超出车把 0.15 米；三轮摩托车载物宽度不得超过车身。

（3）载货汽车车厢不得载客。在城市道路上，货运机动车在留有安全位置的情况下，车厢内可以附载临时作业人员 1 人至 5 人；载物高度超过车厢栏板时，货物上不得载人。

凡是违反这些规定造成事故的，违法车辆就要承担全部责任。

08 装载的货物遗洒、飘散导致交通事故

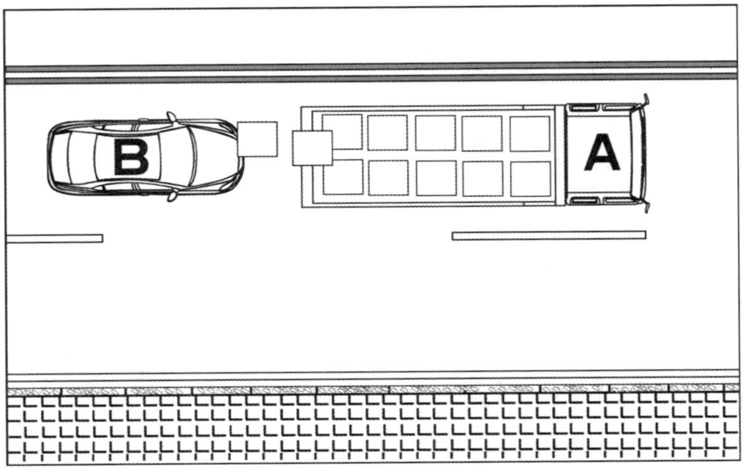

如图所示，A 车在行驶过程中，所装载的货物遗洒下来，与 B 车发生事故，若 B 车无过错的，则 A 车承担全部责任；若 B 车未保持足够的安全距离，则 B 车也要承担次要责任。

交警解答

《道路交通安全法》第 48 条规定，机动车载物过程中不得遗洒、飘散载运物。《公路安全保护条例》（国务院令第 593 号）第 43 条规定，车辆装载物易掉落、遗洒或者飘散的，应当采取厢式密闭等有效防护措施方可在公路上行驶。公路上行驶车辆的装载物掉落、遗洒或者飘散的，车辆驾驶人、押运人员应当及时采取措施处理；无法处理的，应当在掉落、遗洒或者飘散物来车方向适当距离外设置警示标志，并迅速报告公路管理机构或者公安机关交通管理部门。

机动车在行驶途中掉落、遗洒装载物是非常危险的事情。还记得“最美司机”吴斌吗？他在驾驶长途客车途中，被前车损坏的制动毂残片击穿前挡风玻璃后身受重伤，仍然忍痛停稳客车，保证了车上 24 名乘客的安全，自己却因伤势过重去世。制动毂残片虽非装载物，但这起事故造成的严重后果，我们可见一斑。

案例链接

如图所示，20×× 年 6 月 30 日 12 时 28 分，A 车驾驶人持 A2 型驾驶证驾驶 A 车在路上行驶。因 A 车驾驶人未按规定装载货物，造成车上装载的货物（潲水油）遗洒在公路右侧，导致其后方的持 C1 型驾驶证驾驶普通摩托车 B 的驾驶人及搭载的乘客甲摔倒受伤。事故发生后，甲报警。当地交警部门认定，A 车驾驶人应承担事故主要责任，B 车驾驶人承担次要责任，甲无责任。

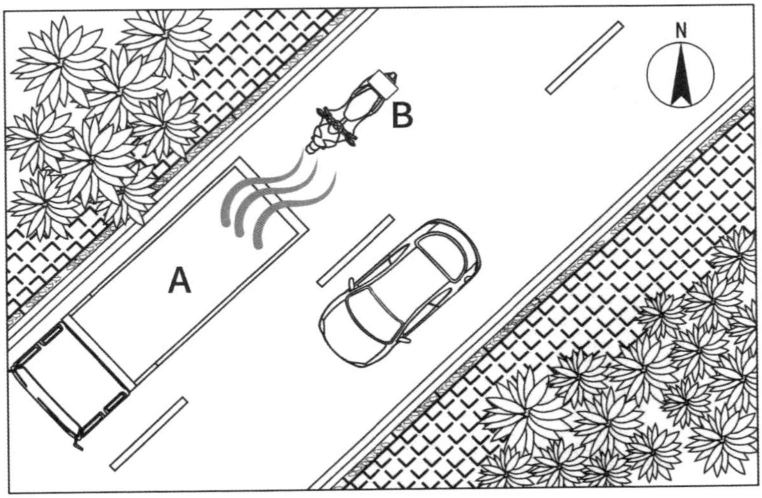

【法院判决】

甲向法院起诉，请求：（1）A 车驾驶人、A 车保险公司赔偿其各项损失 15,914.07 元；（2）本案的一切诉讼费用由 A 车驾驶人、A 车保险公司承担。

法院认为，在公共道路上堆放、倾倒、遗洒妨碍通行的物品造成他人损害的，由行为人承担侵权责任。本案中，A 车驾驶人的行为致甲路过该路段时受伤，本案应系公共道路妨碍通行损害责任纠纷。法院酌定，由 A 车驾驶人、B 车驾驶人按 7 ：3 的比例承担责任，但甲未起诉 B 车驾驶人，故本应由 B 车驾驶人承担的责任部分由甲自行承担。关于甲的各项损失，法院认定共计 14,003.74 元。B 车保险公司在交强险限额内赔偿医疗费、误工费 7008 元，超出交强险部分由 A 车驾驶人按 70% 的比例赔偿 4897.02 元。

法院判决：（1）A 车保险公司在本判决生效后 1 个月内赔偿甲损失计 7008 元；（2）A 车驾驶人在本判决生效后 1 个月内赔偿甲损失计 4897.02 元；（3）驳回甲的其他诉讼请求。案件受理费减半收取 99 元，由 A 车驾驶人负担 69 元，甲负担 30 元。

09 车门、车厢未关好时行车

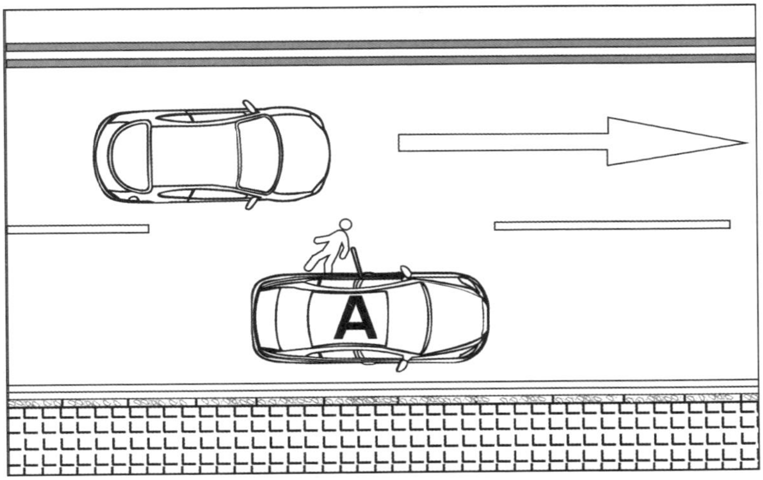

如图所示，A 车在车门未关好时行车，导致车门边的乘客摔出车外，则 A 车承担全部责任。

交警解答

《道路交通安全法实施条例》第 62 条规定，车门、车厢未关好时不得行车。车辆在高速行驶中，一旦车门、车厢打开，很容易导致车门附近或车厢内的乘客、物品被甩出车外，造成严重后果。因此，驾驶人员在出车前一定要检查车门、车厢是否紧闭，以确保行车安全。车内有小孩或行为控制能力较差的成人（如醉酒者），最好将车门锁锁上，以防乘客不小心将车门打开，引发事故。

10 下陡坡时熄火或空挡滑行

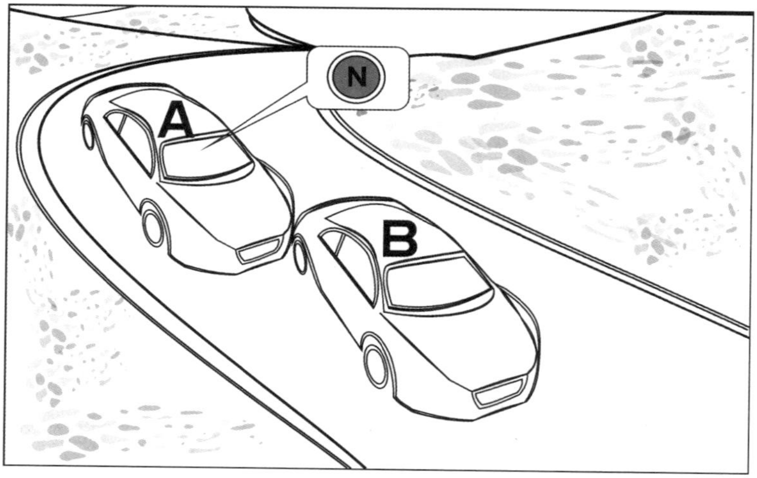

如图所示，A 车在下坡时空挡滑行，与 B 车发生碰撞，则 A 车承担全部责任。实践中，A 车挂空挡的违法行为较难取证。

交警解答

《道路交通安全法实施条例》第 62 条规定，驾驶机动车下陡坡时，不得熄火或者空挡滑行。然而，不少司机下坡时为了省点油，都喜欢选择空挡滑行。殊不知，下坡熄火或空挡滑行是非常危险的行为，由于没有发动机的制动作用，速度会越来越快，只有靠不断踩刹车来减速，从而可能导致如下结果：一是刹车的效果降低；二是由于不断地、连续地刹车，会使刹车发烫过热，最后打滑，造成刹车失灵而发生事故。

事实上，自动挡在下坡时空挡滑行相当于停车怠速，喷油嘴继续喷油，省不了多少，反而容易积炭，从长远来看，发动机维修费用远高于省下的那点油钱。高速带挡滑行时，发动机处于被动高速转动，喷油嘴不再喷油，反而省油。

11 意外爆胎造成交通事故

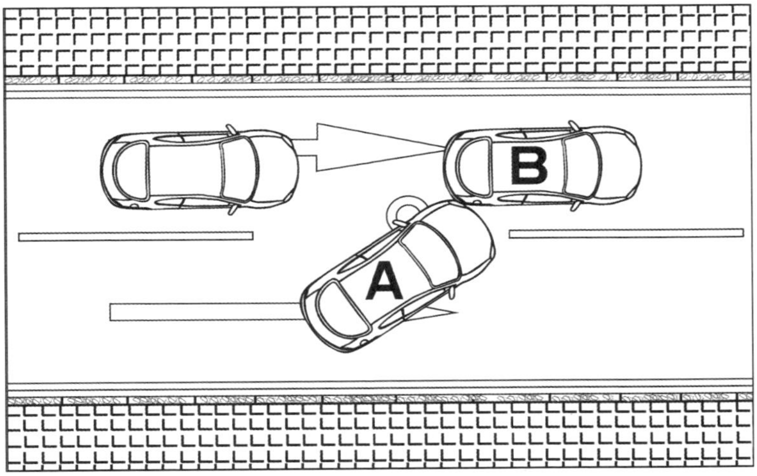

如图所示，A 车在行驶过程中突然爆胎，导致车辆失控撞上相邻车道的 B 车，则 A 车承担全部责任。

交警解答

爆胎、疲劳驾驶与超速并列为道路交通的“三大杀手”，但由于爆胎的不可预见和难以控制，因此又被称为“头号杀手”和“隐形杀手”。

近年来，由于我国汽车保有量与高速公路的增加，因爆胎引发的交通事故屡有发生。那么，对于爆胎引发的交通事故，责任究竟该由谁来承担呢？由于我国现行的法律法规并没有把爆胎控制列入整车的安全标准，因此，当事故发生后，如何判定事故责任往往就集中在司机的驾驶行为上。如果驾驶员在爆胎的瞬间有踩刹车的行为，就会被判定为“操作不当”，从而承担事故责任。但问题是，爆胎事故本身并不是以司机的个人意志来决定的，司机因为本能反应而承担事故责任，显然有失公平。

有关专家表示，最理想的办法，就是通过一种新的安全技术，使汽车出现爆胎时，依然能让汽车处于受控状态。这样的新技术一旦成熟，即可用法律法规的方式强制使用，就如同当年安全带的出现和强制使用一样。

案例链接

如图所示，20×× 年 5 月 7 日 12 时 18 分许，A 车驾驶人（持 C1 D 型驾驶证）驾驶 A 车由东北往西南行驶至高速公路某处时，因车辆长时间负重行驶导致车辆右后轮爆胎后，车辆失控致车头朝南侧翻于慢车道上。A 车驾驶人被困在驾驶室，后通过自救爬出车外，准备去后方设置警示标志时捡拾到自己的手机。此时，B 车驾驶人驾驶 B 车行至该处，因未按操作规范采取避让措施，导致 B 车撞击 A 车底部，两车所载货物散落地上，B 车驾驶人当场死亡。当地交警部门认定，B 车驾驶人承担本次事故的主要责任，A 车驾驶人承担本次事故的次要责任。事故发生后，A 车驾驶人已赔偿 B 车驾驶人亲属 5 万元。

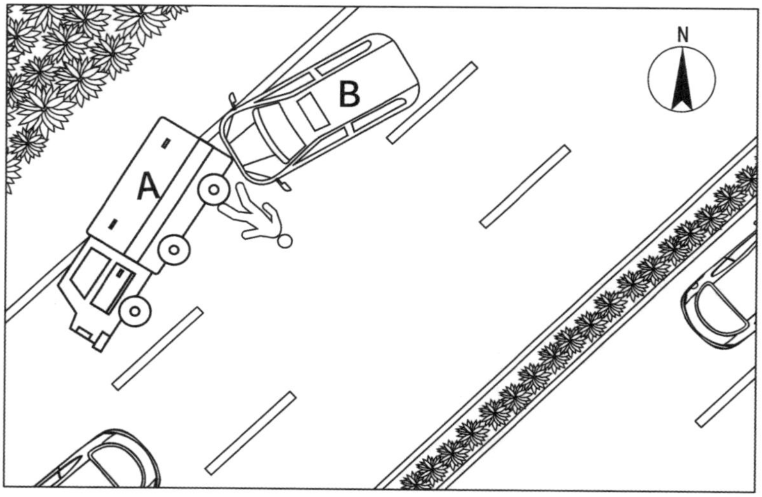

【法院判决】

B 车驾驶人亲属向法院起诉，请求：（1）A 车驾驶人赔偿其损失 645,993.5 元（死亡赔偿金 1,204,793.3 元、丧葬费 23,211.5 元、财产损失费 9600 元、精神损害抚慰金 50,000 元、交通费 27,378.98 元合计 1,314,983.79 元中的 50%，即 645,993.5 元）；（2）A 车保险公司在保险范围内承担赔偿责任；（3）诉讼费用由 A 车驾驶人、A 车保险公司承担。

法院认为，参照交警部门的认定结论确定侵权责任，该起事故中双方责任比例酌定为 3 ：7。法院认为 B 车驾驶人亲属各项合理损失共计 907,171.5 元，先由 A 车保险公司在交强险范围内赔偿 180,000 元，超出部分由 A 车驾驶人分担 30% 即 218,151.5 元。A 车保险公司共需赔偿 B 车驾驶人亲属 398,151.5 元，核减 A 车驾驶人先行垫付的 50,000 元，尚需向 B 车驾驶人亲属赔偿 348,151.5 元，向 A 车驾驶人支付保险金 50,000 元。

法院判决：（1）A 车保险公司赔偿 B 车驾驶人亲属损失 348,151.5 元（A 车驾驶人先行垫付的 5 万元已核减）；（2）A 车保险公司向 A 车驾驶人支付保险金 5 万元；（3）驳回 B 车驾驶人亲属的其他诉讼请求。案件受理费 10,260 元，减半收取 5130 元，由 B 车驾驶人亲属负担 3591 元，A 车驾驶人负担 1539 元。

12 在公共场所，机动车之间及机动车与非机动车或行人之间发生事故

如图所示，A 车在住宅小区内行驶，与行人发生碰撞，则 A 车承担全部责任。

交警解答

法律意义上的交通事故一定是发生在法定道路上的交通事故。凡乡村自行修建的道路（机耕道）和自然通车形成的道路，以及住宅楼群道路、机关团体单位的内部道路、厂矿企事业专用道路以及尚未交付使用的新建道路等，均不属于法定道路。在这些路上发生的车辆事故，不属于道路交通管理范围，公安交警部门不具有法定管理的职权。

然而，若是这类非道路交通事故无人受理，或受理后在处理上存在很多实际困难，导致事故不能得到及时适当的处理，也会给社会带来不稳定的隐患。

鉴于此，《道路交通安全法》第 77 条规定："车辆在道路以外通行时发生的事故，公安机关交通管理部门接到报案的，参照本法有关规定办理。"也就是说，将非道路交通事故也交由公安交警部门比照道路交通事故进行处理。《道路交通安全法实施条例》第 67 条也有相关规定："在单位院内、居民居住区内，机动车应当低速行驶，避让行人；有限速标志的，按照限速标志行驶。"

13 在机动车道撞到宠物

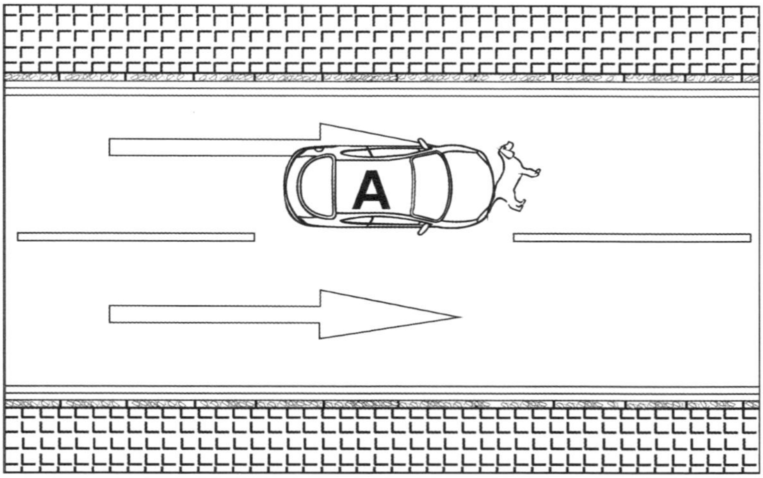

如图所示，A 车在机动车道正常行驶时撞到宠物，则 A 车不承担责任。

交警解答

车与车、车与人发生碰撞，毋庸置疑是交通事故；而今，在养宠物渐成时尚的当下，车辆与宠物相撞引发的纠纷算不算交通事故？责任又如何划分？

根据《道路交通安全法》的规定，交通事故是指车辆在道路上因过错或者意外造成的人身伤亡或者财产损失的事件，需要具备在道路上发生，有交通事故参与者（包括机动车、非机动车、行人），有交通违法行为存在以及有损害的后果等要素。因此，车辆在道路上撞伤、撞死宠物属于当事人财产损失的交通事故。

现在的宠物少则几百上千元，多则上万元，再加上很多宠物所有人对其有很深的感情，因此，这方面不仅涉及财产问题，还涉及情感问题，需要得到妥善处理。鉴于此，目前有许多地方已经出台了相关规定。例如，《北京市养犬管理规定》第 17 条规定，携犬出户时，应当对犬束犬链，由成年人牵领。

这里提醒宠物的主人：如果携带宠物外出，一定要用绳子牵引，不要随意放在马路上跑。另外，驾驶人在路面行驶时应当注意力集中，在看见行人、非机动车甚至宠物时应提前减速慢行避让。

14 在非机动车道或人行道，机动车撞到宠物

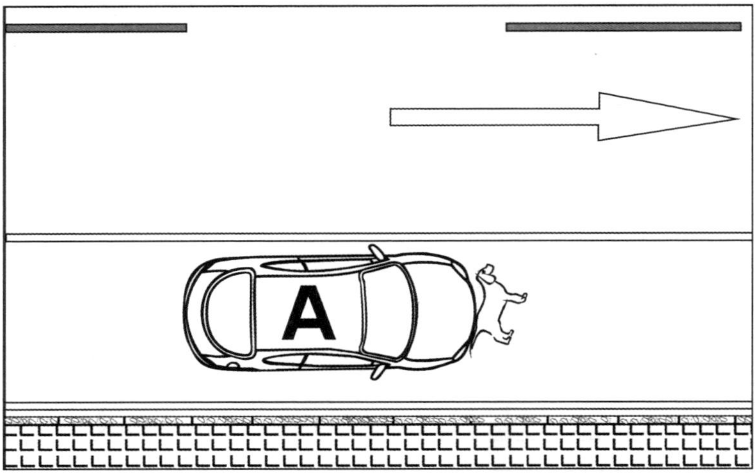

如图所示，A 车在非机动车道行驶时撞到宠物，则 A 车承担主要责任。

交警解答

前面我们已经对机动车撞宠物问题作了大致分析。在此类事故发生时，我们着重看两点：一是机动车有无过错行为；二是宠物有没有人看护、牵领。如果因为机动车的过错在非机动车道或人行道行驶撞到有人牵领的宠物，则机动车承担全部责任；若宠物无人看护、牵领，则由交警部门处理机动车的过错责任，并组织当事人协商处理民事赔偿事项。如有必要，也可由治安部门处理其他相关事宜。

15 在公共场所，机动车撞到宠物

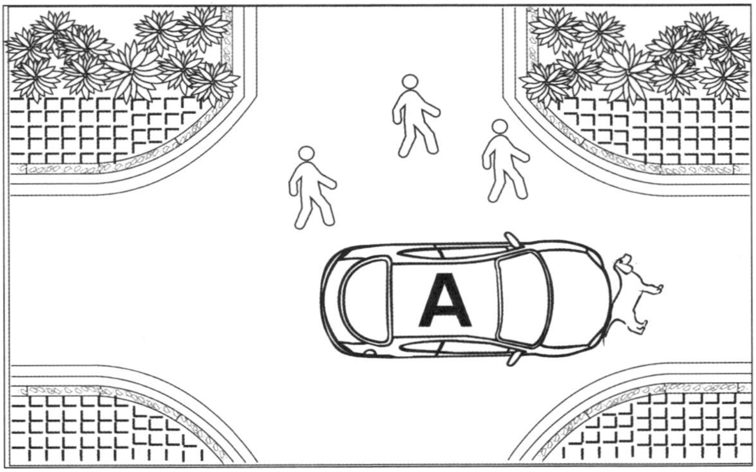

如图所示，A 车在住宅区内行驶时撞到宠物，则事故属于治安问题，原则上不属于交警部门管辖。

交警解答

前文提到，不是发生在法定意义的道路上的与车辆有关的事故，都不属于道路交通管理范围，而属于治安部门管理范畴，交警部门不具有法定管理职权。

在实际操作中，治安部门要看涉事宠物是否有合法“户口”，即有没有合法的饲养手续；另外还要看车主和宠物主人的责任划分，如在宠物活动过程中是否被牵好，驾驶人在开车过程中是否注意安全，尽到避让义务等。

案例链接

如图所示，20×× 年 8 月 2 日 11 时，在某小区内，A 车驾驶人驾驶 A 车由东向西驶出车库时，车右前轮与小区内的宠物狗身体接触，导致狗受伤。事故发生后，当地交警部门未认定责任，只出具《事故证明》。

【法院判决】

宠物狗主人向法院提起诉讼，请求：（1）判决 A 车驾驶人、A 车保险公司支付医疗费、交通费、误工费等共计 27,679 元；（2）诉讼费由 A 车驾驶人承担。

法院认为，A 车驾驶人作为车辆驾驶人，驾车在小区内行驶时应负有注意义务，由于未能对随后出现的涉案犬只及时避让，故应当对此次事故承担主要责任。犬是攻击性较强的动物，为此，当地犬只管理规定中要求，携犬出户时，应当使用犬束犬链，由成年人牵领，携犬人应当携带养犬登记证。本案中，宠物狗主人饲养的犬只在车库门口趴卧，无人牵领，导致 A 车驾驶人驾驶的车辆与犬只相撞，对损害后果的发生宠物狗主人亦存在一定过错，其对此次事故应承担次要责任。对宠物狗主人合法合理的损失，法院依法予以支持。经核实，宠物狗主人为给宠物狗治伤支付医疗费 21,510.9 元。

法院判决：（1）A 车保险公司在交强险限额内赔偿宠物狗主人财产损失费 2000 元，于本判决生效之日起 7 日内执行清；（2）A 车保险公司在商业三者险限额内赔偿宠物狗主人财产损失费共计 15,608.72 元，于本判决生效之日起 7 日内执行清；（3）驳回宠物狗主人的其他诉讼请求。案件受理费 120 元，由 A 车驾驶人负担。

16 执行紧急任务的车辆在紧急情况下造成事故

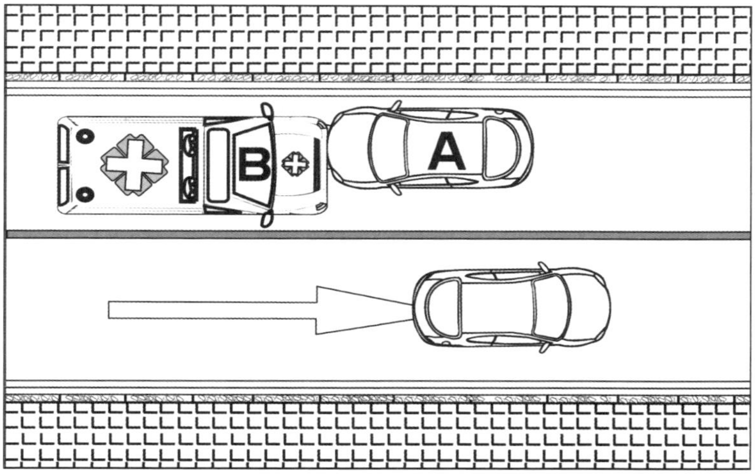

如图所示，B车（救护车）在执行紧急任务，A车没有避让，两车相撞，则B车不承担责任。

交警解答

《道路交通安全法》第53条规定，警车、消防车、救护车、工程救险车执行紧急任务时，在确保安全的前提下，不受行驶路线、行驶方向、行驶速度和信号灯的限制，其他车辆和行人应当让行。但上述车辆在非执行紧急任务时，不享有前款规定的道路优先通行权。

也就是说，这些应急车辆在执行紧急任务期间不存在违法问题，即使闯红灯、逆行、超速等都不受处罚。但是，这里还有一个前提，就是“确保安全”，否则发生交通事故，也要承担相应责任的。

有关人士建议：在遇到应急车辆时，如果道路是两车道，则左车道的车往左靠，右车道的车往右靠，以空出一条应急通道；如果是三车道以上，不能平分方向左右分开的话，一般情况下中间车辆往右靠。

如果因避让执行紧急任务的应急车辆而出现违法情况，交管部门均会依据现场情况查明事实，主动取消处罚。

案例链接

如图所示，20×× 年3月24日8时44分，A车驾驶人驾驶开启警灯的消防车A沿道路由北向南以约为49km/h的速度行驶至路口时，遇停止信号继续行驶，此时B车驾驶人驾驶B车由东向西驶来，B车驾驶人驾车赶时间未观察情况，其车前部碰撞A车左侧后部，导致B车驾驶人受伤。当地交警部门认定，A车驾驶人承担事故同等责任，B车驾驶人承担事故同等责任。A车驾驶人系消防救援支队的驾驶员，事故发生时正在执行上级下达的任务，属于职务行为。

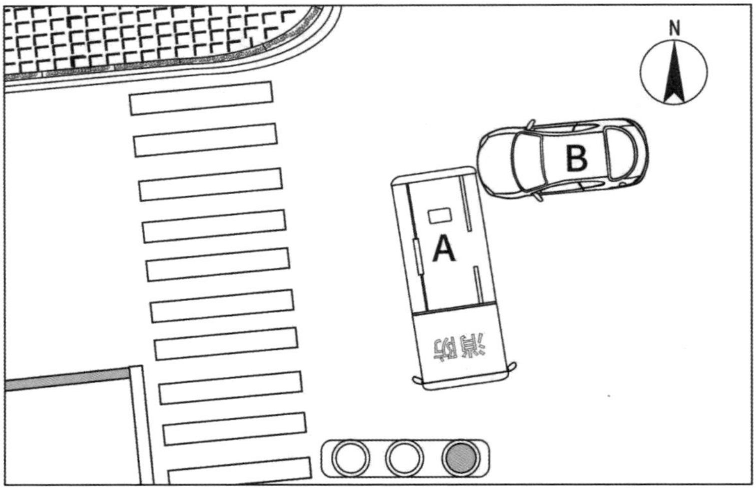

【法院判决】

B车驾驶人向一审法院起诉，请求：（1）判令A车驾驶人、消防救援支队、A车保险公司支付拖车费500元、拆解费1000元、车辆占用工位费22,480元、替代性交通工具费2000元、车辆损失费26,420元、评估费3000元，共计55,400元；（2）诉讼费由上述被告承担。

一审法院认为，对B车驾驶人诉请的车辆维修费、施救费、评估费（替代性交通工具费在另案中已支持）进行确认。另外查明，A车投保不计免赔的商业三者险，事故发生在保险期间，且未投保交强险。

一审法院判决：（1）B车驾驶人的经济损失（车辆维修费26,420元、施救费

500 元）共计 26,920 元，由消防救援支队赔偿 2000 元；不足部分 24,920 元以及鉴定费 3000 元，共计 27,920 元的 50%，即 13,960 元，由 A 车保险公司在商业三者险限额内赔偿；（2）驳回 B 车驾驶人的其他诉讼请求。案件受理费 592.5 元，由 B 车驾驶人负担 455.50 元，消防救援支队负担 137 元。

B 车驾驶人不服一审判决，上诉请求：（1）撤销一审民事判决，依法支持其一审全部诉讼请求；（2）一、二审诉讼费由 A 车驾驶人、消防救援支队、保险公司承担。

二审法院认为，关于本案责任比例，《事故认定书》认定 A 车驾驶人事发时正在执行任务且具有相应事实依据，一审法院根据《事故认定书》认定的事故双方责任，并最终确定 B 车驾驶人与 A 车驾驶人承担事故同等责任并无不妥，法院予以维持。关于拆解费，系为确定本案车损而产生的必要、合理费用，该笔费用应予支持，一审法院对此认定有误，应予以纠正。

二审法院判决：（1）撤销一审法院民事判决；（2）消防救援支队赔偿 B 车驾驶人车辆维修费 2000 元；（3）A 车保险公司在商业三者险限额内赔偿 B 车驾驶人施救费 500 元、车辆维修费 24,420 元、拆解费 1000 元、鉴定费 3000 元，共计 28,920 元的 50%，即 14,460 元；（4）驳回 B 车驾驶人的其他诉讼请求。

17 在突发自然灾害时，机动车发生事故

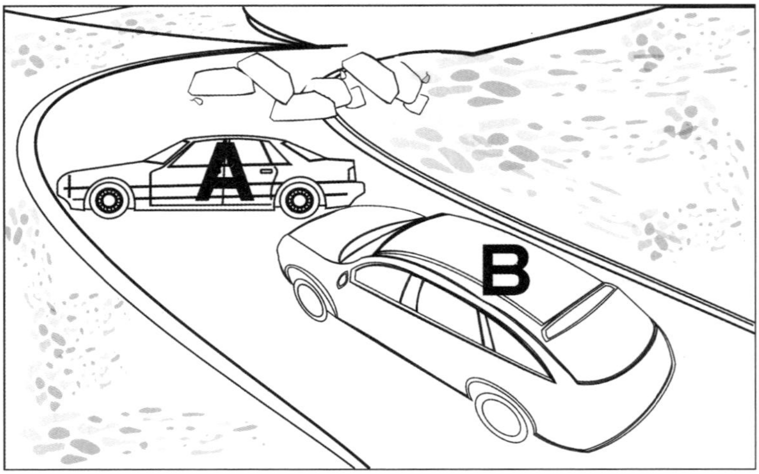

如图所示，A 车在行驶途中突遇前方山体滑坡，危急时刻紧急掉头，与 B 车发生碰撞，则 A 车不承担责任。

交警解答

自然灾害形成的过程有长有短，有缓有急。有些自然灾害，当致灾因素的变化超过一定强度时，就会在几天、几小时甚至几分、几秒钟内表现为灾害行为，像地震、洪水、飓风、风暴潮、冰雹等，这类灾害统称为突发性自然灾害。

当机动车行驶途中遭遇洪水、山体滑坡、泥石流、恶劣天气等突发性自然灾害时，驾驶人应坚持以人为本的原则，迅速将车辆开至安全地带；当情况紧急危及生命安全时，驾驶人和随车人员可当即弃车，撤离至安全地带。

突发性自然灾害属于不可抗力，因不可抗力造成的交通事故，肇事车辆不承担责任。《民法典》第 182 条有专门规定。

案例链接

如图所示，20×× 年 6 月 24 日 7 时许，A 车驾驶人（外卖配送骑手）驾驶电动车 A 行至某小区大门南侧，A 车停在道路中间时冒烟，A 车驾驶人离开现

场去取灭火器，后A车起火爆燃，将路过此处正常行驶的B车驾驶人烧伤，B车驾驶人自救时追尾前方准备停靠在路边的C车，造成C车损坏。

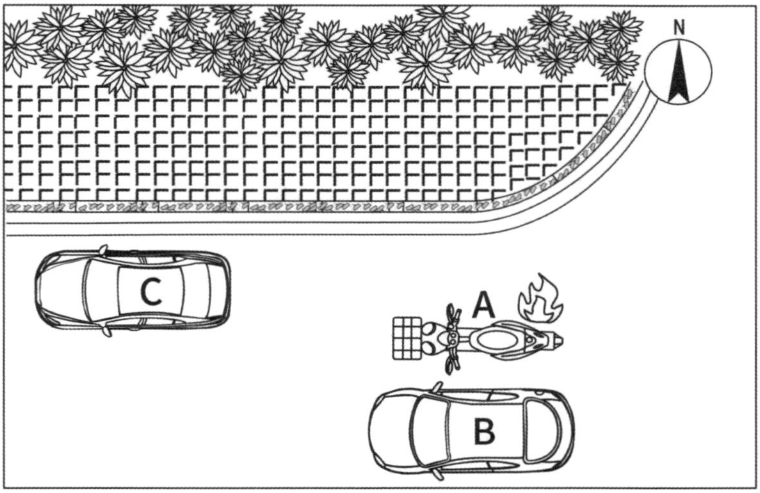

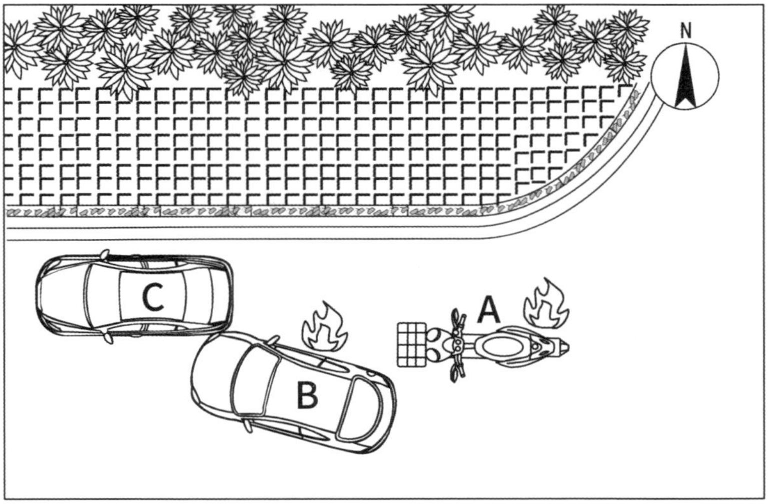

【法院判决】

C车驾驶人向法院起诉，请求：（1）判令A车驾驶人、A车所属公司、A车保险公司，以及B车驾驶人、B车保险公司共同给付修车款15,612元；（2）判令被告给付评估费3000元；（3）判令被告给付替代交通费1000元；（4）本案诉讼费依法承担。

法院认为，关于案涉纠纷的起因及性质问题，根据《民法典》第182条规定的“因紧急避险造成损害的，由引起险情发生的人承担民事责任。危险由自然原因引起的，紧急避险人不承担民事责任，可以给予适当补偿。紧急避险采取措施不当或者超过必要限度，造成不应有的损害的，紧急避险人应当承担适当的民事责任”，本案所涉纠纷系属于因紧急避险人实施紧急避险行为而意外导致的交通事故。关于C车驾驶人的损失，法院认定车辆维修费15,612元及评估费3000元，酌定支持通常替代性交通工具费用500元为宜。另外事发时，A车驾驶人正在进行配送工作，系履行职务行为，故本案的民事赔偿责任应由其所属公司承担。因公司为A车驾驶人投保了商业三者险，故应由保险公司在保险责任限额内予以赔偿。B车驾驶人作为该起意外事件的紧急避险人，其在突然被火灼烧状态下丧失了对车辆的正常控制导致追尾C车，并在追尾后及时刹车避免了损失的进一步扩大，符合紧急避险应采取的必要限度，故B车驾驶人对C车造成的损失无过错。鉴于B车投保了交强险，而启动交强险进行赔偿时，并不以被保险人是否有责为赔付依据。故C车驾驶人主张的修车费、评估费，应由B车保险公司在交强险财产损失限额内进行赔付，其余未获赔偿的部分应由引起险情方的保险公司即A车保险公司承担赔偿责任。

法院判决：（1）B车保险公司于本判决生效之日起10日内在交强险责任限额范围内赔偿C车驾驶人财产损失2000元；（2）A车保险公司于本判决生效之日起10日内在商业三者险限额内赔偿C车驾驶人16,612元；（3）A车驾驶人所属公司于本判决生效之日起10日内赔偿C车驾驶人500元；（4）驳回C车驾驶人其他诉讼请求。案件受理费145元，由B车保险公司负担15元，A车保险公司负担126元，由C车驾驶人负担4元。

18 机动车超载发生事故

如图所示，A 车在通过坡底路口时，由于超载导致车辆失控，撞上直行的 B 车，则 A 车承担全部责任。

交警解答

《道路交通安全法》第 48 条规定，机动车载物应当符合核定的载质量，严禁超载；载物的长、宽、高不得违反装载要求。第 49 条规定，机动车载人不得超过核定的人数，客运机动车不得违反规定载货。

机动车超载的最大危害，就是诱发道路交通安全事故。据了解，不少群死群伤性重特大道路交通事故与超限超载有直接关系。由于超载运输车辆长期处于超负荷运转状态，使车辆的制动和操作等安全性能迅速下降，表现为轮胎变形爆胎、刹车失灵、转向器轻飘抖动、钢板弹簧折断、半轴断裂等。

另外，实验证明，时速达到 30 公里时，质量大于 3 吨的载重汽车，每增加 1 吨的载质量，制动距离要延长 0.5~1.0 米。非安全距离的延长，往往会给驾驶人造成始料不及的心理压力，从而导致车祸的发生。

19 机动车碰撞到道路障碍物发生事故

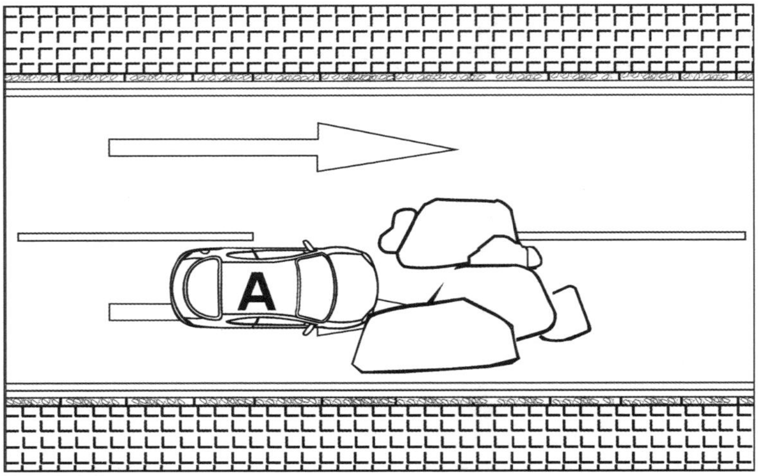

如图所示，A车在正常行驶时，碰撞到施工单位堆放在道路上的石头，发生事故，则施工单位承担相应责任。A车未注意观察，也有责任。

交警解答

《道路交通安全法》第31条规定："未经许可，任何单位和个人不得占用道路从事非交通活动。"第32条规定："因工程建设需要占用、挖掘道路，或者跨越、穿越道路架设、增设管线设施，应当事先征得道路主管部门的同意；影响交通安全的，还应当征得公安机关交通管理部门的同意。施工作业单位应当在经批准的路段和时间内施工作业，并在距离施工作业地点来车方向安全距离处设置明显的安全警示标志，采取防护措施；施工作业完毕，应当迅速清除道路上的障碍物，消除安全隐患。"

在以上事故中，施工单位没有尽到自己的责任，既未设置明显的安全警示标志，也未采取防护措施，因此，应承担事故的相应责任。

20 因道路缺陷导致事故

如图所示，A车在正常行驶过程中，突遇前方道路坍塌，因反应不及发生事故，则道路养护或管理部门承担相应责任。

交警解答

《道路交通安全法》第30条明确规定：“道路出现坍塌、坑漕、水毁、隆起等损毁，或者交通信号灯、交通标志、交通标线等交通设施损毁、灭失的，道路、交通设施的养护部门或者管理部门应当设置警示标志并及时修复。”凡是因道路缺陷而又没有采取相应有效安全措施的，道路管理部门都要承担相应责任。

21 见义勇为造成事故

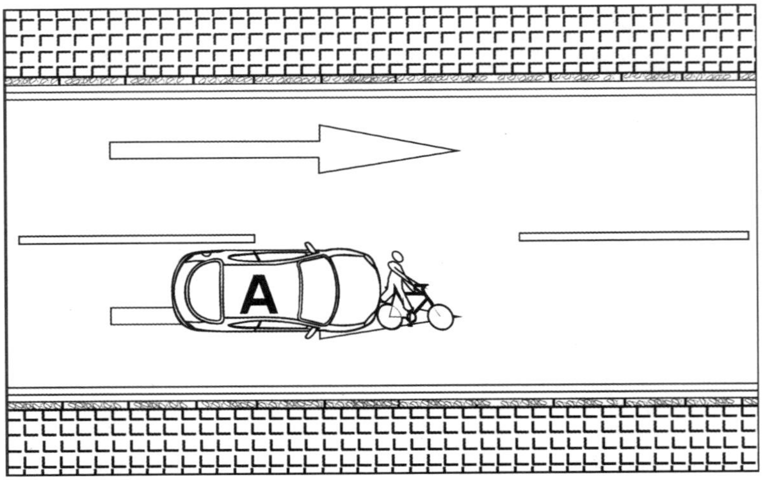

如图所示，A 车为协助追捕正在骑自行车逃窜的犯罪嫌疑人，与自行车相撞，并造成嫌疑人人身伤害，则 A 车无责或承担相应责任。

交警解答

见义勇为是中华民族的传统美德，应该大力弘扬。但是，见义勇为必须依法进行，如果违反了法律，就要承担法律责任。

机动车在协助追捕犯罪嫌疑人的同时，必须考虑到嫌疑人犯罪的性质、程度以及当时的交通状况，采取适当的追捕措施，不能因为追捕嫌疑人而对无辜第三者造成伤害，也不宜对嫌疑人采取不当的追捕行为，如直接开车撞击小偷等。

《刑法》第 20 条规定，为了使国家、公共利益、本人或者他人的人身、财产和其他权利免受正在进行的不法侵害，而采取的制止不法侵害的行为，对不法侵害人造成损害的，属于正当防卫，不负刑事责任。《民法典》第 181 条规定，因正当防卫造成损害的，不承担民事责任。正当防卫超过必要的限度，造成不应有的损害的，防卫人应当承担适当的民事责任。

22 酒后或服用违禁药品后驾车

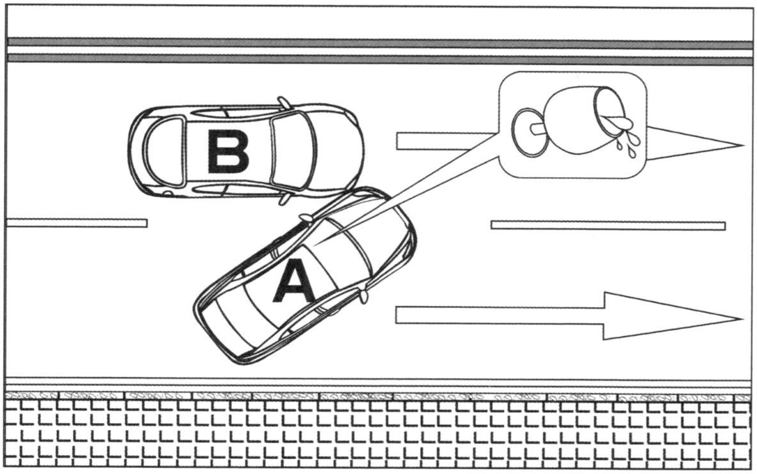

如图所示，A 车驾驶员酒后驾车，与 B 车相撞，则 A 车承担全部责任。实践中，当事人如有饮酒或醉酒后驾驶车辆的行为，事故责任本来属于同等责任以下，会加重其一级责任。

交警解答

《道路交通安全法》第 22 条规定："机动车驾驶人应当遵守道路交通安全法律、法规的规定，按照操作规范安全驾驶、文明驾驶。饮酒、服用国家管制的精神药品或者麻醉药品，或者患有妨碍安全驾驶机动车的疾病，或者过度疲劳影响安全驾驶的，不得驾驶机动车。"

酒后驾车，往往会使驾驶人的触觉能力降低，无法正常控制油门及方向盘；会使其判断能力和操作能力降低，无法正确判断距离、速度；会造成驾驶人的视觉障碍，使其无法发现和正确领会交通信号、标志和标线，对处于视野边缘的危险隐患难以发现；还会使驾驶人过高地估计自己的能力，往往干出一些力不从心的事，如易困倦等。

因此，酒驾是一种非常危险的驾驶行为。一旦因此发生事故，酒驾人员应承担全部责任。

酒驾的危险性已被广大驾驶人所重视，但还有一种堪比酒驾的“马路杀手”——“药驾”，却并未引起人们的普遍重视。

所谓“药驾”，是指驾驶人服用了某些可能影响安全驾驶的药品后依然驾车出行的现象，由于这些药物服用之后可能产生不同程度的不良反应，很容易酿成祸患。《道路交通安全法》规定，服用国家管制的精神药品或者麻醉药品后不得驾驶机动车，其实还有广泛用于治疗感冒和各种炎症的解热、镇痛、消炎、止咳药，如阿司匹林、对乙酰氨基酚、非那西汀、安乃近、可达因等，服用后会使人的视力、听力、注意力减退；反应能力、动作协调能力下降；使人疲倦、瞌睡或头晕等，导致驾驶机能受到影响。

因此，驾驶人在服用家中的药物以及某些保健食品前，应仔细阅读说明书，了解所含成分及注意事项，特别是有无嗜睡、反应迟钝等副作用，以确保驾车安全。

23 撞上因交通事故失去活动能力而滞留车行道的受伤人员（二次事故）

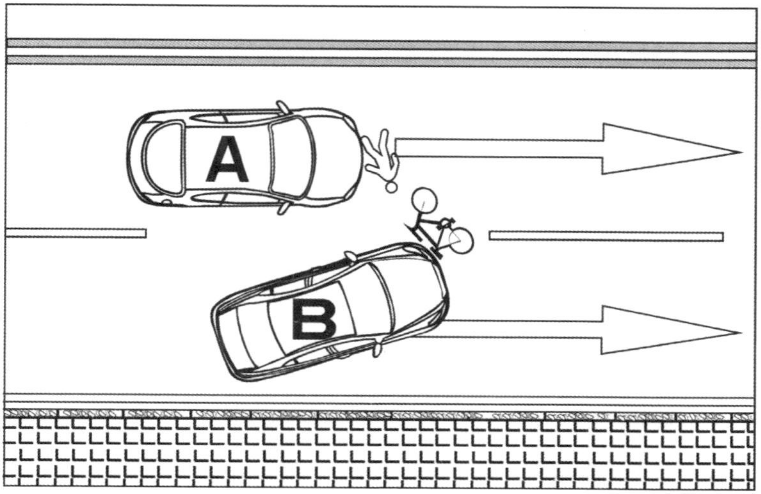

如图所示，A 车撞上因交通事故失去活动能力而滞留车行道的受伤人员，则 A 车承担主要以上责任。

交警解答

二次事故是指在原有的交通事故基础上，由于其他原因或其他车辆的介入，再次发生的交通事故。

二次事故的发生，大多由于当事人在第一次事故后未及时合理处置，如未设置警示标志，未将车辆、人员及物品转移到安全位置等。导致后来车辆未能及时发现和避让而发生事故。

对于二次交通事故的责任认定问题，《程序规定》第 60 条有相应规定，因两方或者两方以上当事人的过错发生道路交通事故的，根据其行为对事故发生的作用以及过错的严重程度，分别承担主要责任、同等责任和次要责任。

一般而言，二次事故介入车辆驾驶人应承担二次事故的主要以上责任。

如因交通事故失去活动能力而滞留车行道的受伤人员因二次事故再次受到伤

害的事故，第二次事故车辆驾驶人应承担二次事故的主要以上责任，第一次交通事故中有特定救助义务的其他当事人有条件救助而未及时救助的承担次要责任；

如第一次交通事故中无特定救助义务的其他当事人或第一次交通事故中虽有特定救助义务的其他当事人但无条件救助或者来不及救助而发生的二次事故，第二次事故车辆驾驶人应承担第二次事故的全部责任。

24 二次碰撞

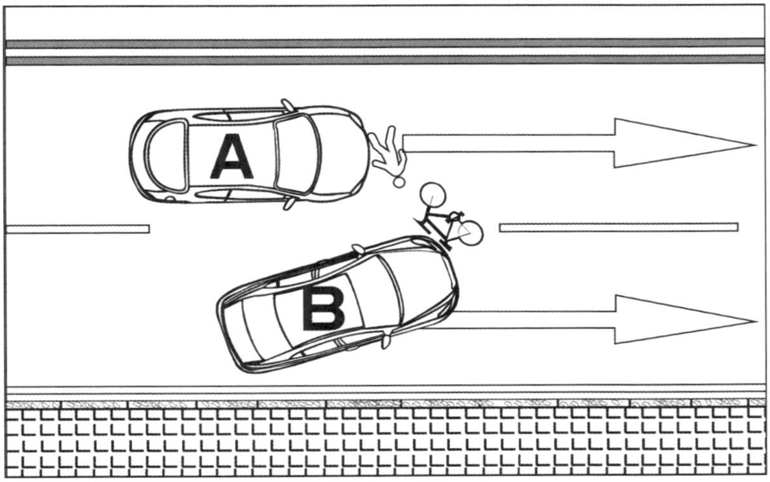

如图所示，B 车将本车道的自行车驾驶人撞倒在相邻车道内，导致自行车驾驶人受到相邻车道的 A 车碰压，则 B 车承担全部责任或主要责任，A 车不承担责任或承担次要责任。

交警解答

在道路交通事故中，可能存在这样一种情况：受害者因第一次受车辆碰剐等原因突然从甲车道倒向乙车道，再次受乙车道上行驶的车辆碰压，造成第二次伤害。这样的事故应按一起事故处理，乙车道车辆有过错的承担次要责任，无过错的不承担责任。

案例链接

如图所示，20×× 年 10 月 27 日 21 时 3 分许，A 车驾驶人（高速管理公司员工）驾驶 A 车行驶至某路段时，下车截停装载挖掘机的 B 车（B 车驾驶人为 B 车所属运输公司雇用）。B 车驾驶人将 B 车以头北尾南的方式停放在道路东侧。约 16 分钟后，C 车驾驶人驾 C 车与前方同方向停放在道路右侧的 B 车相撞后，C 车驶入道路左侧，与相对方向的 D 车相撞。事故导致三台车和车上装载的挖掘机不同程度烧毁，现场路面损坏。当地交警部门认定，C 车驾驶人承担事故主要责任，B 车驾驶人、A 车驾驶人共同承担此事故次要责任，当地路政执法大队无责任。

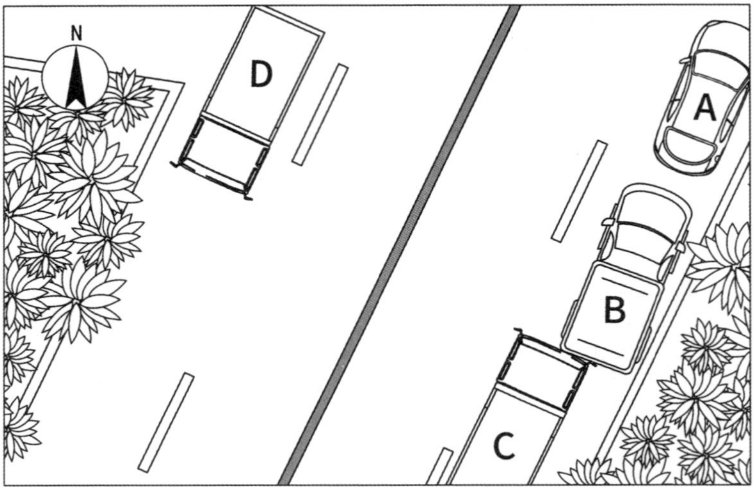

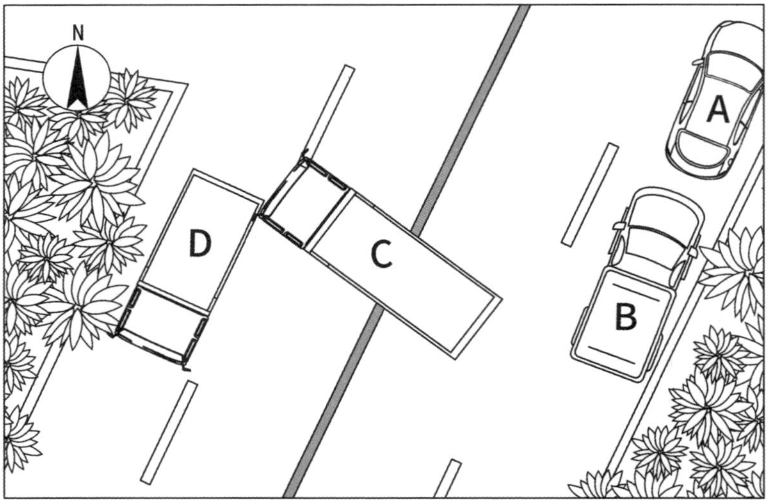

【法院判决】

B 车所属运输公司向法院起诉，请求：A 车驾驶人、A 车保险公司、C 车驾驶人、C 车所属运输公司、C 车保险公司、高速管理公司共同赔偿其损失。

一审法院认为，结合交警部门作出的责任认定，对主次责任比例划分为 7 ∶ 3。C 车驾驶人承担主要责任部分，由保险公司承担。对于次要责任赔偿主体的划分，B 车驾驶人作为车辆实际控制人及具有驾驶资格的人员，对车辆停放位置及安全防护措施自有基本认知，即使存在他人拦截车辆并指示停车的情况，其亦有义务保持车辆按规范停放，消除潜在停车隐患；A 车驾驶人在本次事故中，对冲卡逃离的违法车辆进行拦截、追查的行为超越了其职权范围，且该拦截行为系本次事故发生的诱因，对由此造成的交通事故也应当承担一定的责任，故法院结合事故因果关系及各方过错程度等对次要责任承担比例分配为 B 车驾驶人自行负担 25%，A 车驾驶人负担 5%。且因 A 车驾驶人驾驶私人车辆截停车辆超越职权范围，由其自行承担相应责任。

一审法院判决：（1）C 车保险公司在交强险限额内赔偿 B 车所属运输公司车辆损失费 500 元；（2）C 车保险公司在商业三者险限额内赔偿 B 车所属运输公司车辆损失费 72,500 元中的 70%，即 50,750 元；（3）A 车驾驶人赔偿 B 车所属运输公司车辆损失费 72,500 元中的 5%，即 3625 元；（4）驳回 B 车所属运输公司对挖掘机损失费赔偿的诉讼请求；（5）驳回 B 车所属运输公司的其他诉讼请求。

B 车所属运输公司、A 车驾驶人、A 车保险公司不服一审判决，上诉请求再审。

二审法院认为，根据《道路交通安全法》第 69 条“任何单位、个人不得在高速公路上拦截检查行驶的车辆，公安机关的人民警察依法执行紧急公务除外”，本案中 B 车虽已驶离高速公路出口，A 车驾驶人作为高速管理公司工作人员亦有权跟踪取证、排查车辆，但是高速管理公司作为营利法人不具有行政执法权力，作为其工作人员的 A 车驾驶人超越职权拦截车辆，其行为存在过错。《民法典》第 1191 条规定：“用人单位的工作人员因执行工作任务造成他人损害的，由用人单位承担侵权责任。用人单位承担侵权责任后，可以向有故意或者重大过失的工作人员追偿。”A 车驾驶人的行为超出职权范围，但从行为的客观形式上不能使受害人认识，其侵权行为仍应视为用人单位的行为，用人单位高速管理公司应当承担责任。

二审法院判决：（1）维持一审法院民事判决第一项、第二项、第四项；（2）变更一审法院民事判决第三项为高速管理公司赔偿 B 车所属运输公司车辆损失费 72,500 元中的 5%，即 3625 元；（3）变更一审法院民事判决第五项为驳回 B 车所属运输公司对 A 车驾驶人、C 车驾驶人、C 车运输公司的诉讼请求。

25 机动车在校园内撞上行人

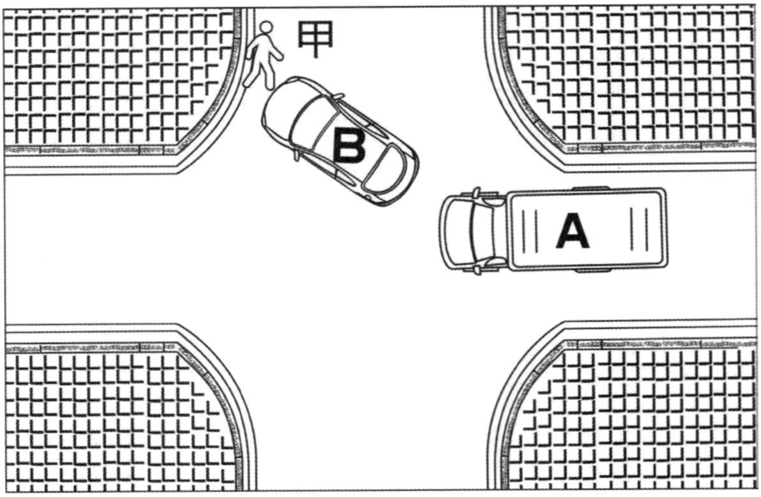

如图所示，校园内，B 车被 A 车撞击改变方向冲向人行道，撞上行人甲。虽然这不属于交警部门管辖的交通事故，但当事人的事故责任认定会参照《道路交通安全法》等法律法规的规定。

交警解答

《人身损害赔偿解释》（2004 年版，已修改）第 7 条规定，对未成年人依法负有教育、管理、保护义务的学校、幼儿园或者其他教育机构，未尽职责范围内的相关义务致使未成年人遭受人身损害，或者未成年人致他人人身损害的，应当承担与其过错相应的赔偿责任。

《民法典》第 1199 条规定，无民事行为能力人在幼儿园、学校或者其他教育机构学习、生活期间受到人身损害的，幼儿园、学校或者其他教育机构应当承担侵权责任；但是，能够证明尽到教育、管理职责的，不承担侵权责任。

《民法典》第 1200 条规定，限制民事行为能力人在学校或者其他教育机构学习、生活期间受到人身损害，学校或者其他教育机构未尽到教育、管理职责的，应当承担侵权责任。

《民法典》第 1201 条规定，无民事行为能力人或者限制民事行为能力人在幼儿园、学校或者其他教育机构学习、生活期间，受到幼儿园、学校或者其他教育机构以外的第三人人身损害的，由第三人承担侵权责任；幼儿园、学校或者其他教育机构未尽到管理职责的，承担相应的补充责任。幼儿园、学校或者其他教育机构承担补充责任后，可以向第三人追偿。

案例链接

如图所示，20×× 年 1 月 8 日 14 时 40 分许，A 车驾驶人驾驶 A 车沿校园内道路行驶至篮球场和教学楼路段时，与在某学校操场结束体育课准备回教室的路上和同学追逐的学生甲、乙相撞，致甲受伤。事故发生后，校方报警，当地交警部门调查后没有出具《事故认定书》就移送当地公安局进行刑事侦查。后 A 车驾驶人被判过失致人重伤罪，判处有期徒刑一年，缓刑二年。

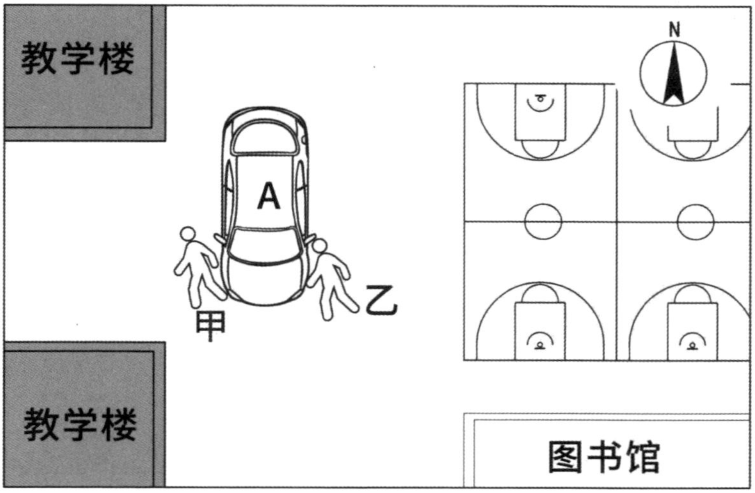

【法院判决】

甲向一审法院诉讼，请求 A 车驾驶人、乙中学进行赔偿。

一审法院认定 A 车驾驶人负事故的 60% 责任，乙中学和甲各负事故 20% 责任。

一审法院判决：（1）A 车驾驶人于判决生效后 10 日内赔偿甲医疗费、误工费、护理费、伤残赔偿金、精神损害抚慰金、交通费等经济损失共计 361,134.68 元；（2）乙中学于判决生效后 10 日内赔偿甲医疗费、误工费、护理费、伤残赔偿金、护理费、精神损害抚慰金、交通费等经济损失共计 338,878.23 元；（3）驳回甲的其他诉讼请求。

甲和乙中学不服一审判决，进行上诉。

二审法院认为，甲作为在校学生，事发时已年满 17 周岁，虽然属于限制性民事行为能力人，但其经过多年的学习教育，对于人身安全注意义务已有明确的认知。其在体育课间回教室途中经过校园机动车道时与同学追逐打闹，未注意观察校园内过往车辆情况，与 A 车相撞，其本人对事故的发生存在过错，应当承担相应的责任。乙中学作为校园安全的义务管理人，能够预见机动车在校园道路通行存在交通安全隐患，但从事发地点的现场具体环境来看，乙中学运动操场与教室之间的机动车道路两侧存在较高绿化带，阻挡或影响路过此路段的车辆或行人安全，乙中学亦未在道路上安装限速措施，存在管理过错。因此，一审法院对各方责任划分认定并无不当。关于事发时 A 车驾驶人的行为，应属于职务行为，其在执行工作任务中造成他人损害，应由用人单位承担侵权责任。由于 A 车驾驶人驾驶机动车发生交通事故导致甲受伤，存在重大过错，乙中学在向甲承担赔偿责任后，有权向 A 车驾驶人进行追偿，追偿范围为 A 车驾驶人应承担责任的 60% 即 361,134.68 元。

二审法院判决：（1）维持一审法院民事判决第三项；（2）撤销一审法院民事判决第一项、第二项；（3）乙中学于本判决生效后 10 日内赔偿甲医疗费、误工费、护理费、伤残赔偿金、精神损害抚慰金、交通费等经济损失计 700,012.91 元；（4）驳回甲的其他上诉请求；（5）驳回乙中学的上诉请求。

一审案件受理费 31,042 元，由甲负担 20,000 元，A 车驾驶人负担 6042 元，乙中学负担 5000 元；鉴定费 2280 元，A 车驾驶人和乙中学各负担 1140 元；后期鉴定费 2770 元（A 车驾驶人申请并预付），由 A 车驾驶人负担。二审案件受理费 1797.39 元，由乙中学负担。甲应交纳的二审案件受理费，免予交纳。

26 驾校学员在驾校内驾驶车辆导致事故

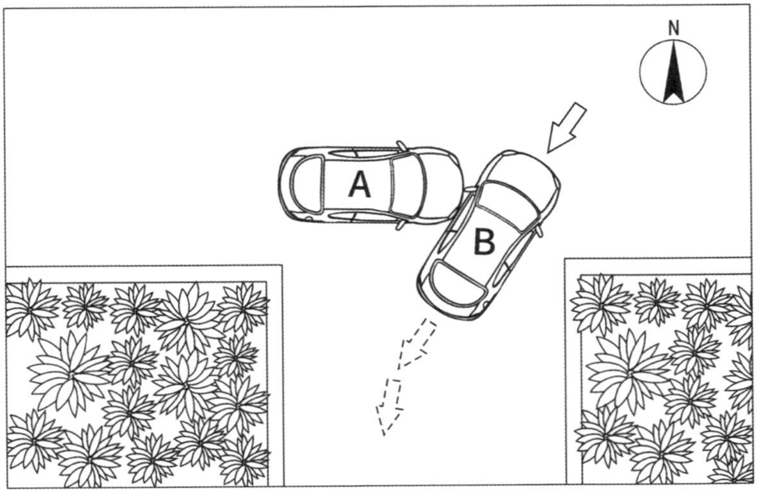

如图所示，在驾校练车场内，驾校学员驾驶教练车 A 撞上正在练习移库的 B 车，则 A 车承担全部责任。

交警解答

《道路交通安全法实施条例》第 20 条规定，学员在学习驾驶中有道路交通安全违法行为或者造成交通事故的，由教练员承担责任。

教练员在教授驾驶技术的时候，应当尽到应有的义务。由于驾校学员并不具备独立驾驶机动车的资格，因此，即使实际的驾驶操作是由驾校学员完成的，其行为的后果也应当由教练员或驾校承担。驾校对于其雇佣的教练在从事职业活动中致人损害的，应当承担责任，因为教练和驾校之间是雇佣关系，教练教授驾驶技术履行的是职务行为，所产生的人身损害赔偿责任应当由雇主即驾校承担。驾校在事后可以向有过错的教练追偿。

案例链接

如图所示，20×× 年 4 月 28 日，驾校学员甲、乙二人在驾校练车结束后，驾校教练将教练车A停在驾校院内并将车钥匙留在车上后离开。甲、乙二人准备清洗A车，由于水管离车比较远，乙想将A车向前挪移以便于刷车，便上车驾驶车辆在驾校院内由北向南行驶，因操作不当，将站在车辆对面的甲撞倒。事故发生后，交警部门开具了《事故证明》。

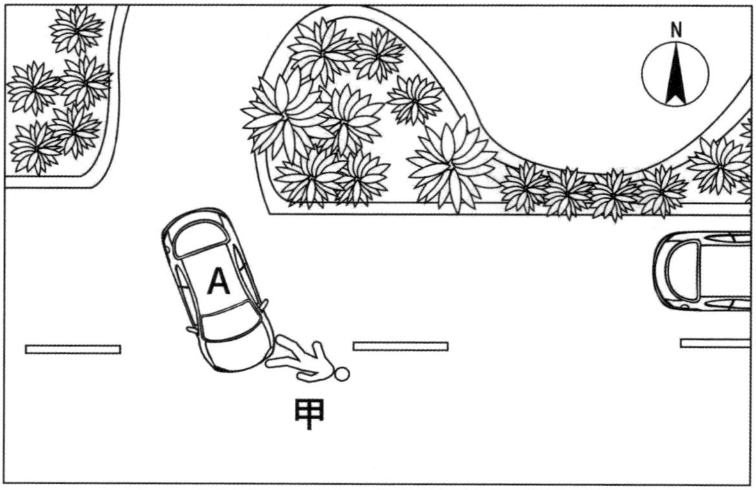

【法院判决】

甲向法院起诉，请求：A车保险公司在机动车交强险限额内赔偿医疗药费10,000元，在交强险死亡伤残赔偿限额内赔偿交通费8245元、护理费22,734.39元、误工费36,646.08元计67,625.47元，在商业三者险范围内赔偿医疗费118,937.34元、住院伙食补助费4300元、营养费3000元计126,237.34元，不足部分由驾校和乙赔偿。

法院认为，本起事故虽然发生在驾校院内，但是根据《交通事故损害赔偿解释》第25条规定，应参照交通事故处理。本案事故车辆系教练车，教练车是对未取得驾驶资格的学员进行培训使用，驾驶培训单位给教练车投保，主要是为了保障学员的权利。虽然事发时乙无驾驶资格证，但是保险公司仍应在交强险和商业三者险内承担赔偿责任。乙的过错与甲受伤存在直接因果关系，是造成此次事故的主要原因，故对此次事故应承担主要责任，即70%。教练因没有拔下该车钥匙，疏于管理导致事故的发生，应承担30%的次要责任，教练系驾校雇佣的员工，该责任应归责于驾校。事故发生后，乙向甲垫付35,000元医疗费，驾校向甲垫付84,680.90元医疗费，应在A车保险公司向甲赔偿后，甲再返还给乙和驾校。

法院判决：（1）A车保险公司于判决生效之日在交强险医疗费用赔偿限额内赔偿甲10,000元，在交强险死亡伤残赔偿限额内赔偿62,979.39元，在商业三者险范围内赔偿126,237.34元，共计199,216.73元；（2）驳回甲要求乙、驾校承担赔偿责任的诉讼请求；（3）驳回甲的其他诉讼请求。

27 车站、码头装卸货物导致事故

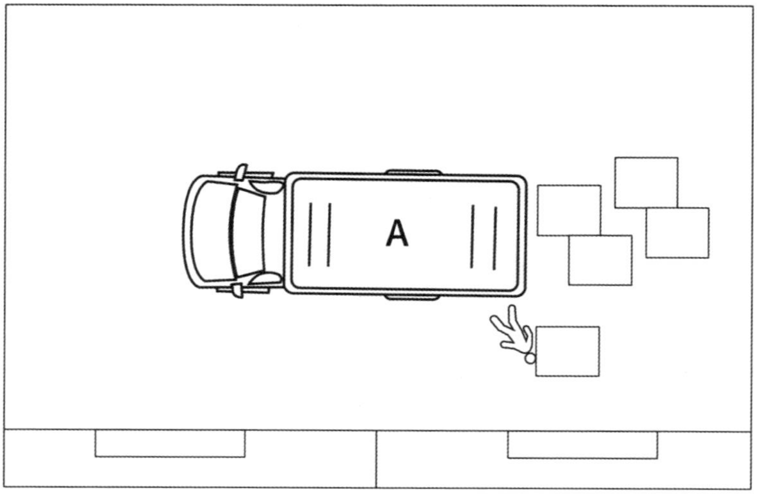

如图所示，码头装卸工在A车上卸载货物，意外跌落地上受伤，属于工伤的，由用人单位和工伤保险基金分别承担工伤赔偿责任；属于劳务关系的，由雇佣人与装卸工按双方过错承担责任；如由他人侵权造成的，由侵权人承担责任。

交警解答

工人装卸货物时从车上意外跌落受伤，这是生产安全事故，而非交通事故，如果生产安全事故的发生与车辆驾驶人在停放或驾驶车辆过错或意外有因果关系，此类安全事故也可以认定为交通事故。所谓生产安全事故，是指生产经营单位在生产经营活动（包括与生产经营相关的活动）中突然发生的，伤害人身安全和健康，或者损坏设备设施，或者造成经济损失的，导致原生产经营活动（包括与生产经营活动相关的活动）暂时中止或永远终止的意外事件。

案例链接

如图所示，20××年12月19日9时45分许，A车驾驶人在装卸货码头驾驶A车倒车准备卸货时，因疏忽大意撞到站立于码头平台处的其他车辆的卸货人员甲，将甲挤压在车尾与码头仓门之间，导致甲当场死亡。经法医鉴定，被害人符合遭车辆碰撞、挤压致胸部损伤死亡，可排除案涉车辆因机械原因而诱发事故的可能性。当地交警部门未出具《事故认定书》。在刑事诉讼中，法院认为A车驾驶人因疏忽大意致人死亡，其行为已经构成过失致人死亡罪，判处其有期徒刑1年6个月，缓刑1年6个月。

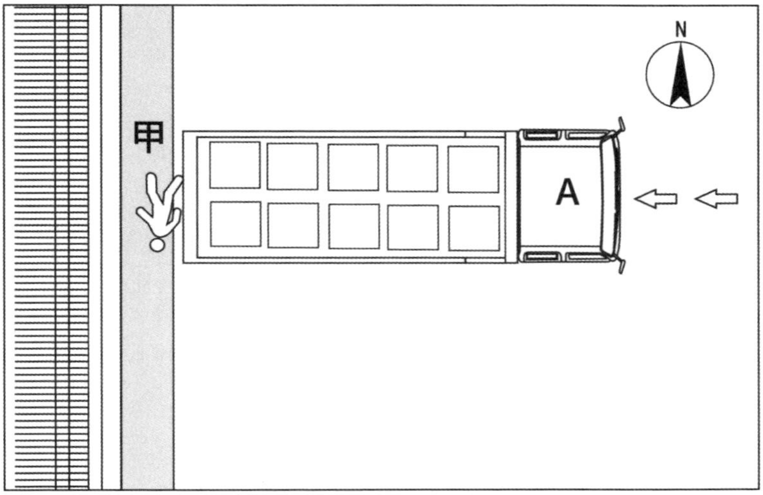

【法院判决】

甲亲属向法院提起民事诉讼，请求判令A车驾驶人及其所属物流公司（以下简称物流公司）、A车保险公司赔偿其死亡赔偿金1,560,540元、丧葬费62,028元、被扶养人乙生活费439,911元、被扶养人丙生活费293,274元、被扶养人丁生活费391,032元、精神损害抚慰金50,000元、律师代理费60,000元。

法院认为，交通事故是指车辆在道路上因过错或者意外造成的人身伤亡或者财产损失的事件。道路是指公路、城市道路和虽在单位管辖范围内但允许社会机动车通行的地方，包括广场、公共停车场等用于公众通行的场所。本案事故发生的地点为装卸货码头，属于交通事故中道路的范畴，据此，本案属于机动车交通事故。A车驾驶人系物流公司的工作人员，其因执行工作任务造成他人损害的，由用人单位承担侵权责任。物流公司承担侵权责任后，可以向有故意或者重大过失的A车驾驶人追偿。关于事故双方的责任划分，事发视频证实甲站立于设有警示标志的卸货作业区域，作为完全民事行为能力人，对自身的人身安全未尽到谨慎注意义务，故其对本起事故的发生存在一定过错，应承担相应责任。综合本案具体情况、双方的过错程度，酌情认定甲对自己的合理损失自担 10% 的责任，A 车驾驶人承担 90% 的赔偿责任。法院认定甲的各项损失共计 2,244,676.50 元，由 A 车保险公司在交强险责任限额内先行承担 180,000 元；余款 2,064,676.50 元中，律师代理费 10,000 元由物流公司全额承担，其余 2,054,676.50 元的 90% 计 1,849,208.85 元，由 A 车保险公司在商业险范围内赔偿其中的 1,500,000 元，物流公司赔偿 349,208.85 元。

法院判决：（1）A 车保险公司于本判决生效之日起 10 日内在交强险限额范围内赔偿甲亲属 180,000 元；（2）A 车保险公司于本判决生效之日起 10 日内在商业三者险责任限额范围内赔偿甲亲属 1,500,000 元；（3）物流有限公司于本判决生效之日起 10 日内赔偿甲亲属 359,208.85 元；（4）驳回甲亲属的其他诉讼请求。

28 发生交通事故时，无接触或无法确定是否接触

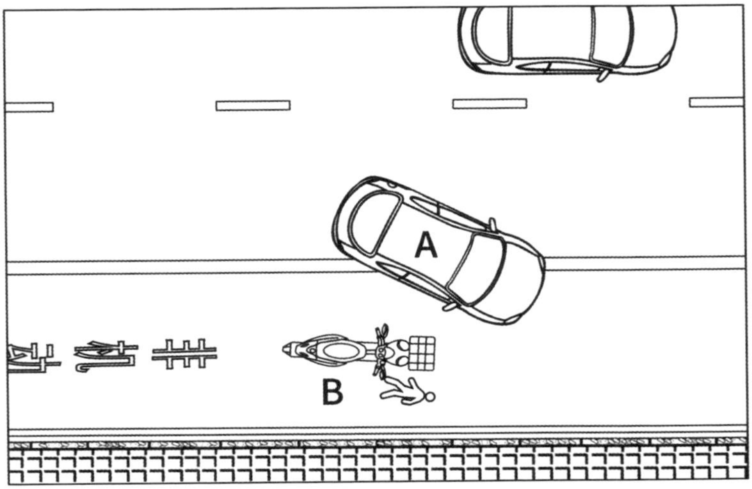

如图所示，A 车右拐弯进入非机动车道，B 车躲闪摔倒，A 车承担同等责任。

交警解答

《道路交通安全法》第 119 条第五项规定，“交通事故”是指车辆在道路上因过错或者意外，造成的人身伤亡或者财产损失的事件。由此可见，车辆之间是否接触并发生“碰撞”不是承担责任的必要条件，当事人的过错行为在交通事故中存在因果关系，就可以导致交通事故。

在无接触交通事故中，受伤最多的是两轮摩托车或者电动车驾驶人。

案例链接

如图所示，20×× 年 5 月 21 日 7 时 35 分许，A 车驾驶人驾驶两轮电动车 A 沿国道由西南往东北行驶，在路口以西的非机动车车道内倒地。事发时，B 车由南往北行驶至事发路口。事故造成 A 车驾驶人受伤及 A 车损坏的后果。B 车驾驶人在事发后自行驾驶 B 车离开现场，A 车也由 A 车驾驶人同事驾驶离开，由于缺乏其他证据，现无法确定 A 车在行驶过程中有无其他车辆在非机动车道内与之发生接触或碰撞致其倒地，也无法确定 B 车在行驶接近路口时，有无对

A 车产生影响或者影响的大小，同时，无法排除 A 车驾驶人在驾驶电动车时因自身操作不当导致事故。因无法查明本起事故的全部事实，事故责任无法认定。

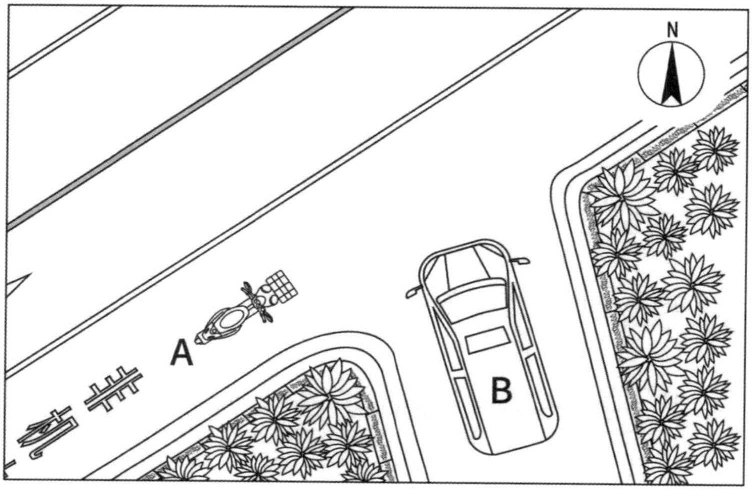

【法院判决】

A 车驾驶人向法院提起诉讼，请求：（1）B 车驾驶人支付其医疗费等费用总计 628,567.34 元；（2）B 车保险公司对上述诉讼请求中的全部费用在保险范围向其承担直接赔偿责任。

法院认为，结合事故现场照片图、考虑事故发生时天气情况及事故现场道路的实际状况，综合分析判断 A 车驾驶人因受到 B 车的影响导致驾驶不当摔倒的可能性大于其自行操作不当导致单车事故的可能性，故 B 车驾驶人的驾驶行为与本次事故的发生存在一定的因果关系，应对此承担相应的赔偿责任。关于赔偿责任比例，B 车驾驶人驾驶的是机动车，A 车驾驶人驾驶的是非机动车，但因本次事故并非因 B 车在行驶过程中与 A 车发生碰撞而造成的，且本次事故的发生与 B 车驾驶人的驾驶行为仅存在一定因果关系，但并非主要原因，故酌情认定为由 B 车驾驶人承担 40% 的赔偿责任。对于 A 车驾驶人的各项损失，法院认定共计 606,838.84 元，B 车保险公司在交强险责任范围内赔偿 120,000 元，在商业三者险范围内赔偿 194,735.54 元。

法院判决：（1）B 车保险公司应于本判决生效之日起 30 日内赔偿 A 车驾驶人 314,735.54 元；（2）驳回 A 车驾驶人的其他诉讼请求。

29 斗气车、路怒症

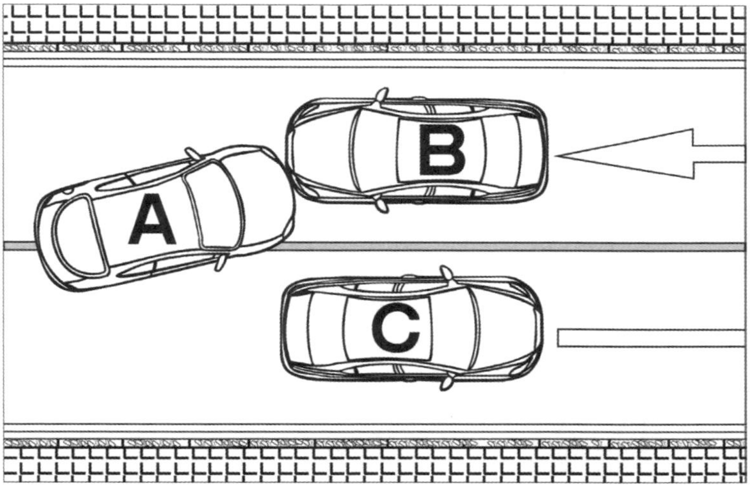

如图所示，A车与C车竞相超越，A车撞上B车，尽管于C车没有发生直接接触，但C车也应承担相应责任。

交警解答

路怒症，指机动车驾驶员有攻击性或愤怒的行为。此类行为可能包括：粗鄙的手势、言语侮辱、故意用不安全或威胁安全的方式驾驶车辆，或实施威胁。

带着愤怒情绪驾驶机动车，俗称“开斗气车”，是一种非常危险的驾驶行为。它通常表现为 强行变更车道、强行超车、违法抢行、强行违法占道行驶等，扰乱了交通秩序，也危害了道路安全。

在道路上驾驶机动车追逐竞驶，情节恶劣的，这种行为不但违反《道路交通安全法》，还可能涉嫌构成危险驾驶罪。

案例链接

如图所示，20××年7月5日6时许，A车、B车同方向行驶。A车驾驶人驾驶A车行至路口右转时遇到B车，B车驾驶人驾驶车辆超过A车，后双方互相超车，因行车问题而斗气行驶。当两车自西向东均超速行驶至限速为40km/h的公交车站附近时，A 车突然从最左侧车道向右变更至相邻车道，与在该车道内行驶的 B 车相撞，后两车一起冲向公交站台，造成甲、乙、丙、丁、戊 5 人死亡。

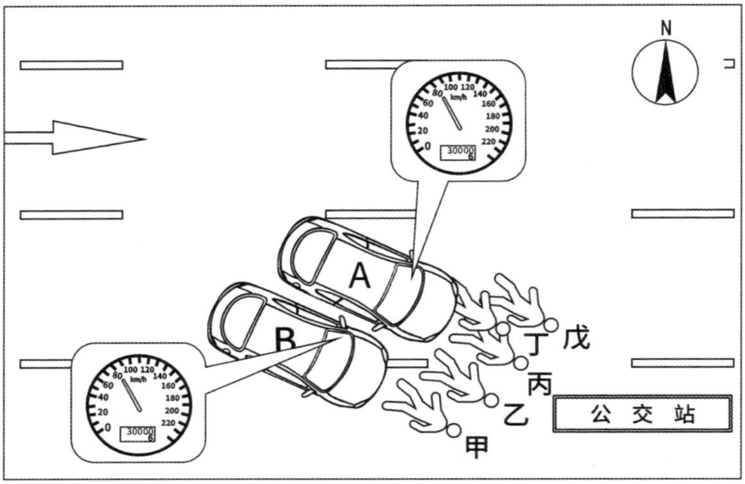

【法院判决】

当地检察院指控 A 车驾驶人、B 车驾驶人以危险方法危害公共安全罪，向法院提起刑事诉讼。

一审法院认为，两车驾驶人明知在道路上驾驶机动车相互超车、超速且斗气驾驶，会对不特定多数人的生命、财产安全造成危害，仍不计后果而为之，最终导致 5 人死亡的特别严重的后果，二人的行为均已构成以危险方法危害公共安全罪。A 车驾驶人在投案途中被抓获归案，可视为自动投案，B 车驾驶人案发后拨打电话报警并在案发现场等待，系自动投案；二人投案后均能如实交代自己的主要犯罪事实，均构成自首。鉴于 A 车驾驶人、B 车驾驶人具有自首情节，B 车驾驶人在其近亲属的帮助下积极赔偿 5 名被害人亲属的经济损失并取得谅解，以及二人在本案中的具体作用等情节，对 A 车驾驶人依法从轻处罚、对 B 车驾驶人依法减轻处罚。故认定 A 车驾驶人犯以危险方法危害公共安全罪，判处无期徒刑，剥夺政治权利终身；B 车驾驶人犯以危险方法危害公共安全罪，判处有期徒刑 8 年，剥夺政治权利 1 年；扣押物品由扣押机关依法处理。

A 车驾驶人认为原判量刑过重，希望和被害人家属达成谅解，故提出上诉。

二审法院认为，一审法院对二人的犯罪事实、犯罪性质、情节及对社会的危害程度所作出的判决、定罪及适用法律正确，对扣押物品的处理适当，审判程序合法，B 车驾驶人的量刑适当，应予维持；鉴于 A 车驾驶人能够认罪悔罪，二审期间积极赔偿被害人家属的经济损失，且获得 5 名被害人家属的谅解，对其可再予从轻处罚，故对其量刑依法予以改判。

二审法院判决：（1）维持一审法院刑事判决中关于 B 车驾驶人犯以危险方法危害公共安全罪，判处有期徒刑 8 年，剥夺政治权利 1 年，扣押物品由扣押机关依法处理等判决；（2）撤销一审法院刑事判决中关于 A 车驾驶人犯以危险方法危害公共安全罪，判处无期徒刑，剥夺政治权利终身；（3）A 车驾驶人犯以危险方法危害公共安全罪，判处有期徒刑 15 年，剥夺政治权利 3 年。

甲亲属向法院提起民事诉讼，请求：（1）判令 A 车、B 车保险公司赔偿其损失 45,000 元；（2）诉讼费由 A 车、B 车保险公司承担。

法院认为，国家设立交强险的实质是要求保险公司对受害人（第三者）承担社会责任，肇事人的行为并不作为主要考虑因素。无论机动车驾驶人是何种情形，受害人对此均无责任，亦无防范，只要这种事故对于受害人而言是偶然的、不可预料的，就应视为保险事故。受害人因驾驶人一般过失行为尚且可以请求保险公司赔付，而 A 车驾驶人具有严重的违规行为，保险公司更应对甲的人身伤亡损失予以赔付，此符合交强险对社会公众利益的保险原则及交强险的公益性质。A 车、B 车分别在保险公司投保了交强险，故保险公司均应在各自交强险限额内全额赔付，保险公司支付赔偿款后有权向责任人追偿。

法院判决：（1）A 车保险公司于本判决生效之日起 10 日内赔偿甲家属损失 22,340 元；（2）B 车保险公司于本判决生效之日起 10 日内赔偿甲家属损失 22,340 元。

30 肇事逃逸

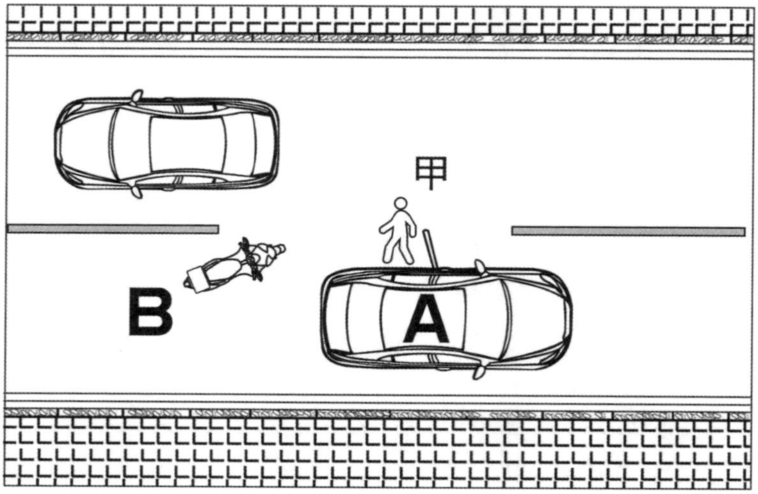

如图所示，A车停车后，后排乘客甲打开后排左侧车门下车，后方摩托车B为避免撞上甲，紧急刹车后摔倒，造成B车驾驶员受伤。A车驾驶员认为A车、B车没有接触，事故与自己无关，遂驾车离开。A车和甲应承担相应责任。

交警解答

《程序规定》第112条规定，“交通肇事逃逸”，是指发生道路交通事故后，当事人为逃避法律责任，驾驶或者遗弃车辆逃离道路交通事故现场以及潜逃藏匿的行为。

从上述规定可以看出，交通肇事逃逸的构成条件主要有：主观上明知交通事故发生，试图逃避法律追究，客观上实施了逃离现场的行为。需要强调的是，我们这里所说的“明知”，是指行为人“知道”或者“应当知道”，如果行为人“应当知道”自己的行为造成交通事故而装作不知道，逃离事故现场的，仍应认定为“交通肇事逃逸”。

“交通肇事逃逸”并没有时间和场所的限定，不应仅理解为“逃离事故现场”，对于肇事后未马上逃离（或未能逃离）事故现场，而是在将伤者送至医院后或者等待交通管理部门处理的时候逃跑的，也应视为“交通肇事逃逸”。

肇事者逃跑的目的大多是为了"逃避法律责任"，这里所说的"法律责任"主要包括民事责任、行政责任和刑事责任。实践中，肇事逃逸行为人大多有酒驾、醉驾、毒驾、无证驾驶或正在从事其他违法活动的嫌疑，担心被交警查获，可能面临较为严厉的处罚，因而抱着侥幸心理溜之大吉。

案例链接

如图所示，20×× 年 12 月 2 日 11 时许，A 车驾驶人驾驶无牌两轮电动车 A 在某路口由南向北逆向行驶，途经 B 车时，与由西向东穿过停放在非机动车道两侧的 D 车、E 车中间后进入路口的自行车 C 发生交通事故，造成 C 车驾驶人头部受伤。肇事后，A 车驾驶人逃逸。经当地交警部门认定，A 车驾驶人承担此事故主要责任，B 车、D 车、E 车驾驶人均应承担此事故次要责任，C 车驾驶人无责任。经司法鉴定，C 车驾驶人头部损伤程度为重伤二级。

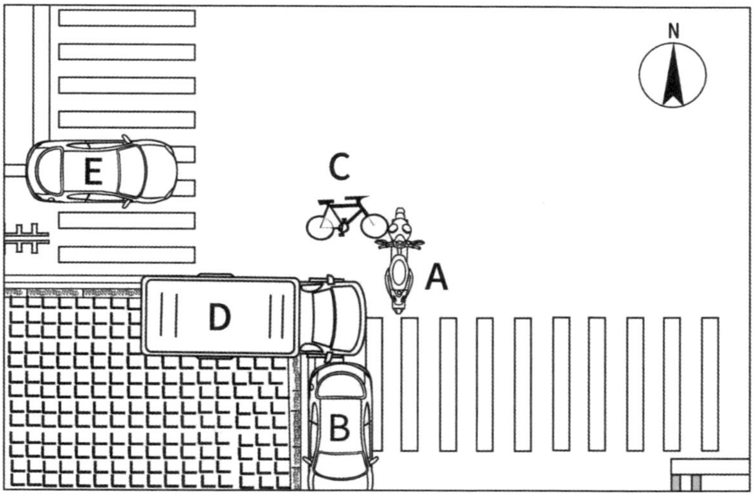

【法院判决】

当地人民检察院指控 A 车驾驶人犯交通肇事罪，向法院提起公诉。

法院认为，A 车驾驶人因违反交通运输管理法规，忽视安全，发生重大交通事故，致一人重伤，应承担事故主要责任，且为逃避法律追究逃离事故现场，其行为已构成交通肇事罪，故公诉机关指控成立。A 车驾驶人到案后如实供述犯罪事实，系坦白，且自愿认罪认罚，依法可从轻处罚；其积极赔偿被害人经济损失，并取得 C 车驾驶人的谅解，可酌情从轻处罚。鉴于本案系过失犯罪，宣告缓刑对其所居住社区没有重大不良影响，法院决定对其宣告缓刑。

法院判决：A 车驾驶人犯交通肇事罪，判处有期徒刑 8 个月，缓刑 1 年。

31 顶包或者故意破坏、伪造事故现场毁灭证据

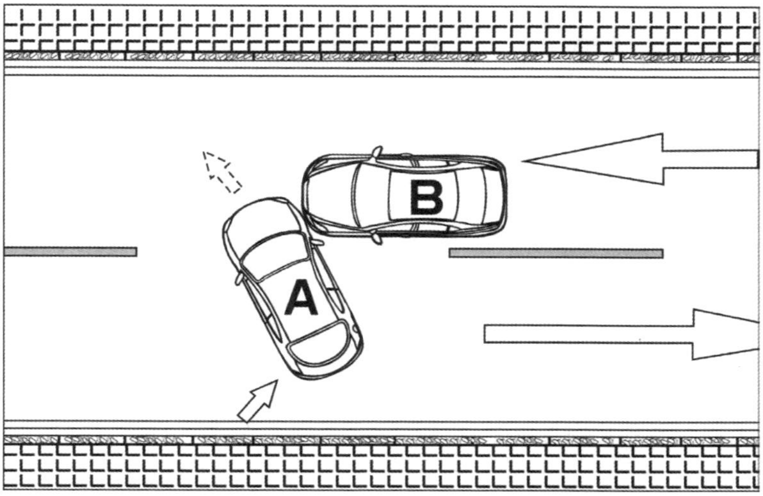

如图所示，A 车掉头撞上 B 车，可 B 车驾驶人开车前有饮酒行为，让车上朋友甲谎称其为驾驶人，替自己出面接受交警处理，后被发现，B 车驾驶人承担全部责任。

交警解答

交通事故发生后，行为人找他人冒名顶替，或者故意破坏、伪造事故现场毁灭证据，和交通肇事逃逸有着同样的本质特性，即：明知自己的行为导致了交通事故的发生，还试图逃避法律责任追究。

顶包分为两种情况：交通肇事者在不构成犯罪的情况下，“顶包”人属于妨害社会管理秩序的行为，会受到行政处罚。如交通肇事行为构成犯罪的，“顶包”人则可能涉嫌构成包庇罪。替人“顶包”的行为人，往往自以为就是亲戚朋友间好心帮忙，没啥大不了的。殊不知，根据《刑法》规定，明知对方涉嫌犯罪而为其提供隐藏处所、财物，帮助其逃匿或者作假证明包庇的，构成包庇罪。

顶包行为是一种性质更为恶劣的逃逸行为。顶包行为较普通逃离现场的逃逸而言，往往还伴随着作伪证的行为，因此，性质更为恶劣。

故意破坏现场的行为是指发生事故以后，当事人故意全部或者部分地改变事

故现场的原始状态，损毁现场证据的原始特性，使其失去证据效力的行为。伪造现场，指交通事故发生后，当事人为逃避责任、毁灭证据或达到嫁祸于人的目的，有意改变或布置的事故现场。毁灭证据是指在交通事故发生后，故意销毁、隐匿、转移、篡改或者故意使证据灭失的行为。如破坏现场、破坏行车记录仪的录像资料、涉嫌酒驾的驾驶员离开现场或在现场再次饮酒的，均属于毁灭证据行为。

案例链接

如图所示，20×× 年 9 月 8 日 14 时 5 分左右，A 车驾驶人酒后驾驶 A 车在市区道路南侧与 B 车驾驶人驾驶的、搭载乘客甲的三轮车 B 相撞。A 车驾驶人未报警，而是联系朋友乙、丙，由丙冒名顶替，而 A 车驾驶人乘坐乙的车辆离开现场。该交通事故致甲当场死亡，B 车驾驶人受伤。经过当地交警部门认定，A 车驾驶人承担事故的全部责任。

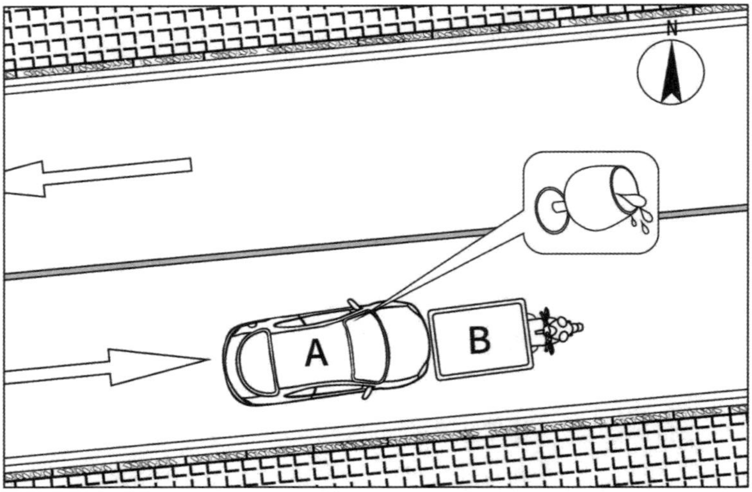

【法院判决】

B 车驾驶人向一审法院起诉，请求：（1）判决 A 车驾驶人、A 车所有人、乙、丙承担侵权责任并赔偿其各项损失 752,308.50 元；（2）A 车保险公司在保险责任范围内承担保险责任；（3）本案诉讼费由上述被告承担。

一审法院认为，根据事故情况，A 车驾驶人依法应赔偿 B 车驾驶人的全部经济损失。A 车虽投保商业三者险 100 万元，但 A 车驾驶人是酒后驾车，并且找人顶替，属保险免赔事由，故保险公司不承担保险责任。乙、丙二人违反法律规定和公共道德，协助 A 车驾驶人逃避法律责任，但该行为是事故之后，与交通事故损害后果无因果关系，故乙、丙二人不应承担本案的民事赔偿责任。肇事车辆虽登记在 A 车所有人名下，但发生事故时其并不在场，是 A 车驾驶人驾驶，故 A 车所有人亦不承担民事赔偿责任。B 车驾驶人要求 A 车驾驶人、A 车所有人、乙、丙、保险公司赔偿精神损害抚慰金 12,000 元，因 A 车驾驶人已被追究刑事责任，故不予支持。一审法院核定 B 车驾驶人的各项损失共计 687,470.54 元，因本案发生在《民法典》实施之前，故仍应适用当时的法律。

一审法院判决：（1）A 车驾驶人赔偿 B 车驾驶人损失 687,470.54 元，此款于本判决生效之日起 15 日内付清；（2）驳回 B 车驾驶人的其他诉讼请求。

B 车驾驶人不服一审法院判决，提起上诉。二审法院认为，根据讯问笔录以及本案其他证据等，A 车驾驶人与乙未积极抢救伤者、报警、保护现场，而是让丙顶包，A 车驾驶人乘坐乙的车辆离开事故现场。三人的行为属有意思联络的共同侵权，三人的共同侵权行为导致无法及时获取相关证据，未能查明事故发生的真实原因，并导致 A 车保险公司不承担本案商业三者险的赔偿责任，故应对本案承担连带赔偿责任。

二审法院判决：（1）撤销一审法院民事判决；（1）A 车驾驶人于本判决生效之日起 15 日内一次性赔偿 B 车驾驶人损失 687,470.54 元，乙、丙二人对前述款项承担连带赔偿责任；（3）驳回 B 车驾驶人的其他诉讼请求。

在刑事诉讼方面，A 车驾驶人被一审法院判处有期徒刑 3 年，缓刑 3 年；丙被行政拘留 5 日，罚款 200 元。

32 非“主观故意”的逃逸

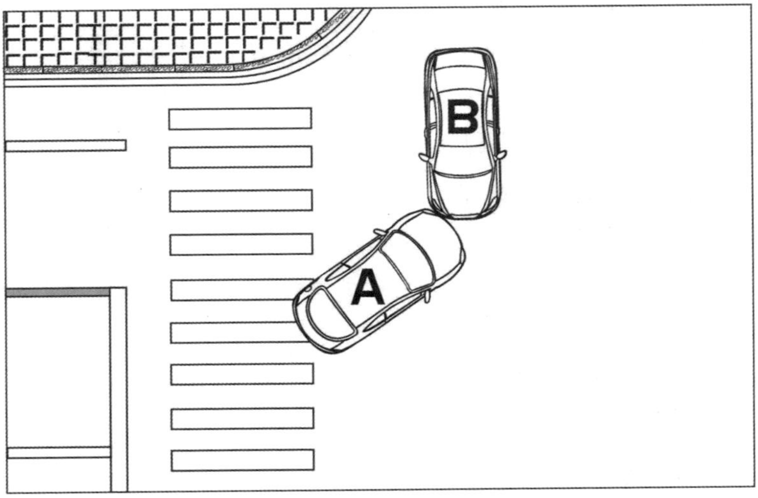

如图所示，A车左转弯与B车相撞，因B车驾驶员受伤，A车驾驶员将其放到A车上，送往医院抢救。A车离开现场不属于肇事逃逸。

交警解答

交通事故非故意逃逸，是指交通事故发生后，肇事者对事故的发生不知情，或因不可抗力而离开事故现场的情形。非故意逃逸不属于交通肇事逃逸的行为，一般不会受到相应处罚。如，交通事故发生后，A车驾驶人甲受伤，同车人员第一时间拦了一辆过路车送甲到医院抢救，后甲一直处于昏迷状态，直到交警通过调查才发现甲躺在医院。这种情况属于不可抗力，肇事者无法报警，同车人员一直在医院忙于协助救治，也没有意识到要及时报警，这种情况一般不会被认定为肇事逃逸。再如，甲驾A车在高速上行驶，途中备胎脱落，导致A车后方乙所驾B车为避让路面上的备胎而变更车道与相邻车道的C车发生碰撞，而当时甲对此一无所知，仍然继续驾车行驶，直至接到交警通知后，甲才知道交通事故的发生。本案中，甲虽客观上离开了事故现场，但因其主观上对其备胎脱落造成的这一交通事故并不知晓，故不能认定其“交通肇事逃逸”，只能认定其构成一般交通肇事。

非主观故意肇事逃逸的情形是多样的，到底是故意还是不知情，是非之间往往难以界定，这需要办案人员对具体的案情加以调查和分析后依法给予认定。

下列行为属于不构成交通肇事逃逸的情形：（1）交通事故双方当事人对事故事实无争议，撤离现场并自行协商解决，双方达成协议，并留下真实姓名、联系方式后，一方反悔并报案的；（2）交通事故当事人为及时抢救事故伤者，标明车辆和伤者位置后驾车驶离现场并及时报案的；（3）交通事故当事人将伤者送至医院后，确因筹措伤者医疗费用需暂时离开医院，经伤者或伤者家属同意，留下本人真实信息，并在商定时间内返回的；（4）交通事故当事人因受伤需到医院救治等原因离开现场，未能及时报案的；（5）交通事故当事人驾车驶离现场，有证据证明其不知道或不能发现事故发生的；（6）有证据证明交通事故当事人因可能受到人身伤害而被迫离开交通事故现场并及时报案的。

案例链接

如图所示，20×× 年 6 月 30 日 7 时 50 分许，A 车驾驶人驾驶 A 车在路口与 B 车驾驶人驾驶的无号牌两轮电动摩托车 B 发生碰撞，造成 B 车驾驶人受伤。当地交警部门出具《事故认定书》，查明事发后，A 车驾驶人因未觉察到发生事故而驾车继续行驶，直到过后发现车辆受损才返回事故现场并拨打电话报警，因此，认定 A 车驾驶人应承担本事故的全部责任，B 车驾驶人无责任。

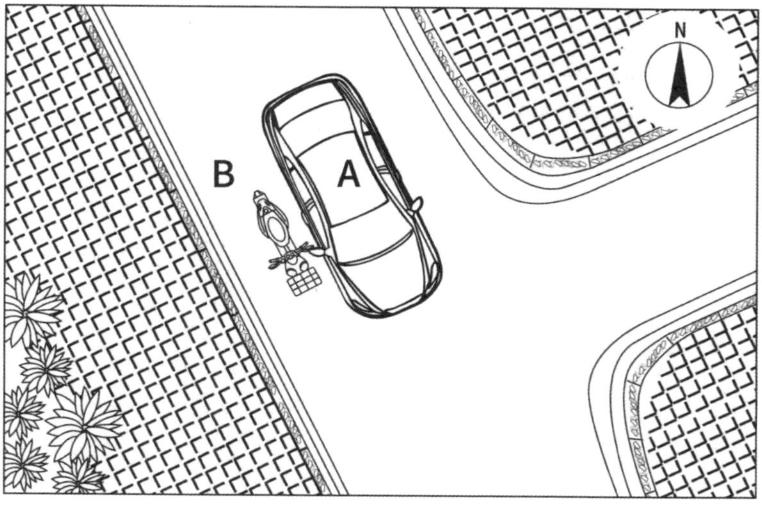

【法院判决】

B 车驾驶人向法院起诉，请求：（1）判令 A 车保险公司在保险责任范围内赔偿 B 车驾驶人交通事故各项损失 80,000 元；（2）判令 A 车保险公司不予赔偿的部分由 A 车驾驶人承担；（3）鉴定费、诉讼费由 A 车保险公司和 A 车驾驶人承担。

法院认为，交警部门出具的《事故认定书》叙述事实清楚，认定责任准确，予以采信。A 车保险公司虽提交机动车第三者责任保险条款的第 24 条，证明事故发生后驾驶被保险车辆离开事故现场属于保险免责事由，但该条保险条款设置的目的是要求驾驶人在事故发生后及时采取措施，救治伤者，保护事故现场，以防止损失的扩大。可见，驾驶人采取措施、救治伤者、保护事故现场，防止损失扩大的前提是驾驶人主观上明知发生了交通事故，并在事故发生后在其主观意志支配下的主动行为。若驾驶人主观上不知晓发生了交通事故，则客观上不可能采取措施，其在未察觉事故发生的情况下离开，也并非在主观意志支配下的主动行为。本案 A 车驾驶人因未觉察到发生事故而驾车继续行驶，但其发现车辆受损返回事故现场并拨打电话报警，其行为主观上不具有在发生事故后驾车逃离事故现场的故意，客观上也未造成损失的扩大，故 A 车保险公司作为 A 车交强险及商业三者险的保险人，应在交强险及商业三者险保险责任范围内承担相应的责任。法院对 B 车驾驶人的各项损失认定共计 83,936.59 元。

法院判决：（1）A 车保险公司应于判决发生法律效力之日起 10 日内赔偿 B 车驾驶人 83,936.59 元；（2）驳回 B 车驾驶人的其他诉讼请求。案件受理费 900 元。鉴定费 2810 元，共计 3710 元，由 B 车驾驶人负担 278 元，A 车保险公司负担 3432 元。

中华人民共和国道路交通安全法

1.2003 年 10 月 28 日第十届全国人民代表大会常务委员会第五次会议通过

2. 根据 2007 年 12 月 29 日第十届全国人民代表大会常务委员会第三十一次会议《关于修改〈中华人民共和国道路交通安全法〉的决定》第一次修正

3. 根据 2011 年 4 月 22 日第十一届全国人民代表大会常务委员会第二十次会议《关于修改〈中华人民共和国道路交通安全法〉的决定》第二次修正

4. 根据 2021 年 4 月 29 日第十三届全国人民代表大会常务委员会第二十八次会议《关于修改〈中华人民共和国道路交通安全法〉等八部法律的决定》第三次修正

第一章　总　　则

第一条　【立法目的】为了维护道路交通秩序，预防和减少交通事故，保护人身安全，保护公民、法人和其他组织的财产安全及其他合法权益，提高通行效率，制定本法。

第二条　【适用范围】中华人民共和国境内的车辆驾驶人、行人、乘车人以及与道路交通活动有关的单位和个人，都应当遵守本法。

第三条　【工作原则】道路交通安全工作，应当遵循依法管理、方便群众的原则，保障道路交通有序、安全、畅通。

第四条　【政府职责】各级人民政府应当保障道路交通安全管理工作与经济建设和社会发展相适应。

县级以上地方各级人民政府应当适应道路交通发展的需要，依据道路交通安全法律、法规和国家有关政策，制定道路交通安全管理规划，并组织实施。

第五条　【主管部门】国务院公安部门负责全国道路交通安全管理工作。县级以上地方各级人民政府公安机关交通管理部门负责本行政区域内的道路交通安全管理工作。

县级以上各级人民政府交通、建设管理部门依据各自职责，负责有关的道路交通工作。

第六条　【宣传教育】各级人民政府应当经常进行道路交通安全教育，提高公民的道路交通安全意识。

公安机关交通管理部门及其交通警察执行职务时，应当加强道路交通安全法律、法规的宣传，并模范遵守道路交通安全法律、法规。

机关、部队、企业事业单位、社会团体以及其他组织，应当对本单位的人员进行道路交通安全教育。

教育行政部门、学校应当将道路交通安全教育纳入法制教育的内容。

新闻、出版、广播、电视等有关单位，有进行道路交通安全教育的义务。

第七条　【科学推广】对道路交通安全管理工作，应当加强科学研究，推广、使用先进的管理方法、技术、设备。

第二章　车辆和驾驶人

第一节　机动车、非机动车

第八条　【机动车登记制度】国家对机动车实行登记制度。机动车经公安机关交通管理部门登记后，方可上道路行驶。尚未登记的机动车，需要临时上道路行驶的，应当取得临时通行牌证。

第九条 【申请登记证明及受理】申请机动车登记，应当提交以下证明、凭证：

（一）机动车所有人的身份证明；

（二）机动车来历证明；

（三）机动车整车出厂合格证明或者进口机动车进口凭证；

（四）车辆购置税的完税证明或者免税凭证；

（五）法律、行政法规规定应当在机动车登记时提交的其他证明、凭证。

公安机关交通管理部门应当自受理申请之日起五个工作日内完成机动车登记审查工作，对符合前款规定条件的，应当发放机动车登记证书、号牌和行驶证；对不符合前款规定条件的，应当向申请人说明不予登记的理由。

公安机关交通管理部门以外的任何单位或者个人不得发放机动车号牌或者要求机动车悬挂其他号牌，本法另有规定的除外。

机动车登记证书、号牌、行驶证的式样由国务院公安部门规定并监制。

第十条 【安全技术检验】准予登记的机动车应当符合机动车国家安全技术标准。申请机动车登记时，应当接受对该机动车的安全技术检验。但是，经国家机动车产品主管部门依据机动车国家安全技术标准认定的企业生产的机动车型，该车型的新车在出厂时经检验符合机动车国家安全技术标准，获得检验合格证的，免予安全技术检验。

第十一条 【车牌号的使用规定】驾驶机动车上道路行驶，应当悬挂机动车号牌，放置检验合格标志、保险标志，并随车携带机动车行驶证。

机动车号牌应当按照规定悬挂并保持清晰、完整，不得故意遮挡、污损。

任何单位和个人不得收缴、扣留机动车号牌。

第十二条 【变更登记】有下列情形之一的，应当办理相应的登记：

（一）机动车所有权发生转移的；

（二）机动车登记内容变更的；

（三）机动车用作抵押的；

（四）机动车报废的。

第十三条 【安检】对登记后上道路行驶的机动车，应当依照法律、行政法规的规定，根据车辆用途、载客载货数量、使用年限等不同情况，定期进行安全技术检验。对提供机动车行驶证和机动车第三者责任强制保险单的，机动车安全技术检验机构应当予以检验，任何单位不得附加其他条件。对符合机动车国家安全技术标准的，公安机关交通管理部门应当发给检验合格标志。

对机动车的安全技术检验实行社会化。具体办法由国务院规定。

机动车安全技术检验实行社会化的地方，任何单位不得要求机动车到指定的场所进行检验。

公安机关交通管理部门、机动车安全技术检验机构不得要求机动车到指定的场所进行维修、保养。

机动车安全技术检验机构对机动车检验收取费用，应当严格执行国务院价格主管部门核定的收费标准。

第十四条 【强制报废制度】国家实行机动车强制报废制度，根据机动车的安全技术状况和不同用途，规定不同的报废标准。

应当报废的机动车必须及时办理注销登记。

达到报废标准的机动车不得上道路行驶。报废的大型客、货车及其他营运车辆应当在公安机关交通管理部门的监督下解体。

第十五条 【特种车辆标志的使用】警车、消防车、救护车、工程救险车应当按照规定喷涂标志图案，安装警报器、标志灯具。其他机动车不得喷涂、安装、使用上述车辆专用的或者与其相类似的标志图案、警报器或者标志灯具。

警车、消防车、救护车、工程救险车应当严格按照规定的用途和条件使用。

公路监督检查的专用车辆，应当依照公路法的规定，设置统一的标志和示警灯。

第十六条　【禁止行为】任何单位或者个人不得有下列行为：

（一）拼装机动车或者擅自改变机动车已登记的结构、构造或者特征；

（二）改变机动车型号、发动机号、车架号或者车辆识别代号；

（三）伪造、变造或者使用伪造、变造的机动车登记证书、号牌、行驶证、检验合格标志、保险标志；

（四）使用其他机动车的登记证书、号牌、行驶证、检验合格标志、保险标志。

第十七条　【强制保险】国家实行机动车第三者责任强制保险制度，设立道路交通事故社会救助基金。具体办法由国务院规定。

第十八条　【非机动车的登记】依法应当登记的非机动车，经公安机关交通管理部门登记后，方可上道路行驶。

依法应当登记的非机动车的种类，由省、自治区、直辖市人民政府根据当地实际情况规定。

非机动车的外形尺寸、质量、制动器、车铃和夜间反光装置，应当符合非机动车安全技术标准。

第二节　机动车驾驶人

第十九条　【驾驶证】驾驶机动车，应当依法取得机动车驾驶证。

申请机动车驾驶证，应当符合国务院公安部门规定的驾驶许可条件；经考试合格后，由公安机关交通管理部门发给相应类别的机动车驾驶证。

持有境外机动车驾驶证的人，符合国务院公安部门规定的驾驶许可条件，经公安机关交通管理部门考核合格的，可以发给中国的机动车驾驶证。

驾驶人应当按照驾驶证载明的准驾车型驾驶机动车；驾驶机动车时，应当随身携带机动车驾驶证。

公安机关交通管理部门以外的任何单位或者个人，不得收缴、扣留机动车驾驶证。

第二十条　【驾驶培训】机动车的驾驶培训实行社会化，由交通运输主管部门对驾驶培训学校、驾驶培训班实行备案管理，并对驾驶培训活动加强监督，其中专门的拖拉机驾驶培训学校、驾驶培训班由农业（农业机械）主管部门实行监督管理。

驾驶培训学校、驾驶培训班应当严格按照国家有关规定，对学员进行道路交通安全法律、法规、驾驶技能的培训，确保培训质量。

任何国家机关以及驾驶培训和考试主管部门不得举办或者参与举办驾驶培训学校、驾驶培训班。

第二十一条　【上路前检查】驾驶人驾驶机动车上道路行驶前，应当对机动车的安全技术性能进行认真检查；不得驾驶安全设施不全或者机件不符合技术标准等具有安全隐患的机动车。

第二十二条　【安全、文明驾驶】机动车驾驶人应当遵守道路交通安全法律、法规的规定，按照操作规范安全驾驶、文明驾驶。

饮酒、服用国家管制的精神药品或者麻醉药品，或者患有妨碍安全驾驶机动车的疾病，或者过度疲劳影响安全驾驶的，不得驾驶机动车。

任何人不得强迫、指使、纵容驾驶人

违反道路交通安全法律、法规和机动车安全驾驶要求驾驶机动车。

第二十三条 【驾驶证审验制度】公安机关交通管理部门依照法律、行政法规的规定，定期对机动车驾驶证实施审验。

第二十四条 【累积记分制】公安机关交通管理部门对机动车驾驶人违反道路交通安全法律、法规的行为，除依法给予行政处罚外，实行累积记分制度。公安机关交通管理部门对累积记分达到规定分值的机动车驾驶人，扣留机动车驾驶证，对其进行道路交通安全法律、法规教育，重新考试；考试合格的，发还其机动车驾驶证。

对遵守道路交通安全法律、法规，在一年内无累积记分的机动车驾驶人，可以延长机动车驾驶证的审验期。具体办法由国务院公安部门规定。

第三章 道路通行条件

第二十五条 【道路交通信号】全国实行统一的道路交通信号。

交通信号包括交通信号灯、交通标志、交通标线和交通警察的指挥。

交通信号灯、交通标志、交通标线的设置应当符合道路交通安全、畅通的要求和国家标准，并保持清晰、醒目、准确、完好。

根据通行需要，应当及时增设、调换、更新道路交通信号。增设、调换、更新限制性的道路交通信号，应当提前向社会公告，广泛进行宣传。

第二十六条 【交通信号灯】交通信号灯由红灯、绿灯、黄灯组成。红灯表示禁止通行，绿灯表示准许通行，黄灯表示警示。

第二十七条 【铁路警示标志】铁路与道路平面交叉的道口，应当设置警示灯、警示标志或者安全防护设施。无人看守的铁路道口，应当在距道口一定距离处设置警示标志。

第二十八条 【交通设施的保护】任何单位和个人不得擅自设置、移动、占用、损毁交通信号灯、交通标志、交通标线。

道路两侧及隔离带上种植的树木或者其他植物，设置的广告牌、管线等，应当与交通设施保持必要的距离，不得遮挡路灯、交通信号灯、交通标志，不得妨碍安全视距，不得影响通行。

第二十九条 【安全防范】道路、停车场和道路配套设施的规划、设计、建设，应当符合道路交通安全、畅通的要求，并根据交通需求及时调整。

公安机关交通管理部门发现已经投入使用的道路存在交通事故频发路段，或者停车场、道路配套设施存在交通安全严重隐患的，应当及时向当地人民政府报告，并提出防范交通事故、消除隐患的建议，当地人民政府应当及时作出处理决定。

第三十条 【警示与修复损毁道路】道路出现坍塌、坑漕、水毁、隆起等损毁或者交通信号灯、交通标志、交通标线等交通设施损毁、灭失的，道路、交通设施的养护部门或者管理部门应当设置警示标志并及时修复。

公安机关交通管理部门发现前款情形，危及交通安全，尚未设置警示标志的，应当及时采取安全措施，疏导交通，并通知道路、交通设施的养护部门或者管理部门。

第三十一条 【非法占道】未经许可，任何单位和个人不得占用道路从事非交通活动。

第三十二条 【施工要求】因工程建设需要占用、挖掘道路，或者跨越、穿越道路架设、增设管线设施，应当事先征得道路主管部门的同意；影响交通安全的，还应当征得公安机关交通管理部门的同意。

施工作业单位应当在经批准的路段和

时间内施工作业，并在距离施工作业地点来车方向安全距离处设置明显的安全警示标志，采取防护措施；施工作业完毕，应当迅速清除道路上的障碍物，消除安全隐患，经道路主管部门和公安机关交通管理部门验收合格，符合通行要求后，方可恢复通行。

对未中断交通的施工作业道路，公安机关交通管理部门应当加强交通安全监督检查，维护道路交通秩序。

第三十三条　【停车泊位】新建、改建、扩建的公共建筑、商业街区、居住区、大（中）型建筑等，应当配建、增建停车场；停车泊位不足的，应当及时改建或者扩建；投入使用的停车场不得擅自停止使用或者改作他用。

在城市道路范围内，在不影响行人、车辆通行的情况下，政府有关部门可以施划停车泊位。

第三十四条　【人行横道及盲道】学校、幼儿园、医院、养老院门前的道路没有行人过街设施的，应当施划人行横道线，设置提示标志。

城市主要道路的人行道，应当按照规划设置盲道。盲道的设置应当符合国家标准。

第四章　道路通行规定

第一节　一般规定

第三十五条　【右行】机动车、非机动车实行右侧通行。

第三十六条　【分道通行】根据道路条件和通行需要，道路划分为机动车道、非机动车道和人行道的，机动车、非机动车、行人实行分道通行。没有划分机动车道、非机动车道和人行道的，机动车在道路中间通行，非机动车和行人在道路两侧通行。

第三十七条　【专用车道的使用】道路划设专用车道的，在专用车道内，只准许规定的车辆通行，其他车辆不得进入专用车道内行驶。

第三十八条　【通行原则】车辆、行人应当按照交通信号通行；遇有交通警察现场指挥时，应当按照交通警察的指挥通行；在没有交通信号的道路上，应当在确保安全、畅通的原则下通行。

第三十九条　【交通限制的提前公告】公安机关交通管理部门根据道路和交通流量的具体情况，可以对机动车、非机动车、行人采取疏导、限制通行、禁止通行等措施。遇有大型群众性活动、大范围施工等情况，需要采取限制交通的措施，或者作出与公众的道路交通活动直接有关的决定，应当提前向社会公告。

第四十条　【交通管制的条件】遇有自然灾害、恶劣气象条件或者重大交通事故等严重影响交通安全的情形，采取其他措施难以保证交通安全时，公安机关交通管理部门可以实行交通管制。

第四十一条　【立法委任】有关道路通行的其他具体规定，由国务院规定。

第二节　机动车通行规定

第四十二条　【车速】机动车上道路行驶，不得超过限速标志标明的最高时速。在没有限速标志的路段，应当保持安全车速。

夜间行驶或者在容易发生危险的路段行驶，以及遇有沙尘、冰雹、雨、雪、雾、结冰等气象条件时，应当降低行驶速度。

第四十三条　【安全车距及禁止超车情形】同车道行驶的机动车，后车应当与前车保持足以采取紧急制动措施的安全距离。有下列情形之一的，不得超车：

（一）前车正在左转弯、掉头、超车的；

（二）与对面来车有会车可能的；

（三）前车为执行紧急任务的警车、消防车、救护车、工程救险车的；

（四）行经铁路道口、交叉路口、窄桥、

弯道、陡坡、隧道、人行横道、市区交通流量大的路段等没有超车条件的。

第四十四条 【减速行驶】机动车通过交叉路口，应当按照交通信号灯、交通标志、交通标线或者交通警察的指挥通过；通过没有交通信号灯、交通标志、交通标线或者交通警察指挥的交叉路口时，应当减速慢行，并让行人和优先通行的车辆先行。

第四十五条 【超车限制】机动车遇有前方车辆停车排队等候或者缓慢行驶时，不得借道超车或者占用对面车道，不得穿插等候的车辆。

在车道减少的路段、路口，或者在没有交通信号灯、交通标志、交通标线或者交通警察指挥的交叉路口遇到停车排队等候或者缓慢行驶时，机动车应当依次交替通行。

第四十六条 【铁路道口行驶规定】机动车通过铁路道口时，应当按照交通信号或者管理人员的指挥通行；没有交通信号或者管理人员的，应当减速或者停车，在确认安全后通过。

第四十七条 【避让行人】机动车行经人行横道时，应当减速行驶；遇行人正在通过人行横道，应当停车让行。

机动车行经没有交通信号的道路时，遇行人横过道路，应当避让。

第四十八条 【载物规定】机动车载物应当符合核定的载质量，严禁超载；载物的长、宽、高不得违反装载要求，不得遗洒、飘散载运物。

机动车运载超限的不可解体的物品，影响交通安全的，应当按照公安机关交通管理部门指定的时间、路线、速度行驶，悬挂明显标志。在公路上运载超限的不可解体的物品，并应当依照公路法的规定执行。

机动车载运爆炸物品、易燃易爆化学物品以及剧毒、放射性等危险物品，应当经公安机关批准后，按指定的时间、路线、速度行驶，悬挂警示标志并采取必要的安全措施。

第四十九条 【核定载人量】机动车载人不得超过核定的人数，客运机动车不得违反规定载货。

第五十条 【货运车载客限制】禁止货运机动车载客。

货运机动车需要附载作业人员的，应当设置保护作业人员的安全措施。

第五十一条 【安全带及头盔】机动车行驶时，驾驶人、乘坐人员应当按规定使用安全带，摩托车驾驶人及乘坐人员应当按规定戴安全头盔。

第五十二条 【排除故障】机动车在道路上发生故障，需要停车排除故障时，驾驶人应当立即开启危险报警闪光灯，将机动车移至不妨碍交通的地方停放；难以移动的，应当持续开启危险报警闪光灯，并在来车方向设置警告标志等措施扩大示警距离，必要时迅速报警。

第五十三条 【优先通行权之一】警车、消防车、救护车、工程救险车执行紧急任务时，可以使用警报器、标志灯具；在确保安全的前提下，不受行驶路线、行驶方向、行驶速度和信号灯的限制，其他车辆和行人应当让行。

警车、消防车、救护车、工程救险车非执行紧急任务时，不得使用警报器、标志灯具，不享有前款规定的道路优先通行权。

第五十四条 【优先通行权之二】道路养护车辆、工程作业车进行作业时，在不影响过往车辆通行的前提下，其行驶路线和方向不受交通标志、标线限制，过往车辆和人员应当注意避让。

洒水车、清扫车等机动车应当按照安全作业标准作业；在不影响其他车辆通行的情况下，可以不受车辆分道行驶的限制，但是不得逆向行驶。

第五十五条　【拖拉机通行规定】高速公路、大中城市中心城区内的道路，禁止拖拉机通行。其他禁止拖拉机通行的道路，由省、自治区、直辖市人民政府根据当地实际情况规定。

在允许拖拉机通行的道路上，拖拉机可以从事货运，但是不得用于载人。

第五十六条　【机动车停放】机动车应当在规定地点停放。禁止在人行道上停放机动车；但是，依照本法第三十三条规定施划的停车泊位除外。

在道路上临时停车的，不得妨碍其他车辆和行人通行。

第三节　非机动车通行规定

第五十七条　【非机动车行驶规定】驾驶非机动车在道路上行驶应当遵守有关交通安全的规定。非机动车应当在非机动车道内行驶；在没有非机动车道的道路上，应当靠车行道的右侧行驶。

第五十八条　【残疾人机动轮椅车、电动自行车的最高时速限制】残疾人机动轮椅车、电动自行车在非机动车道内行驶时，最高时速不得超过十五公里。

第五十九条　【非机动车停放】非机动车应当在规定地点停放。未设停放地点的，非机动车停放不得妨碍其他车辆和行人通行。

第六十条　【驾驭畜力车规定】驾驭畜力车，应当使用驯服的牲畜；驾驭畜力车横过道路时，驾驭人应当下车牵引牲畜；驾驭人离开车辆时，应当拴系牲畜。

第四节　行人和乘车人通行规定

第六十一条　【行人行走规则】行人应当在人行道内行走，没有人行道的靠路边行走。

第六十二条　【通过路口或横过道路】行人通过路口或者横过道路，应当走人行横道或者过街设施；通过有交通信号灯的人行横道，应当按照交通信号灯指示通行；通过没有交通信号灯、人行横道的路口，或者在没有过街设施的路段横过道路，应当在确认安全后通过。

第六十三条　【妨碍道路交通安全行为】行人不得跨越、倚坐道路隔离设施，不得扒车、强行拦车或者实施妨碍道路交通安全的其他行为。

第六十四条　【限制行为能力人的保护】学龄前儿童以及不能辨认或者不能控制自己行为的精神疾病患者、智力障碍者在道路上通行，应当由其监护人、监护人委托的人或者对其负有管理、保护职责的人带领。

盲人在道路上通行，应当使用盲杖或者采取其他导盲手段，车辆应当避让盲人。

第六十五条　【通过铁路道口规定】行人通过铁路道口时，应当按照交通信号或者管理人员的指挥通行；没有交通信号和管理人员的，应当在确认无火车驶临后，迅速通过。

第六十六条　【禁带危险物品乘车】乘车人不得携带易燃易爆等危险物品，不得向车外抛洒物品，不得有影响驾驶人安全驾驶的行为。

第五节　高速公路的特别规定

第六十七条　【禁入高速公路的规定及高速限速】行人、非机动车、拖拉机、轮式专用机械车、铰接式客车、全挂拖斗车以及其他设计最高时速低于七十公里的机动车，不得进入高速公路。高速公路限速标志标明的最高时速不得超过一百二十公里。

第六十八条　【高速公路上的故障处理】机动车在高速公路上发生故障时，应当依照本法第五十二条的有关规定办理；但是，警告标志应当设置在故障车来车方向一百五十米以外，车上人员应当迅速转移到右侧路肩上或者应急车道内，并且迅速报警。

机动车在高速公路上发生故障或者交

通事故，无法正常行驶的，应当由救援车、清障车拖曳、牵引。

第六十九条 【禁止拦截高速公路行驶车辆】任何单位、个人不得在高速公路上拦截检查行驶的车辆，公安机关的人民警察依法执行紧急公务除外。

第五章 交通事故处理

第七十条 【交通事故的现场处理】在道路上发生交通事故，车辆驾驶人应当立即停车，保护现场；造成人身伤亡的，车辆驾驶人应当立即抢救受伤人员，并迅速报告执勤的交通警察或者公安机关交通管理部门。因抢救受伤人员变动现场的，应当标明位置。乘车人、过往车辆驾驶人、过往行人应当予以协助。

在道路上发生交通事故，未造成人身伤亡，当事人对事实及成因无争议的，可以即行撤离现场，恢复交通，自行协商处理损害赔偿事宜；不即行撤离现场的，应当迅速报告执勤的交通警察或者公安机关交通管理部门。

在道路上发生交通事故，仅造成轻微财产损失，并且基本事实清楚的，当事人应当先撤离现场再进行协商处理。

第七十一条 【交通肇事逃逸】车辆发生交通事故后逃逸的，事故现场目击人员和其他知情人员应当向公安机关交通管理部门或者交通警察举报。举报属实的，公安机关交通管理部门应当给予奖励。

第七十二条 【事故处理措施】公安机关交通管理部门接到交通事故报警后，应当立即派交通警察赶赴现场，先组织抢救受伤人员，并采取措施，尽快恢复交通。

交通警察应当对交通事故现场进行勘验、检查，收集证据；因收集证据的需要，可以扣留事故车辆，但是应当妥善保管，以备核查。

对当事人的生理、精神状况等专业性较强的检验，公安机关交通管理部门应当委托专门机构进行鉴定。鉴定结论应当由鉴定人签名。

第七十三条 【交通事故认定书】公安机关交通管理部门应当根据交通事故现场勘验、检查、调查情况和有关的检验、鉴定结论，及时制作交通事故认定书，作为处理交通事故的证据。交通事故认定书应当载明交通事故的基本事实、成因和当事人的责任，并送达当事人。

第七十四条 【事故赔偿争议】对交通事故损害赔偿的争议，当事人可以请求公安机关交通管理部门调解，也可以直接向人民法院提起民事诉讼。

经公安机关交通管理部门调解，当事人未达成协议或者调解书生效后不履行的，当事人可以向人民法院提起民事诉讼。

第七十五条 【抢救费用】医疗机构对交通事故中的受伤人员应当及时抢救，不得因抢救费用未及时支付而拖延救治。肇事车辆参加机动车第三者责任强制保险的，由保险公司在责任限额范围内支付抢救费用；抢救费用超过责任限额的，未参加机动车第三者责任强制保险或者肇事后逃逸的，由道路交通事故社会救助基金先行垫付部分或者全部抢救费用，道路交通事故社会救助基金管理机构有权向交通事故责任人追偿。

第七十六条 【交通事故的赔偿原则】机动车发生交通事故造成人身伤亡、财产损失的，由保险公司在机动车第三者责任强制保险责任限额范围内予以赔偿；不足的部分，按照下列规定承担赔偿责任：

（一）机动车之间发生交通事故的，由有过错的一方承担赔偿责任；双方都有过错的，按照各自过错的比例分担责任。

（二）机动车与非机动车驾驶人、行人之间发生交通事故，非机动车驾驶人、行人没有过错的，由机动车一方承担赔偿责任；有证据证明非机动车驾驶人、行人有过错的，根据过错程度适当减轻机动车一方的赔偿责任；机动车一方没有过错的，承担不超过百分之十的赔偿责任。

交通事故的损失是由非机动车驾驶人、行人故意碰撞机动车造成的，机动车一方不承担赔偿责任。

第七十七条　【道路外交通事故的处理】车辆在道路以外通行时发生的事故，公安机关交通管理部门接到报案的，参照本法有关规定办理。

第六章　执法监督

第七十八条　【交警培训与考核】公安机关交通管理部门应当加强对交通警察的管理，提高交通警察的素质和管理道路交通的水平。

公安机关交通管理部门应当对交通警察进行法制和交通安全管理业务培训、考核。交通警察经考核不合格的，不得上岗执行职务。

第七十九条　【工作目标】公安机关交通管理部门及其交通警察实施道路交通安全管理，应当依据法定的职权和程序，简化办事手续，做到公正、严格、文明、高效。

第八十条　【警容警纪】交通警察执行职务时，应当按照规定着装，佩带人民警察标志，持有人民警察证件，保持警容严整，举止端庄，指挥规范。

第八十一条　【工本费】依照本法发放牌证等收取工本费，应当严格执行国务院价格主管部门核定的收费标准，并全部上缴国库。

第八十二条　【罚款决定与收缴分离】公安机关交通管理部门依法实施罚款的行政处罚，应当依照有关法律、行政法规的规定，实施罚款决定与罚款收缴分离；收缴的罚款以及依法没收的违法所得，应当全部上缴国库。

第八十三条　【回避】交通警察调查处理道路交通安全违法行为和交通事故，有下列情形之一的，应当回避：

（一）是本案的当事人或者当事人的近亲属；

（二）本人或者其近亲属与本案有利害关系；

（三）与本案当事人有其他关系，可能影响案件的公正处理。

第八十四条　【执法监督】公安机关交通管理部门及其交通警察的行政执法活动，应当接受行政监察机关依法实施的监督。

公安机关督察部门应当对公安机关交通管理部门及其交通警察执行法律、法规和遵守纪律的情况依法进行监督。

上级公安机关交通管理部门应当对下级公安机关交通管理部门的执法活动进行监督。

第八十五条　【社会监督】公安机关交通管理部门及其交通警察执行职务，应当自觉接受社会和公民的监督。

任何单位和个人都有权对公安机关交通管理部门及其交通警察不严格执法以及违法违纪行为进行检举、控告。收到检举、控告的机关，应当依据职责及时查处。

第八十六条　【不得下达罚款指标】任何单位不得给公安机关交通管理部门下达或者变相下达罚款指标；公安机关交通管理部门不得以罚款数额作为考核交通警察的标准。

公安机关交通管理部门及其交通警察对超越法律、法规规定的指令，有权拒绝执行，并同时向上级机关报告。

第七章　法律责任

第八十七条　【现场处罚】公安机关交

通管理部门及其交通警察对道路交通安全违法行为，应当及时纠正。

公安机关交通管理部门及其交通警察应当依据事实和本法的有关规定对道路交通安全违法行为予以处罚。对于情节轻微，未影响道路通行的，指出违法行为，给予口头警告后放行。

第八十八条 【处罚种类】对道路交通安全违法行为的处罚种类包括：警告、罚款、暂扣或者吊销机动车驾驶证、拘留。

第八十九条 【行人、乘车人、非机动车驾驶人违规】行人、乘车人、非机动车驾驶人违反道路交通安全法律、法规关于道路通行规定的，处警告或者五元以上五十元以下罚款；非机动车驾驶人拒绝接受罚款处罚的，可以扣留其非机动车。

第九十条 【机动车驾驶人违规】机动车驾驶人违反道路交通安全法律、法规关于道路通行规定的，处警告或者二十元以上二百元以下罚款。本法另有规定的，依照规定处罚。

第九十一条 【酒后驾车】饮酒后驾驶机动车的，处暂扣六个月机动车驾驶证，并处一千元以上二千元以下罚款。因饮酒后驾驶机动车被处罚，再次饮酒后驾驶机动车的，处十日以下拘留，并处一千元以上二千元以下罚款，吊销机动车驾驶证。

醉酒驾驶机动车的，由公安机关交通管理部门约束至酒醒，吊销机动车驾驶证，依法追究刑事责任；五年内不得重新取得机动车驾驶证。

饮酒后驾驶营运机动车的，处十五日拘留，并处五千元罚款，吊销机动车驾驶证，五年内不得重新取得机动车驾驶证。

醉酒驾驶营运机动车的，由公安机关交通管理部门约束至酒醒，吊销机动车驾驶证，依法追究刑事责任；十年内不得重新取得机动车驾驶证，重新取得机动车驾驶证后，不得驾驶营运机动车。

饮酒后或者醉酒驾驶机动车发生重大交通事故，构成犯罪的，依法追究刑事责任，并由公安机关交通管理部门吊销机动车驾驶证，终生不得重新取得机动车驾驶证。

第九十二条 【超载】公路客运车辆载客超过额定乘员的，处二百元以上五百元以下罚款；超过额定乘员百分之二十或者违反规定载货的，处五百元以上二千元以下罚款。

货运机动车超过核定载质量的，处二百元以上五百元以下罚款；超过核定载质量百分之三十或者违反规定载客的，处五百元以上二千元以下罚款。

有前两款行为的，由公安机关交通管理部门扣留机动车至违法状态消除。

运输单位的车辆有本条第一款、第二款规定的情形，经处罚不改的，对直接负责的主管人员处二千元以上五千元以下罚款。

第九十三条 【违规停车】对违反道路交通安全法律、法规关于机动车停放、临时停车规定的，可以指出违法行为，并予以口头警告，令其立即驶离。

机动车驾驶人不在现场或者虽在现场但拒绝立即驶离，妨碍其他车辆、行人通行的，处二十元以上二百元以下罚款，并可以将该机动车拖移至不妨碍交通的地点或者公安机关交通管理部门指定的地点停放。公安机关交通管理部门拖车不得向当事人收取费用，并应当及时告知当事人停放地点。

因采取不正确的方法拖车造成机动车损坏的，应当依法承担补偿责任。

第九十四条 【违反安检规定】机动车安全技术检验机构实施机动车安全技术检验超过国务院价格主管部门核定的收费标准收取费用的，退还多收取的费用，并由价格主管部门依照《中华人民共和国价格法》的有关规定给予处罚。

机动车安全技术检验机构不按照机动车国家安全技术标准进行检验，出具虚假检验结果的，由公安机关交通管理部门处所收检验费用五倍以上十倍以下罚款，并依法撤销其检验资格；构成犯罪的，依法追究刑事责任。

第九十五条　【无牌、无证驾驶】上道路行驶的机动车未悬挂机动车号牌，未放置检验合格标志、保险标志，或者未随车携带行驶证、驾驶证的，公安机关交通管理部门应当扣留机动车，通知当事人提供相应的牌证、标志或者补办相应手续，并可以依照本法第九十条的规定予以处罚。当事人提供相应的牌证、标志或者补办相应手续的，应当及时退还机动车。

故意遮挡、污损或者不按规定安装机动车号牌的，依照本法第九十条的规定予以处罚。

第九十六条　【使用虚假或他人证照】伪造、变造或者使用伪造、变造的机动车登记证书、号牌、行驶证、驾驶证的，由公安机关交通管理部门予以收缴，扣留该机动车，处十五日以下拘留，并处二千元以上五千元以下罚款；构成犯罪的，依法追究刑事责任。

伪造、变造或者使用伪造、变造的检验合格标志、保险标志的，由公安机关交通管理部门予以收缴，扣留该机动车，处十日以下拘留，并处一千元以上三千元以下罚款；构成犯罪的，依法追究刑事责任。

使用其他车辆的机动车登记证书、号牌、行驶证、检验合格标志、保险标志的，由公安机关交通管理部门予以收缴，扣留该机动车，处二千元以上五千元以下罚款。

当事人提供相应的合法证明或者补办相应手续的，应当及时退还机动车。

第九十七条　【非法安装警报器具】非法安装警报器、标志灯具的，由公安机关交通管理部门强制拆除，予以收缴，并处二百元以上二千元以下罚款。

第九十八条　【未上第三者责任强制险】机动车所有人、管理人未按照国家规定投保机动车第三者责任强制保险的，由公安机关交通管理部门扣留车辆至依照规定投保后，并处依照规定投保最低责任限额应缴纳的保险费的二倍罚款。

依照前款缴纳的罚款全部纳入道路交通事故社会救助基金。具体办法由国务院规定。

第九十九条　【其他行政处罚】有下列行为之一的，由公安机关交通管理部门处二百元以上二千元以下罚款：

（一）未取得机动车驾驶证、机动车驾驶证被吊销或者机动车驾驶证被暂扣期间驾驶机动车的；

（二）将机动车交由未取得机动车驾驶证或者机动车驾驶证被吊销、暂扣的人驾驶的；

（三）造成交通事故后逃逸，尚不构成犯罪的；

（四）机动车行驶超过规定时速百分之五十的；

（五）强迫机动车驾驶人违反道路交通安全法律、法规和机动车安全驾驶要求驾驶机动车，造成交通事故，尚不构成犯罪的；

（六）违反交通管制的规定强行通行，不听劝阻的；

（七）故意损毁、移动、涂改交通设施，造成危害后果，尚不构成犯罪的；

（八）非法拦截、扣留机动车辆，不听劝阻，造成交通严重阻塞或者较大财产损失的。

行为人有前款第二项、第四项情形之一的，可以并处吊销机动车驾驶证；有第一项、第三项、第五项至第八项情形之一的，可以并处十五日以下拘留。

第一百条 【驾驶、出售不合标准机动车】驾驶拼装的机动车或者已达到报废标准的机动车上道路行驶的，公安机关交通管理部门应当予以收缴，强制报废。

对驾驶前款所列机动车上道路行驶的驾驶人，处二百元以上二千元以下罚款，并吊销机动车驾驶证。

出售已达到报废标准的机动车的，没收违法所得，处销售金额等额的罚款，对该机动车依照本条第一款的规定处理。

第一百零一条 【重大交通事故责任】违反道路交通安全法律、法规的规定，发生重大交通事故，构成犯罪的，依法追究刑事责任，并由公安机关交通管理部门吊销机动车驾驶证。

造成交通事故后逃逸的，由公安机关交通管理部门吊销机动车驾驶证，且终生不得重新取得机动车驾驶证。

第一百零二条 【半年内二次以上发生特大交通事故】对六个月内发生二次以上特大交通事故负有主要责任或者全部责任的专业运输单位，由公安机关交通管理部门责令消除安全隐患，未消除安全隐患的机动车，禁止上道路行驶。

第一百零三条 【有关机动车生产、销售的违法行为】国家机动车产品主管部门未按照机动车国家安全技术标准严格审查，许可不合格机动车型投入生产的，对负有责任的主管人员和其他直接责任人员给予降级或者撤职的行政处分。

机动车生产企业经国家机动车产品主管部门许可生产的机动车型，不执行机动车国家安全技术标准或者不严格进行机动车成品质量检验，致使质量不合格的机动车出厂销售的，由质量技术监督部门依照《中华人民共和国产品质量法》的有关规定给予处罚。

擅自生产、销售未经国家机动车产品主管部门许可生产的机动车型的，没收非法生产、销售的机动车成品及配件，可以并处非法产品价值三倍以上五倍以下罚款；有营业执照的，由工商行政管理部门吊销营业执照，没有营业执照的，予以查封。

生产、销售拼装的机动车或者生产、销售擅自改装的机动车的，依照本条第三款的规定处罚。

有本条第二款、第三款、第四款所列违法行为，生产或者销售不符合机动车国家安全技术标准的机动车，构成犯罪的，依法追究刑事责任。

第一百零四条 【道路施工影响交通安全行为】未经批准，擅自挖掘道路、占用道路施工或者从事其他影响道路交通安全活动的，由道路主管部门责令停止违法行为，并恢复原状，可以依法给予罚款；致使通行的人员、车辆及其他财产遭受损失的，依法承担赔偿责任。

有前款行为，影响道路交通安全活动的，公安机关交通管理部门可以责令停止违法行为，迅速恢复交通。

第一百零五条 【未采取安全防护措施行为】道路施工作业或者道路出现损毁，未及时设置警示标志、未采取防护措施，或者应当设置交通信号灯、交通标志、交通标线而没有设置或者应当及时变更交通信号灯、交通标志、交通标线而没有及时变更，致使通行的人员、车辆及其他财产遭受损失的，负有相关职责的单位应当依法承担赔偿责任。

第一百零六条 【妨碍安全视距行为】在道路两侧及隔离带上种植树木、其他植物或者设置广告牌、管线等，遮挡路灯、交通信号灯、交通标志，妨碍安全视距的，由公安机关交通管理部门责令行为人排除妨碍；拒不执行的，处二百元以上二千元以下罚款，并强制排除妨碍，所需费用由行为人负担。

第一百零七条　【当场处罚决定书】对道路交通违法行为人予以警告、二百元以下罚款，交通警察可以当场作出行政处罚决定，并出具行政处罚决定书。

行政处罚决定书应当载明当事人的违法事实、行政处罚的依据、处罚内容、时间、地点以及处罚机关名称，并由执法人员签名或者盖章。

第一百零八条　【罚款的缴纳】当事人应当自收到罚款的行政处罚决定书之日起十五日内，到指定的银行缴纳罚款。

对行人、乘车人和非机动车驾驶人的罚款，当事人无异议的，可以当场予以收缴罚款。

罚款应当开具省、自治区、直辖市财政部门统一制发的罚款收据；不出具财政部门统一制发的罚款收据的，当事人有权拒绝缴纳罚款。

第一百零九条　【对不履行处罚决定可采取的措施】当事人逾期不履行行政处罚决定的，作出行政处罚决定的行政机关可以采取下列措施：

（一）到期不缴纳罚款的，每日按罚款数额的百分之三加处罚款；

（二）申请人民法院强制执行。

第一百一十条　【暂扣或吊销驾驶证】执行职务的交通警察认为应当对道路交通违法行为人给予暂扣或者吊销机动车驾驶证处罚的，可以先予扣留机动车驾驶证，并在二十四小时内将案件移交公安机关交通管理部门处理。

道路交通违法行为人应当在十五日内到公安机关交通管理部门接受处理。无正当理由逾期未接受处理的，吊销机动车驾驶证。

公安机关交通管理部门暂扣或者吊销机动车驾驶证的，应当出具行政处罚决定书。

第一百一十一条　【拘留裁决机关】对违反本法规定予以拘留的行政处罚，由县、市公安局、公安分局或者相当于县一级的公安机关裁决。

第一百一十二条　【对扣留车辆的处理】公安机关交通管理部门扣留机动车、非机动车，应当当场出具凭证，并告知当事人在规定期限内到公安机关交通管理部门接受处理。

公安机关交通管理部门对被扣留的车辆应当妥善保管，不得使用。

逾期不来接受处理，并且经公告三个月仍不来接受处理的，对扣留的车辆依法处理。

第一百一十三条　【暂扣与重新申领驾驶证期限的计算】暂扣机动车驾驶证的期限从处罚决定生效之日起计算；处罚决定生效前先予扣留机动车驾驶证的，扣留一日折抵暂扣期限一日。

吊销机动车驾驶证后重新申请领取机动车驾驶证的期限，按照机动车驾驶证管理规定办理。

第一百一十四条　【电子警察的处罚依据】公安机关交通管理部门根据交通技术监控记录资料，可以对违法的机动车所有人或者管理人依法予以处罚。对能够确定驾驶人的，可以依照本法的规定依法予以处罚。

第一百一十五条　【行政处分】交通警察有下列行为之一的，依法给予行政处分：

（一）为不符合法定条件的机动车发放机动车登记证书、号牌、行驶证、检验合格标志的；

（二）批准不符合法定条件的机动车安装、使用警车、消防车、救护车、工程救险车的警报器、标志灯具，喷涂标志图案的；

（三）为不符合驾驶许可条件、未经考试或者考试不合格人员发放机动车驾驶证的；

（四）不执行罚款决定与罚款收缴分离制度或者不按规定将依法收取的费用、收缴的罚款及没收的违法所得全部上缴国库的；

（五）举办或者参与举办驾驶学校或者驾驶培训班、机动车修理厂或者收费停车场等经营活动的；

（六）利用职务上的便利收受他人财物或者谋取其他利益的；

（七）违法扣留车辆、机动车行驶证、驾驶证、车辆号牌的；

（八）使用依法扣留的车辆的；

（九）当场收取罚款不开具罚款收据或者不如实填写罚款额的；

（十）徇私舞弊，不公正处理交通事故的；

（十一）故意刁难，拖延办理机动车牌证的；

（十二）非执行紧急任务时使用警报器、标志灯具的；

（十三）违反规定拦截、检查正常行驶的车辆的；

（十四）非执行紧急公务时拦截搭乘机动车的；

（十五）不履行法定职责的。

公安机关交通管理部门有前款所列行为之一的，对直接负责的主管人员和其他直接责任人员给予相应的行政处分。

第一百一十六条 【停职和辞退】依照本法第一百一十五条的规定，给予交通警察行政处分的，在作出行政处分决定前，可以停止其执行职务；必要时，可以予以禁闭。

依照本法第一百一十五条的规定，交通警察受到降级或者撤职行政处分的，可以予以辞退。

交通警察受到开除处分或者被辞退的，应当取消警衔；受到撤职以下行政处分的交通警察，应当降低警衔。

第一百一十七条 【渎职责任】交通警察利用职权非法占有公共财物，索取、收受贿赂，或者滥用职权、玩忽职守，构成犯罪的，依法追究刑事责任。

第一百一十八条 【执法不当的损失赔偿】公安机关交通管理部门及其交通警察有本法第一百一十五条所列行为之一，给当事人造成损失的，应当依法承担赔偿责任。

第八章 附 则

第一百一十九条 【用语含义】本法中下列用语的含义：

（一）“道路”，是指公路、城市道路和虽在单位管辖范围但允许社会机动车通行的地方，包括广场、公共停车场等用于公众通行的场所。

（二）“车辆”，是指机动车和非机动车。

（三）“机动车”，是指以动力装置驱动或者牵引，上道路行驶的供人员乘用或者用于运送物品以及进行工程专项作业的轮式车辆。

（四）“非机动车”，是指以人力或者畜力驱动，上道路行驶的交通工具，以及虽有动力装置驱动但设计最高时速、空车质量、外形尺寸符合有关国家标准的残疾人机动轮椅车、电动自行车等交通工具。

（五）“交通事故”，是指车辆在道路上因过错或者意外造成的人身伤亡或者财产损失的事件。

第一百二十条 【部队在编机动车管理】中国人民解放军和中国人民武装警察部队在编机动车牌证、在编机动车检验以及机动车驾驶人考核工作，由中国人民解放军、中国人民武装警察部队有关部门负责。

第一百二十一条 【拖拉机管理】对上道路行驶的拖拉机，由农业（农业机械）主管部门行使本法第八条、第九条、第十三条、第十九条、第二十三条规定的公安机关交通管理部门的管理职权。

农业（农业机械）主管部门依照前款规定行使职权，应当遵守本法有关规定，并接受公安机关交通管理部门的监督；对违反规定的，依照本法有关规定追究法律责任。

本法施行前由农业（农业机械）主管部门发放的机动车牌证，在本法施行后继续有效。

第一百二十二条　【入境的境外机动车管理】国家对入境的境外机动车的道路交通安全实施统一管理。

第一百二十三条　【地方执行标准】省、自治区、直辖市人民代表大会常务委员会可以根据本地区的实际情况，在本法规定的罚款幅度内，规定具体的执行标准。

第一百二十四条　【施行日期】本法自2004年5月1日起施行。

中华人民共和国道路交通安全法实施条例

1.2004年4月30日国务院令第405号公布

2.根据2017年10月7日国务院令第687号《关于修改部分行政法规的决定》修订

第一章　总　　则

第一条　根据《中华人民共和国道路交通安全法》（以下简称道路交通安全法）的规定，制定本条例。

第二条　中华人民共和国境内的车辆驾驶人、行人、乘车人以及与道路交通活动有关的单位和个人，应当遵守道路交通安全法和本条例。

第三条　县级以上地方各级人民政府应当建立、健全道路交通安全工作协调机制，组织有关部门对城市建设项目进行交通影响评价，制定道路交通安全管理规划，确定管理目标，制定实施方案。

第二章　车辆和驾驶人

第一节　机　动　车

第四条　机动车的登记，分为注册登记、变更登记、转移登记、抵押登记和注销登记。

第五条　初次申领机动车号牌、行驶证的，应当向机动车所有人住所地的公安机关交通管理部门申请注册登记。

申请机动车注册登记，应当交验机动车，并提交以下证明、凭证：

（一）机动车所有人的身份证明；

（二）购车发票等机动车来历证明；

（三）机动车整车出厂合格证明或者进口机动车进口凭证；

（四）车辆购置税完税证明或者免税凭证；

（五）机动车第三者责任强制保险凭证；

（六）法律、行政法规规定应当在机动车注册登记时提交的其他证明、凭证。

不属于国务院机动车产品主管部门规定免予安全技术检验的车型的，还应当提供机动车安全技术检验合格证明。

第六条　已注册登记的机动车有下列

情形之一的，机动车所有人应当向登记该机动车的公安机关交通管理部门申请变更登记：

（一）改变机动车车身颜色的；

（二）更换发动机的；

（三）更换车身或者车架的；

（四）因质量有问题，制造厂更换整车的；

（五）营运机动车改为非营运机动车或者非营运机动车改为营运机动车的；

（六）机动车所有人的住所迁出或者迁入公安机关交通管理部门管辖区域的。

申请机动车变更登记，应当提交下列证明、凭证，属于前款第（一）项、第（二）项、第（三）项、第（四）项、第（五）项情形之一的，还应当交验机动车；属于前款第（二）项、第（三）项情形之一的，还应当同时提交机动车安全技术检验合格证明：

（一）机动车所有人的身份证明；

（二）机动车登记证书；

（三）机动车行驶证。

机动车所有人的住所在公安机关交通管理部门管辖区域内迁移、机动车所有人的姓名（单位名称）或者联系方式变更的，应当向登记该机动车的公安机关交通管理部门备案。

第七条 已注册登记的机动车所有权发生转移的，应当及时办理转移登记。

申请机动车转移登记，当事人应当向登记该机动车的公安机关交通管理部门交验机动车，并提交以下证明、凭证：

（一）当事人的身份证明；

（二）机动车所有权转移的证明、凭证；

（三）机动车登记证书；

（四）机动车行驶证。

第八条 机动车所有人将机动车作为抵押物抵押的，机动车所有人应当向登记该机动车的公安机关交通管理部门申请抵押登记。

第九条 已注册登记的机动车达到国家规定的强制报废标准的，公安机关交通管理部门应当在报废期满的2个月前通知机动车所有人办理注销登记。机动车所有人应当在报废期满前将机动车交售给机动车回收企业，由机动车回收企业将报废的机动车登记证书、号牌、行驶证交公安机关交通管理部门注销。机动车所有人逾期不办理注销登记的，公安机关交通管理部门应当公告该机动车登记证书、号牌、行驶证作废。

因机动车灭失申请注销登记的，机动车所有人应当向公安机关交通管理部门提交本人身份证明，交回机动车登记证书。

第十条 办理机动车登记的申请人提交的证明、凭证齐全、有效的，公安机关交通管理部门应当当场办理登记手续。

人民法院、人民检察院以及行政执法部门依法查封、扣押的机动车，公安机关交通管理部门不予办理机动车登记。

第十一条 机动车登记证书、号牌、行驶证丢失或者损毁，机动车所有人申请补发的，应当向公安机关交通管理部门提交本人身份证明和申请材料。公安机关交通管理部门经与机动车登记档案核实后，在收到申请之日起15日内补发。

第十二条 税务部门、保险机构可以在公安机关交通管理部门的办公场所集中办理与机动车有关的税费缴纳、保险合同订立等事项。

第十三条 机动车号牌应当悬挂在车前、车后指定位置，保持清晰、完整。重型、中型载货汽车及其挂车、拖拉机及其挂车的车身或者车厢后部应当喷涂放大的牌号，字样应当端正并保持清晰。

机动车检验合格标志、保险标志应当

粘贴在机动车前窗右上角。

机动车喷涂、粘贴标识或者车身广告的，不得影响安全驾驶。

第十四条　用于公路营运的载客汽车、重型载货汽车、半挂牵引车应当安装、使用符合国家标准的行驶记录仪。交通警察可以对机动车行驶速度、连续驾驶时间以及其他行驶状态信息进行检查。安装行驶记录仪可以分步实施，实施步骤由国务院机动车产品主管部门会同有关部门规定。

第十五条　机动车安全技术检验由机动车安全技术检验机构实施。机动车安全技术检验机构应当按照国家机动车安全技术检验标准对机动车进行检验，对检验结果承担法律责任。

质量技术监督部门负责对机动车安全技术检验机构实行计量认证管理，对机动车安全技术检验设备进行检定，对执行国家机动车安全技术检验标准的情况进行监督。

机动车安全技术检验项目由国务院公安部门会同国务院质量技术监督部门规定。

第十六条　机动车应当从注册登记之日起，按照下列期限进行安全技术检验：

（一）营运载客汽车 5 年以内每年检验 1 次；超过 5 年的，每 6 个月检验 1 次；

（二）载货汽车和大型、中型非营运载客汽车 10 年以内每年检验 1 次；超过 10 年的，每 6 个月检验 1 次；

（三）小型、微型非营运载客汽车 6 年以内每 2 年检验 1 次；超过 6 年的，每年检验 1 次；超过 15 年的，每 6 个月检验 1 次；

（四）摩托车 4 年以内每 2 年检验 1 次；超过 4 年的，每年检验 1 次；

（五）拖拉机和其他机动车每年检验 1 次。

营运机动车在规定检验期限内经安全技术检验合格的，不再重复进行安全技术检验。

第十七条　已注册登记的机动车进行安全技术检验时，机动车行驶证记载的登记内容与该机动车的有关情况不符，或者未按照规定提供机动车第三者责任强制保险凭证的，不予通过检验。

第十八条　警车、消防车、救护车、工程救险车标志图案的喷涂以及警报器、标志灯具的安装、使用规定，由国务院公安部门制定。

第二节　机动车驾驶人

第十九条　符合国务院公安部门规定的驾驶许可条件的人，可以向公安机关交通管理部门申请机动车驾驶证。

机动车驾驶证由国务院公安部门规定式样并监制。

第二十条　学习机动车驾驶，应当先学习道路交通安全法律、法规和相关知识，考试合格后，再学习机动车驾驶技能。

在道路上学习驾驶，应当按照公安机关交通管理部门指定的路线、时间进行。在道路上学习机动车驾驶技能应当使用教练车，在教练员随车指导下进行，与教学无关的人员不得乘坐教练车。学员在学习驾驶中有道路交通安全违法行为或者造成交通事故的，由教练员承担责任。

第二十一条　公安机关交通管理部门应当对申请机动车驾驶证的人进行考试，对考试合格的，在 5 日内核发机动车驾驶证；对考试不合格的，书面说明理由。

第二十二条　机动车驾驶证的有效期为 6 年，本条例另有规定的除外。

机动车驾驶人初次申领机动车驾驶证后的 12 个月为实习期。在实习期内驾驶机动车的，应当在车身后部粘贴或者悬挂统一式样的实习标志。

机动车驾驶人在实习期内不得驾驶公共汽车、营运客车或者执行任务的警车、消防车、救护车、工程救险车以及载有爆炸物品、易燃易爆化学物品、剧毒或者放射性等危险物品的机动车；驾驶的机动车不得牵引挂车。

第二十三条 公安机关交通管理部门对机动车驾驶人的道路交通安全违法行为除给予行政处罚外，实行道路交通安全违法行为累积记分（以下简称记分）制度，记分周期为12个月。对在一个记分周期内记分达到12分的，由公安机关交通管理部门扣留其机动车驾驶证，该机动车驾驶人应当按照规定参加道路交通安全法律、法规的学习并接受考试。考试合格的，记分予以清除，发还机动车驾驶证；考试不合格的，继续参加学习和考试。

应当给予记分的道路交通安全违法行为及其分值，由国务院公安部门根据道路交通安全违法行为的危害程度规定。

公安机关交通管理部门应当提供记分查询方式供机动车驾驶人查询。

第二十四条 机动车驾驶人在一个记分周期内记分未达到12分，所处罚款已经缴纳的，记分予以清除；记分虽未达到12分，但尚有罚款未缴纳的，记分转入下一记分周期。

机动车驾驶人在一个记分周期内记分2次以上达到12分的，除按照第二十三条的规定扣留机动车驾驶证、参加学习、接受考试外，还应当接受驾驶技能考试。考试合格的，记分予以清除，发还机动车驾驶证；考试不合格的，继续参加学习和考试。

接受驾驶技能考试的，按照本人机动车驾驶证载明的最高准驾车型考试。

第二十五条 机动车驾驶人记分达到12分，拒不参加公安机关交通管理部门通知的学习，也不接受考试的，由公安机关交通管理部门公告其机动车驾驶证停止使用。

第二十六条 机动车驾驶人在机动车驾驶证的6年有效期内，每个记分周期均未达到12分的，换发10年有效期的机动车驾驶证；在机动车驾驶证的10年有效期内，每个记分周期均未达到12分的，换发长期有效的机动车驾驶证。

换发机动车驾驶证时，公安机关交通管理部门应当对机动车驾驶证进行审验。

第二十七条 机动车驾驶证丢失、损毁，机动车驾驶人申请补发的，应当向公安机关交通管理部门提交本人身份证明和申请材料。公安机关交通管理部门经与机动车驾驶证档案核实后，在收到申请之日起3日内补发。

第二十八条 机动车驾驶人在机动车驾驶证丢失、损毁、超过有效期或者被依法扣留、暂扣期间以及记分达到12分的，不得驾驶机动车。

第三章 道路通行条件

第二十九条 交通信号灯分为：机动车信号灯、非机动车信号灯、人行横道信号灯、车道信号灯、方向指示信号灯、闪光警告信号灯、道路与铁路平面交叉道口信号灯。

第三十条 交通标志分为：指示标志、警告标志、禁令标志、指路标志、旅游区标志、道路施工安全标志和辅助标志。

道路交通标线分为：指示标线、警告标线、禁止标线。

第三十一条 交通警察的指挥分为：手势信号和使用器具的交通指挥信号。

第三十二条 道路交叉路口和行人横过道路较为集中的路段应当设置人行横道、过街天桥或者过街地下通道。

在盲人通行较为集中的路段，人行横道信号灯应当设置声响提示装置。

第三十三条 城市人民政府有关部门可以在不影响行人、车辆通行的情况下，在城市道路上施划停车泊位，并规定停车泊位的使用时间。

第三十四条　开辟或者调整公共汽车、长途汽车的行驶路线或者车站，应当符合交通规划和安全、畅通的要求。

第三十五条　道路养护施工单位在道路上进行养护、维修时，应当按照规定设置规范的安全警示标志和安全防护设施。道路养护施工作业车辆、机械应当安装示警灯，喷涂明显的标志图案，作业时应当开启示警灯和危险报警闪光灯。对未中断交通的施工作业道路，公安机关交通管理部门应当加强交通安全监督检查。发生交通阻塞时，及时做好分流、疏导，维护交通秩序。

道路施工需要车辆绕行的，施工单位应当在绕行处设置标志；不能绕行的，应当修建临时通道，保证车辆和行人通行。需要封闭道路中断交通的，除紧急情况外，应当提前5日向社会公告。

第三十六条　道路或者交通设施养护部门、管理部门应当在急弯、陡坡、临崖、临水等危险路段，按照国家标准设置警告标志和安全防护设施。

第三十七条　道路交通标志、标线不规范，机动车驾驶人容易发生辨认错误的，交通标志、标线的主管部门应当及时予以改善。

道路照明设施应当符合道路建设技术规范，保持照明功能完好。

第四章　道路通行规定

第一节　一般规定

第三十八条　机动车信号灯和非机动车信号灯表示：

（一）绿灯亮时，准许车辆通行，但转弯的车辆不得妨碍被放行的直行车辆、行人通行；

（二）黄灯亮时，已越过停止线的车辆可以继续通行；

（三）红灯亮时，禁止车辆通行。

在未设置非机动车信号灯和人行横道信号灯的路口，非机动车和行人应当按照机动车信号灯的表示通行。

红灯亮时，右转弯的车辆在不妨碍被放行的车辆、行人通行的情况下，可以通行。

第三十九条　人行横道信号灯表示：

（一）绿灯亮时，准许行人通过人行横道；

（二）红灯亮时，禁止行人进入人行横道，但是已经进入人行横道的，可以继续通过或者在道路中心线处停留等候。

第四十条　车道信号灯表示：

（一）绿色箭头灯亮时，准许本车道车辆按指示方向通行；

（二）红色叉形灯或者箭头灯亮时，禁止本车道车辆通行。

第四十一条　方向指示信号灯的箭头方向向左、向上、向右分别表示左转、直行、右转。

第四十二条　闪光警告信号灯为持续闪烁的黄灯，提示车辆、行人通行时注意瞭望，确认安全后通过。

第四十三条　道路与铁路平面交叉道口有两个红灯交替闪烁或者一个红灯亮时，表示禁止车辆、行人通行；红灯熄灭时，表示允许车辆、行人通行。

第二节　机动车通行规定

第四十四条　在道路同方向划有2条以上机动车道的，左侧为快速车道，右侧为慢速车道。在快速车道行驶的机动车应当按照快速车道规定的速度行驶，未达到快速车道规定的行驶速度的，应当在慢速车道行驶。摩托车应当在最右侧车道行驶。有交通标志标明行驶速度的，按照标明的行驶速度行驶。慢速车道内的机动车超越前车时，可以借用快速车道行驶。

在道路同方向划有2条以上机动车道的，变更车道的机动车不得影响相关车道内行驶的机动车的正常行驶。

第四十五条 机动车在道路上行驶不得超过限速标志、标线标明的速度。在没有限速标志、标线的道路上，机动车不得超过下列最高行驶速度：

（一）没有道路中心线的道路，城市道路为每小时30公里，公路为每小时40公里；

（二）同方向只有1条机动车道的道路，城市道路为每小时50公里，公路为每小时70公里。

第四十六条 机动车行驶中遇有下列情形之一的，最高行驶速度不得超过每小时30公里，其中拖拉机、电瓶车、轮式专用机械车不得超过每小时15公里：

（一）进出非机动车道，通过铁路道口、急弯路、窄路、窄桥时；

（二）掉头、转弯、下陡坡时；

（三）遇雾、雨、雪、沙尘、冰雹，能见度在50米以内时；

（四）在冰雪、泥泞的道路上行驶时；

（五）牵引发生故障的机动车时。

第四十七条 机动车超车时，应当提前开启左转向灯、变换使用远、近光灯或者鸣喇叭。在没有道路中心线或者同方向只有1条机动车道的道路上，前车遇后车发出超车信号时，在条件许可的情况下，应当降低速度、靠右让路。后车应当在确认有充足的安全距离后，从前车的左侧超越，在与被超车辆拉开必要的安全距离后，开启右转向灯，驶回原车道。

第四十八条 在没有中心隔离设施或者没有中心线的道路上，机动车遇相对方向来车时应当遵守下列规定：

（一）减速靠右行驶，并与其他车辆、行人保持必要的安全距离；

（二）在有障碍的路段，无障碍的一方先行；但有障碍的一方已驶入障碍路段而无障碍的一方未驶入时，有障碍的一方先行；

（三）在狭窄的坡路，上坡的一方先行；但下坡的一方已行至中途而上坡的一方未上坡时，下坡的一方先行；

（四）在狭窄的山路，不靠山体的一方先行；

（五）夜间会车应当在距相对方向来车150米以外改用近光灯，在窄路、窄桥与非机动车会车时应当使用近光灯。

第四十九条 机动车在有禁止掉头或者禁止左转弯标志、标线的地点以及在铁路道口、人行横道、桥梁、急弯、陡坡、隧道或者容易发生危险的路段，不得掉头。

机动车在没有禁止掉头或者没有禁止左转弯标志、标线的地点可以掉头，但不得妨碍正常行驶的其他车辆和行人的通行。

第五十条 机动车倒车时，应当察明车后情况，确认安全后倒车。不得在铁路道口、交叉路口、单行路、桥梁、急弯、陡坡或者隧道中倒车。

第五十一条 机动车通过有交通信号灯控制的交叉路口，应当按照下列规定通行：

（一）在划有导向车道的路口，按所需行进方向驶入导向车道；

（二）准备进入环形路口的让已在路口内的机动车先行；

（三）向左转弯时，靠路口中心点左侧转弯。转弯时开启转向灯，夜间行驶开启近光灯；

（四）遇放行信号时，依次通过；

（五）遇停止信号时，依次停在停止线以外。没有停止线的，停在路口以外；

（六）向右转弯遇有同车道前车正在等候放行信号时，依次停车等候；

（七）在没有方向指示信号灯的交叉路

口，转弯的机动车让直行的车辆、行人先行。相对方向行驶的右转弯机动车让左转弯车辆先行。

第五十二条　机动车通过没有交通信号灯控制也没有交通警察指挥的交叉路口，除应当遵守第五十一条第（二）项、第（三）项的规定外，还应当遵守下列规定：

（一）有交通标志、标线控制的，让优先通行的一方先行；

（二）没有交通标志、标线控制的，在进入路口前停车瞭望，让右方道路的来车先行；

（三）转弯的机动车让直行的车辆先行；

（四）相对方向行驶的右转弯的机动车让左转弯的车辆先行。

第五十三条　机动车遇有前方交叉路口交通阻塞时，应当依次停在路口以外等候，不得进入路口。

机动车在遇有前方机动车停车排队等候或者缓慢行驶时，应当依次排队，不得从前方车辆两侧穿插或者超越行驶，不得在人行横道、网状线区域内停车等候。

机动车在车道减少的路口、路段，遇有前方机动车停车排队等候或者缓慢行驶的，应当每车道一辆依次交替驶入车道减少后的路口、路段。

第五十四条　机动车载物不得超过机动车行驶证上核定的载质量，装载长度、宽度不得超出车厢，并应当遵守下列规定：

（一）重型、中型载货汽车，半挂车载物，高度从地面起不得超过 4 米，载运集装箱的车辆不得超过 4.2 米；

（二）其他载货的机动车载物，高度从地面起不得超过 2.5 米；

（三）摩托车载物，高度从地面起不得超过 1.5 米，长度不得超出车身 0.2 米。两轮摩托车载物宽度左右各不得超出车把 0.15 米；三轮摩托车载物宽度不得超过车身。

载客汽车除车身外部的行李架和内置的行李箱外，不得载货。载客汽车行李架载货，从车顶起高度不得超过 0.5 米，从地面起高度不得超过 4 米。

第五十五条　机动车载人应当遵守下列规定：

（一）公路载客汽车不得超过核定的载客人数，但按照规定免票的儿童除外，在载客人数已满的情况下，按照规定免票的儿童不得超过核定载客人数的 10%；

（二）载货汽车车厢不得载客。在城市道路上，货运机动车在留有安全位置的情况下，车厢内可以附载临时作业人员 1 人至 5 人；载物高度超过车厢栏板时，货物上不得载人；

（三）摩托车后座不得乘坐未满 12 周岁的未成年人，轻便摩托车不得载人。

第五十六条　机动车牵引挂车应当符合下列规定：

（一）载货汽车、半挂牵引车、拖拉机只允许牵引 1 辆挂车。挂车的灯光信号、制动、连接、安全防护等装置应当符合国家标准；

（二）小型载客汽车只允许牵引旅居挂车或者总质量 700 千克以下的挂车。挂车不得载人；

（三）载货汽车所牵引挂车的载质量不得超过载货汽车本身的载质量。

大型、中型载客汽车，低速载货汽车，三轮汽车以及其他机动车不得牵引挂车。

第五十七条　机动车应当按照下列规定使用转向灯：

（一）向左转弯、向左变更车道、准备超车、驶离停车地点或者掉头时，应当提前开启左转向灯；

（二）向右转弯、向右变更车道、超车完毕驶回原车道、靠路边停车时，应当提前开启右转向灯。

第五十八条 机动车在夜间没有路灯、照明不良或者遇有雾、雨、雪、沙尘、冰雹等低能见度情况下行驶时，应当开启前照灯、示廓灯和后位灯，但同方向行驶的后车与前车近距离行驶时，不得使用远光灯。机动车雾天行驶应当开启雾灯和危险报警闪光灯。

第五十九条 机动车在夜间通过急弯、坡路、拱桥、人行横道或者没有交通信号灯控制的路口时，应当交替使用远近光灯示意。

机动车驶近急弯、坡道顶端等影响安全视距的路段以及超车或者遇有紧急情况时，应当减速慢行，并鸣喇叭示意。

第六十条 机动车在道路上发生故障或者发生交通事故，妨碍交通又难以移动的，应当按照规定开启危险报警闪光灯并在车后50米至100米处设置警告标志，夜间还应当同时开启示廓灯和后位灯。

第六十一条 牵引故障机动车应当遵守下列规定：

（一）被牵引的机动车除驾驶人外不得载人，不得拖带挂车；

（二）被牵引的机动车宽度不得大于牵引机动车的宽度；

（三）使用软连接牵引装置时，牵引车与被牵引车之间的距离应当大于4米小于10米；

（四）对制动失效的被牵引车，应当使用硬连接牵引装置牵引；

（五）牵引车和被牵引车均应当开启危险报警闪光灯。

汽车吊车和轮式专用机械车不得牵引车辆。摩托车不得牵引车辆或者被其他车辆牵引。

转向或者照明、信号装置失效的故障机动车，应当使用专用清障车拖曳。

第六十二条 驾驶机动车不得有下列行为：

（一）在车门、车厢没有关好时行车；

（二）在机动车驾驶室的前后窗范围内悬挂、放置妨碍驾驶人视线的物品；

（三）拨打接听手持电话、观看电视等妨碍安全驾驶的行为；

（四）下陡坡时熄火或者空挡滑行；

（五）向道路上抛撒物品；

（六）驾驶摩托车手离车把或者在车把上悬挂物品；

（七）连续驾驶机动车超过4小时未停车休息或者停车休息时间少于20分钟；

（八）在禁止鸣喇叭的区域或者路段鸣喇叭。

第六十三条 机动车在道路上临时停车，应当遵守下列规定：

（一）在设有禁停标志、标线的路段，在机动车道与非机动车道、人行道之间设有隔离设施的路段以及人行横道、施工地段，不得停车；

（二）交叉路口、铁路道口、急弯路、宽度不足4米的窄路、桥梁、陡坡、隧道以及距离上述地点50米以内的路段，不得停车；

（三）公共汽车站、急救站、加油站、消防栓或者消防队（站）门前以及距离上述地点30米以内的路段，除使用上述设施的以外，不得停车；

（四）车辆停稳前不得开车门和上下人员，开关车门不得妨碍其他车辆和行人通行；

（五）路边停车应当紧靠道路右侧，机动车驾驶人不得离车，上下人员或者装卸物品后，立即驶离；

（六）城市公共汽车不得在站点以外的路段停车上下乘客。

第六十四条 机动车行经漫水路或者

漫水桥时，应当停车察明水情，确认安全后，低速通过。

第六十五条　机动车载运超限物品行经铁路道口的，应当按照当地铁路部门指定的铁路道口、时间通过。

机动车行经渡口，应当服从渡口管理人员指挥，按照指定地点依次待渡。机动车上下渡船时，应当低速慢行。

第六十六条　警车、消防车、救护车、工程救险车在执行紧急任务遇交通受阻时，可以断续使用警报器，并遵守下列规定：

（一）不得在禁止使用警报器的区域或者路段使用警报器；

（二）夜间在市区不得使用警报器；

（三）列队行驶时，前车已经使用警报器的，后车不再使用警报器。

第六十七条　在单位院内、居民居住区内，机动车应当低速行驶，避让行人；有限速标志的，按照限速标志行驶。

第三节　非机动车通行规定

第六十八条　非机动车通过有交通信号灯控制的交叉路口，应当按照下列规定通行：

（一）转弯的非机动车让直行的车辆、行人优先通行；

（二）遇有前方路口交通阻塞时，不得进入路口；

（三）向左转弯时，靠路口中心点的右侧转弯；

（四）遇有停止信号时，应当依次停在路口停止线以外。没有停止线的，停在路口以外；

（五）向右转弯遇有同方向前车正在等候放行信号时，在本车道内能够转弯的，可以通行；不能转弯的，依次等候。

第六十九条　非机动车通过没有交通信号灯控制也没有交通警察指挥的交叉路口，除应当遵守第六十八条第（一）项、第（二）项和第（三）项的规定外，还应当遵守下列规定：

（一）有交通标志、标线控制的，让优先通行的一方先行；

（二）没有交通标志、标线控制的，在路口外慢行或者停车瞭望，让右方道路的来车先行；

（三）相对方向行驶的右转弯的非机动车让左转弯的车辆先行。

第七十条　驾驶自行车、电动自行车、三轮车在路段上横过机动车道，应当下车推行，有人行横道或者行人过街设施的，应当从人行横道或者行人过街设施通过；没有人行横道、没有行人过街设施或者不便使用行人过街设施的，在确认安全后直行通过。

因非机动车道被占用无法在本车道内行驶的非机动车，可以在受阻的路段借用相邻的机动车道行驶，并在驶过被占用路段后迅速驶回非机动车道。机动车遇此情况应当减速让行。

第七十一条　非机动车载物，应当遵守下列规定：

（一）自行车、电动自行车、残疾人机动轮椅车载物，高度从地面起不得超过1.5米，宽度左右各不得超出车把0.15米，长度前端不得超出车轮，后端不得超出车身0.3米；

（二）三轮车、人力车载物，高度从地面起不得超过2米，宽度左右各不得超出车身0.2米，长度不得超出车身1米；

（三）畜力车载物，高度从地面起不得超过2.5米，宽度左右各不得超出车身0.2米，长度前端不得超出车辕，后端不得超出车身1米。

自行车载人的规定，由省、自治区、直辖市人民政府根据当地实际情况制定。

第七十二条　在道路上驾驶自行车、三轮车、电动自行车、残疾人机动轮椅车应当遵守下列规定：

（一）驾驶自行车、三轮车必须年满12周岁；

（二）驾驶电动自行车和残疾人机动轮椅车必须年满16周岁；

（三）不得醉酒驾驶；

（四）转弯前应当减速慢行，伸手示意，不得突然猛拐，超越前车时不得妨碍被超越的车辆行驶；

（五）不得牵引、攀扶车辆或者被其他车辆牵引，不得双手离把或者手中持物；

（六）不得扶身并行、互相追逐或者曲折竞驶；

（七）不得在道路上骑独轮自行车或者2人以上骑行的自行车；

（八）非下肢残疾的人不得驾驶残疾人机动轮椅车；

（九）自行车、三轮车不得加装动力装置；

（十）不得在道路上学习驾驶非机动车。

第七十三条 在道路上驾驭畜力车应当年满16周岁，并遵守下列规定：

（一）不得醉酒驾驭；

（二）不得并行，驾驭人不得离开车辆；

（三）行经繁华路段、交叉路口、铁路道口、人行横道、急弯路、宽度不足4米的窄路或者窄桥、陡坡、隧道或者容易发生危险的路段，不得超车。驾驭两轮畜力车应当下车牵引牲畜；

（四）不得使用未经驯服的牲畜驾车，随车幼畜须拴系；

（五）停放车辆应当拉紧车闸，拴系牲畜。

第四节 行人和乘车人通行规定

第七十四条 行人不得有下列行为：

（一）在道路上使用滑板、旱冰鞋等滑行工具；

（二）在车行道内坐卧、停留、嬉闹；

（三）追车、抛物击车等妨碍道路交通安全的行为。

第七十五条 行人横过机动车道，应当从行人过街设施通过；没有行人过街设施的，应当从人行横道通过；没有人行横道的，应当观察来往车辆的情况，确认安全后直行通过，不得在车辆临近时突然加速横穿或者中途倒退、折返。

第七十六条 行人列队在道路上通行，每横列不得超过2人，但在已经实行交通管制的路段不受限制。

第七十七条 乘坐机动车应当遵守下列规定：

（一）不得在机动车道上拦乘机动车；

（二）在机动车道上不得从机动车左侧上下车；

（三）开关车门不得妨碍其他车辆和行人通行；

（四）机动车行驶中，不得干扰驾驶，不得将身体任何部分伸出车外，不得跳车；

（五）乘坐两轮摩托车应当正向骑坐。

第五节 高速公路的特别规定

第七十八条 高速公路应当标明车道的行驶速度，最高车速不得超过每小时120公里，最低车速不得低于每小时60公里。

在高速公路上行驶的小型载客汽车最高车速不得超过每小时120公里，其他机动车不得超过每小时100公里，摩托车不得超过每小时80公里。

同方向有2条车道的，左侧车道的最低车速为每小时100公里；同方向有3条以上车道的，最左侧车道的最低车速为每小时110公里，中间车道的最低车速为每小时90公里。道路限速标志标明的车速与上述车道行驶车速的规定不一致的，按照道路限速标志标明的车速行驶。

第七十九条　机动车从匝道驶入高速公路，应当开启左转向灯，在不妨碍已在高速公路内的机动车正常行驶的情况下驶入车道。

机动车驶离高速公路时，应当开启右转向灯，驶入减速车道，降低车速后驶离。

第八十条　机动车在高速公路上行驶，车速超过每小时100公里时，应当与同车道前车保持100米以上的距离，车速低于每小时100公里时，与同车道前车距离可以适当缩短，但最小距离不得少于50米。

第八十一条　机动车在高速公路上行驶，遇有雾、雨、雪、沙尘、冰雹等低能见度气象条件时，应当遵守下列规定：

（一）能见度小于200米时，开启雾灯、近光灯、示廓灯和前后位灯，车速不得超过每小时60公里，与同车道前车保持100米以上的距离；

（二）能见度小于100米时，开启雾灯、近光灯、示廓灯、前后位灯和危险报警闪光灯，车速不得超过每小时40公里，与同车道前车保持50米以上的距离；

（三）能见度小于50米时，开启雾灯、近光灯、示廓灯、前后位灯和危险报警闪光灯，车速不得超过每小时20公里，并从最近的出口尽快驶离高速公路。

遇有前款规定情形时，高速公路管理部门应当通过显示屏等方式发布速度限制、保持车距等提示信息。

第八十二条　机动车在高速公路上行驶，不得有下列行为：

（一）倒车、逆行、穿越中央分隔带掉头或者在车道内停车；

（二）在匝道、加速车道或者减速车道上超车；

（三）骑、轧车行道分界线或者在路肩上行驶；

（四）非紧急情况时在应急车道行驶或者停车；

（五）试车或者学习驾驶机动车。

第八十三条　在高速公路上行驶的载货汽车车厢不得载人。两轮摩托车在高速公路行驶时不得载人。

第八十四条　机动车通过施工作业路段时，应当注意警示标志，减速行驶。

第八十五条　城市快速路的道路交通安全管理，参照本节的规定执行。

高速公路、城市快速路的道路交通安全管理工作，省、自治区、直辖市人民政府公安机关交通管理部门可以指定设区的市人民政府公安机关交通管理部门或者相当于同级的公安机关交通管理部门承担。

第五章　交通事故处理

第八十六条　机动车与机动车、机动车与非机动车在道路上发生未造成人身伤亡的交通事故，当事人对事实及成因无争议的，在记录交通事故的时间、地点、对方当事人的姓名和联系方式、机动车牌号、驾驶证号、保险凭证号、碰撞部位，并共同签名后，撤离现场，自行协商损害赔偿事宜。当事人对交通事故事实及成因有争议的，应当迅速报警。

第八十七条　非机动车与非机动车或者行人在道路上发生交通事故，未造成人身伤亡，且基本事实及成因清楚的，当事人应当先撤离现场，再自行协商处理损害赔偿事宜。当事人对交通事故事实及成因有争议的，应当迅速报警。

第八十八条　机动车发生交通事故，造成道路、供电、通讯等设施损毁的，驾驶人应当报警等候处理，不得驶离。机动车可以移动的，应当将机动车移至不妨碍交通的地点。公安机关交通管理部门应当将事故有关情况通知有关部门。

第八十九条　公安机关交通管理部门

或者交通警察接到交通事故报警，应当及时赶赴现场，对未造成人身伤亡，事实清楚，并且机动车可以移动的，应当在记录事故情况后责令当事人撤离现场，恢复交通。对拒不撤离现场的，予以强制撤离。

对属于前款规定情况的道路交通事故，交通警察可以适用简易程序处理，并当场出具事故认定书。当事人共同请求调解的，交通警察可以当场对损害赔偿争议进行调解。

对道路交通事故造成人员伤亡和财产损失需要勘验、检查现场的，公安机关交通管理部门应当按照勘查现场工作规范进行。现场勘查完毕，应当组织清理现场，恢复交通。

第九十条 投保机动车第三者责任强制保险的机动车发生交通事故，因抢救受伤人员需要保险公司支付抢救费用的，由公安机关交通管理部门通知保险公司。

抢救受伤人员需要道路交通事故救助基金垫付费用的，由公安机关交通管理部门通知道路交通事故社会救助基金管理机构。

第九十一条 公安机关交通管理部门应当根据交通事故当事人的行为对发生交通事故所起的作用以及过错的严重程度，确定当事人的责任。

第九十二条 发生交通事故后当事人逃逸的，逃逸的当事人承担全部责任。但是，有证据证明对方当事人也有过错的，可以减轻责任。

当事人故意破坏、伪造现场、毁灭证据的，承担全部责任。

第九十三条 公安机关交通管理部门对经过勘验、检查现场的交通事故应当在勘查现场之日起10日内制作交通事故认定书。对需要进行检验、鉴定的，应当在检验、鉴定结果确定之日起5日内制作交通事故认定书。

第九十四条 当事人对交通事故损害赔偿有争议，各方当事人一致请求公安机关交通管理部门调解的，应当在收到交通事故认定书之日起10日内提出书面调解申请。

对交通事故致死的，调解从办理丧葬事宜结束之日起开始；对交通事故致伤的，调解从治疗终结或者定残之日起开始；对交通事故造成财产损失的，调解从确定损失之日起开始。

第九十五条 公安机关交通管理部门调解交通事故损害赔偿争议的期限为10日。调解达成协议的，公安机关交通管理部门应当制作调解书送交各方当事人，调解书经各方当事人共同签字后生效；调解未达成协议的，公安机关交通管理部门应当制作调解终结书送交各方当事人。

交通事故损害赔偿项目和标准依照有关法律的规定执行。

第九十六条 对交通事故损害赔偿的争议，当事人向人民法院提起民事诉讼的，公安机关交通管理部门不再受理调解申请。

公安机关交通管理部门调解期间，当事人向人民法院提起民事诉讼的，调解终止。

第九十七条 车辆在道路以外发生交通事故，公安机关交通管理部门接到报案的，参照道路交通安全法和本条例的规定处理。

车辆、行人与火车发生的交通事故以及在渡口发生的交通事故，依照国家有关规定处理。

第六章 执法监督

第九十八条 公安机关交通管理部门应当公开办事制度、办事程序，建立警风警纪监督员制度，自觉接受社会和群众的监督。

第九十九条 公安机关交通管理部门及其交通警察办理机动车登记，发放号牌，对驾驶人考试、发证，处理道路交通安全违法行为，处理道路交通事故，应当严格遵守有关规定，不得越权执法，不得延迟履行职责，不得擅自改变处罚的种类和幅度。

第一百条　公安机关交通管理部门应当公布举报电话，受理群众举报投诉，并及时调查核实，反馈查处结果。

第一百零一条　公安机关交通管理部门应当建立执法质量考核评议、执法责任制和执法过错追究制度，防止和纠正道路交通安全执法中的错误或者不当行为。

第七章　法律责任

第一百零二条　违反本条例规定的行为，依照道路交通安全法和本条例的规定处罚。

第一百零三条　以欺骗、贿赂等不正当手段取得机动车登记或者驾驶许可的，收缴机动车登记证书、号牌、行驶证或者机动车驾驶证，撤销机动车登记或者机动车驾驶许可；申请人在3年内不得申请机动车登记或者机动车驾驶许可。

第一百零四条　机动车驾驶人有下列行为之一，又无其他机动车驾驶人即时替代驾驶的，公安机关交通管理部门除依法给予处罚外，可以将其驾驶的机动车移至不妨碍交通的地点或者有关部门指定的地点停放：

（一）不能出示本人有效驾驶证的；

（二）驾驶的机动车与驾驶证载明的准驾车型不符的；

（三）饮酒、服用国家管制的精神药品或者麻醉药品、患有妨碍安全驾驶的疾病，或者过度疲劳仍继续驾驶的；

（四）学习驾驶人员没有教练人员随车指导单独驾驶的。

第一百零五条　机动车驾驶人有饮酒、醉酒、服用国家管制的精神药品或者麻醉药品嫌疑的，应当接受测试、检验。

第一百零六条　公路客运载客汽车超过核定乘员、载货汽车超过核定载质量的，公安机关交通管理部门依法扣留机动车后，驾驶人应当将超载的乘车人转运、将超载的货物卸载，费用由超载机动车的驾驶人或者所有人承担。

第一百零七条　依照道路交通安全法第九十二条、第九十五条、第九十六条、第九十八条的规定被扣留的机动车，驾驶人或者所有人、管理人30日内没有提供被扣留机动车的合法证明，没有补办相应手续，或者不前来接受处理，经公安机关交通管理部门通知并且经公告3个月仍不前来接受处理的，由公安机关交通管理部门将该机动车送交有资格的拍卖机构拍卖，所得价款上缴国库；非法拼装的机动车予以拆除；达到报废标准的机动车予以报废；机动车涉及其他违法犯罪行为的，移交有关部门处理。

第一百零八条　交通警察按照简易程序当场作出行政处罚的，应当告知当事人道路交通安全违法行为的事实、处罚的理由和依据，并将行政处罚决定书当场交付被处罚人。

第一百零九条　对道路交通安全违法行为人处以罚款或者暂扣驾驶证处罚的，由违法行为发生地的县级以上人民政府公安机关交通管理部门或者相当于同级的公安机关交通管理部门作出决定；对处以吊销机动车驾驶证处罚的，由设区的市人民政府公安机关交通管理部门或者相当于同级的公安机关交通管理部门作出决定。

公安机关交通管理部门对非本辖区机动车的道路交通安全违法行为没有当场处罚的，可以由机动车登记地的公安机关交通管理部门处罚。

第一百一十条　当事人对公安机关交通管理部门及其交通警察的处罚有权进行陈述和申辩，交通警察应当充分听取当事人的陈述和申辩，不得因当事人陈述、申辩而加重其处罚。

第八章 附 则

第一百一十一条 本条例所称上道路行驶的拖拉机，是指手扶拖拉机等最高设计行驶速度不超过每小时 20 公里的轮式拖拉机和最高设计行驶速度不超过每小时 40 公里、牵引挂车方可从事道路运输的轮式拖拉机。

第一百一十二条 农业（农业机械）主管部门应当定期向公安机关交通管理部门提供拖拉机登记、安全技术检验以及拖拉机驾驶证发放的资料、数据。公安机关交通管理部门对拖拉机驾驶人作出暂扣、吊销驾驶证处罚或者记分处理的，应当定期将处罚决定书和记分情况通报有关的农业（农业机械）主管部门。吊销驾驶证的，还应当将驾驶证送交有关的农业（农业机械）主管部门。

第一百一十三条 境外机动车入境行驶，应当向入境地的公安机关交通管理部门申请临时通行号牌、行驶证。临时通行号牌、行驶证应当根据行驶需要，载明有效日期和允许行驶的区域。

入境的境外机动车申请临时通行号牌、行驶证以及境外人员申请机动车驾驶许可的条件、考试办法由国务院公安部门规定。

第一百一十四条 机动车驾驶许可考试的收费标准，由国务院价格主管部门规定。

第一百一十五条 本条例自 2004 年 5 月 1 日起施行。1960 年 2 月 11 日国务院批准、交通部发布的《机动车管理办法》，1988 年 3 月 9 日国务院发布的《中华人民共和国道路交通管理条例》，1991 年 9 月 22 日国务院发布的《道路交通事故处理办法》，同时废止。

道路交通事故处理程序规定

1.2017 年 7 月 22 日公安部令第 146 号修订公布
2. 自 2018 年 5 月 1 日起施行

第一章 总 则

第一条 为了规范道路交通事故处理程序，保障公安机关交通管理部门依法履行职责，保护道路交通事故当事人的合法权益，根据《中华人民共和国道路交通安全法》及其实施条例等有关法律、行政法规，制定本规定。

第二条 处理道路交通事故，应当遵循合法、公正、公开、便民、效率的原则，尊重和保障人权，保护公民的人格尊严。

第三条 道路交通事故分为财产损失事故、伤人事故和死亡事故。

财产损失事故是指造成财产损失，尚未造成人员伤亡的道路交通事故。

伤人事故是指造成人员受伤，尚未造成人员死亡的道路交通事故。

死亡事故是指造成人员死亡的道路交通事故。

第四条　道路交通事故的调查处理应当由公安机关交通管理部门负责。

财产损失事故可以由当事人自行协商处理，但法律法规及本规定另有规定的除外。

第五条　交通警察经过培训并考试合格，可以处理适用简易程序的道路交通事故。

处理伤人事故，应当由具有道路交通事故处理初级以上资格的交通警察主办。

处理死亡事故，应当由具有道路交通事故处理中级以上资格的交通警察主办。

第六条　公安机关交通管理部门处理道路交通事故应当使用全国统一的交通管理信息系统。

鼓励应用先进的科技装备和先进技术处理道路交通事故。

第七条　交通警察处理道路交通事故，应当按照规定使用执法记录设备。

第八条　公安机关交通管理部门应当建立与司法机关、保险机构等有关部门间的数据信息共享机制，提高道路交通事故处理工作信息化水平。

第二章　管　　辖

第九条　道路交通事故由事故发生地的县级公安机关交通管理部门管辖。未设立县级公安机关交通管理部门的，由设区的市公安机关交通管理部门管辖。

第十条　道路交通事故发生在两个以上管辖区域的，由事故起始点所在地公安机关交通管理部门管辖。

对管辖权有争议的，由共同的上一级公安机关交通管理部门指定管辖。指定管辖前，最先发现或者最先接到报警的公安机关交通管理部门应当先行处理。

第十一条　上级公安机关交通管理部门在必要的时候，可以处理下级公安机关交通管理部门管辖的道路交通事故，或者指定下级公安机关交通管理部门限时将案件移送其他下级公安机关交通管理部门处理。

案件管辖权发生转移的，处理时限从案件接收之日起计算。

第十二条　中国人民解放军、中国人民武装警察部队人员、车辆发生道路交通事故的，按照本规定处理。依法应当吊销、注销中国人民解放军、中国人民武装警察部队核发的机动车驾驶证以及对现役军人实施行政拘留或者追究刑事责任的，移送中国人民解放军、中国人民武装警察部队有关部门处理。

上道路行驶的拖拉机发生道路交通事故的，按照本规定处理。公安机关交通管理部门对拖拉机驾驶人依法暂扣、吊销、注销驾驶证或者记分处理的，应当将决定书和记分情况通报有关的农业（农业机械）主管部门。吊销、注销驾驶证的，还应当将驾驶证送交有关的农业（农业机械）主管部门。

第三章　报警和受案

第十三条　发生死亡事故、伤人事故的，或者发生财产损失事故且有下列情形之一的，当事人应当保护现场并立即报警：

（一）驾驶人无有效机动车驾驶证或者驾驶的机动车与驾驶证载明的准驾车型不符的；

（二）驾驶人有饮酒、服用国家管制的精神药品或者麻醉药品嫌疑的；

（三）驾驶人有从事校车业务或者旅客运输，严重超过额定乘员载客，或者严重超过规定时速行驶嫌疑的；

（四）机动车无号牌或者使用伪造、变造的号牌的；

（五）当事人不能自行移动车辆的；

（六）一方当事人离开现场的；

（七）有证据证明事故是由一方故意造

成的。

驾驶人必须在确保安全的原则下，立即组织车上人员疏散到路外安全地点，避免发生次生事故。驾驶人已因道路交通事故死亡或者受伤无法行动的，车上其他人员应当自行组织疏散。

第十四条 发生财产损失事故且有下列情形之一，车辆可以移动的，当事人应当组织车上人员疏散到路外安全地点，在确保安全的原则下，采取现场拍照或者标划事故车辆现场位置等方式固定证据，将车辆移至不妨碍交通的地点后报警：

（一）机动车无检验合格标志或者无保险标志的；

（二）碰撞建筑物、公共设施或者其他设施的。

第十五条 载运爆炸性、易燃性、毒害性、放射性、腐蚀性、传染病病原体等危险物品车辆发生事故的，当事人应当立即报警，危险物品车辆驾驶人、押运人应当按照危险物品安全管理法律、法规、规章以及有关操作规程的规定，采取相应的应急处置措施。

第十六条 公安机关及其交通管理部门接到报警的，应当受理，制作受案登记表并记录下列内容：

（一）报警方式、时间，报警人姓名、联系方式，电话报警的，还应当记录报警电话；

（二）发生或者发现道路交通事故的时间、地点；

（三）人员伤亡情况；

（四）车辆类型、车辆号牌号码，是否载有危险物品以及危险物品的种类、是否发生泄漏等；

（五）涉嫌交通肇事逃逸的，还应当询问并记录肇事车辆的车型、颜色、特征及其逃逸方向、逃逸驾驶人的体貌特征等有关情况。

报警人不报姓名的，应当记录在案。报警人不愿意公开姓名的，应当为其保密。

第十七条 接到道路交通事故报警后，需要派员到现场处置，或者接到出警指令的，公安机关交通管理部门应当立即派交通警察赶赴现场。

第十八条 发生道路交通事故后当事人未报警，在事故现场撤除后，当事人又报警请求公安机关交通管理部门处理的，公安机关交通管理部门应当按照本规定第十六条规定的记录内容予以记录，并在三日内作出是否接受案件的决定。

经核查道路交通事故事实存在的，公安机关交通管理部门应当受理，制作受案登记表；经核查无法证明道路交通事故事实存在，或者不属于公安机关交通管理部门管辖的，应当书面告知当事人，并说明理由。

第四章 自行协商

第十九条 机动车与机动车、机动车与非机动车发生财产损失事故，当事人应当在确保安全的原则下，采取现场拍照或者标划事故车辆现场位置等方式固定证据后，立即撤离现场，将车辆移至不妨碍交通的地点，再协商处理损害赔偿事宜，但有本规定第十三条第一款情形的除外。

非机动车与非机动车或者行人发生财产损失事故，当事人应当先撤离现场，再协商处理损害赔偿事宜。

对应当自行撤离现场而未撤离的，交通警察应当责令当事人撤离现场；造成交通堵塞的，对驾驶人处以200元罚款。

第二十条 发生可以自行协商处理的财产损失事故，当事人可以通过互联网在线自行协商处理；当事人对事实及成因有争议的，可以通过互联网共同申请公安机关交通管理部门在线确定当事人的责任。

当事人报警的，交通警察、警务辅助人员可以指导当事人自行协商处理。当事人要求交通警察到场处理的，应当指派交通警察到现场调查处理。

第二十一条　当事人自行协商达成协议的，制作道路交通事故自行协商协议书，并共同签名。道路交通事故自行协商协议书应当载明事故发生的时间、地点、天气、当事人姓名、驾驶证号或者身份证号、联系方式、机动车种类和号牌号码、保险公司、保险凭证号、事故形态、碰撞部位、当事人的责任等内容。

第二十二条　当事人自行协商达成协议的，可以按照下列方式履行道路交通事故损害赔偿：

（一）当事人自行赔偿；

（二）到投保的保险公司或者道路交通事故保险理赔服务场所办理损害赔偿事宜。

当事人自行协商达成协议后未履行的，可以申请人民调解委员会调解或者向人民法院提起民事诉讼。

第五章　简易程序

第二十三条　公安机关交通管理部门可以适用简易程序处理以下道路交通事故，但有交通肇事、危险驾驶犯罪嫌疑的除外：

（一）财产损失事故；

（二）受伤当事人伤势轻微，各方当事人一致同意适用简易程序处理的伤人事故。

适用简易程序的，可以由一名交通警察处理。

第二十四条　交通警察适用简易程序处理道路交通事故时，应当在固定现场证据后，责令当事人撤离现场，恢复交通。拒不撤离现场的，予以强制撤离。当事人无法及时移动车辆影响通行和交通安全的，交通警察应当将车辆移至不妨碍交通的地点。具有本规定第十三条第一款第一项、第二项情形之一的，按照《中华人民共和国道路交通安全法实施条例》第一百零四条规定处理。

撤离现场后，交通警察应当根据现场固定的证据和当事人、证人陈述等，认定并记录道路交通事故发生的时间、地点、天气、当事人姓名、驾驶证号或者身份证号、联系方式、机动车种类和号牌号码、保险公司、保险凭证号、道路交通事故形态、碰撞部位等，并根据本规定第六十条确定当事人的责任，当场制作道路交通事故认定书。不具备当场制作条件的，交通警察应当在三日内制作道路交通事故认定书。

道路交通事故认定书应当由当事人签名，并现场送达当事人。当事人拒绝签名或者接收的，交通警察应当在道路交通事故认定书上注明情况。

第二十五条　当事人共同请求调解的，交通警察应当当场进行调解，并在道路交通事故认定书上记录调解结果，由当事人签名，送达当事人。

第二十六条　有下列情形之一的，不适用调解，交通警察可以在道路交通事故认定书上载明有关情况后，将道路交通事故认定书送达当事人：

（一）当事人对道路交通事故认定有异议的；

（二）当事人拒绝在道路交通事故认定书上签名的；

（三）当事人不同意调解的。

第六章　调　　查

第一节　一般规定

第二十七条　除简易程序外，公安机关交通管理部门对道路交通事故进行调查时，交通警察不得少于二人。

交通警察调查时应当向被调查人员出示《人民警察证》，告知被调查人依法享有的权利和义务，向当事人发送联系卡。联系卡载明交通警察姓名、办公地址、联系方式、监督电话等内容。

第二十八条 交通警察调查道路交通事故时，应当合法、及时、客观、全面地收集证据。

第二十九条 对发生一次死亡三人以上道路交通事故的，公安机关交通管理部门应当开展深度调查；对造成其他严重后果或者存在严重安全问题的道路交通事故，可以开展深度调查。具体程序另行规定。

第二节 现场处置和调查

第三十条 交通警察到达事故现场后，应当立即进行下列工作：

（一）按照事故现场安全防护有关标准和规范的要求划定警戒区域，在安全距离位置放置发光或者反光锥筒和警告标志，确定专人负责现场交通指挥和疏导。因道路交通事故导致交通中断或者现场处置、勘查需要采取封闭道路等交通管制措施的，还应当视情在事故现场来车方向提前组织分流，放置绕行提示标志；

（二）组织抢救受伤人员；

（三）指挥救护、勘查等车辆停放在安全和便于抢救、勘查的位置，开启警灯，夜间还应当开启危险报警闪光灯和示廓灯；

（四）查找道路交通事故当事人和证人，控制肇事嫌疑人；

（五）其他需要立即开展的工作。

第三十一条 道路交通事故造成人员死亡的，应当经急救、医疗人员或者法医确认，并由具备资质的医疗机构出具死亡证明。尸体应当存放在殡葬服务单位或者医疗机构等有停尸条件的场所。

第三十二条 交通警察应当对事故现场开展下列调查工作：

（一）勘查事故现场，查明事故车辆、当事人、道路及其空间关系和事故发生时的天气情况；

（二）固定、提取或者保全现场证据材料；

（三）询问当事人、证人并制作询问笔录；现场不具备制作询问笔录条件的，可以通过录音、录像记录询问过程；

（四）其他调查工作。

第三十三条 交通警察勘查道路交通事故现场，应当按照有关法规和标准的规定，拍摄现场照片，绘制现场图，及时提取、采集与案件有关的痕迹、物证等，制作现场勘查笔录。现场勘查过程中发现当事人涉嫌利用交通工具实施其他犯罪的，应当妥善保护犯罪现场和证据，控制犯罪嫌疑人，并立即报告公安机关主管部门。

发生一次死亡三人以上事故的，应当进行现场摄像，必要时可以聘请具有专门知识的人参加现场勘验、检查。

现场图、现场勘查笔录应当由参加勘查的交通警察、当事人和见证人签名。当事人、见证人拒绝签名或者无法签名以及无见证人的，应当记录在案。

第三十四条 痕迹、物证等证据可能因时间、地点、气象等原因导致改变、毁损、灭失的，交通警察应当及时固定、提取或者保全。

对涉嫌饮酒或者服用国家管制的精神药品、麻醉药品驾驶车辆的人员，公安机关交通管理部门应当按照《道路交通安全违法行为处理程序规定》及时抽血或者提取尿样等检材，送交有检验鉴定资质的机构进行检验。

车辆驾驶人员当场死亡的，应当及时抽血检验。不具备抽血条件的，应当由医疗机构或者鉴定机构出具证明。

第三十五条 交通警察应当核查当事人的身份证件、机动车驾驶证、机动车行驶证、检验合格标志、保险标志等。

对交通肇事嫌疑人可以依法传唤。对

在现场发现的交通肇事嫌疑人，经出示《人民警察证》，可以口头传唤，并在询问笔录中注明嫌疑人到案经过、到案时间和离开时间。

第三十六条　勘查事故现场完毕后，交通警察应当清点并登记现场遗留物品，迅速组织清理现场，尽快恢复交通。

现场遗留物品能够当场发还的，应当当场发还并做记录；当场无法确定所有人的，应当登记，并妥善保管，待所有人确定后，及时发还。

第三十七条　因调查需要，公安机关交通管理部门可以向有关单位、个人调取汽车行驶记录仪、卫星定位装置、技术监控设备的记录资料以及其他与事故有关的证据材料。

第三十八条　因调查需要，公安机关交通管理部门可以组织道路交通事故当事人、证人对肇事嫌疑人、嫌疑车辆等进行辨认。

辨认应当在交通警察的主持下进行。主持辨认的交通警察不得少于二人。多名辨认人对同一辨认对象进行辨认时，应当由辨认人个别进行。

辨认时，应当将辨认对象混杂在特征相类似的其他对象中，不得给辨认人任何暗示。辨认肇事嫌疑人时，被辨认的人数不得少于七人；对肇事嫌疑人照片进行辨认的，不得少于十人的照片。辨认嫌疑车辆时，同类车辆不得少于五辆；对肇事嫌疑车辆照片进行辨认时，不得少于十辆的照片。

对尸体等特定辨认对象进行辨认，或者辨认人能够准确描述肇事嫌疑人、嫌疑车辆独有特征的，不受数量的限制。

对肇事嫌疑人的辨认，辨认人不愿意公开进行时，可以在不暴露辨认人的情况下进行，并应当为其保守秘密。

对辨认经过和结果，应当制作辨认笔录，由交通警察、辨认人、见证人签名。必要时，应当对辨认过程进行录音或者录像。

第三十九条　因收集证据的需要，公安机关交通管理部门可以扣留事故车辆，并开具行政强制措施凭证。扣留的车辆应当妥善保管。

公安机关交通管理部门不得扣留事故车辆所载货物。对所载货物在核实重量、体积及货物损失后，通知机动车驾驶人或者货物所有人自行处理。无法通知当事人或者当事人不自行处理的，按照《公安机关办理行政案件程序规定》的有关规定办理。

严禁公安机关交通管理部门指定停车场停放扣留的事故车辆。

第四十条　当事人涉嫌犯罪的，因收集证据的需要，公安机关交通管理部门可以依据《中华人民共和国刑事诉讼法》《公安机关办理刑事案件程序规定》，扣押机动车驾驶证等与事故有关的物品、证件，并按照规定出具扣押法律文书。扣押的物品应当妥善保管。

对扣押的机动车驾驶证等物品、证件，作为证据使用的，应当随案移送，并制作随案移送清单一式两份，一份留存，一份交人民检察院。对于实物不宜移送的，应当将其清单、照片或者其他证明文件随案移送。待人民法院作出生效判决后，按照人民法院的通知，依法作出处理。

第四十一条　经过调查，不属于公安机关交通管理部门管辖的，应当将案件移送有关部门并书面通知当事人，或者告知当事人处理途径。

公安机关交通管理部门在调查过程中，发现当事人涉嫌交通肇事、危险驾驶犯罪的，应当按照《中华人民共和国刑事诉讼法》《公安机关办理刑事案件程序规定》立案侦查。发现当事人有其他违法犯罪嫌疑的，应当及时移送有关部门，移送不影响事故的调查和处理。

第四十二条 投保机动车交通事故责任强制保险的车辆发生道路交通事故，因抢救受伤人员需要保险公司支付抢救费用的，公安机关交通管理部门应当书面通知保险公司。

抢救受伤人员需要道路交通事故社会救助基金垫付费用的，公安机关交通管理部门应当书面通知道路交通事故社会救助基金管理机构。

道路交通事故造成人员死亡需要救助基金垫付丧葬费用的，公安机关交通管理部门应当在送达尸体处理通知书的同时，告知受害人亲属向道路交通事故社会救助基金管理机构提出书面垫付申请。

第三节 交通肇事逃逸查缉

第四十三条 公安机关交通管理部门应当根据管辖区域和道路情况，制定交通肇事逃逸案件查缉预案，并组织专门力量办理交通肇事逃逸案件。

发生交通肇事逃逸案件后，公安机关交通管理部门应当立即启动查缉预案，布置警力堵截，并通过全国机动车缉查布控系统查缉。

第四十四条 案发地公安机关交通管理部门可以通过发协查通报、向社会公告等方式要求协查、举报交通肇事逃逸车辆或者侦破线索。发出协查通报或者向社会公告时，应当提供交通肇事逃逸案件基本事实、交通肇事逃逸车辆情况、特征及逃逸方向等有关情况。

中国人民解放军和中国人民武装警察部队车辆涉嫌交通肇事逃逸的，公安机关交通管理部门应当通报中国人民解放军、中国人民武装警察部队有关部门。

第四十五条 接到协查通报的公安机关交通管理部门，应当立即布置堵截或者排查。发现交通肇事逃逸车辆或者嫌疑车辆的，应当予以扣留，依法传唤交通肇事逃逸人或者与协查通报相符的嫌疑人，并及时将有关情况通知案发地公安机关交通管理部门。案发地公安机关交通管理部门应当立即派交通警察前往办理移交。

第四十六条 公安机关交通管理部门查获交通肇事逃逸车辆或者交通肇事逃逸嫌疑人后，应当按原范围撤销协查通报，并通过全国机动车缉查布控系统撤销布控。

第四十七条 公安机关交通管理部门侦办交通肇事逃逸案件期间，交通肇事逃逸案件的受害人及其家属向公安机关交通管理部门询问案件侦办情况的，除依法不应当公开的内容外，公安机关交通管理部门应当告知并做好记录。

第四十八条 道路交通事故社会救助基金管理机构已经为受害人垫付抢救费用或者丧葬费用的，公安机关交通管理部门应当在交通肇事逃逸案件侦破后及时书面告知道路交通事故社会救助基金管理机构交通肇事逃逸驾驶人的有关情况。

第四节 检验、鉴定

第四十九条 需要进行检验、鉴定的，公安机关交通管理部门应当按照有关规定，自事故现场调查结束之日起三日内委托具备资质的鉴定机构进行检验、鉴定。

尸体检验应当在死亡之日起三日内委托。对交通肇事逃逸车辆的检验、鉴定自查获肇事嫌疑车辆之日起三日内委托。

对现场调查结束之日起三日后需要检验、鉴定的，应当报经上一级公安机关交通管理部门批准。

对精神疾病的鉴定，由具有精神病鉴定资质的鉴定机构进行。

第五十条 检验、鉴定费用由公安机关交通管理部门承担，但法律法规另有规定或者当事人自行委托伤残评定、财产损失评估的除外。

第五十一条　公安机关交通管理部门应当与鉴定机构确定检验、鉴定完成的期限，确定的期限不得超过三十日。超过三十日的，应当报经上一级公安机关交通管理部门批准，但最长不得超过六十日。

第五十二条　尸体检验不得在公众场合进行。为了确定死因需要解剖尸体的，应当征得死者家属同意。死者家属不同意解剖尸体的，经县级以上公安机关或者上一级公安机关交通管理部门负责人批准，可以解剖尸体，并且通知死者家属到场，由其在解剖尸体通知书上签名。

死者家属无正当理由拒不到场或者拒绝签名的，交通警察应当在解剖尸体通知书上注明。对身份不明的尸体，无法通知死者家属的，应当记录在案。

第五十三条　尸体检验报告确定后，应当书面通知死者家属在十日内办理丧葬事宜。无正当理由逾期不办理的应记录在案，并经县级以上公安机关或者上一级公安机关交通管理部门负责人批准，由公安机关或者上一级公安机关交通管理部门处理尸体，逾期存放的费用由死者家属承担。

对于没有家属、家属不明或者因自然灾害等不可抗力导致无法通知或者通知后家属拒绝领回的，经县级以上公安机关或者上一级公安机关交通管理部门负责人批准，可以及时处理。

对身份不明的尸体，由法医提取人身识别检材，并对尸体拍照、采集相关信息后，由公安机关交通管理部门填写身份不明尸体信息登记表，并在设区的市级以上报纸刊登认尸启事。登报后三十日仍无人认领的，经县级以上公安机关或者上一级公安机关交通管理部门负责人批准，可以及时处理。

因宗教习俗等原因对尸体处理期限有特殊需要的，经县级以上公安机关或者上一级公安机关交通管理部门负责人批准，可以紧急处理。

第五十四条　鉴定机构应当在规定的期限内完成检验、鉴定，并出具书面检验报告、鉴定意见，由鉴定人签名，鉴定意见还应当加盖机构印章。检验报告、鉴定意见应当载明以下事项：

（一）委托人；

（二）委托日期和事项；

（三）提交的相关材料；

（四）检验、鉴定的时间；

（五）依据和结论性意见，通过分析得出结论性意见的，应当有分析证明过程。

检验报告、鉴定意见应当附有鉴定机构、鉴定人的资质证明或者其他证明文件。

第五十五条　公安机关交通管理部门应当对检验报告、鉴定意见进行审核，并在收到检验报告、鉴定意见之日起五日内，将检验报告、鉴定意见复印件送达当事人，但有下列情形之一的除外：

（一）检验、鉴定程序违法或者违反相关专业技术要求，可能影响检验报告、鉴定意见公正、客观的；

（二）鉴定机构、鉴定人不具备鉴定资质和条件的；

（三）检验报告、鉴定意见明显依据不足的；

（四）故意作虚假鉴定的；

（五）鉴定人应当回避而没有回避的；

（六）检材虚假或者检材被损坏、不具备鉴定条件的；

（七）其他可能影响检验报告、鉴定意见公正、客观的情形。

检验报告、鉴定意见有前款规定情形之一的，经县级以上公安机关交通管理部门负责人批准，应当在收到检验报告、鉴定意见之日起三日内重新委托检验、鉴定。

第五十六条　当事人对检验报告、鉴定意见有异议，申请重新检验、鉴定的，应当自公安机关交通管理部门送达之日起三日内提出书面申请，经县级以上公安机关交通管理部门负责人批准，原办案单位应当重新委托检验、鉴定。检验报告、鉴定意见不具有本规定第五十五条第一款情形的，经县级以上公安机关交通管理部门负责人批准，由原办案单位作出不准予重新检验、鉴定的决定，并在作出决定之日起三日内书面通知申请人。

同一交通事故的同一检验、鉴定事项，重新检验、鉴定以一次为限。

第五十七条 重新检验、鉴定应当另行委托鉴定机构。

第五十八条 自检验报告、鉴定意见确定之日起五日内，公安机关交通管理部门应当通知当事人领取扣留的事故车辆。

因扣留车辆发生的费用由作出决定的公安机关交通管理部门承担，但公安机关交通管理部门通知当事人领取，当事人逾期未领取产生的停车费用由当事人自行承担。

经通知当事人三十日后不领取的车辆，经公告三个月仍不领取的，对扣留的车辆依法处理。

第七章 认定与复核

第一节 道路交通事故认定

第五十九条 道路交通事故认定应当做到事实清楚、证据确实充分、适用法律正确、责任划分公正、程序合法。

第六十条 公安机关交通管理部门应当根据当事人的行为对发生道路交通事故所起的作用以及过错的严重程度，确定当事人的责任。

（一）因一方当事人的过错导致道路交通事故的，承担全部责任；

（二）因两方或者两方以上当事人的过错发生道路交通事故的，根据其行为对事故发生的作用以及过错的严重程度，分别承担主要责任、同等责任和次要责任；

（三）各方均无导致道路交通事故的过错，属于交通意外事故的，各方均无责任。

一方当事人故意造成道路交通事故的，他方无责任。

第六十一条 当事人有下列情形之一的，承担全部责任：

（一）发生道路交通事故后逃逸的；

（二）故意破坏、伪造现场、毁灭证据的。

为逃避法律责任追究，当事人弃车逃逸以及潜逃藏匿的，如有证据证明其他当事人也有过错，可以适当减轻责任，但同时有证据证明逃逸当事人有第一款第二项情形的，不予减轻。

第六十二条 公安机关交通管理部门应当自现场调查之日起十日内制作道路交通事故认定书。交通肇事逃逸案件在查获交通肇事车辆和驾驶人后十日内制作道路交通事故认定书。对需要进行检验、鉴定的，应当在检验报告、鉴定意见确定之日起五日内制作道路交通事故认定书。

有条件的地方公安机关交通管理部门可以试行在互联网公布道路交通事故认定书，但对涉及的国家秘密、商业秘密或者个人隐私，应当保密。

第六十三条 发生死亡事故以及复杂、疑难的伤人事故后，公安机关交通管理部门应当在制作道路交通事故认定书或者道路交通事故证明前，召集各方当事人到场，公开调查取得的证据。

证人要求保密或者涉及国家秘密、商业秘密以及个人隐私的，按照有关法律法规的规定执行。

当事人不到场的，公安机关交通管理部门应当予以记录。

第六十四条 道路交通事故认定书应

当载明以下内容：

（一）道路交通事故当事人、车辆、道路和交通环境等基本情况；

（二）道路交通事故发生经过；

（三）道路交通事故证据及事故形成原因分析；

（四）当事人导致道路交通事故的过错及责任或者意外原因；

（五）作出道路交通事故认定的公安机关交通管理部门名称和日期。

道路交通事故认定书应当由交通警察签名或者盖章，加盖公安机关交通管理部门道路交通事故处理专用章。

第六十五条　道路交通事故认定书应当在制作后三日内分别送达当事人，并告知申请复核、调解和提起民事诉讼的权利、期限。

当事人收到道路交通事故认定书后，可以查阅、复制、摘录公安机关交通管理部门处理道路交通事故的证据材料，但证人要求保密或者涉及国家秘密、商业秘密以及个人隐私的，按照有关法律法规的规定执行。公安机关交通管理部门对当事人复制的证据材料应当加盖公安机关交通管理部门事故处理专用章。

第六十六条　交通肇事逃逸案件尚未侦破，受害一方当事人要求出具道路交通事故认定书的，公安机关交通管理部门应当在接到当事人书面申请后十日内，根据本规定第六十一条确定各方当事人责任，制作道路交通事故认定书，并送达受害方当事人。道路交通事故认定书应当载明事故发生的时间、地点、受害人情况及调查得到的事实，以及受害方当事人的责任。

交通肇事逃逸案件侦破后，已经按照前款规定制作道路交通事故认定书的，应当按照本规定第六十一条重新确定责任，制作道路交通事故认定书，分别送达当事人。重新制作的道路交通事故认定书除应当载明本规定第六十四条规定的内容外，还应当注明撤销原道路交通事故认定书。

第六十七条　道路交通事故基本事实无法查清、成因无法判定的，公安机关交通管理部门应当出具道路交通事故证明，载明道路交通事故发生的时间、地点、当事人情况及调查得到的事实，分别送达当事人，并告知申请复核、调解和提起民事诉讼的权利、期限。

第六十八条　由于事故当事人、关键证人处于抢救状态或者因其他客观原因导致无法及时取证，现有证据不足以认定案件基本事实的，经上一级公安机关交通管理部门批准，道路交通事故认定的时限可中止计算，并书面告知各方当事人或者其代理人，但中止的时间最长不得超过六十日。

当中止认定的原因消失，或者中止期满受伤人员仍然无法接受调查的，公安机关交通管理部门应当在五日内，根据已经调查取得的证据制作道路交通事故认定书或者出具道路交通事故证明。

第六十九条　伤人事故符合下列条件，各方当事人一致书面申请快速处理的，经县级以上公安机关交通管理部门负责人批准，可以根据已经取得的证据，自当事人申请之日起五日内制作道路交通事故认定书：

（一）当事人不涉嫌交通肇事、危险驾驶犯罪的；

（二）道路交通事故基本事实及成因清楚，当事人无异议的。

第七十条　对尚未查明身份的当事人，公安机关交通管理部门应当在道路交通事故认定书或者道路交通事故证明中予以注明，待身份信息查明以后，制作书面补充说明送达各方当事人。

第二节　复　　核

第七十一条　当事人对道路交通事故

认定或者出具道路交通事故证明有异议的，可以自道路交通事故认定书或者道路交通事故证明送达之日起三日内提出书面复核申请。当事人逾期提交复核申请的，不予受理，并书面通知申请人。

复核申请应当载明复核请求及其理由和主要证据。同一事故的复核以一次为限。

第七十二条 复核申请人通过作出道路交通事故认定的公安机关交通管理部门提出复核申请的，作出道路交通事故认定的公安机关交通管理部门应当自收到复核申请之日起二日内将复核申请连同道路交通事故有关材料移送上一级公安机关交通管理部门。

复核申请人直接向上一级公安机关交通管理部门提出复核申请的，上一级公安机关交通管理部门应当通知作出道路交通事故认定的公安机关交通管理部门自收到通知之日起五日内提交案卷材料。

第七十三条 除当事人逾期提交复核申请的情形外，上一级公安机关交通管理部门收到复核申请之日即为受理之日。

第七十四条 上一级公安机关交通管理部门自受理复核申请之日起三十日内，对下列内容进行审查，并作出复核结论：

（一）道路交通事故认定的事实是否清楚、证据是否确实充分、适用法律是否正确、责任划分是否公正；

（二）道路交通事故调查及认定程序是否合法；

（三）出具道路交通事故证明是否符合规定。

复核原则上采取书面审查的形式，但当事人提出要求或者公安机关交通管理部门认为有必要时，可以召集各方当事人到场，听取各方意见。

办理复核案件的交通警察不得少于二人。

第七十五条 复核审查期间，申请人提出撤销复核申请的，公安机关交通管理部门应当终止复核，并书面通知各方当事人。

受理复核申请后，任何一方当事人就该事故向人民法院提起诉讼并经人民法院受理的，公安机关交通管理部门应当将受理当事人复核申请的有关情况告知相关人民法院。

受理复核申请后，人民检察院对交通肇事犯罪嫌疑人作出批准逮捕决定的，公安机关交通管理部门应当将受理当事人复核申请的有关情况告知相关人民检察院。

第七十六条 上一级公安机关交通管理部门认为原道路交通事故认定事实清楚、证据确实充分、适用法律正确、责任划分公正、程序合法的，应当作出维持原道路交通事故认定的复核结论。

上一级公安机关交通管理部门认为调查及认定程序存在瑕疵，但不影响道路交通事故认定的，在责令原办案单位补正或者作出合理解释后，可以作出维持原道路交通事故认定的复核结论。

上一级公安机关交通管理部门认为原道路交通事故认定有下列情形之一的，应当作出责令原办案单位重新调查、认定的复核结论：

（一）事实不清的；

（二）主要证据不足的；

（三）适用法律错误的；

（四）责任划分不公正的；

（五）调查及认定违反法定程序可能影响道路交通事故认定的。

第七十七条 上一级公安机关交通管理部门审查原道路交通事故证明后，按下列规定处理：

（一）认为事故成因确属无法查清，应当作出维持原道路交通事故证明的复核结论；

（二）认为事故成因仍需进一步调查

的，应当作出责令原办案单位重新调查、认定的复核结论。

第七十八条　上一级公安机关交通管理部门应当在作出复核结论后三日内将复核结论送达各方当事人。公安机关交通管理部门认为必要的，应当召集各方当事人，当场宣布复核结论。

第七十九条　上一级公安机关交通管理部门作出责令重新调查、认定的复核结论后，原办案单位应当在十日内依照本规定重新调查，重新作出道路交通事故认定，撤销原道路交通事故认定书或者原道路交通事故证明。

重新调查需要检验、鉴定的，原办案单位应当在检验报告、鉴定意见确定之日起五日内，重新作出道路交通事故认定。

重新作出道路交通事故认定的，原办案单位应当送达各方当事人，并报上一级公安机关交通管理部门备案。

第八十条　上一级公安机关交通管理部门可以设立道路交通事故复核委员会，由办理复核案件的交通警察会同相关行业代表、社会专家学者等人员共同组成，负责案件复核，并以上一级公安机关交通管理部门的名义作出复核结论。

第八章　处罚执行

第八十一条　公安机关交通管理部门应当按照《道路交通安全违法行为处理程序规定》，对当事人的道路交通安全违法行为依法作出处罚。

第八十二条　对发生道路交通事故构成犯罪，依法应当吊销驾驶人机动车驾驶证的，应当在人民法院作出有罪判决后，由设区的市公安机关交通管理部门依法吊销机动车驾驶证。同时具有逃逸情形的，公安机关交通管理部门应当同时依法作出终生不得重新取得机动车驾驶证的决定。

第八十三条　专业运输单位六个月内两次发生一次死亡三人以上事故，且单位或者车辆驾驶人对事故承担全部责任或者主要责任的，专业运输单位所在地的公安机关交通管理部门应当报经设区的市公安机关交通管理部门批准后，作出责令限期消除安全隐患的决定，禁止未消除安全隐患的机动车上道路行驶，并通报道路交通事故发生地及运输单位所在地的人民政府有关行政管理部门。

第九章　损害赔偿调解

第八十四条　当事人可以采取以下方式解决道路交通事故损害赔偿争议：

（一）申请人民调解委员会调解；

（二）申请公安机关交通管理部门调解；

（三）向人民法院提起民事诉讼。

第八十五条　当事人申请人民调解委员会调解，达成调解协议后，双方当事人认为有必要的，可以根据《中华人民共和国人民调解法》共同向人民法院申请司法确认。

当事人申请人民调解委员会调解，调解未达成协议的，当事人可以直接向人民法院提起民事诉讼，或者自人民调解委员会作出终止调解之日起三日内，一致书面申请公安机关交通管理部门进行调解。

第八十六条　当事人申请公安机关交通管理部门调解的，应当在收到道路交通事故认定书、道路交通事故证明或者上一级公安机关交通管理部门维持原道路交通事故认定的复核结论之日起十日内一致书面申请。

当事人申请公安机关交通管理部门调解，调解未达成协议的，当事人可以依法向人民法院提起民事诉讼，或者申请人民调解委员会进行调解。

第八十七条　公安机关交通管理部门应当按照合法、公正、自愿、及时的原则进行道路交通事故损害赔偿调解。

道路交通事故损害赔偿调解应当公开进行，但当事人申请不予公开的除外。

第八十八条 公安机关交通管理部门应当与当事人约定调解的时间、地点，并于调解时间三日前通知当事人。口头通知的，应当记入调解记录。

调解参加人因故不能按期参加调解的，应当在预定调解时间一日前通知承办的交通警察，请求变更调解时间。

第八十九条 参加损害赔偿调解的人员包括：

（一）道路交通事故当事人及其代理人；

（二）道路交通事故车辆所有人或者管理人；

（三）承保机动车保险的保险公司人员；

（四）公安机关交通管理部门认为有必要参加的其他人员。

委托代理人应当出具由委托人签名或者盖章的授权委托书。授权委托书应当载明委托事项和权限。

参加损害赔偿调解的人员每方不得超过三人。

第九十条 公安机关交通管理部门受理调解申请后，应当按照下列规定日期开始调解：

（一）造成人员死亡的，从规定的办理丧葬事宜时间结束之日起；

（二）造成人员受伤的，从治疗终结之日起；

（三）因伤致残的，从定残之日起；

（四）造成财产损失的，从确定损失之日起。

公安机关交通管理部门受理调解申请时已超过前款规定的时间，调解自受理调解申请之日起开始。

公安机关交通管理部门应当自调解开始之日起十日内制作道路交通事故损害赔偿调解书或者道路交通事故损害赔偿调解终结书。

第九十一条 交通警察调解道路交通事故损害赔偿，按照下列程序实施：

（一）告知各方当事人权利、义务；

（二）听取各方当事人的请求及理由；

（三）根据道路交通事故认定书认定的事实以及《中华人民共和国道路交通安全法》第七十六条的规定，确定当事人承担的损害赔偿责任；

（四）计算损害赔偿的数额，确定各方当事人承担的比例，人身损害赔偿的标准按照《中华人民共和国侵权责任法》《最高人民法院关于审理人身损害赔偿案件适用法律若干问题的解释》《最高人民法院关于审理道路交通事故损害赔偿案件适用法律若干问题的解释》等有关规定执行，财产损失的修复费用、折价赔偿费用按照实际价值或者评估机构的评估结论计算；

（五）确定赔偿履行方式及期限。

第九十二条 因确定损害赔偿的数额，需要进行伤残评定、财产损失评估的，由各方当事人协商确定有资质的机构进行，但财产损失数额巨大涉嫌刑事犯罪的，由公安机关交通管理部门委托。

当事人委托伤残评定、财产损失评估的费用，由当事人承担。

第九十三条 经调解达成协议的，公安机关交通管理部门应当当场制作道路交通事故损害赔偿调解书，由各方当事人签字，分别送达各方当事人。

调解书应当载明以下内容：

（一）调解依据；

（二）道路交通事故认定书认定的基本事实和损失情况；

（三）损害赔偿的项目和数额；

（四）各方的损害赔偿责任及比例；

（五）赔偿履行方式和期限；

（六）调解日期。

经调解各方当事人未达成协议的，公安机关交通管理部门应当终止调解，制作道路交通事故损害赔偿调解终结书，送达各方当事人。

第九十四条　有下列情形之一的，公安机关交通管理部门应当终止调解，并记录在案：

（一）调解期间有一方当事人向人民法院提起民事诉讼的；

（二）一方当事人无正当理由不参加调解的；

（三）一方当事人调解过程中退出调解的。

第九十五条　有条件的地方公安机关交通管理部门可以联合有关部门，设置道路交通事故保险理赔服务场所。

第十章　涉外道路交通事故处理

第九十六条　外国人在中华人民共和国境内发生道路交通事故的，除按照本规定执行外，还应当按照办理涉外案件的有关法律、法规、规章的规定执行。

公安机关交通管理部门处理外国人发生的道路交通事故，应当告知当事人我国法律、法规、规章规定的当事人在处理道路交通事故中的权利和义务。

第九十七条　外国人发生道路交通事故有下列情形之一的，不准其出境：

（一）涉嫌犯罪的；

（二）有未了结的道路交通事故损害赔偿案件，人民法院决定不准出境的；

（三）法律、行政法规规定不准出境的其他情形。

第九十八条　外国人发生道路交通事故并承担全部责任或者主要责任的，公安机关交通管理部门应当告知道路交通事故损害赔偿权利人可以向人民法院提出采取诉前保全措施的请求。

第九十九条　公安机关交通管理部门在处理道路交通事故过程中，使用中华人民共和国通用的语言文字。对不通晓我国语言文字的，应当为其提供翻译；当事人通晓我国语言文字而不需要他人翻译的，应当出具书面声明。

经公安机关交通管理部门批准，外国人可以自行聘请翻译，翻译费由当事人承担。

第一百条　享有外交特权与豁免的人员发生道路交通事故时，应当主动出示有效身份证件，交通警察认为应当给予暂扣或者吊销机动车驾驶证处罚的，可以扣留其机动车驾驶证。需要对享有外交特权与豁免的人员进行调查的，可以约谈，谈话时仅限于与道路交通事故有关的内容。需要检验、鉴定车辆的，公安机关交通管理部门应当征得其同意，并在检验、鉴定后立即发还。

公安机关交通管理部门应当根据收集的证据，制作道路交通事故认定书送达当事人，当事人拒绝接收的，送达至其所在机构；没有所在机构或者所在机构不明确的，由当事人所属国家的驻华使领馆转交送达。

享有外交特权与豁免的人员应当配合公安机关交通管理部门的调查和检验、鉴定。对于经核查确实享有外交特权与豁免但不同意接受调查或者检验、鉴定的，公安机关交通管理部门应当将有关情况记录在案，损害赔偿事宜通过外交途径解决。

第一百零一条　公安机关交通管理部门处理享有外交特权与豁免的外国人发生人员死亡事故的，应当将其身份、证件及事故经过、损害后果等基本情况记录在案，并将有关情况迅速通报省级人民政府外事部门和该外国人所属国家的驻华使馆或者领馆。

第一百零二条 外国驻华领事机构、国际组织、国际组织驻华代表机构享有特权与豁免的人员发生道路交通事故的，公安机关交通管理部门参照本规定第一百条、第一百零一条规定办理，但《中华人民共和国领事特权与豁免条例》、中国已参加的国际公约以及我国与有关国家或者国际组织缔结的协议有不同规定的除外。

第十一章 执法监督

第一百零三条 公安机关警务督察部门可以依法对公安机关交通管理部门及其交通警察处理道路交通事故工作进行现场督察，查处违纪违法行为。

上级公安机关交通管理部门对下级公安机关交通管理部门处理道路交通事故工作进行监督，发现错误应当及时纠正，造成严重后果的，依纪依法追究有关人员的责任。

第一百零四条 公安机关交通管理部门及其交通警察处理道路交通事故，应当公开办事制度、办事程序，建立警风警纪监督员制度，并自觉接受社会和群众的监督。

任何单位和个人都有权对公安机关交通管理部门及其交通警察不依法严格公正处理道路交通事故、利用职务上的便利收受他人财物或者谋取其他利益、徇私舞弊、滥用职权、玩忽职守以及其他违纪违法行为进行检举、控告。收到检举、控告的机关，应当依据职责及时查处。

第一百零五条 在调查处理道路交通事故时，交通警察或者公安机关检验、鉴定人员有下列情形之一的，应当回避：

（一）是本案的当事人或者是当事人的近亲属的；

（二）本人或者其近亲属与本案有利害关系的；

（三）与本案当事人有其他关系，可能影响案件公正处理的。

交通警察或者公安机关检验、鉴定人员需要回避的，由本级公安机关交通管理部门负责人或者检验、鉴定人员所属的公安机关决定。公安机关交通管理部门负责人需要回避的，由公安机关或者上一级公安机关交通管理部门负责人决定。

对当事人提出的回避申请，公安机关交通管理部门应当在二日内作出决定，并通知申请人。

第一百零六条 人民法院、人民检察院审理、审查道路交通事故案件，需要公安机关交通管理部门提供有关证据的，公安机关交通管理部门应当在接到调卷公函之日起三日内，或者按照其时限要求，将道路交通事故案件调查材料正本移送人民法院或者人民检察院。

第一百零七条 公安机关交通管理部门对查获交通肇事逃逸车辆及人员提供有效线索或者协助的人员、单位，应当给予表彰和奖励。

公安机关交通管理部门及其交通警察接到协查通报不配合协查并造成严重后果的，由公安机关或者上级公安机关交通管理部门追究有关人员和单位主管领导的责任。

第十二章 附 则

第一百零八条 道路交通事故处理资格等级管理规定由公安部另行制定，资格证书式样全国统一。

第一百零九条 公安机关交通管理部门应当在邻省、市（地）、县交界的国、省、县道上，以及辖区内交通流量集中的路段，设置标有管辖地公安机关交通管理部门名称及道路交通事故报警电话号码的提示牌。

第一百一十条 车辆在道路以外通行时发生的事故，公安机关交通管理部门接到报案的，参照本规定处理。涉嫌犯罪的，及时移送有关部门。

第一百一十一条　执行本规定所需要的法律文书式样，由公安部制定。公安部没有制定式样，执法工作中需要的其他法律文书，省级公安机关可以制定式样。

当事人自行协商处理损害赔偿事宜的，可以自行制作协议书，但应当符合本规定第二十一条关于协议书内容的规定。

第一百一十二条　本规定中下列用语的含义是：

（一）“交通肇事逃逸”，是指发生道路交通事故后，当事人为逃避法律责任，驾驶或者遗弃车辆逃离道路交通事故现场以及潜逃藏匿的行为。

（二）“深度调查”，是指以有效防范道路交通事故为目的，对道路交通事故发生的深层次原因以及道路交通安全相关因素开展延伸调查，分析查找安全隐患及管理漏洞，并提出从源头解决问题的意见和建议的活动。

（三）“检验报告、鉴定意见确定”，是指检验报告、鉴定意见复印件送达当事人之日起三日内，当事人未申请重新检验、鉴定的，以及公安机关交通管理部门批准重新检验、鉴定，鉴定机构出具检验报告、鉴定意见的。

（四）“外国人”，是指不具有中国国籍的人。

（五）本规定所称的“一日”、“二日”、“三日”、“五日”、“十日”，是指工作日，不包括节假日。

（六）本规定所称的“以上”、“以下”均包括本数在内。

（七）“县级以上公安机关交通管理部门”，是指县级以上人民政府公安机关交通管理部门或者相当于同级的公安机关交通管理部门。

（八）“设区的市公安机关交通管理部门”，是指设区的市人民政府公安机关交通管理部门或者相当于同级的公安机关交通管理部门。

（九）“设区的市公安机关”，是指设区的市人民政府公安机关或者相当于同级的公安机关。

第一百一十三条　本规定没有规定的道路交通事故案件办理程序，依照《公安机关办理行政案件程序规定》《公安机关办理刑事案件程序规定》的有关规定执行。

第一百一十四条　本规定自2018年5月1日起施行。2008年8月17日发布的《道路交通事故处理程序规定》（公安部令第104号）同时废止。